当代刑法思潮论坛

FORUM ON CONTEMPORARY CRIMINAL LAW THEORIES

本论坛得到杨春洗法学教育与研究基金资助

当代刑法思潮论坛

FORUM ON CONTEMPORARY CRIMINAL LAW THEORIES

第二卷

刑法教义与价值判断

Criminal Law Doctrine and Value Judgement

主　编/梁根林　副主编/车　浩　江　溯

北京大学出版社
PEKING UNIVERSITY PRESS

图书在版编目(CIP)数据

当代刑法思潮论坛. 第二卷,刑法教义与价值判断/梁根林主编. —北京:北京大学出版社,2016.10

ISBN 978-7-301-27558-0

Ⅰ.①当… Ⅱ.①梁… Ⅲ.①刑法—文集 Ⅳ.①D914.04-53

中国版本图书馆 CIP 数据核字(2016)第 224423 号

书　　名　当代刑法思潮论坛(第二卷):刑法教义与价值判断
Dangdai Xingfa Sichao Luntan(Di-Er Juan):Xingfa Jiaoyi yu Jiazhi Panduan

著作责任者　梁根林　主编

责任编辑　王丽环　王建君

标准书号　ISBN 978-7-301-27558-0

出版发行　北京大学出版社

地　　址　北京市海淀区成府路 205 号　100871

网　　址　http://www.pup.cn　http://www.yandayuanzhao.com

电子信箱　yandayuanzhao@163.com

新浪微博　@北京大学出版社　@北大出版社燕大元照法律图书

电　　话　邮购部 62752015　发行部 62750672　编辑部 62117788

印 刷 者　北京大学印刷厂

经 销 者　新华书店

880 毫米×1230 毫米　A5　14.625 印张　396 千字
2016 年 10 月第 1 版　2017 年 11 月第 2 次印刷

定　　价　48.00 元

未经许可,不得以任何方式复制或抄袭本书之部分或全部内容。

版权所有,侵权必究

举报电话:010-62752024　电子信箱:fd@pup.pku.edu.cn

图书如有印装质量问题,请与出版部联系,电话:010-62756370

序一

“当代刑法思潮论坛”是北京大学法学院梁根林教授主持，我们共同参与的一项刑法学术活动，持续时间已达五年之久，吸引了北京“四校一院”（北京大学、清华大学、中国人民大学、中国政法大学、中国青年政治学院）的莘莘学子的踊跃参加。现在，“当代刑法思潮论坛”前36讲的内容以文字形式、三卷本的宏大规模，呈现在读者面前，为我们展现了那热烈的讲座场景和睿智的思想碰撞。梁根林教授邀我为该书作序，我感慨系之。

当初梁根林教授以前瞻性的学术视野，提出举办“当代刑法思潮论坛”的设想，我十分赞同。当前，我国刑法学科面临着知识转型，学术争鸣活跃，观点交锋激烈。如果提供一个展示各种刑法学术思想的平台，这对于促进我国刑法学术的发展，无疑具有推动作用。梁根林教授的设想获得了北京“四校一院”各位刑法学科同仁的积极响应，由此拉开了“当代刑法思潮论坛”的大幕。我清楚地记得第一讲的主讲人是清华大学法学院的张明楷教授，地点是北京大学二教309教室。正是在这次讲座中，梁根林教授确定了“当代刑法思潮论坛”的宗旨。

“当代刑法思潮论坛”是开放性的学术论坛，提倡坦诚的学术交流、平等的学术对话与规范的学术批评。论坛的主办者与主讲者、评论者当然可以大张旗鼓地推销自己的学术主张，但不搞山头主义，不搞党同伐异。我们真诚地欢迎中外刑法学界的同仁加入这个学术共同体，抛玉引玉，我们希望每一次的专题论坛，都是一个刑法基本问题的专题学术研讨会，在最短的时间、用最省钱和最高效的方式来推动学术交流，扩大学术共识。

此后的论坛活动都遵循了这一宗旨，使论坛能够健康顺利地展开。张明楷教授第一期的讲座题目是“犯罪的实体是违法和责任”，这个题目本身就是一个刑法学术命题，是德日刑法教义学的精髓之所在。此后，各位中外学者纷纷登场，给我们带来了一场又一场的学术盛宴。

在“当代刑法思潮论坛”这个名称中，“当代”意味着前沿，是对当下最为重要的刑法问题的讨论；“思潮”表明这个论坛是注重思想性和观念性的，具有启迪性和启蒙性；而“论坛”则显示学术的争鸣性和论辩性，拒绝学术垄断和独断。以上特点，都在各期论坛活动中得到了完美和圆满的体现。

从36期论坛活动的主题来看，几乎涉及所有当前刑法学界共同关注的重大理论问题。其中，犯罪论体系是最为集中的一个话题。例如，张明楷教授关于“犯罪的实体是违法和责任”这一命题的论证，其实就是对犯罪论体系的整体性思考。我发现，德国著名学者乌尔斯·金德霍伊泽尔教授的讲座题目是“犯罪构造的逻辑”，尽管这是一个较为抽象的命题，其实也是犯罪论体系的结构问题，与张明楷教授的讲座形成了一种“隔空交流”。从金德霍伊泽尔教授的讲座内容来看，同样涉及对违法与责任关系的界定。金德霍伊泽尔教授指出，犯罪概念的初步定义可以是，犯罪是违法的举止，某个人必须对这一举止负责。由此犯罪可以通过两个规则系统加以构建：其一，规定了认定一个举止违法的所有条件；其二，规定了认定某人应对该举止负责的所有条件。由此可见，金德霍伊泽尔教授也是从违法和责任两个方面界定犯罪的，这是犯罪论体系的基础。当然，犯罪论体系的具体要件如何安排，这是存在争议的。其中，二要件说、三要件说甚至四要件说，都各有其主张者。除了犯罪论体系的结构以外，构成要件、违法性和责任等要件，在此后的论坛活动中都有所涉及。例如，关于构成要件，有我的“构成要件论：从贝林到特拉伊宁”；关于违法性，有刘艳红的“实质刑法观的体系化思考”和邓子滨的“形式刑法观初反省与实质刑法观再批判”；关于有责性，有冯军的“刑法中的责任原则”等。这些讲座都对犯罪论体系的各个要件进行了较为深入的分析，为犯罪论体系的转型提供了理论资源。

在这36期论坛活动中，关于刑法方法论的讲座对我具有较大的吸引力。刑法方法论问题，是刑法理论研究中的一个核心问题，对于刑法理论的深入发展具有原动力的意义。“当代刑法思潮论坛”成为我国刑法方法研究成果的一个展示平台。例如，冯军教授的“刑法教义学的立场与方法”，系统地论述了刑法教义学的方法论，这对于刑法教义学在我国的推广与展开，具有重要参考价值。周光权的“价值判断与刑法知识转型”，对价值判断的方法论进行了深入论述，并且从我国刑法知识转型这样一个视角切入，具有启发性。杜宇的“类型思维与刑法方法”，对于类型的刑法思维方法进行了全面的阐释，开拓了我们的视野，丰富了刑法理论的思想工具。总之，“当代刑法思潮论坛”的讲座内容具有独创性和思想性，为我国刑法学科带来了一股清新的学术空气，这是令人难忘的。

“当代刑法思潮论坛”的每次讲座，在讲者和听者这两个方面，都给我留下了深刻的印象。

就讲者而言，将近20多位教授在论坛上竞相亮相，展示其最新研究成果。这些讲者大多是我国刑法学科的中坚力量，尤其是“四校一院”的刑法教授，更是当仁不让。值得肯定的是，一些中青年刑法学者登台亮相，表现惊艳。论坛还邀请了部分京外刑法学者参与讲座，拓展了讲者的来源。例如，京外学者冯亚东、蔡道通、刘艳红和杜宇等教授都有不俗表现。这里还值得指出的是，论坛邀请了外国学者和我国台湾地区学者参与论坛，极大地丰富了“当代刑法思潮论坛”的学术视野。在这些学者中，包括德国学者金德霍伊泽尔、希尔根多夫、许乃曼、魏根特、齐白等；美国学者罗宾逊；我国台湾地区学者陈子平、陈志辉等。这些学者给我们带来了独特的刑法思想和观点，极大地启发了我们的思路。

就听者而言，“当代刑法思潮论坛”并不是单向的思想传播，而是双向的观点互动。这里的听者，既包括参加论坛的点评嘉宾和其他教授，也包括各校的学生。这些听者都是论坛的积极参与者，他们的点评、提问和互动，构成了论坛热烈而生动的学术交流场景。“当代刑法思潮论坛”还经常出现一些“不速之客”，即出差到北京的外地学者，正好赶上论坛活动，主办者邀请他们参加，增添了论坛活动的“变数”。例如，第一期张明楷教授的讲座，就恰逢重庆大学法学院陈忠林教授在京。陈忠林教授是我国刑法学界思想深刻、观点独特的一位刑法学者。从第一期讲座的现场录音资料就可以看出，陈忠林教授的加入为这次学术讲座增添了更为激烈的观点争论和更为激荡的思想交锋。

尤其值得说明的是，各校参加“当代刑法思潮论坛”的同学们，对于论坛活动表现出了极大的热忱。我现在还保存着一份中国政法大学准律师协会和中国政法大学刑事司法学院学生会制作的折页宣传材料。这是为2012年6月7日在中国政法大学昌平校区举行的第12期“当代刑法思潮论坛”专门制作的。该材料制作精美，对以往活动作了回顾，并对该期活动做了介绍，每期活动介绍中都有讲座老师的头像和内容简介。材料上有以下这样一段赠语，给我留下了深刻的印象：

> “当代刑法思潮论坛”自开办以来，一直备受法大学子的关注。论坛能够在法大昌平校区举办，让同学们亲身领略众位名家的风采是我们的心愿。整整一年的盼望和努力，长久的期待终于化为了现实，此次论坛的成功举办离不开老师您的奉献和支持，我们将一一铭记在心。在此，向您致以我们最崇高的敬意！希望本次昌平之行给您留下美好的回忆！

莘莘学子的期盼之心跃然纸上！

历时五年的“当代刑法思潮论坛”，我主讲了3期，其他各期讲座我也基本上都参加了，给我留下了深刻的记忆。现在，论坛内容以文字形式呈现出来，成为历史档案的一部分。我作为其中的一员，参与了这一论坛，感到幸运。

陈兴良

谨识于北京海淀锦秋知春

2016年3月21日

序二

由五校刑法学科组织的“当代刑法思潮论坛”，已经坚持了整整五年，产生了重大影响，取得了良好效果，可圈可点、可喜可贺。

“当代刑法思潮论坛”的主讲人，既有国内刑事法学者，也有国外刑事法学者；既有年长学者，也有年轻学者；既有在五校任职的学者，也有五校之外的学者。每一期论坛的主讲内容，都是主讲人精心准备的最新研究成果，没有哪位主讲人将旧论文作为主讲稿，没有哪位主讲人将旧观点作为演讲词。不管是旧瓶装新酒，还是新瓶装旧酒，都不是这个论坛的风格。虽然每一期论坛的内容都是刑法学中的重要课题，但没有故弄玄虚、高深莫测的偏题、怪题。此外，每一期论坛不只是有主讲人的精彩演讲，还有学生们的质疑问难，更有评论人的深刻点评，以及学者之间的唇枪舌剑、针锋相对。论坛凸显出良好的学术批评气氛，其中也不乏妙语解颐、风趣横生。

当然，主讲人的观点以及评论人的点评，不可能得到所有人的赞成。甚至可以肯定的是，本书出版后，每一位主讲人的观点以及评论人的点评，都可能受到其他学者的批判。但正如波普尔所言：“如果有人发现了你的一种错误看法，你应当对此表示感谢；对于批评你的错误想法的人，你也应当表示感谢，因为这会导致改正错误，从而使我们更接近于真理。”批评者的大胆批评以及被批评者的大度，有利于学术批评的展开和学术的繁荣。在刑法学领域，一个研究者提出的任何一种观点，都不会独立于他的整个人格，也并不独立于他的生活状况以及他在社会中的地位。换言之，任何刑法学者都会将基于自己的生活状态、社会地位、切身体验等得出的结论，解释成刑法的真实含义。千差万别的价值观是人类文化多样性的一个重要方面，所以，论坛中呈现出不同的观点，以及对论坛中的各种不同观点的批评，都是十分正常的现象。相信只有一个真理并认为自己掌握了这个真理，是这个世界上一切罪恶的最深刻的根源。诚然，刑法学者的认同感主要是通过同行给予的承认和尊重而形成的。然而，对一位刑法学者的学术批评与对该学者的承认和尊重是完全一致的。因此，每一位刑法学者首先应当善意地理解和对待他人的观点，同时也要展开学术批评。具有千差万别的价值观的刑法学者，只有通过相互争论、相互批评，才能形成具有现实意义的“共同意见”，从而促进刑法适用的安定性。

如所周知，每一次论坛的场面都蔚为壮观。虽然每个学校每次都利用了最大的教室或者报告厅，但总是济济一堂，不仅座无虚席，而且有许多人站着听，常常是过道上、讲台边站着许多人，甚至在窗外、门外还站着不少人。虽然论坛的主要听众是在校学生（包括硕士生与博士生），但事实上每一期论坛都有法官、检察官、律师参加。参加论坛的学生们都心潮澎湃、激动万分，相信他们一定有所收获、有所感悟。尽管如此，由于场地等原因，毕竟只有部分人能够亲临论坛，所以，公开出版论坛的内容，不仅可以让未能亲临论坛的人以阅读方式体会论坛的场景，而且能让亲临过论坛的人尽情回味论坛的精彩。

“供给侧改革”是当下流行的话语。经济学领域的“供给侧改革”旨在从提高供给质量出发，用改革的办法推进结构调整，挤掉与市场需求无关的水分，压缩过剩产能，扩大有效供给，提高供给结构对需求变化的适应性和灵活性，更好地满足广大人民群众的需要，促进经济社会持续健康发展。法学研究也需要开展“供给侧改革”，需要压缩旧的学术产能，挖掘汇通中外、切合实际的新学术产能。相信论坛内容的出版，能够满足广大读者的需要，能够促进刑法学的学术批评和刑法学的繁荣发展！

张明楷

2016 年 4 月 15 日

序三

弹指一挥间，五校刑法学同仁合办的“当代刑法思潮论坛”已走过五年。作为论坛之结晶的三卷本文集即将出版面世。我作为一名参与者、过来人，既非常高兴，也有一些感慨。我记得，论坛在北大开幕时，我们的总协调人梁根林教授在宣读他整理形成的《当代刑法思潮论坛宣言》中指出：“当今中国的刑法学，进入了‘春秋战国时代’，学术生态多元化的格局已经初步形成，不同的学术体系之间的分歧加大，同一学术体系之内也需要学术共识，因此，进一步的学术推动，客观上要求加强学术对话与交流，避免自言自语与隔空交战。”简而言之，我们开办论坛的初衷，就是为了加强刑法学人之间的学术对话与交流。

众所周知，近年来，我国政府高层一再号召，“大众创业，万众创新”。但要想在刑法学这一古老而又比较成熟的学术领域有所创新，却不是一件容易的事情。在我看来，社会科学的创新，就是要发出不同的声音。一般来说，发出奇谈怪论比较容易，但要发出有点学术价值的不同之声，却是很难的事情。没有深厚的学术积淀，没有强烈的学术激情，根本不可能发出有学术价值的不同之声。科学经验告诉我们，物体的碰撞会产生火花。思想火花的产生，也同样如此，需要有碰撞。学术同仁们坐在一起对话与交流，发表各自不同的见解或主张，这是一种最直接的学术碰撞，比起纸上文字的交流与碰撞，更为直接，更容易激发学术灵感，产生思想的火花，形成有学术价值、有创新性的思想观点或主张。

回首论坛活动的往事，几乎每次都有不同学术观点的碰撞或争鸣。我是一位积极参与者，也是一位总想发点儿不同声音的人，因而，时常被“围攻”。冯军教授尽管是我师弟，但不留一点情面，攻击最为猛烈。由于我是一位没有脾气的人，并不在意别人的批评和指责，况且是学术争论，因此并不觉得难受，反而认为是享受了学术盛宴。每次参加论坛活动后，我总感到十分满足，有些学术灵感就是在论坛活动中产生的。

我到中国人民大学十多年，组织开展过不少学术活动，包括常设的“刑法名家讲座”“明德刑法学论坛”，等等，来校讲座和参与论坛的中外刑法学名家不少，但听众却从来都没有“当代刑法思潮论坛”的多。究其缘由，除了每次都有多位刑法学大腕的到来，部分年轻学子是慕名而来外，更多的学人是真诚地想来学点东西、长点见识或者感受一下论坛活动特殊的学术气氛。

“当代刑法思潮论坛”活动能够坚持下来，并取得令同行羡慕的成效，除了有五校同仁们的精诚合作、有“杨春洗法学教育与研究基金”的资助之外，与我们的总协调人梁根林教授的努力是分不开的。他用心做事，并要将事情做好做成的精神，令我十分敬佩；他为论坛文集出版付出的心血，也让我非常感动。为此，我还要代表中国人民大学的同仁们，向梁根林教授和所有为论坛的成功举办及论坛文集出版作出过贡献的人士表示衷心的感谢！

刘明祥

2016年3月30日

目　录

2013年11月28日

第一讲 刑法教义学的立场与方法

主讲人：冯军

主持人：曲新久

评论人：张明楷、刘明祥、阮齐林、林维

嘉　宾：陈兴良、梁根林、车浩、江溯、劳东燕、付立庆、方鹏、秦一禾、孙运梁、樊文

曲新久 今天冯军教授报告的内容是“关于刑法教义学的立场和方法”。大家都知道，尽管所有的法学家都说要根据事实与规范确立法学研究的范畴，但冯老师从来都是从规范主义出发的。将来中国刑法学界如果主张规范说或是规范立场，冯老师可以说是最坚定、最彻底的。曾经规范说还受到不少质疑，但今天，规范说已经开始逐渐被接受。

我们有请冯老师！

冯军 尊敬的主持人、教授、各位同仁、同学，大家晚上好。正像大家所知道的一样，现在我国刑法关于犯罪和刑罚的规定已经非常丰富。因此，我国不少刑法学者的学问态度和学术信心也相应产生明显改变。他们不再认为刑法是批判的对象，不再大量撰写有关如何完善刑法条文的建议文章和书籍，而是注重理解刑法，努力将刑法条文解释为理想的刑法规定；不再认为刑法是残缺的，而是认为基于正确的理解和阐释，刑法就是相当完备的。用张明楷教授的话来说，没有规定得不好的刑法，只有不能理解和阐释刑法的刑法学者。这种从刑事立法学向刑法教义学的学问转向，促使张明楷教授获得了巨大的成功。陈兴良教授非常重视刑法教义学，最近他再次强调刑法知识的教义学化。但是，如今在张明楷教授和陈兴良教授之间存在着不少关于刑法规定的不同解释结论，而且在张明楷教授、陈兴良教授和其他学者之间，也存在很多对刑法规定的不同解释。在这种情形下，为了使刑事法官能够明白刑法学者对刑法规定作出不同解释的原因，以便他们能自主选择应当在刑事司法中运用的学说，刑法教义学者就不能仅仅提出自己关于刑法规范的解释结论，而必须提出论证自己采用的刑法教义学的立场和方法。下面，我汇报一下自己关于刑法教义学立场和方法的粗浅见解，请大家批评指正。

首先，关于刑法教义学的立场。

刑法教义学是德文 Strafrechtsdogmatik 的中文译语。尽管关于什么才是德文词 Strafrechtsdogmatik 的恰当的中文翻译，在中国大陆刑法学者之间至今仍然存在较大的分歧，在法理学上也是如此，但关于刑法教义学这一概念所表达的意思，则是明确的。用德国刑法学者罗克辛教授的话说，刑法教义学是一门研究法律规定的解释体系化的发展，以及刑法领域中的各种科学理论观点的学科，它通过自己与现行法的联系和自己的方法，和刑法史学、刑法比较学是离不开的，并且也与刑事政策学是离不开的。刑法科学是实践科学，其核心必然是刑法教义学。因为刑法教义学是刑事立法和刑事司法的桥梁，它的入口是刑事立法，出口是刑事司法。在传统上，刑法教义学将现行刑法规定视为信仰的来源。现行刑法规定是刑法教义学者的解释对象，也是解释根据。在解释刑法时，不容许以非法律的东西为基础。对刑法教义学者而言，现行刑法就是圣经。因此，人们把根据现行刑法的规定对现行刑法进行阐释的学问，称为刑法教义学。

这种刑法教义学的学术倾向在近代刑法学之父费尔巴哈那里体现得极其明显。在他之前，人们习惯从哲学原理中寻求可罚性的根据，理论家们以愚蠢的自我陶醉态度去嘲笑刑法中极其严谨缜密的概念的必要性。费尔巴哈从康德的实然与应然二分法出发，主张从法令中寻找刑事可罚性的根据，服从法律的权威。费尔巴哈认为，在刑法中需要严格的概念、绝对确实的原理。他说："我们不应在哲学原理中追求可罚性的根据。适用刑罚法规之际，使用哲学性原理有违刑罚法规的本质。法律是神圣的。对一切违反法律的人，要命令其接受法律规定的刑罚。"在费尔巴哈那里，刑事可罚性的根据才完全建立在实在的基础上。例如，费尔巴哈认为，不作为犯罪总以某个特殊法律根据为前提，而这个特殊的法律根据构成了为一定行为的义务，如果没有这个法律根据，不作为人就不能成为不作为犯。虽然这样一种关于不作为犯的理论——今天称为形式的法义务理论——在今天看来是不正确的，但在传统的刑法教义学寻找形式标准的立场上，它却是当然的结论。

刑事政策这一概念本身最早是费尔巴哈提出的。他认为，刑事政策要求在制定一部符合理性的刑法时，必须考虑各种特殊的关系和条件。但特别注意，正如劳东燕教授所说，费尔巴哈是在立法的意义上使用刑事政策的概念。刑事政策被放在刑法体系之外，追溯到刑事立法的智慧。而刑法教义学是对刑法规定进行理解和阐释的学科，必须服从刑法规定。这样，通过把刑事政策排除在刑法教义学之外，费尔巴哈就开始并完成了——下面是陈兴良教授的话——由自然法意义上的刑法理论向实在法意义上的刑法理论的转变，为此后的规范刑法学和注释刑法学的发展奠定了基础，开辟了道路。刑法的概念体系和知识体系都仅仅以有效的刑法为根据来建立，这就是传统刑法教义学的特色。传统刑法教义学认为，刑法教义学不是对预设的刑法进行创造，而是对预设刑法的认识。刑法秩序被假设为封闭的体系，它为一切刑事案件准备好答案，但这一答案可能是看不见的，刑法教义学的任务就是揭示这个看不见的答案，揭示的方法就是刑法解释。因为刑法解释只是澄清现有的东西，而不允许塑造，所以，刑法解释的视野被严格限制在刑法规定上，结果的理性和目的性——即刑事政策问题——不容许在刑法教义学中发挥作用。这就是传统的刑法教义学。

这种刑法教义学被认为是有利于法治国家的。因为它为法官适用刑法提供了稳定的指导，从而排除刑事司法的任意性。但是，上述意义上的传统的刑法教义学，不仅在科学性上曾经颇受指责，而且在实用性上也饱含疑问。传统刑法教义学建立在对刑法权威的信仰上，因此有人指责，作为教义学两大分支的神学和法学都不是科学，因为它们都缺乏科学的批判精神。奥地利法史学者在《欧洲和罗马法》中指出，法学与神学之间有亲缘关系，并据此否定了法学的科学性，因为法学并不查明真实的情况。德国检察官在 19 世纪时就指出，法学不是科学，因为它不像自然科学，它的研究对象不具有固定的性质，以至于人们通过几个世纪探索建立起的体系说，不定哪一天就会被一张新出土的羊皮文献彻底摧毁。传统刑法教义学把刑法秩序解释为封闭的体系，认为从刑法典中就能找到解释一定现实问题的答案，否定刑法秩序的开放性，没有根据社会发展来丰富刑法规范，容易使刑法规范丧失处理现实问题的能力。在今天，人们已经完全看清传统刑法教义学的这一缺陷，也就是仅仅形式地解释刑法，把刑法看成封闭的，这样就无法解决现实生活中的各种问题。但是，过去人们对传统刑法教义学的科学性的指责，在今天的民主法治国家里已经失去了针对性。在现代的人民代表大会或者议会的民主体制下，完全不可能存在大体上违反自由、人类尊严和人道主义的法律。这种民主体制下的法律不可能是纯粹道义的体现，相反，在民主法治国家里，经过法定程序制定的法律，总是更多地体现普遍的社会要求，法律是自由、公正、理性的人类的最高价值的体现，大体上符合人类尊严和人道主义的要求。只要刑法是有效的，就应服从刑法权威，这是现代民主法治国家的当然要求。任何以刑法条文的要求不符合自然法、正义或以脱离实际为由而否定刑法效力的做法，在现代民主法治国家都不具有正当性。

然而，对传统刑法教义学的实用性的质疑却促进了刑法教义学由封闭到开放的自我转变。从李斯特的古典刑法学经威尔泽尔的目的论刑法学，到罗克辛、雅各布斯的目的理性刑法学，刑法教义学的这一转变经过了漫长的岁月。在费尔巴哈那里，刑法被认为在刑法典中都能找到答案，李斯特在这一点上和费尔巴哈是一致的，也认为刑法应该被形式地解释，构成要件是客观描绘的东西，责任仅仅是心理责任论。但是从李斯特开始，陈兴良教授对此有深入研究，就在犯罪论部分作形式的解释，但在刑罚论部分又强调刑事政策的要求，这就存在着李斯特的鸿沟。这个鸿沟的克服，经过威尔泽尔，形成本体论思考。威尔泽尔从目的行为论出发，认为人的行为是根据目的、构造出发，但他也强调社会相当性和价值判断的问题，他总是想把价值判断和本体论结合在一起。但后来，罗克辛和雅各布斯从纯粹的目的理性出发建立体系，不再考虑本体论的东西，而坚持从刑法的目的和任务出发来建立刑法的体系。因此，如果不考虑刑法的目的和任务，就无法确定刑法的概念内容。这个观点形成的过程是相当漫长的，在此不赘述。

现代刑法学者不再把刑法秩序看成是封闭的体系，不再认为仅仅形式地解释刑法就能实现刑法要求的正义，而是认为刑法科学是一个开放的体系，它的内容必须由刑法的目的和刑法的任务来确定，这在今天的刑法学中是没有疑问的。如果不把刑罚目的等内容纳入刑法体系之中，将会造成刑法适用的恣意性。关于这一点，如果有兴趣，可以看陈兴良教授的文章。现在的问题在于，刑法教义学到底需要怎样的刑法目的，什么才是符合理性的刑法目的？这是问题的关键。一个目的理性的刑法体系如何建立？关于这一点，我国以张明楷教授为代表的部分刑法学者，选择了以罗克辛教授为代表的法益保护说，认为刑法的目的是保护法益。张明楷教授说，因为各种犯罪都是侵犯法益的行为，用刑法与犯罪作斗争，正是为了打击犯罪从而保护法益，大的目的是预防犯罪。之所以要预防犯罪，是因为犯罪侵犯了法益，预防犯罪是为了保护法益，这正是刑法的目的。以周光权教授为代表的部分刑法学者认为，犯罪行为因为扰乱了刑法保障规范合法性的期待，所以成了一种需要排除的东西，但是刑法最重要的是要保护法益。他认为犯罪是侵犯了规范上的期待，对规范有一种否定，但他又说最重要的是侵犯法益。在我看来，周光权教授的这种观点和雅各布斯的规范维护说，有一定的联系，但总有一种立场的摇摆和妥协。为了确保刑法教义学在科学意义上所要求的体系上的一贯性，本人坚定地选择雅各布斯教授所主张的法规范维护说。

法益保护说认为，刑法的目的是保护法益，犯罪是对法益的侵害。但法益侵害这个说法其实大多是表面性的，例如，把故意摔他人贵重花瓶的行为解释为毁坏财物，并进而解释为侵犯他人法益，但更重要的是，在摔花瓶的行为中体现了怎样的法规范意义，它在什么情况下是有意义的？你为什么要摔这个东西，是因为你说这个东西是他人的，但他人并不重要，我就想把这个东西当做自己的东西摔，这才是有规范意义的。如果他不仅摔碎，而且还知道这样摔不对，这个法规范不需要尊重，这才具有刑法上的意义。只有在摔这个东西之后，其行为所包含的规范上的意义才是刑法上要重视的。行为人并不尊重他人的财产权，以至于像对待自己的东西一样任意处置他人财物，这才是刑法上要重视的。

一个纯粹对法益进行侵害的行为并不需要刑法加以惩罚。尽管法益这个概念是教义学中方便使用的重要术语，但是法益本身不过是人的法规范本质——自由——的实现条件。自由对人来说才是最重要的，法益是实现自由的条件。法益侵害是法规范否认的现象形态，是法规范否定的认识工具，法规范否定才是法益侵害的本质。很明显，在刑法中，重要的并不是法益受到侵害，而是谁应当在法规范上对法益侵害负责。例如，甲买了一辆美国进口的高级摩托车，根据该车的科技性能，在以每小时 60 公里以上的速度行驶时，一般人只有集中注意力操作才安全。甲的邻居乙为人轻率，一天，乙向甲借这辆车，说要带妻子回家，甲把车借给了乙，并告诉乙这车很灵敏，一定要好好开。乙答应了。乙把车开走后，甲在家期待着乙和其妻因交通事故受伤的消息。3 小时后，乙在高速公路上出了车祸，把妻子摔伤。问题是：甲是否对乙妻子的伤承担责任？这里有因果关系，甲也能认识到事故发生的可能性。结论是，尽管有因果关系，尽管甲希望乙的妻子受伤，但甲也不会对乙的妻子受伤承担责任，因为防止乙的妻子受伤是乙自己的事。因此，只有以法规范上可归责的方式引起的法益侵害，才具有刑法上的重要意义。

认为刑法的目的是保护法益，并不能给刑法教义学提供好的基础。法益保护说会导致刑法处罚范围的扩大，因为把行为人的主观危险想法当做犯罪来惩罚，总是能更好地保护法益。不应从法益保护中推导出刑法的终极价值。相反，法规范违反说才是真正客观的，因为只有行为并且只有侵犯他人外在自由的行为，才是违反法规范的。任何没有损害他人外在自由的行为，都没有违反法规范，因为法规范仅仅保障人的外在自由是否改变。法益保护说可能导致对重要的刑法规定产生怀疑。例如，在打击受贿犯罪的司法活动中，很难说实现了法益保护，因为打击受贿犯罪所花费的代价和收到的效果往往不成比例。而且，越是严厉地打击受贿，就越是抬高了行贿人的成本，会使受贿人用更高超的方式为行贿人牟取更大的利益，从而导致法益的更大侵害。因此惩罚受贿犯罪并不必然带来更大的社会利益。尽管如此，还是需要惩罚受贿犯罪，理由就是规范意义。国家工作人员按照法律公正地履行职责，是现代民主法治国家的基础。禁止国家工作人员收受贿赂的法律规范必须是有效的，否则就不能保障现代民主法治国家的基础。

法益保护说并不能很好地解释德国刑法中的某些规定，相反，法规范维护说就能作出较好的解释。例如，《德国刑法》第 173 条规定了亲属相奸，成年的两兄妹之间自然发生性行为要依法判刑，虽然他们都是成年人，没有损害什么利益，但在德国要受惩罚，因此，支持法益保护说的罗克辛提出这个规定要废除。当然，也有人说这损害了法益，因为他们会生孩子，这个孩子可能是畸形的。但这个解释没什么道理，因为这一条并没有说只有没有采取防护措施的亲属相奸才构成犯罪，并不是说只有具有生孩子可能性的情况下才触犯这一条。但法规范保护说认为还是有处罚的必要性的，因为兄妹是个家庭，当社会还需要家庭时，家庭中成员的角色是不能变更的。兄妹的角色是固定的，所以兄妹不能发生性行为。

这种法益保护说也不能很好地解释我国的《刑法》规定。我国《刑法》第 20 条规定了正当防卫。正当防卫要针对不法侵害，但何为不法侵害，是客观判断的还是要考虑主观方面？张明楷教授认为，不法是客观的，不论是精神病人还是儿童，只要侵犯了法益，就是不法。张明楷教授同时主张，被精神病人侵害时是可以防卫的，但这时防卫要有限度，要尽可能躲避，实在没有办法时才可防卫。他为什么要提出这个观点？因为正当防卫人是不要退让的，你侵害我，我可以主动反击，但张明楷教授却说要退让。刚开始张明楷教授说，这是人道主义的考虑，因为对方是精神病人；但后来他又发现人道主义的考虑不是法益保护说的理由，因为法益保护说不能从道德角度考虑，而要从法益角度考虑，所以他在教科书第四版又提出，在这种情况下还是要尽可能避免对精神病人进行过分的伤害。但为什么要逃避呢？是因为我们的法律要最大限度地保护法益，对精神病人和儿童也要最大限度地保护。但是为什么只最大限度地保护精神病人，而不是最大限度地保护正常人？这总是一个问题。在规范维护说的立场上，我认为，对精神病人或儿童完全不可以正当防卫，因为他们对这个法规范的意义完全不理解。他侵犯你时，他的行为在规范上没有任何否定。他没有规范上的能力，没有否定规范的能力，因此他的行为根本不是不法侵害。因为他不能产生在交往的意义上对规范效力否定的可能性。因此，一个精神病人的行为在法规范意义上和自然现象是一样的，他没有引起规范保护的意义，他的行为不是不法侵害。因此，法规范保护说才认为不能对其正当防卫，只可以进行紧急避险，对其损害要尽可能地控制在最小限度之内。两种学说在结论上一样，但是认定的理由却不一样，虽然都是说要对精神病人的攻击行为尽可能退缩，但两个学说认定的根据不同。

这是刑法教义学的立场，即刑法教义学要解释刑法的规定。但怎么解释，立场是什么，是法益保护还是规范维护，是大家都面临的选择。不同选择导致不同结论。雅各布斯教授有个著名的例子：一个大学三年级学生物的学生去餐馆打工，在端菜时一眼发现客人点的蘑菇是毒蘑菇，他想这个事跟他没关系，就把盘子端给客人吃，结果客人死了。问其是否要承担责任？有人认为，这是间接故意的故意杀人，如果说吃了一定会死，还可能是直接故意。但在雅各布斯看来，这个行为不是犯罪，主要理由是规范理由。在我们这个社会里，今天这个社会，主要特点是他是“匿名”的，当我走在路上时没人知道我是谁，所以社会对我的要求就是对一个普通的行人的要求。学生在餐馆里端盘子，客人对他的要求就是端盘子，我们从来不期待他端盘子时端的菜不是有毒的，这个期待不是对端盘子的人的期待，而是对餐馆主人的期待。所以在匿名的社会中，他的客观角色决定了他的行为在客观上要承担的责任。这个行为引起的其他后果不应由他承担，应由其他人承担。而如果从法益保护角度说，因为这个人死了，就可能要求他承担责任。

社会是由法规范的交往性构成的，法规范是人们行动时的标准定位模式，有什么样的社会就有什么样的法规范，反之亦然。法规范是社会真实形态最重要、最核心的内容，因此，法规范总是与社会的真实性相契合。以法规范为基础建立的刑法教义学体系是规范的、开放的体系，因为规范总是和社会的内容一起变化的，因此它是具有包容性的，更能适应社会的发展。这是我们所说的刑法教义学的立场，这是第一点。

第二点，我讲一下刑法教义学的方法。

如果站在法规范立场上说刑法是要维护法规范的效力，在这个立场上要如何解释刑法的规定呢？一般来说，解释起来没有太大问题，我们可以用传统的解释方法来解释，如论理解释、文理解释等，但在一些特殊的情况下，需要有特殊的考虑。一般来说，刑法解释有三个步骤：

第一步是要基于先见去理解。刑法条文要解释，首先要理解，即基于先见去理解。我们在解释刑法规范时是有先见的。先见就是脑子里已经有的东西，我带着先见去看条文，这很重要。去看刑法条文，并不是没有在任何想法的情况下去看，因为那是看不出东西、看不出意义的。你要看法律条文的意义，你就要有先见。先见是两个方面的：一方面是个人的先见；另一方面是群体的先见。个人的先见是我自己对刑法条文含义的想法，这个很重要，我们不能放弃这一点，但这个先见依然只是个人的见解。刑法条文是有社会含义的，一定要考虑群体对法规范的看法，一定要同时想到其他人是怎么看的，学者是怎么看的，判例是怎么看的，司法解释是怎么看的，这些都属于先见。对刑法条文理解的第一个步骤，就是根据自己的看法、群体的看法和判例的做法来理解刑法条文。在个人的先见和群体的先见不冲突的情况下，就能得出一个结论，法官一般就可以据此判决。但如果发生冲突要如何处理？我们一定要考虑群体的见解，但不能放弃自己的看法。完全有可能学者都是错的，但是，要如何去论证你的看法呢？

第二步是实践理性的检验。看哪些观点在实践中是可以被接受的。实践理性是普遍理性，是我把我的方法跟你商量看你是否接受，你把你的做法跟我商量看我能否接受。实践理性的结论，是指这个结论在这个社会中——我要强调，是在一个规范的社会中——是可以接受的。规范的社会，是指法共同体的成员都愿意接受这个规范。我们都属于法共同体的成员，在这种情况下，看这个结论是否能被接受。所以，一个符合实践理性的结论总是在一个规范的社会中，经过法共同体成员的商谈和论证，并在这个辩论的过程中形成最后的结论。

第三步是法律根据的检验。一个符合实践理性、有先见支持的解释，还要经过最后一个解释的步骤——法律根据的检验。一个符合实践理性的结论是否有法律上的根据？刑法教义学总是从法律规定出发的，离开法律规定说这样做是符合理性的，这有可能最终回到自然法的意义上。用一个未来更好的东西代替现在的时代，这样做是违反法治国家的要求的。法治国家要求的一个做法是实践中可以接受的，同时还要有法律根据。法律根据的检验，有以下几点要特别注意：

第一，刑法教义学的解释结论不能和刑法条文的规定相冲突。刑法教义学不能说法律规定是错误的，正如张明楷教授所说，法律不是嘲笑的对象。在解释的时候，不能得出一个否定法律的解释结论，或者与之相冲突。我记得有一个死刑讨论会，讨论死刑的适用，山东省高级人民法院有一个死刑审判庭庭长说他是反对死刑的，死刑案件他都判处死缓，因为他是死刑废除论者，所以不能判死刑立即执行。但法律规定了死刑立即执行，死刑立即执行有它的条件，符合这个条件的死刑案件你为什么非要判一个死缓？云南省高级人民法院说李昌奎不能判死刑，理由是要为未来中国刑事司法判决立一个标杆。这就不是刑法教义学。不能通过一个行为否定法律的规定。刑法教义学的解释结论不能和法条相冲突。

第二，刑法教义学的解释结论应当与法律条文的表述相联系。解释时要想办法和刑法条文的表述联系起来，必须与法律的表述相一致。在这方面，张明楷教授有很多智慧。比如，很多地方的养老院把他们养活的人遗弃到外面，是否构成遗弃罪？有人认为不构成，因为遗弃罪是针对家庭成员之间的遗弃，但是养老院的人不是家庭成员。张明楷教授提出反对，因为“79 刑法”把遗弃罪规定在破坏婚姻家庭中，而“97 刑法”是规定在侵犯公民人身权利一章中的，所以，现在只要侵犯公民人身权利，就能构成遗弃罪，这就找到了一种解释方法。北京发生过一个案子，丈夫没钱给妻子看病，就伪造了一个章，骗了药费。这个行为是否犯罪行为？如果有人认为，他不是犯罪，他爱他妻子，爱是最高的价值，他没有错，那就不符合刑法教义学的要求了，因为这种说法没有与法律联系起来，与一个法律规范联系起来是必需的。比如说，法律规定丈夫应该给妻子治病；如果他用违法的方式，那可以说，这是一个义务冲突。一方面，不能通过诈骗来为妻子治病；另一方面，要履行婚姻法或刑法上救护妻子的义务，否则可能构成故意杀人，再经过一些解释，就可以说不是诈骗。总之，要有法律上的解释，与法律联系起来。

第三，刑法教义学的解释结论应当服从刑法的内部核心，必须在刑法内部体系中和谐。例如，我国《刑法》第 48 条规定了适用死刑的条件——罪行极其严重。有的学者说，罪行极其严重是 1997 年《刑法》的规定，1979 年《刑法》规定的是罪大恶极。罪大恶极和罪行极其严重不同，罪大恶极是客观上的危害和主观恶性的统一，而“97 刑法”把罪大恶极改掉了，罪行是客观的。“97 刑法”的规定不合理，应该采用“79 刑法”中罪大恶极的规定。这个解释是荒谬的，尽管今天还有一些人同意。刑法条文中使用“罪行”一词时，指的并不是客观危害，所有罪行都是主观和客观的共同体，没有主观的客观行为不是罪行。在解释罪行极其严重时，必须联系刑法典其他条文的规定。按我的理解，要看《刑法》第 121、239 条对绝对死刑的规定。

法律说这种情况下必须判死刑，那就是罪行极其严重。暴力劫持航空器致重伤死亡的，就是罪行极其严重。我就可以解释为，以暴力行为致人重伤、死亡的，就是罪行极其严重。比如，贪污行为致人重伤、死亡的，就可以说是罪行极其严重，而如果只是数额特别巨大，但没有致人重伤、死亡，那也不能适用《刑法》第48条。比如，对贪污一所小学危房改造款的行为，如果明知它的用途却贪污了，导致小学危房不能改造，有一天小学危房塌了，造成学生重伤、死亡，就可以判处死刑。这种解释就是符合刑法体系的解释。

第四，刑法教义学的解释结论应当有利于维护法秩序的统一。刑法的解释要和宪法、民法等其他规定结合在一起，至少不能和它们冲突。民法上的侵权行为可能不是刑法上的一个犯罪行为，但是民法上的一个合法行为我们怎么都不能把它解释为刑法上的犯罪行为，否则法秩序就不统一了。乙向甲讨债，甲知道如果把钱还给乙，乙就要拿钱去贩毒，甲仍然将钱还给了乙，甲是否为贩卖毒品的帮助犯？在民法上，甲有义务还给乙钱，既然如此，就不能把甲还钱的行为解释为贩卖毒品的帮助犯。但也有人认为，在还钱时，甲必须对乙进行劝说，或者报告警察。但无论如何，说甲还钱就构成贩毒的帮助犯是不合适的。

刑法教义学通过符合目的理性的解释，塑造刑法规范，努力在刑法规范中实现正义。在最近的日子里，太多像摔死手推车中的婴儿一样的暴力惊扰着我们的生活，面对日常生活中发生的文明危机，刑法教义学要用实在法的智慧来守护法规范的意义，要为法规范共同体每个成员努力达到的目标寻找到实现它的法律资源。

感谢大家！

曲新久　在这一个小时内，冯军教授清晰地阐述了他的2—3万字论文的核心观点。

如何看待法益保护和规范维护这两个观点，是刑法学界中的难题。这个问题也是法理学上的难题，部门法领域中的难题，也就是法律是什么的问题。这个问题至今没有解决，也是不可能解决的问题。如果这个问题解决了，就意味着人类的毁灭。有些问题是只要人在问题就在。所以法律确实是一个不容易的职业。我知道张明楷教授持旗帜鲜明的法益保护说，我和他一致，唯一不同的就是关于本质和目的的关系。所以我特别想听张明楷教授对冯军教授的报告做什么样的批判。我们有请评论人！

张明楷　冯军老师讲得很好，但我首先要指出他的矛盾：他一方面抽象地说我在刑法教义学上取得了巨大成功；另一方面对我的观点作出了许多具体的批判。

在演讲中，冯军教授强调法学的科学性，但我认为，法学仍然是一个价值判断问题。大家想想，英美法系和大陆法系在实体法、程序法上存在很大区别，但很难说哪个好哪个不好，都是各有道理，有些都可以接受。比如，像受贿罪为什么要处罚、近亲相奸为什么要处罚等，用法益侵害说也应该可以解释吧。按照冯军教授的话说，对近亲相奸处罚的原因是不允许损害家庭构造，那近亲相奸损害的法益就是家庭构造。但我觉得可能问题不在这。像我平常讲的，每个人都会觉得是对的，不可能像我讲的，每个人都认为是错的。我以前提倡学术批判，但我越来越发现学术批判作用很小，因为没有人会接受学术批判。一个人不可能说服另外一个人。所以我常常提倡学术反省。

接下来我要反省一下我为什么没有采取雅各布斯的学说，而采取了法益侵害说：

第一，是阅读范围，我读雅各布斯的书很少。雅各布斯的东西读起来很困难，不明觉厉。读法益侵害说比较多，比如罗克辛等，读得很轻松，很容易接受。冯军教授不一样，他在雅各布斯那里待过很多时间，而且翻译了他的《刑法总论》，尚待出版。

第二，是导师的缘故。我非常尊敬的，当然也是冯军教授、刘明祥老师非常尊敬的江任天老师，就是法益侵害说和结果无价值论者。他在 1984 年《法学研究》上有篇关于强奸罪的文章，讲的是一个被告人半夜翻窗户趁邻居女性睡觉的时候强奸之。结果在强奸过程中对方醒了，被告人要跑的时候，对方把他抓住不让他跑，说你怎么现在才来。江任天老师主张无罪，是彻底的结果无价值。

第三，我以前隐隐约约，今天更相信，雅各布斯的观点主要是琢磨人，通过琢磨人去琢磨事。而法益侵害说则相反，主要是琢磨事，通过琢磨事去琢磨人。比如，雅各布斯讲的人对法规范的态度、精神病没有法意识等，主要都是琢磨人。而我不太喜欢琢磨人。

第四，我觉得采取的观点要符合中国的司法现状。我一直觉得中国的刑讯逼供问题严重。如果我们仍很注重主观的东西，我觉得很危险。而如果坚持客观的话，那警察或其他人的刑讯逼供就没有多大的用处了。客观上正当的行为，如果因为主观上有不好的想法就要定罪，或者有什么抽象危险就定罪，我觉得是很危险的。

第五，我不希望中国的刑法理论长时间的不区分违法和责任。雅各布斯的观点就是，要把人的能力拿来判断他的行为是否违法。比如，一个精神病人的行为不是违法的，是因为他没有法规范的能力，那就会导致违法和责任不分。我不赞同这样做，我觉得这样做会带来很多问题。德国“分久必合”有可能，但中国一直就是合着。我觉得现在是要分的，我们还没分开就要合回去，所以我觉得拿到中国不太好。

最后，我不希望国家和国家机关对国民个人的良心干涉太多。比如偶然防卫，一个在客观上完全阻止了不法侵害、保护了合法权益的行为，还要因为主观上没有正当防卫的目的而定罪，我觉得干涉太大。客观行为符合规范就够了。刘老师带了个学生，曲老师也带了个学生，他们都想去看演唱会，但老师要求他们来听讲座。结果一个学生走错地方了，不小心走到了讲座会场就走不出去了。按雅各布斯的观点，他心里还是想看演唱会，所以要处罚。而另一个学生也来听讲座了，但老师对他进行逼问，问他是不是想去听演唱会，强迫他交代，这是很危险的。

刘明祥 虽然我不赞成冯军教授演讲中的部分观点及内容，但他的讲演很精彩，让我很受启发。冯军教授是规范维护说的代表，而张明楷教授是法益保护说的代表。明楷是我师兄，冯军是我师弟，我夹在中间，比较折中。在我看来，法益保护说、规范维护说两种学说各有自己的优势，但是在解释的结论上没有什么差异。是否应该搞点折中？我觉得确实是应该思考的问题。

我记得不太清了，可能冯军教授知道得更清楚——大塚仁教授曾经说过，法益侵害说不能解释刑法的所有问题，比如是否要采取一点义务违反说，他举了个例子，日本刑法中有遗弃罪，分为普通遗弃罪和保护责任者遗弃罪。侵害法益完全相同，一个处罚重一个处罚轻，那就是因为保护责任者对被害人有义务，所以处罚得重一点，根据义务违反说，违反的义务重，所以处罚重。同样，侵犯财产罪中的抢劫、盗窃、诈骗等犯罪，为什么侵害的法益完全相同而处罚有差异？也就是说完全按法益保护说可能不行，要采取一点别的学说适当弥补。

今天听了冯军教授的讲演，听了他讲的关于违法性的问题，使我更坚定了这种观念——仅仅从客观方面看待违法是有问题的，还要考虑主观因素。但我又不赞成他讲的关于防卫方面的两个问题，即认为采取法益保护说不行的观点。比如，无责任能力人不能成为正当防卫的对象的观点，和我的观点是一致的，即对无责任能力人的行为可以紧急避险，但不能正当防卫。但是按法益侵害说也可以作出这样的解释，因为法益侵害说的不少学者也持主观违法性论。又如，关于偶然防卫的观点，并不是规范维护说才能得出你的结论，法益侵害说同样也行。本来是想实行故意犯罪，偶然达到防卫的效果，产生好的效益，对特定人好像不存在法益侵害，但因为他主观上有杀人故意，客观上有实施杀人的行为，对社会上一般人的生命安全构成威胁，只是由于偶然巧合才达到正当防卫的效果和目的，因此，这种行为也是侵害法益的，按法益侵害说也能得到合理的解释，把他当犯罪处罚是没有问题的。再如，不能犯未遂的问题，行为人当时以为对方没死，又去开枪，这就是刑法理论上讲的对象不能的问题，通说还是认为是杀人未遂。杀人未遂为什么还说侵害法益呢？尽管对被害人生命保护的法益不存在，他的生命已经失去了，不存在保护他人生命的问题，但是对社会一般人的生命安全是要保护的。杀人未遂，把他当犯罪，是因为这样会使社会一般人有安全感。

冯军教授提的这几个例子，说是按照法益保护说不能解释。刚才张明楷教授又提了两个，我觉得都是有道理的。其实你的这几个例子，包括正当防卫、偶然防卫，还有国家工作人员非法拘禁为什么要从重处罚的问题，此外还有非目的性犯罪的惩罚问题，你举的贷款诈骗和没有诈骗目的的欺诈型贷款，强调为什么后者处罚要轻些，以及按法益保护说不能解释。我觉得可以解释。因为有非法占有目的的欺诈性贷款从根本上侵害了他人的财产所有权，没有非法占有目的的欺诈性贷款是想还的，没有在根本上侵害他人的财产所有权，侵害法益的严重性要轻一些。

再有，冯军教授提到，对有些犯罪的处罚按法益保护说是不能得出合理解释的，这样的问题确实存在。比如，侵犯财产的犯罪，侵害的法益是一样的，为什么处罚会有差异？这样的问题两种学说都无法解释。侵犯的法益一样，违反的都是不得侵犯他人财产所有权的刑法规范，都违反同样规范，为何处罚轻重有差别？故意杀人和故意伤害，都是违反规范，但处罚轻重不同，规范违反说也不能得出解释。但反过来法益保护说倒好解释一些：因为侵犯的法益重要性程度有差异，所以杀人罪处罚重，伤害罪处罚轻。在我看来，这两种解释对许多问题的解释结论是一样的，思路稍微有一些差异。因为，按法益保护说，法益保护是从本意上来说的，而法规范保护的利益就是法益。当然，要考虑行为本身是否为违反法规范的行为。不是违反法规范的行为，就不存在侵害法益的问题。比如，一个人把一个非常贵重的花瓶砸了，可以说这个是侵害法益，但如果是被害人同意他砸，我们就说他不违法，当然这种行为就不侵害法益。这个道理很简单。

我就说这么多。

阮齐林　冯军教授是一个博学的教授，专业基础非常扎实。他翻译的很多书，长期都是我学习和教学使用的参考。他先师从大塚仁，后师从雅各布斯，学贯德日，在我们这辈学者中有难能可贵的学术功底。

今天冯军教授讲了三个问题：

第一，教义学及其发展的问题。但是在这个地方他只讲了一半，即在费尔巴哈那里其实政策放在了教义学之外，只对立法有引导；到李斯特时，他让刑事政策进入到刑法的一半，他认为犯罪论是教义的，而政策关系到刑罚，考虑预防犯罪、社会防卫、社会责任等，因此，李斯特让政策进入教义学，但只进入了一半，所谓的李斯特鸿沟即如是；到了雅各布斯和罗克辛，则是让刑事政策进入到了犯罪论，进入到了刑法的目的，而不是刑罚的目的，刑法目的就统帅了整个刑法。因此，他就构想，如果刑法的目的、任务是为了维护规范，刑法就应该把违反规范的行为当做其对象——犯罪——处罚，所谓的犯罪本质论就采取规范违反说，当然更彻底的就是刑罚论上强调的答责问题。这样，他就形成了自己的整个犯罪论体系。而在其之前的费尔巴哈、李斯特、威尔泽尔等则不同，他们都是观察到犯罪现象来描述犯罪。但是罗克辛则是虚拟了一个基石，就是刑法的任务是维护规范，以此来确定犯罪的本质和刑法的目的，并在此基础上搭建其犯罪论体系。这里，他突破了李斯特鸿沟，使政策成为整个刑法的基石和基本理念。罗克辛说他的犯罪论的体系是政策，而其前面的很多人的犯罪论体系是存在，这是有深意的。冯军教授对历史的演变讲得非常清楚。在费尔巴哈那里也讲政策，罗克辛也讲政策，但费尔巴哈的政策是在教义学之外，而罗克辛的政策是在教义学里的，是作为整个犯罪和刑罚的基点的，并由此也导致整个关于构成要件该当性、违法性、有责性三个重要范畴的判断基点发生了巨大变化。这是使我们深受启发的。

第二，冯军教授具体而生动地给我们讲解了教义学的方法和步骤，对我们大家有非常大的启发。我们都讲教义学，要求规范解释刑法，但到底应该怎么操作，按什么步骤进行，大家都很迷茫，语焉未详。冯军教授举了很多例子，包括死刑的例子，李昌奎和山东法官等；还讲到我们学习法律每个人适用法律时应该有先见，其实就是知识基础：包括个人的和历史的、前人累积起来的，还有老师传授的、法律群体的基本的东西。冯军教授还讲到了应该和法条相联系。你要得到一个非常需要的结论，要接轨社会的发展，符合刑事政策，还必须要有法律上的依据。另外，他讲到要注重整体法体系的和谐。他还举了一个生动的例子，就是归还毒贩债务的问题。民事上欠债还钱天经地义，至于他拿钱去干什么，在所不问，如果你问，就等于否定了欠债还钱这个具体的伦理道德规则。为我们具体演绎了如何规范地刑法解释，这给我们很大的启发。

第三，冯军教授非常鲜明地阐明了自己所持的立场——规范违反说。他举了一些例子，认为刑法的目的是为了维护规范，并反对法益侵害说。他这样旗帜鲜明地阐明规范违反说，使我们清楚地看到了一面高举规范说的大旗，这是难能可贵的。因为张明楷教授非常执著地坚持法益侵害说，他又是司法考试的出题人，携着官方的威慑，这就取得了非常大的影响力，所以冯军教授讲的规范主义思想，其实是在抗衡居于通说地位的法益保护说。在多元文化这一点上，我觉得是非常可贵的。

人总是要有立场的。作为我，怎么在立场上站队呢？我觉得这是一个偏好问题。偏好问题就是我们评价犯罪行为的游标，在人、意思、行为、结果之间的滑来滑去。早在惩罚异端邪说的时代，在中世纪蒙昧主义的时代，做出了很多无聊的、诛心的惩罚，因为观念不同的惩罚。因此作为反叛，自由主义和人本主义的精神更看重事后问责，少事先干涉。刑法要惩罚那些确实对我们的切身利益有害的东西，作为被规制者的民众也要求国王，只有当我犯了错后你再来收拾我，再加上自然主义的时代崇尚科学，所以这时的游标重视的是行为之结果。当时崇尚的是因果的行为观、客观不法，人的行为引起外界的变化就构成对法益的侵害。而主观上则是心理责任，认知到行为事实，就属于有故意或过失，这是非常清楚的。客观不法、主观有责。

追究人的行为，首先要求他的行为切实损害到了我们的利益，不能看他的态度。首先要重视结果。应该说，在那个时代这种精神是非常重要的，是对中世纪蒙昧惩罚的反叛。那时评价行为要素——人、意思、行为、结果，更看重的是结果。但后来规范主义认为，重要的是维护规范。如果人不偷盗、不杀人，人人循规蹈矩，就不会发生法益侵害的事实，所以评价的游标就由结果无价值开始往前移动，移动到行为、意思，甚至移到人格。这确实是一个偏好问题。对于这两种不同的偏好，重视规范人的行为还是重视保护法益？我选择后者。原因有两点：

第一，在中国的背景下，整个司法和历史的积淀，还没有达到法治国那么高的境界，包括司法人员受的教育，可能还达不到精细把握行为样态的程度。如果过分强调人的行为态度，就会导致选择性执法和执法的随意性。这一点包括政法委也害怕，生怕警察随意选择执法。所以，伤害规定要轻伤，对盗窃规定数额要较大，否则就只能治安处罚。这确实要考虑中国的背景。

第二，刑法的时机。我们的刑法惩罚往往是在犯罪发生以后，刑法介入的时机恐怕还是强调事后问责比较好，要造成了已然的侵害再问责，这在目前的背景下更适当。这是我赞同法益侵害说的基本想法，但其实我也很纠结。因为我们国家确实在司法上表现出极端的客观主义、极端的重视结果。这时，可能多讲一点规范主义的思想，能起到调和作用，可以缓和极端的客观主义和极端的结果论。但另一方面，如果过分讲究规范，在中国社会主义初级阶段的司法环境下，忽视结果也会导致司法的随意性，会侵犯公民的权利。这些问题也是永远纠结着，是时机问题，也是时代的背景问题。

林维　我讲几点学习的心得。

第一，我同意冯军老师在第二部分所讲的解释的过程，以及提出的有关先见的观点。通过对先见不停地循环论证，最终达到一个更为接近正义的结论，这个我赞成，所以我也主张每一个人所作的解释不要像数学公式。说我们有一个问题，不知道我们会得到什么样的结论，正如我们做题时不知道什么是答案，但我们会遵循固定的程式一步步推导，并最后得出结论，我们就相信那个结论一定是对的，只要前面的推导是对的。我们不会检测结论是对的，只会看公理运用得是不是对的。但刑法解释不同。在解释时我们总是在讲前提、三段论，但这不一定是对的。解释一定是有一个先入为主的判断，但这个判断不一定是最后正确的结论，也可能最后的结论和我们先见的判断之间有很大差距，这个差距意味着我们对个人的先见要不停地去验证：要用各种规范去验证，用各种人的正义观去论证，这是一个规范的过程。但先见的形成很微妙。张明楷老师说他接受那个观点，是因为他最早接受的是这个观点，所以就跟着它。我们在形成先见时，每个人价值观的形成是很微妙的，是不容易预先判断的。每个人各自的情况不同，世界观和价值观不同，这才会发生每个人作出的法律解释是不同的这种事情。这是无可奈何的。但我们最后却几乎能达成一致的结论，是因为我们的价值观有个共同微调的标准在发生作用，包括判例经验、文献资料、权威观点影响、普遍价值等。所以我同意这样的解释方法。解释结论不是我们去发现的。发现意味着结论一定是在哪个地方存在着，像发现新大陆一样，它就存在着。但解释结论是发明出来的，各种解释的方法，各种解释的工具和解释程序只不过是用来加强论证我们解释结论的工具。当我们觉得扩张的方法有用时，能辅助证明结论时，就扩张；如果扩张方法不好，用限缩方法才能证明结论的正当性时，就选择限缩方法。方法的选择不是因为有助于得出正确的结论，而是有助于论证我们自己的结论。所以我大体上同意这一点。

第二，我觉得冯军教授演讲的主题可以分为三个部分：一是应该形式地理解刑法规范还是从政策方面实质地把握刑法规范？二是应该采取什么立场，是规范维护或是法益保护？三是应该采取什么方法？但我个人认为，三个部分在逻辑上有不太协调的地方，尤其是关于解释过程的内容，它是冯军老师讲演中最重要的内容。据此，我们应该站在规范维护的角度。可是，我想质疑的是，难道冯军老师所反对的法益保护论者的思维不是这么一个过程吗？也是这么一个过程。我基本上是法益保护论的提倡者，我自己不太确信，因为我有时也用规范维护论，比如教唆未遂，按张明楷老师的观点不应该处罚，但按我的观点应该处罚。我的理由是，这是因为教唆未遂违反了不应教唆他人犯罪的规范。在这一点上我是规范的维护论者，但大体上我似乎是法益保护论者。换言之，这个思考过程不是规范维护论者所特有的思考过程。

第三，正是因为这样的判断，冯军老师讲的很多例子，正如刘明祥老师所言，规范论者可以这么看，法益论者也可以这么看。以偶然防卫为例，在讲防卫意思必要性时会讲这个问题。现在我要问的是，防卫意思不要说和必要说是法益保护论者的内部争论，还是法益保护论和规范维护论之间的争论？是否法益保护论就一定支持防卫意思不要说？反之，凡是主张防卫意思必要的就一定是规范维护论？好像不是。因为讨论防卫意思必要说和不要说的，往往都笼统地主张法益保护的观点。进而，我认为冯军老师讲的很多例子并不是站在维护规范的角度。比如德国亲属相奸的例子，他认为解释的主体适用这个法就好，不要去考虑其他的。因为有很多法益维护论者认为这个法条没有法益侵害，所以应该取消。但这个取消是应然意义上的，而不是规范实践适用意义上的。而冯军老师认为，从规范维护上说，规范是圣经，应该去保护。可讲聚众淫乱时，为什么要附加聚众淫乱必须是未成年人之间的？如果是成年人之间秘密的聚众淫乱，按照冯军老师和张明楷老师的观点都认为不罚，那成年人之间秘密的亲属相奸的行为为什么就要处罚呢？这两个规范都是一样的，如果从规范维护的角度讲，明知行为是违反规范却仍去实施，那么刚才说的两种淫乱行为就应当得出一致的结论。所以，除非能找到一个立法上的具体例子，找到一个无法益保护的规范。因为规范本身不能论证自己的正当性和实质意义上的合法性，一定要服从一个更高的目标。不能说因为我存在所以我是正当的，在这一点上，我不主张规范维护说而主张法益保护说。不能仅仅是为了保护规范而保护规范，保护规范不是刑法的根本目的，除非我们能找到一个无法益的规范，或者一个侵害法益但不违反规范的案例。只有找到这样界分的案例，才能说法益保护和规范维护是可以分离的，在一些极端的案件中，我们就必须站队。

最后，冯军老师引了张明楷老师的很多观点，我觉得应该给张老师一个修正他原来学说的机会。冯军老师引用的地方，有两种观点都是张老师的，企图用张老师的言论反对张老师的言论，但是张老师的观点也在变化。我又发现，冯军老师在很多地方赞同张老师，为什么一个法益保护论者和规范维护论者在很多敏感的问题上是站在一起的？这种友情是令人怀疑的。

所以归根到底我还是法益保护论者，但有一些结论可能不得不采用规范论，甚至不一定。比如，特定身份者要加重处罚，用法益论也解释得通，因为对特定身份的人有特殊信赖感，这种信赖也是法益。破坏了信赖，当然要加以处罚。包括一些具体的案子，很多地方我觉得用法益维护论者的观点也能得出和冯军老师基本相近的案例。所以我觉得需要找一些具体的案例让我们更好地解决这个问题。

王世洲　（由学生代读发言稿）

冯军教授的这篇论文文字流畅、论述严整，即使我认为其中若干观点和提法可以商榷，但仍然是一篇刑法力作，是我学习的榜样。我对冯军教授的这篇论文有以下意见：

第一，翻译规则。在法学翻译中强调统一规则很难，但在人名翻译上应当遵循已经形成的准则。现在我国专业的出版社，如商务印书馆、法律出版社以及《法学研究》等刊物都采纳新华社编的《德文姓名译名手册》等工具书的要求。冯军教授把许乃曼译成舒那曼、把阿梅隆译成阿曼隆、把雅各布斯译成雅科布斯，除了白白增加中国读者的困惑外，不知有什么其他的学术好处呢？

第二，对 dogmatik 的翻译有异议。这个翻译是一个学术问题，因为即使在德国对这个词的理解也有争议。冯军教授没有错过我在《德国刑法学总论（第2卷）》后记中对雅各布斯教授的赞美，当然也不会错过我在那里对当代德国法学讨论时对这个词的介绍。我很佩服他对教义学的前世今生所作的完整的梳理，说明刑法教义学应当基于先见的理解和强调实践理性的衡量，不应当把刑法或刑法秩序看成封闭的体系，因此在立场与方法上，把刑法当圣经的传统教义学存在根本不妥。在刑法学发展方向上，这个结论是符合现代刑法学界对 dogmatik 的多角度理解的基本趋势的。遗憾的是，冯军教授已经认识到先见是学者自己的生活经验与见解，是处于刑法规定之外的知识，却仍然坚持使用“教义”这个明显主张处于刑法规定之内的用语。用同一个词表达两个根本相反的意思，冯军教授就不怕说不清自己的立场与方法吗？

第三，信条学首先是一种方法。在现代刑法学中，对刑法条文的认识以及把确定的事实归入确定的条文这样的刑事司法工作的确需要先见。在控辩双方各有的先见中，最重要的当然是先见的基础，这种先见和基础就是信条。控辩双方需要以先见为基础，以法律、事实为根据，符合逻辑的、一致认定自己的主张，才能得到法官及社会正义的支持。现代刑法学在使用这种方法对刑法理论进行体系化后形成的有体系的结论就是刑法信条学。信条的确立和选择对司法实践的进行和理论体系的确立有重要意义。这种使用刑法条文之外的见解和知识所作的论证，在得到司法机关认可后，虽然能成为刑法条文的含义和内容，但这种先见与法条毕竟有根本区别。冯军教授如果同意我的观点，当然就应该认识到，传统教义学不允许以非法律的东西为基本的立场与方法，因为它存在着把解释和学理解释混同为法律的企图。冯军教授如果不同意我的观点，那么先见这个创新点，则除了丧失引导 dogmatik 转向并走向新趋势时本应有的正本清源光彩之外，是否还会产生继续混淆刑法与刑法学的问题？

第四，冯军教授精通日语与刑法理论，不知是否了解刑法理论在 dogmatik 的发展过程中，已经开始从传统转向并出现了新趋势。从日本教授翻译罗克辛教授著作的译文中，我发现日本学者不再把这个词翻译成“教义学”了。日本学者在新的知识面前开始对自己的过去做出一个了断。不知冯军教授在使用“教义学”这个来自日本的过时概念之时，是否考虑创设一个新词，用它强化自己的论证，并对求知若渴的年轻学者作出正确的立场与方法的引导呢？

第五，使用信条的意义。事实上，如果冯军教授彻底贯彻其“先见”的说法，与“信条”的意义就没有根本区别了。使用“信条”可以大大简化刑法学的论证方法，大大提高我国刑法学的思考效率。例如，在法律与规范的关系上，信条就可以围绕法益是否包括规范来提出。在聚众淫乱罪中，有关的信条可以是需要考虑的安全，例如，艾滋病问题中的费用及其是否有偿以及社会风化问题。在聚众淫乱中，公开要约由于与秘密实施相矛盾，因而是不值得讨论的。这样讨论问题的方法是否更符合实践理性，更有利于中国刑法学摆脱充满神学色彩的教义学，而转向倡导学术民主自由的信条学，从而实现跨越式的发展呢？

陈兴良　今天晚上的这个讨论，在我看来主要还是围绕着法益侵害和规范维护这两者之间展开的。我看冯军在这个论文中把它作为一个刑法的目的问题，也是以刑法教义学的立场进行展开的。我个人是赞同法益保护说的。

我觉得在讨论时，可能有一个问题需要研究，即法益侵害说的具体内容是什么？冯军老师对法益侵害说进行了批判，但没有对法益侵害说进行准确的界定。我个人认为，法益侵害说的具体含义应当是：在没有法益侵害的情况下，一定不能进行刑罚处罚；但不能说只要有法益侵害，就一定要进行刑事处罚。在前一个意义上，当没有法益侵害，就没有刑事处罚。从这个意义上说，法益侵害是限制刑事处罚范围的理论，因而是有正当性的。但我看冯军的提法很多都是针对后者的，即只要法益受到侵害，就一定要受刑罚处罚。而这个内容并不是我理解的法益侵害说的含义。

比如，冯军举的毒蘑菇案。冯军认为根据法益侵害说，因为他的行为导致食客被毒死、法益受侵害，所以他应受刑罚处罚。但根据规范维护说，由于认为在这种情况下规范没有受到破坏，一个生物学大学生具有的对毒蘑菇的特殊知识对这个案件没有任何意义。我认为，在这个案件中，冯军是根据只要法益受侵害，就一定要进行刑事处罚，所以根据法益侵害说就应认为其构成犯罪，要受到处罚，他是基于这一点而批判法益侵害说的。但我们可以看到，在这个案件中，我们首先考虑的是这个大学生有没有构成要件的行为。在这个案件中显然不是一个作为，关键的问题是有没有不作为，也就是他明知蘑菇是有毒的，他是否有告知义务。如果他有告知义务，他不履行，他就是不作为的杀人。冯军主要是说明他不具有告知义务，因此，根据规范维护说，他的行为不构成犯罪。但是，即使是根据法益侵害说，在他的行为不具备构成要件行为的情况下，即使发生法益侵害结果，也不构成犯罪。这个大学生的行为不构成犯罪，不仅可以从规范否定说得出结论，同样也可以从法益侵害说得出结论。前提主要还是因为他没有告知义务，他的行为不具备构成要件。从这个意义上说，这个大学生不构成犯罪和法益侵害说与规范维护说的争论没有关系。

至于摩托车案，这个结论更为明显。因为在摩托车案中，甲把摩托车借给乙，告知了摩托车很灵敏、要小心，充分履行了告知义务，即使他的内心非常邪恶、希望乙发生事故，但就其行为而言，并不存在构成要件上的法律所禁止的行为。尽管发生了法益侵害结果，但由于不存在构成要件行为，所以根据我理解的法益侵害说，也不能追究他的行为。由此可见，对冯军教授对法益侵害说的批判，主要是针对那种只要法益受侵害就一定受刑罚处罚意义上的法益侵害说所进行的批判。但这个观点并不是法益侵害说的内容。我认为，这个问题主要涉及刑法的法益保护的目的和罪刑法定原则的关系。刑法保护法益是没有问题的，但刑法对法益保护的原则一定要受罪刑法定原则的限制，不得超过罪刑法定原则对法益进行保护。

另外，关于法益侵害和规范否定这两者的争论，在三阶层的犯罪体系中，到底是在构成要件阶层展开，还是在违法性阶层展开？它是一个构成要件的实质化问题，还是实质的违法性问题？关于这一点，冯军教授在论文中没有加以说明。我认为这一点恰恰是涉及所谓的法益侵害说和规范否定说之争在三阶层的犯罪论体系中的体系性地位问题，如果这个问题不明确，可能会导致对两者争议焦点的模糊。

最后还有一点，法益侵害说与规范否定说之争和行为无价值与结果无价值之争能否等同，是否是同一个问题的展开？我想请冯军教授对这个问题作进一步的阐释。

梁根林 我讲两点：

第一，关于冯军老师。我非常感谢他把这篇力作主动给了我。看到这篇文章以后，我是由衷的拍案叫绝。我觉得这篇文章行云流水，看完后赏心悦目，这是我基本的感觉。我非常感谢冯军老师。

第二，关于这篇文章。我个人认为，你是想确立自己的立场，而且展示了自己的方法，这篇文章标志着你在刑法学研究上的超越。但你想确立自己的立场，马上有个问题，你要以规范违反说确立自己的基本立场，你从雅各布斯那里吸取了自己的知识营养，但按照雅各布斯的规范违反说，不法和责任无法区分。因为所谓的不法就是既具有法规范意识又具有法规范交往能力的人才能违反，才谈得上不法。这样一来，逻辑上的不法和责任就无法分离了。其实，不仅在中国，而且在德国，德国刑法教义学迄今为止取得的最大成果就是区分不法和责任。不法和责任的区分在德国也被认为是刑法学取得的最大成就。在中国如果贯彻你所讲的这样一个法教义学的基本立场，会不会带来新的问题？这是一点疑虑，向你请教。还有一点期待：今天举办这个论坛也是我提议的，是对你的这篇论文的一个集体评审会。各位老师提了很多意见。我希望你如果认为各位老师的意见有道理，可以吸纳或回应一下。

冯军 首先，我要特别感谢阮齐林教授说了好多对我的赞美，但是我想这些赞美可能是不真实的，这种不真实是在科学意义上说的。但就我自己和阮齐林教授的关系而言，我觉得是真实的。阮齐林教授总是让我觉得特别的温暖。

第二，我想说的是刘明祥教授的评论。他的学术精神让我感动，但他的学术思想我基本上是否定的。他刚才讲的很多东西，既没有理解明楷教授，也没有理解我。明楷教授是说他的法益保护是彻底的，我的规范维护也是彻底的。而明祥教授总想在我们之间折中，他的很多观点和光权教授一样，就是所谓的二元论。他总想和稀泥，这有实践的效果，在政治方面往往比较有效，但是在科学上不是如此。在科学上只要是想和稀泥，就有解释上的矛盾。比如他说偶然防卫，法益保护论者如明楷教授，他一定会说："我把一个想打死人的人打死了，我没有侵犯法益。"明楷教授认为这是无罪的。而明祥教授就会说，虽然没有侵害法益，但有对大众的危险，所以就是未遂。他的结论是明楷教授不能认同的，也是我不能认同的。我不认为偶然防卫是未遂，我认为它充其量只是一个预备。这是什么意思呢？如一人以杀人的故意拿枪往那边走，他真的就是要拿枪打人，当他这样说时，他的行为对规范的威胁是存在的，他也有行为，因为他拿着枪走。如果我们抓住他、阻止了他，他就已经是预备了。但他不可能是未遂，因为他规范已经有了。如果说他未遂，是说他拿枪往那儿走的行为一定要引起一个法益被侵害的紧迫危险。但现在我们明显会发现，在偶然防卫的情况下，行为人开了枪，但被打死的人应该被打死，没有一个被侵害的法益，所以他开了枪，也没有对一个应该保护的法益有紧迫的危险。因为这里不存在一个被保护的法益，行为人的行为在规范意义上的效果，仅仅只是让一般人感觉到行为的危险，这充其量只是一个抽象的危险犯，是预备犯。这从规范违反的立场说，它只是抽象危险犯，一般情况下不值得处罚。只有在一些特别严重的情况下，对这个社会产生严重扰乱的情况下，才要处罚。如果说他的行为是针对一个特定的个人，而这个特定的个人我们事先已经知道他应该被打死，虽然他让一般人感觉到行为的危险，但他不值得处罚。但如果他是一个恐怖分子，他曾经拿枪这样打死过人，他的行为已经对平民产生过侵害，这时他就可以成立犯罪。抽象危险犯只有在极其危险的情况下才可以成立。一个对财产的损害或对某一特定个人的损害行为，无法成立抽象危险犯，因为没有太大的必要。我觉得在这一点上，我和明祥教授的观点不一样。

明楷教授提了很多问题，有些问题我和他有同感，比如他说的社会科学不是一个关于真理的判断，而是价值的判断，这是正确的。他也谈到了每个人的观点不一样，有很多原因。这我也完全同意。但是，有一些说法我是不能认同的：

第一，他认为雅各布斯教授是在琢磨人，而支持法益保护的罗克辛教授是琢磨事，雅各布斯从人到事，罗克辛是从事到人。这可能只是看到现象，没有看到本质。因为雅各布斯在刑法上谈的人绝对不是我们说的一般自然意义上的人。雅各布斯的“人”是 Person，而不是 Mensch。他不是在琢磨 Mensch，他琢磨的是 Person，不是一般意义上的人，而是规范意义上的人，他是从规范意义出发考虑人。对于一个作恶多端的人，我们常常说他是“畜生”，虽然他和我们一样是有血有肉的人，但我们在规范意义上不把他定义为“人”，而把他定义为“畜生”。雅各布斯在谈到人时，是在规范的意义上使用的。这个在规范上完全能理解，如果我们没有一个规范说这是你的，这是我的，那所有的东西都会变成一个人的，会变成那个最有力量的人的，而你没办法反对。只有在有规范存在时，才能把人区分开来。这是西方哲学的根本。在法哲学里探讨的无非是在什么情况下是自然的。如果没有规范，就只能弱肉强食。所以必须有规范的安全、社会的安全，才会有人的安全。

明楷教授一直在强调雅各布斯的规范违反说，强调主观。他认为这是把不法和责任混在一起了。这是一个问题。

第二，明楷教授说：“你这样不区分的话，在刑法上就会变成处罚主观之恶。”我认为这是对规范维护说的重大误解。规范违反说最强调的是，规范是不考虑道德内心的。它只考虑我们外在的行为和自由是否被侵害。所以规范本身就是客观的。至于内心如何，不是规范所要考虑的。规范维护说不是主观的东西，但没有主观的东西就不可能有不法，一定要有客观的东西加主观的东西才会有不法，不可能说一个纯客观的损害就是不法。只要你的行为在客观上符合规范，尽管主观上知道这一点，也不是不法。雅各布斯在规范违反说的基础上确认的主观不法论，不是主观的东西，而是客观的东西。相反，法益侵害说反而有可能处罚主观。法益保护说要保护法益，法益保护什么时候最有效？如果你想侵害的时候我就把你干掉，那是最好的保护法益的方法。所以，法益保护在这个方面倒是有滑向主观主义的危险。

对于主观的东西属于不法的时候，体系上是否有不法和责任混淆的危险？是否会让德国的不法和责任分立这样一个目前为止德国刑法学中最大的成就被否定？这些问题是我一直以来都在考虑的。我认为，规范违反一定要有主观的东西，有能力上、主观上的认识，才能用法律来规范。一个精神病人对规范的违反没有任何意义。在这种情况下，是否有可能混淆不法和责任呢？现在我们要进一步问，这样一个三阶层的不法和责任，它的意义到底在哪里？

我的想法是，不法和责任应当区分。但责任的含义已经发生了变化。责任已经不是主观意义上所说的责任。主观的东西都属于不法，故意和过失都属于不法。你对沟通意义上的规范的违反都属于不法。那责任是什么东西？责任是社会对你的不法的处理的必要性，也就是责任客观化问题。阶层的构造仍然成立，但责任的内容发生了重大变化，不是传统意义上的可谴责意义的责任，而是功能意义上的责任。一方强奸了对方，之后他们建立了感情，生了孩子，这时，不法和责任都有了，还要按强奸罪来处理。但这样的不法和主观的故意以及强奸行为在社会中已经被接受了，社会已经把这个行为解决掉了，就不需要用刑法来处罚。规范的目的已经达到了，就不需要动用刑法了。我们仍然需要不法和责任的阶层，但这里，责任的含义已经完全变化，它取决于这个社会解决不法问题的可能性，如果社会无法解决，那还要用刑法来解决。但如果是精神病人，那就不是不法，用刑法解决就没有意义。如果社会有其他方法处罚，那就没有必要用刑法处罚。时效就是一个简单的例子。时效在犯罪论上如何解决？时效无非是说，经过一段时间后的这个行为在规范上已经失去意义了，就不需要动用刑法解决了。

在主观进入不法后，在不法中是否存在主观、客观的阶层是一个问题。我认为没有必要构建阶层：没有主观根据，就没有规范违反；没有客观根据，就没有规范违反；主观、客观的问题都是规范违反的问题，都是构成不法的要素。正当化事由、免责事由是原则的例外。法益保护说是存在漏洞的：当把所有情况纳入考虑时，法益就成为没有边界的概念。这也是为什么在有的情况下规范保护说和法益保护说是一样的。

此外还有一些具体问题，包括林维教授说到的，为什么我在很多地方批判了明楷教授的观点，在很多地方又赞成他的观点。我坦白地说，我没有能力全部否定张明楷教授的观点，而且我从内心很赞同张明楷教授的很多观点。明楷教授说，法益保护也可以解释很多事情，比如亲属相奸，这个情况下也涉及法益，家庭构造就是法益。但如果把家庭构造说成法益，那法益就和传统的理解不同了。我们就不由得要问，什么是法益？这也就是王世洲教授在评论里说到的，法益是否包括规范的问题。如果这样说，那所有规范保护的东西都是法益，法益保护的概念就没有意义了，也不能起到批判规范保护说的作用，因为你把所有规范保护的东西都说成是法益，这也是为什么罗克辛教授说亲属相奸这一条要废除，而没有说这里有法益侵害。因为家庭构造是一个社会制度，是文明社会所需要的规范。这是一种规范，而不再是法益。

这也是今天为什么仍然会有那么多法益保护论者经常会遇到的一个问题，即法益到底是什么？他们会把制度、精神等东西都解释成法益，法益的概念就变得毫无边际。毫无边际的法益概念怎么可能对刑法的解释作出限制呢？这是一个问题。无边际的法益概念对立法和司法没有任何意义。这也是为什么法益保护说和规范保护说的结论是一样的，因为他们把所有规范保护的东西都说成是法益。但这是不合适的。这也是为什么德国最高法院并没有过高地夸大法益保护说的原因。法益是一个很好用的教学上的用语，比如说非法拘禁罪，国家工作人员非法拘禁他人时要从重处理。为什么要从重？法益保护论者认为，本罪保护的是人的人身自由和行动自由，还有人们对国家工作人员的信赖。但对国家工作人员的信赖就能成为非法拘禁罪的法益吗？普通人和国家工作人员拘禁同样一个人，对人身自由的侵害并没什么不同，但对国家工作人员却要从重处罚，其原因就在于从规范上说，社会对国家工作人员有更大的期待。不仅期待国家工作人员不去非法关押一个人，而且期待国家工作人员把那个被非法关押的人解放出来。不解放，就违反了更重的义务。

关于林维教授所说的法益保护论者和规范维护论者在方法上是一样的这个问题，我觉得这不是个问题。因为我说的是刑法教义学的方法，而不是规范维护论的方法。只要你从事刑法教义学，都应该有这样的方法，这是一个共有的方法。只是说我们用这样的方法在同一个问题上可能会得出不同的结论。

规范维护论者说亲属相奸是犯罪，因为它破坏了家庭构造。那为什么在聚众淫乱的情况下结论不一样？聚众淫乱是说成人之间，我文中的例子是说：一个研究生班的班花特别漂亮，毕业后他们班还有很多男生特别喜欢她，他们之间互相联系，通过一个秘密的网络空间聚众淫乱。他们在一个只有他们能打开的网站上看到此女没有穿衣服的形象。他们没有侵犯别人的自由，所以他们可以这样做，这不是聚众淫乱。只有当这种表演会被广泛的人都看到，而这个“广泛的其他人”中有许多人是不想看的，这时才能说是聚众淫乱，规范上不允许社会上有这样的行为。我们的规范要排除这样的行为，至少在我们这个社会是要排除的。

还有关于兴良教授谈到的什么叫法益侵害说的问题。是否没有法益侵害就不可罚，有法益侵害就必罚？当然不是这样的。法益侵害说和规范违反说都不是这样认为的。有法益侵害还要有主观的东西。在我所举的蘑菇案里，它有法益侵害，但问题在于，法益侵害说能不能解释它不是犯罪？我觉得很难。兴良教授说蘑菇案是不作为的犯罪，但我觉得这是作为的犯罪。他把蘑菇端给人吃，人死了，有物理上的因果关系，而且他主观上有故意，客观上有损害，这是一个作为犯。在这种情况下要说它不是犯罪，用法益侵害说很难解释。为什么说他是作为犯而不是不作为犯？比如，另外一个人做了一盘毒蘑菇，跟你说：这是毒蘑菇，我想毒死他，你把它端给他吃。这明显是个作为犯。这个告知义务和作为义务没有关系。只有那个餐馆老板才是不作为犯，当他知道这件事而不去阻止时，他才是不作为犯。摩托车案也是如此，甲明知他的摩托车有这样的性能还把车借给乙，借的行为本身就是一个作为的帮助，不可能是一个不作为。当然这涉及作为犯和不作为犯的划分，是规范的划分还是有其他划分方法，还有很多问题。

在这么寒冷的天气里，遇到这么热情的同学，这么安静地听了一场在我看来也许讲得不好的讲座。非常感谢大家！

曲新久　原本想留一些时间让同学们提问题，但时间有限，问题是无限的，问题就留待下次解答。今天就到这里，谢谢大家的参与。

2012年12月14日

第二讲 被害人教义学的理论建构

主讲人：车浩

主持人：曲新久

评论人：陈兴良、梁根林、劳东燕、江溯

嘉　宾：邓子滨、李立众、何庆仁

曲新久　今天论坛的主题是“被害人教义学的理论构建”，报告人是车浩博士。车浩是一位后起之秀，可以说对刑法学的研究非常的细腻而深入，值得在座的各位学习。

从题目上看，不要和犯罪学混淆起来，这是一个标准的刑法学的研究题目。这一题目在未来还将继续成熟，会成为刑法教义学、刑法解释学下面的一个更具体的支撑学科。

其实人一辈子就做两件事，一个是爱，一个是被爱，这是好的、正面的。而世界上还有两件事，就是害人和被害。永远要从这两个角度，正负、阴阳两端来观察。这是非常重要的。

可以讲，在法庭上其实没有被害人什么事。在真正的、纯粹的刑事法庭上，被害人是无权坐到任何一个位置上的——除了一个证人的位置，因为刑事审判体现的是国家和犯罪人的关系，或者可以说，被害人是把自己的权利交给了国家，特别是在国际法庭上。这样可以避免被害人在法庭上又哭又闹、提出控诉，以维护法庭的圣洁与神圣。这是一个理想模式，但现实生活中肯定不是这样的，被害人要进入，因此，要从被害人的角度加以观察，从被害人的角度考虑刑法的学说、概念。最简单地讲，被害人如果认为自己活该，被告人可能就会被减刑或者免刑。目前，学界已开始有意识地从被害人的角度关注刑法学的一些问题，但是能够把它做深入研究的并不是特别多。车浩博士的论文就是从被害人同意开始的，此后，他一直对这个问题在作深入的研究，这对于被害人教义学的发展是非常重要的。

现在我们有请车浩博士对这个题目作报告。

车浩 谢谢曲老师，也谢谢今天来参加这个活动的各位老师和同学。特别感谢我们这个四校论坛和论坛的组织者梁根林老师，提供这么一个机会让我能在政法大学这一个国家的法学学术重地，和在座的诸位，就我这两年来关于被害人问题的一些思考片段，进行一个交流和汇报。

我今天报告的题目是“被害人教义学的理论构建”。首先需要说明的是，我这里所说的被害人教义学，与一些阅读面比较广的同学所接触的德国刑法学中的被害人教义学有所区分。那个被害人教义学是主要集中于诈骗罪的一个研究，而我所讲的被害人教义学，主要从一个抽象的层面，从被害人视角出发，展开刑法教义学的研究。但是这种研究，它同以往的刑事诉讼学、犯罪学及刑事政策中关于被害人的讨论不一样，它是以一种法教义学的方式展开的，处理的材料仍然是传统刑法理论学当中所遇到的那些问题。重新组合、整装这些材料的工具是一些教义学的观念和概念，以此作为工具来重新搭建这样一个理论体系。希望由此开辟出一些新的研究视角，得出一些不同的研究结论，丰富这方面的研究。

第一个问题：以“人”为中心展开的刑法学思考。

我个人的感觉是，这些年来刑法学的研究，尤其是最近一段时间以来，出现了过分以逻辑为中心，完全追求理论内部自洽性的一种倾向，当然这主要是在德日刑法学界。但是由于我们国家现在提倡对德日理论的学习，因此也开始有一些这方面的倾向和苗头。在这种情况下，有必要在刑法的思想基础层面，重申和巩固以“人”为中心展开思考的这样一个理念。这种强调所起的作用，就好比是地心引力或者放风筝时手中的轴线，避免刑法学堕入逻辑的泥潭或者脱离人性、飘入虚无缥缈的太空。

定罪量刑，说到底就是刑罚权的发动和实施。而刑罚权的发动和实施，最终目的不是为了惩罚公民，而是为了保护公民。尽管罪刑法定原则非常重要，但是没有人会承认刑法出现和运行的终极目的，是为了限制国家权力。刑法的目的仍然是维持社会，保护公民。但是，为了更好地保护公民，或者说为了避免以保护之名而滥用公权力，才必须要强调罪刑法定原则。因此，刑罚的发动也好，对它的限制也好，终究是为了更好地服务于更公平、更有效、更有预期地保护公民这一目标。这里的公民，在政治哲学层面的理论假设上，是参与并签订了社会契约，进而同意刑罚权发动和实施的“人”；在现实层面上，是在生活在特定国家、特定社会和法秩序当中的，要求得到国家刑罚权保护的“人”。承认这个观点，首先有必要破除某些过度推崇罪刑法定以至于迷失根本的教条主义思维。当然，所有关于定罪量刑的理论，不是说时刻都要扯到“人”的问题，但它应该经得住层层的拷问，归根结底是为了人。否则，这种理论就成为一种自我欣赏的、自我服务的、异化的理论。

只有更好地打击犯罪人，才能更好地保护被害人。在这样一个关系当中，以往我们过多地关注到前半句。在以犯罪人为中心的思考当中，以往刑法学界取得了许多丰硕的成果，比如说在座的陈兴良老师的《刑法的人性基础》，还有周光权教授的关于抽象人的思考，以及劳东燕教授关于刑事领域当中的“人”的一些很重要的论文，都是我国刑法学界在这些方面取得的出色研究成果。但是，仅仅是关于犯罪人的思考，刑法上的“人”的形象仍然是不完整的。刑法学是一门讲究如何合法、公平地惩罚犯罪人的艺术。如果这个艺术的展现，不能在合理有效地保护被害人的检验中获得掌声，它的危险就不仅仅是成为一门孤芳自赏的艺术，而是更加可能沦为统治者深文周纳、随意出入人罪的工具。近年来，我们看到，在中国社会的个别地方，政府和官员运用刑法手段打击公民的手段日趋娴熟。例如说，用诽谤罪对付异见者；用敲诈勒索罪对付以上访要挟政府者；用盗窃罪对付那些偷回被城管扣押车辆者；用诈骗罪对付那些在拆迁过程中索要高价者；等等。在这样一些案件当中，如果只看到行为人的部分，我们往往会忽略掉，我们的刑法到底是要保护什么样的被害人？因此，刑法关于人的思考，仅有犯罪人是不完整的，必须有被害人的身影。在这个意义上，对被害人的重视，不是加大打击犯罪力度的借口，而是在提醒人们：一方面，只有追求合理有效地保护被害人的目的，而不仅仅是治理需要时，对犯罪人惩罚的手段才是正当的；另一方面，正是由于要达到这一目的，才有必要反复修正、调整、设计我们的惩罚理论。

这几年来，我一直思索如何补全刑法学中关于人的思考。这种补全，是在传统的以犯罪人为中心的刑法教义学取得“控股性”地位基础上，在天平的另一端加上被害人的分量。它不是一个理论的替代，而是补充，就好比所有制结构是允许多元化的一样。

第二个问题：构建被害人教义学的两个步骤。

要清楚这里的“被害人”到底是什么意思？什么是“被害人”教义学？

首先，与传统刑事政策领域讨论的被害人相区隔。以往关于被害人的讨论常常出现在一些刑事政策和立法论中，在决定是否修改法律或是否制定政策时，我们会考虑犯罪行为危害公众。这时候的被害人是一个不确定的个体形象，立法要评估公众在面对可能发生的犯罪行为时是否表现出震惊和恐惧；为了保护这样一些不确定的、潜在的被害人，政府会主张立法、修法、制定刑事政策。在这样的意义上，被害人被理解为是对公众利益的保护，是对安全价值的强调。但是由此，在人民的内部，视线发生了转移，政府不再是掌握巨大权力因而需要公众时刻警惕的“利维坦”，而成为公众的保护人，抵御那些针对公众的威胁。在这样的语境中，那些一个个具体的、现实的、遭到侵害的被害人形象是不露面的，或者说是被忽略掉的。被害人是作为一个工具和客体被建构起来的。而被害人教义中的被害人是要从刑事政策领域抽离出来的，或者说，只有与那种符号化的被害人相区分，才能进入法教义学领域的讨论中。

其次，与传统犯罪学领域讨论的被害人相区分。以往犯罪学中专门有一分支叫被害人学，是专门讨论被害人的。但是我们知道，由于研究方法和对象的差异，犯罪学与刑法学在传统上基本是老死不相往来的，传统犯罪学中的被害人研究往往进不到教义学的讨论之中的。可能很少有人思考，犯罪学中的“犯罪人”，是如何变成了刑法教义学当中的“行为人”这样一个具有规范质量和教义学含量的概念的呢？这在方法论上是如何实现的呢？我认为，是通过“行为”这个概念，通过这样一个桥梁，犯罪学中的“犯罪人”才摇身一变，从社会学意义上的侵害他人形象，变成一个实施了客观构成要件行为，造成了构成要件结果，主观上具有故意或者过失的行为人。也就是说，通过行为这个概念，犯罪人变成了行为人，实现了从犯罪学到规范法学的惊心一跃。

由此得到的方法论上的启发是，只要有一个合适的管道，同样可以使犯罪学领域中的被害人，变成教义学领域中的一个特定概念。这是一个刑事一体化的实验，用一个可能不太适当的比喻就是“借壳上市”，而且需要找到适当的“壳”。我所找到的“壳”就是“法益”概念。它让被害人在法教义学中有了一个新的身份，就是法益主体。如果说，在法教义学视野中，行为是犯罪人最重要的特征，法益就是被害人最重要的特征。正是由于行为人的行为侵犯了被害人的法益，才引起刑罚权的发动。将犯罪学领域中的一个犯罪人侵害被害人的行为，投射到法教义学领域后，就是一个行为侵害了法益。有了这个身份转化，从被害人视角构建法教义学才成为可能，“被害人教义学”这个概念才能够成立。

第三个问题：如何构建被害人的“教义学”。

大家知道，一个教义学的成立和出现，它不能限于对条文或者法律的泛泛解释，甚至是深度的解释，它是一种在相关法条背后由一整套概念、逻辑搭建起来的理论模型。我们有一块块砖，需要用工具把这些砖整合成一座大厦。我在构建这个体系过程中，主要使用了四种工具，包括法益主体与法益支配权、自我决定权与刑法家长主义、自我答责与最后手段性、被害人的应保护性与需保护性。这样四组范畴、八个概念，就好比泥瓦工使用的钳子、锤子等干活工具，用这些“工具”来解决一个个具体的教义学问题。而通过这些工具的使用，在原有刑法学、教义学领域中，从被害人视角出发会得出哪些新的、不同的结论，或者有哪些新的解读的方式呢？

首先，关于刑法的保护目的或刑法任务。从我的立场出发，把被害人作为法益主体，会得出刑法的任务是保护法益与维持规范的二元并存的结论。被害人主要指的是那些具体的、遭到侵害的人。这种主体能够承载的“法益”，只能限于那些与人有紧密关系的利益。这些利益，往往具有超越时空的特征，在各国、各个时期的刑法中都会有重合的部分。大家很自然地会想到，这些利益是核心刑法中的人身、财产、身体、名誉、自由等利益。相反，超出了这个范围，在法定犯的范围之中，法益的能量和说服力就会降低。因为当我们把人身、生命、财产、自由等解释为法益时，总可以在这种利益主体上看到一个明确、具体的人的形象。

其次，关于法益与自由。当你把非法经营罪中的经营秩序、市场准入制度、发票制度、枪支管理制度解释为法益时，你看不到究竟是哪些人承载着这些利益。因此，很难说非法经营罪、非法持有枪支罪、走私文物罪具体伤害到哪个公民。当然，坚持法益一元论的学者，如德国的罗克辛教授会这样辩解：这样一些法益看起来与人无关，其实也是有关的，因为它们是“对于实现个人自由发展和基本权利所必要的现实存在”。这句话的意思简单说就是，这些制度本身尽管不是与人有关，可是他们的设计是为了人，在这个意义上间接也是与人有关的。但这样的解释是有漏洞的。因为，有时制度遭到破坏的结果，或许会使某些人利益受损，但反而会使某些人利益增加；有时由于破坏带来的制度真空或者制度更替，反而会增进大多数人的利益；有时违反刑法所保护的制度，与是否会影响到公民的自由和基本权益并没有直接的关系。比如说，《刑法》第230条规定的逃避商检罪是指违反进出口商品检验法的规定，逃避商品检验，擅自销售和使用商品的行为。如果一个人逃避了商检，但他销售和使用商品的质量远远高于同类产品质量，即这个行为本身不会侵犯任何个人的自由和权益，相反会增加，在这种情况下，刑法为什么还要惩罚他呢？再比如，《刑法》第128条规定非法持有枪支罪，如果说这个罪的法益是枪支管理制度，而这个制度是为了“实现个人自由发展和基本权利所必要的现实存在”，那为什么会有美国这样允许公民持枪的国家，为什么普遍会认为其自由化程度更高？

我举的第一个例子说明，当一个违反制度的行为，事实上没有对个人自由造成损害，但仍要受刑法处罚时，只能说明一点，这个制度设定的目的肯定不是为了个人的自由，或至少不仅仅是为了个人的自由。我举第二个例子是要说明，有些制度的设立，尽管对公民的自由可能会有一些限缩，但在特定社会的特定语境下，它有独立的价值，在这样的社会中，违反这个制度仍然会受到惩罚。

第三，关于法益与国家社会。我一开始的时候讲，我们刑法学的思考应当以人为中心展开，但是这并不意味着“人”是刑法的全部。当刑法的保护对象与具体的被害人相距甚远时，它所保护的东西被解释为“法益”的说服力和正当性就较低。就好比石头投入水中引起的波纹一样，以被害人为中心向四周荡漾，越在外围，距离被害人越远的，波纹就越淡弱。在最外围的地方，在我看来就是法益概念最孱弱之处，这个时候，我觉得也是“规范”概念登场之时。我们知道，法益侵害说与规范违反说之间的角力，常常表现在对法保护目的的话语争夺权上。但是，任何一元论的企图都难以完美地实现，这并不是说法益侵害说或规范违反说自身的逻辑有什么硬伤，而是说在法益侵害说背后矗立的是一个被害人的形象，而在规范违反说身后的则是一个社会或国家的身影。社会理论和政治哲学理论发展到今天，个人与社会的二元论，或者个人、社会与国家的三元论，已经并立，谁也不可能取代对方，这已达成理论上的基本共识。也就是说，从霍布斯以来到今天，个人主权与国家主权的双重并立，在理论讨论上已经没有太大的争议。法益侵害说是试图用个人法益、国家法益、社会法益的结构，努力弥补法益概念的解释力。但问题在于，最纯正的法益主体只能是被害人，只能是具体真实的人，当把社会和国家也说成是被害人时，它们已经不可能是事实上的被害人，而是一种比喻和拟制。

与其硬要在一个含糊不清、范围广泛的法益概念内，把这种比喻和拟制的“被害人”纳入进来，不如承认刑法本来就在保护个人之外，同样也适度地保卫社会和国家。当行为没有指向具体被害人时，行为对社会和国家的侵害，主要通过违反规范的方式表现出来，而不是通过侵害法益的方式表现出来。此时，与其勉强地把它解释为侵害法益，不如从规范违反的角度阐述更加合理，更符合个人、社会和国家的多重定位，更能与整个社会科学理论的发展相协调，也有说服力。把每一个刑法条文的保护目的都说成是法益，会使法益成为一个无所不包的概念，成为一个大而无当、提供不了任何实益的东西。

法益之于被害人，就如同规范之于社会。没有承载生命、自由、名誉、财产这样的法益，个人就难以成为法律上的人。没有因时因地而设置的货币制度、市场准入制度、枪支管理制度及其规范，一个社会也难以维系。在这个意义上，人和社会都是刑法所要保护的对象，刑法既保护被害人所承载的法益，也保护维系社会存在的基本规范。一个宽容而不狭隘的解释者，应当在思想基础上努力理解和容纳以个人主义和自由主义为基底的法益概念，理解以社会理论和社群主义为基础的规范学说。

个人和社会都有它的价值，一部刑法典当中，既有保护法益的部分，也有维护规范的部分。因而，法益侵害说与规范违反说并不是冲突和矛盾的，而是可以并存的。这是我通过把被害人概念引入法教义学，让它成为一个法益主体的形象后，往前探索出来的一些个人的想法。

最后，关于不法和责任的问题。不法和责任区分的基础和背后的逻辑，理论上有很多解说。在我看来，不法的物本逻辑，或者说它的存在论基础，在于社会侵害性。罪责的存在论基础，在于人通过语言结构所表现出来的意志自由和行动自由。社会危害性是从被害人的角度得出的，而责任是从行为人的角度得出的。

问题在于，被害人的视角如何打开。如果笼统地使用社会危害性概念，可能反而遮蔽和埋藏被害人的角色。这里面涉及对社会危害性理论的反思。因为在传统的理解当中，犯罪行为侵害的对象就是社会，用一个超人格的主体“社会”代替了在具体犯罪中直接遭遇侵害的个人，这是国家和社会对个人的代言性保护，但在一定程度上也消散了个人的形象，抹去了不同犯罪之间的区别，使得犯罪成为一种同质的现象，不同面相的被害人被整合成同一脸谱的“社会”。

在这个意义上，用法益侵害性替代社会危害性，这是规范法学迈出的第一步。但仅仅有这一步是不够的，因为当所有的刑法条文都毫无障碍地被理解成存在一个法益时，法益与之前它所要批判的社会危害性就没有差别了。我们只能讲，法益是被害人的法益，被害人是法益的主体，被害人作为“法益主体”，不再是同一张脸谱，而是各有面貌。这样看起来对法益概念有所限缩，但却避免了我前面所说的，使法益概念成为一个无所不能、无所不包的，类似于“文化”这样的概念，一个“正确而无用的词语”。

第四个问题：不法的内容。

基于上述理解，关于不法与责任的区分就有了一个新的理解。“不法”不仅仅是一个社会危害性的非规范表达，也不仅仅是用法益侵害性来解读，而是应当是从被害人的立场出发加以评价。与之相对的“责任”，则是从行为人的立场出发展开理解。不法的内容，从被害人的角度展开评价时，可能包括以下内容：

第一，结果不法。不法必须切实侵害了被害人的法益损害（实害犯），或者是直接威胁到被害人的法益（危险犯）。

第二，行为不法。不法必须能够对直接、具体的被害人形成迫在眉睫的威胁时，才是实行行为的着手。对着天空和草地开枪的行为，因为没有被害人的存在，所以其从一开始就与杀人和伤害没有关系，也就不存在一个行为的不法。

第三，不法内涵的削减。有时它会涉及我前面所说的另外一组工具，即自我答责原理与最后手段性原则。自我答责，是指在一法秩序中，每个人只能对自己的行为和结果负责，而不对他人自己造成的、自愿陷入某种风险而造成的结果承担责任。如果一个被害人对自己行为所涉及的风险有所认识而执意为之，他就必须对这个结果自我答责。对此，冯军教授曾经有过专门的研究；张明楷教授最近也发表了一些关于危险接受理论的论文。但今天由于冯老师重感冒失声、张明楷教授要去衡水、刘明祥老师家里有亲属病重赶回武汉，都不能到场。他们都是天灾人祸意义上的被害人，由于他们自己的原因不能到场发表高见，他们只能自我答责。

至于最后手段性原则，在刑法分论里主要涉及诈骗罪中的被害人怀疑的问题。按照传统理解，被害人对于对方欺骗自己的行为有所怀疑时，他这个错误不会影响对行为人的惩罚。但近年来有新观点认为，刑法对于利益的侵害，仅仅具有最后手段性的补充功能。也就是说，只有一个公民尽到了自己自我防护的义务，而仍然无法自我保护时，刑法才应该发动。如果一个人对可能发生的危险已经有所怀疑，有了具体根据的怀疑，但仍然不想办法避免，而是抱着一种投机主义的态度去从事这个交易，他的被骗就不应该受到刑法的保护。由此出现两个问题：一是被害人的这种怀疑应不应该排除掉诈骗罪中的“陷入错误”；二是对于那些非常简单、拙劣、容易识破的欺骗行为，刑法是否还需要对被害人加以保护。刑法不应是一个培养人们更加聪明，避免自己如何被骗的智力训练营，而应该让公民自我成长。如果把刑法作为一个冲在前面的保护工具，就不符合它作为最后手段性的定位。

第五个问题：被害人同意问题。

刚才曲老师也有介绍，被害人同意问题是我在北大读博士时的博士论文题目。也就是由这个题目开始，这些年来我才陆续就被害人问题在刑法学层次的各个问题、各个角落中可能发挥的作用，展开了一些系统性的思考。今天我博士论文的指导教师陈兴良教授也在场，这也是毕业之后几年，我在这个问题上一些新的想法，包括修正的想法，利用这么一个机会，当面向他汇报一下。

被害人同意问题，需要建立一个理论的背景框架去解释，这个框架就是自我决定权与家长主义二元互动的框架。用这个框架解释被害人同意问题，主要出现在以下四个方面：

第一个方面，自我决定权会排斥家长主义的干涉。在传统的观念当中，家长主义对自我决定权有很大的限制。例如在哈特那里，伤害案中的被害人同意是不能作为辩护理由的，可以说，这是家长主义的最佳典范。但社会发展到今天，观念日趋多元化，个人的自由范围越来越大，公民不再希望存在一个无所不包、替自己做主的权威，因此，在现代社会的各国刑法典中，被害人同意都可以作为伤害罪的一个出罪理由。我国有学者认为，在重伤的场合下，被害人同意不能作为出罪理由。但是，我不同意。我认为即使在重伤的情况下，被害人同意也可以出罪。最典型的说法是，《刑法》第234条第1款已经规定，“未经本人同意摘取其器官的，构成故意伤害罪”，反面解释这个立法就说明，即使摘取器官符合重伤标准，但只要得到对方同意，也不构成故意伤害罪。

第二个方面，家长主义对自我决定权会有一个制约。这个制约最典型的表现在关于一个人放弃自己生命的场合——得到他人同意的杀人行为，在各国刑法典中都是要处罚的。我国虽然无具体条文规定处罚这一行为，但在司法实践中可以按照故意杀人罪情节较轻的法定刑去处理。为什么要这样去处理？我认为从根本上说，这是从被害人角度出发，替被害人着想：一方面担心公民在仓促、不理智的状态下作出了事后后悔或者没有事后后悔机会的决定；另一方面，担心其他人利用被害人的意思瑕疵，造成这种无法证明死者生前真实意愿的后果。这是一种家长主义的态度，是对自我决定权的制约。

第三个方面，自我决定权需要家长主义的护航。公民的自我决定并不能总是取得预期的效果。法律中的“人”并不总是强大无比，有时候他也是一个“弱而愚”的形象。尽管个体在作自我决定时，会排斥家长主义的干预，但由于自身的原因，这种自我决定有时往往是一种虚假、被欺骗或者被强迫的决定，他需要那个曾经被他推在门外的“家长”挺身而出，承担起作为家长保护他的形象。也就是说，当被害人的同意出现问题的时候，刑法应该采取这样的态度。

最后一个方面，也是最重要的一个问题，刑法家长主义不能提供无限制的保障。保护被害人的自我决定权是刑法家长主义的应有之义，但在某些情况下，刑法也会拒绝提供保护，由此向所有公民表明刑法的态度，以示反对此类决定的态度，即使不用刑法去惩罚你，但你出现问题的时候我也不保护你。通过这样一个方式，树立和稳定社会的底线伦理。例如说，在一个人为了得到报酬而自愿出卖器官的场合，或者为了得到报酬而决定与他人发生性关系的场合，如果对方一开始就抱着欺骗的心态，事后也拒绝给付的话，这个被害人能否向刑法求助呢？刑法能否因此去追究那个行为人伤害罪或者强奸罪的责任呢？如果从全面保护被害人的、在我称之为"溺爱型"的家长主义立场出发，只要被害人受到欺骗，他的决定就都是无效的，因此被害人在上述场合下的同意都是无效的，行为人也当然要承担责任。理论上把这种观点称之为"全面无效说"。相反，如果刑法对这种所付出的法益本身并无错误认识，仅仅是在获得金钱报酬的动机上有错误认识的行为加以保护的话，可能会从反面以刑法的方式助长一种人身法益的"商品化"。因为这种保护实际上意味着，刑法是在帮助人们稳固在这种交易中的互信度，是作为靠山为买卖人身法益的行为撑腰，这可能会起到刑法不希望看到的鼓励效果。因此，通过拒绝提供保护，刑法就微妙地设置了一种压力机制，在一定程度上阻止个人把至关重要的人身法益用于商品交易，引导公民去珍爱自己的人身。这就是近年来在德日刑法学界逐渐成为主流学说的"法益错误说"。我认为在教义学模型的设置上，不应体现刑法家长主义的溺爱立场，而是应该有所为、有所不为，让公民在挫折中成长。当然这里面永远是一种比喻，之所以设置这么四种关系，就是常常需要我们去想，在现代社会中，一个家长对子女的教育应该是怎么样的。

需要说明的是，全面无效说与法益错误说的背后，其实是极端的自由主义与保守主义的思想差异。如果一个人把自由看得至高无上，他就会认为，即使把人身用于商品买卖也是自己的自由，这种自由刑法就应该予以保护，因此，但凡在交易中受了欺骗，刑法都应该打击那个行为人，并由此推出“全面无效说”的观点。如果是一个保守主义者，他就会认为，上面所说的那种自由主义在教导人们都是平等个体的同时，让人丧失了羞耻感，摧毁了自尊，否认了人畜之别。他认为人们应该追求一种更崇高的、有德行的生活，因此，他会对身边的人身法益商品化的现实，对卖淫、对器官买卖的现状感到难以容忍，而拒绝刑法为这些“堕落的”行为保驾护航，并最终在教义学上形成“法益错误说”的结论。由此，现代的刑法家长主义应该在溺爱和强硬之间保持平衡。既不能采取“强硬型”的家长主义，完全排斥被害人的自我决定，也不能陷入“溺爱型”的家长主义，一味地去保护被害人。如果是前者，就会形成国家的威权；如果是后者，就会使刑法丧失对于对良好社会风尚的引导作用。刑法家长主义应把刑法的定位设置在这样一种溺爱与强硬之间，保持一个张力，在保护与不保护之间保持一个平衡。这样的一个张力，能够使每一个社会公民，不管是想要侵犯他人的人，还是那些打算冒险、投机并且认识到可能被害的人，都会在或被刑法惩罚或丧失刑法保护的压力中，感觉到风险，从而调整和规范自己的行为，最终的目的是，能更好、更有效、更合理地保护所有潜在的被害人。

第六个问题：法益主体、法益支配权和财产犯罪的体系重构。

关于法益这个概念，向来在理论上存在着很多的争议，且唯其争议繁复。尽管从20世纪下半叶以来，在法益概念的起源地德国刑法学界，已经很少出现大面积的、持续的对这个问题的讨论，但是晚近以来，硝烟又起，主要是就被害人同意这个问题，一些学者点燃了战火。问题的焦点集中在：一个人对于法益的自由支配的意志，究竟是独立于法益之外，还是属于这个法益的一部分。

有一种观点认为，法益主要是指人所支配的对象和客体。至于人想要支配这个客体的意志，是独立于这个客体之外的。这个模式可以简称为“分离模式”，即法益支配权和法益客体相分离。相反的观点认为，人的精神意志对法益的支配自由，本就是法益的一部分，这样一来，法益支配权与法益就成为一种支配关系。这种对法益的理解可以称之为“一体模式”。

按照我现在的看法，我的这种看法已经与我在清华大学做博士后出站报告的时候有了一个重大的修正，这两种观点可能都陷入了一种一元化的、绝对化的泥潭当中。过去刑法理论一直在追求一种统一化的法益概念，似乎所有构成要件的法益都具有同样的结构。但是，这可能是一种错误的观念。在我看来，一个人的法益主要表现为人格法益与财产法益两个部分，二者是有质的不同的。所谓人格法益，是指对于确立一个法律上的“人”，它们起到构成性的作用，没有这种东西，就没有一个人，例如行动的自由、名誉、生命、身体的完整性。对于个人而言，这种利益，你可以同意他人来侵害它，但是你不能把它转让给他人。换句话说，这种法益根本的特征在于它的不可转让性，因为没有了它就没有了人。相反，刑法上还保护一些利益，它为个人的自由发展提供机会和服务。这样的一种利益，不是因为一个人在法律上的地位而自然而然持有的，它需要一个人去购买或者获得。对于一个人在法律上的存在而言，这种利益并不具有构成性的意义。我们不如说，它服务于人，满足人的各种需求。因此，这种利益的功能性原则上就在于，它是可以转让的。所有的这些东西加起来，我们把它称为“财产”。这种可转让的、服务于一个人更好发展的东西，就是“财产”。

考虑到人格与财产对于一个人而言，具有如此大的差别，因此，没有必要把两者归入同一个法益概念之下，在结构上它们是不一样的。我现在的看法是，在人格法益的场合，被害人的法益支配权是法益的内在组成部分，可以说是一种“一体模式”。法益支配权受到损害，就是法益本身受到损害。比如说，强奸罪中的被害人即使同意与对方发生性关系，但对于发生关系的时间、场合、是否采用避孕措施等细节表达了明确的愿望，而行为人不管这些愿望，只因为被害人同意发生关系就强行与之发生关系，仍然构成强奸罪。最近刚刚有这样一个案子在广东被判，一个环境法的老师还给我发短信说这个怎么能是强奸，案情好像是女方同意发生关系，但男方结果没有使用避孕套，最后女方就很恼火，然后就告他，最后法院二审还判了1年。这个案子其实是在说明，在性的自我决定权中，一个被害人关于性的具体意愿，就是强奸罪所要保护的性本身，就是它要保护的法益本身。

与人身法益相比，财产法益是个人发展的工具，它的可转让性就是这种工具理性的集中体现。所以财产不是目的，而是服务于人发展的工具。刑法保护财产也不是为了保护公民个人的财富增加，而是保护个人能够更好地发展。所以在这一点上，被害人对财产法益支配权与财产法益本身是相分离的，因为财产法益只是服务人的一个工具，工具不可能成为主体本身的一部分，这是很简单的一个道理。但是，我这里所说的分离，与德国刑法理论所强调的分离模式有一个重大的区别。以往所讲的分离模式，所强调的是法益有自己独特的社会价值或内在属性，因此与人的意愿是相分离的。在这样一个关系当中，人被当成了不重要的东西，使得法益成为了与人无关的存在，这是对人的一种忽略和冷漠。在我前面所说的要以人为中心展开刑法学思考的基本原则，尽管财产法益与人分离，但我们要时刻想到它是服务于人的，是引导人自由发展的工具，它是一个人本主义，而不是物本主义或利本主义的概念；是一个自由主义的概念，而不是一个社会主义或国家主义的概念；最重要的，它是一个功能主义的概念，而不是一个存在论意义上的概念。所以，财产就是服务于个人自由发展的工具，我把它称之为“工具模式”。这种工具性表现在，它是在抽象意义上由立法者提供的个人行动机会的存储器，是个人潜能的贮水池。个体在社会中的发展就需要运用这些机会，把这些贮水池中的水发挥出来。用这样一个以“人”为中心的财产法益性质去理解法益，会有一些新的结论：

第一，功能主义的法益概念能够合理解释“数额较大”问题。数额较大是我国刑法中的一个特殊规定。以往的法益概念讲所有权、占有，所有权和占有都是一种关系。但问题在于，所有权不分大小。对一个10块钱的东西主张所有权，与对1万块钱的东西主张所有权，在法律保护上是平等的，因为所有权没有强弱大小之分。占有也同样，因为占有也没有办法作为一个被量化的概念。这就出现了一个问题，即在很多条文中频频出现的“数额较大”“数额巨大”，为什么“数额较大”时法益的侵害程度就提升了？为什么“数额巨大”时法定刑又要提升呢？

按照我的理解，这里所提倡的工具模式的财产法益概念，可以很顺畅地解决这个问题。因为法益是人能够自由行动的各种可能性的集合，是人行动机会的集合体，机会的多少，潜能的大小，就是一个可以被量化的东西。立法者总是要选择一个相对客观的标准，使法益对司法者来说成为一个可以把握的东西。当然，关于机会和可能的量化标准有很多，我国采取的是一种经济的标准——“数额较大”。为什么要采取“数额较大”呢？尽管不能说经济的标准是最全面的，但它的确是最具客观化色彩的一种标准。特别是对于具有工具属性的法益而言。它对人的一个最大功能就是可转让性，在可转让的过程中，提供了一个经济层面上的利益的交换。因此，经济标准可以提供一个尺度。

第二，工具模式的法益概念能有效地限缩构成要件的惩罚范围。从这个角度去强调财产法益的工具性，能够使那些虽然给财产的外部形态带来改变，但并没有影响法益持有者对财产使用可能性的行为，排除适用刑法的惩罚。例如，当一个债权人在债权到期时，未经同意取走被害人的财物，刑法对此是可以容忍的。因为不管怎样，对于财产所有人纯粹形式上的、源于民法的法律地位的侵犯，实质上并没有损害被害人的财产法益。如果按照一体模式的法益概念，在这种场合下，比如主张占有是盗窃罪的法益，显然占有关系被打破了，而且是以一种违反意愿的方式打破的。债务人的支配意愿肯定受到了损害，法益在一体模式中也受到了损害，由此要得出无罪的结论就比较困难。按照我的想法，在这种情况下，将财物提供给本来就应该承担交付义务的债务人的行动机会，在财物被取走之前和取走之后都是一样的，因为这个东西本身就应该被拿走。利用这个东西所能发动的机会，对债务人而言，在法秩序上是一样的。因此在这种情况下就不存在法益侵害。包括我们讲的毁坏财物罪的问题。之所以把一些财物外部形式改变的行为搁置在外，最重要的原因是，外部形态的改变并没有对法益主体的利益造成多大影响。除非发生功能性的毁减，这种毁减阻碍了法益主体按照自己的意愿去驾驭这个财物的机会和可能性。

第三，工具模式的法益观为财产损失问题带来的一些新的理解。通说的理解，在财产损失场合，应当采取一种经济总量是否减少的判断模式。但是，按照我这里所说的，财产对个人的重要性，主要是它对个人而言的使用功能。因此，即使财产的金钱价值没有丧失，但当它的结构配置对个人利益将造成具体使用目的的落空时，也应当存在一种财产损失。比如，近年来骗购经济适用房的问题。有的人反对对这种行为按诈骗罪论处，基本理由是，骗购人骗取的只是一种"购房资格"而不是财物，行为人也完全支付了经济适用房所需要的价钱，没有给开发商造成任何损失，因此不构成诈骗罪。如果按照我这里所说的观点，房屋本来应该销售给那些符合条件的人，现在被不符合条件的人买走，对于政府而言，违背了给予低收入者福利的初衷和意愿。这个房屋、这笔财产对于政府而言，它的目的是为了解决那些低收入者的住房问题。这样一来，财产的使用目的落空了，法益持有者的行动可能性受到了严重影响，从这个意义上说，也存在一种"财产损失"。

第四，法益支配权的位置究竟在哪里？按我所说，它既然不是财产法益的内部结构，那它到底在什么地方？我现在的想法是，既然财产是被害人的支配意愿所指向的对象，因此犯罪行为对法益的损害必然是通过侵扰法益支配权，进而破坏支配意愿和支配对象之间的关系，才能够实现。虽然这种支配关系本身不是法益，但是对支配关系的破坏，却是通往侵害法益的必由之路。因此，构成要件的基本结构，必然是通过对被害人的法益支配权施加影响和作用的方式表现出来。不同的影响、不同的作用决定了不同的构成要件的结构。在这个意义上来说，法益支配权是我们解释构成要件内部结构的一种指导观念，这是它的体系性定位。由此，可以把财产犯罪大致分为以下几类：

第一类是回避反抗型的财产犯罪，主要包括盗窃和抢夺。这两类犯罪的共同特点，在于行为人针对被害人维持财物占有的支配权，采取了一种回避和躲闪的方式，他没有直接对抗。无论是“秘密窃取”还是“公然抢夺”，都不是面对面地跟被害人对物的持有意愿发生正面的压制，因此这两种形式在本质上是一样的，这也是国外立法把抢夺和盗窃统归一个大盗窃罪的根本原因。它们的外部形式是不一样的，但基本内涵其实本质是一样的，对法益支配权的侵害方式是一样的。

第二类是压制被害人反抗的财产犯罪，主要是抢劫。它与前一种躲闪被害人不同，而是以直接暴力、胁迫的方式压迫被害人的反抗。这是最强烈的一种方式，因此，即便没有“数额较大”，刑法依然处罚它。

第三类是利用意识瑕疵的财产犯罪，主要包括诈骗和敲诈勒索。前者是利用错误的意识瑕疵，后者是利用被胁迫的意识瑕疵。这两种情况既没有回避被害人，也没有压制被害人。

第四类是僭越权限型的财产犯罪，主要是侵占。它主要以僭越被害人支配权的方式，侵犯了财产法益。

第五类是毁减支配权的财产犯罪。与其他四类不同的是，毁坏财物罪由于直接毁掉了法益支配权所指向的客体对象，使被害人的支配权成了无指向物、无附着物的单纯意愿，支配自由在本质上遭到了毁灭。

第七个问题：被害人的应保护性与需保护性的问题。

关于被害人的应保护性与需保护性在教义学领域的展开，主要是从行为人的应罚性与需罚性这对概念的对立中产生出来的。被害人的应保护性在定罪阶段影响行为人的应罚性，而被害人的需保护性则主要在量刑阶段发挥影响。

在被害人的应保护性方面，试举如下几例，用以指导观念并解决问题。比如，在扒窃的场合。贴身盗窃比一般盗窃，侵犯了贴身禁忌，由此应保护性提升，不计数额也应该入罪。再比如在持枪抢劫的场合，枪支的暴力形象使被害人的恐惧程度升级，因此应保护性提升，法定刑也提升。再比如，一个雇主花钱雇用他人做杀手，或者一个想要行贿的人通过一个中间人向他人行贿，当他被这个杀手或者中间人欺骗时，是否应该予以保护？以往刑法理论不过多考虑这个问题，觉得没有问题。对此当然应该予以保护，杀手或者中间人当然构成诈骗罪。以前河南出现过这样一个案子，河南地方组织部的一些人通过一个中间人想买一个高级领导干部的字画，其实是想通过一种变相的方式去行贿。结果这个中间人把这笔钱忽悠走了，他也不认识人，就谎称自己在北京认识很多人，后来这些地方官员就去报案了，最后就把这个中间人抓到，以诈骗罪论处。我一直在考虑，在这个案件中，谁是被害人？如果那个雇主和企图行贿的人是被害人，为什么刑法要没收被害人的佣金和贿赂款呢？由于国家的没收，被害人并没有通过诈骗罪得到刑法上的保护，诈骗罪成为一个没有被害人的犯罪，它既惩罚了那个中间人，也惩罚了那个雇主。这种情况下得利的只有国家，它把财产自己没收了。这是非常奇怪的情况。对此正确的理解是，由于基于不法原因给付的被害人欠缺应保护性，因此从一开始，就不应当对行为人认定为是一种欺诈行为。

在被害人的需保护性方面，比如，司法解释规定，盗窃、诈骗近亲属财物的，只要得到近亲属事后谅解、同意，一般就不再追究责任。在这种情况下，近亲属就不需要刑法的强行保护了。再比如，死刑政策的座谈会纪要规定，被害人有过错的，一般不会判处加害人死刑立即执行，也是考虑到被害人过错情况下，其需保护性程度降低。

我昨天看到王作富老师主编的《刑法分则实务研究》这本书，里面讲到在强奸罪场合，男方使用强制手段与女方发生关系，事后女方又接受了他的行为，并逐渐发展为恋爱关系，后来双方结婚。再过一段时间，感情破裂，又分手或离婚，这时女方提出，当初他强制我发生关系。要不要定强奸罪？这本书上讲，在司法实践中，一般对这种情况应该考虑不按强奸罪论处，要把前后作为整体考虑，同时考虑社会稳定等原因。这在刑事政策上有它的合理性，但欠缺一个教义学上的理由。这个理由在我看来，就是在这种场合下，被害人不再具有需保护性。

最后，就是讲一些具体问题当中的被害人教义学问题：比如，在人身犯罪的场合，在没有性刺激动机的情况下扒光妇女衣服的行为，是侮辱妇女罪还是单纯的侮辱罪？如果主张构成侮辱妇女罪，就意味着重点不在于行为人的主观动机，而在于被害人的客观感受。这实际上就是从被害人作为法益主体的视角出发，来评价行为人的不法。又比如，指导人们对强奸罪及强奸行为展开解释的思想，是违反被害人的意愿，而不是暴力性。某些行为有暴力形式，但没有违反意愿，不是强奸；某些行为没有暴力形式，但是违反意愿，也属于强奸。这里思考的基本理念是，在这样的场合，人身法益的场合，性的自我决定权就是法益要保护的内在的东西，还有法益支配权本身就是法益的组成部分。在这样的场合，也不是所有的欺骗都会导致同意无效。以为对方是高干子弟，以为对方是明星，与之发生关系，事后发现根本不是，此时能主张强奸吗？不能。尽管在这种场合下，因陷入错误而发生关系（如果不陷入错误，也不会发生关系），但是刑法上不会提供保护。背后的理由，在于这里是一个自我决定权和刑法家长主义的考虑。再比如，一个帮助他人自杀的人，得到自杀人的同意杀死对方，能否被评价为杀人者？这里的死亡对象，是通常意义上的被害人，还是一个实现自我人格的主体？这些问题，必须要从生命法益的主体出发，考虑生命法益支配权作为人身法益与生命法益的关系，考虑自我决定权与刑法家长主义的关系，考虑中国社会现阶段的自杀者作为被害人的应保护性与需保护性的关系，等等，才能得出有说服力的方案。否则仅仅从行为人的视角出发，设计出逻辑再精巧的方案，也难以独立承担解决自杀问题这样一个沉重的任务。

财产犯罪方面的问题就更多了，包括：盗窃罪中的被害人同意；抢劫罪中的被害人压制；敲诈勒索罪中的被害人处分；诈骗罪中的被害人怀疑；被害人监控下的盗窃既遂；被害人无意抓捕时的“转化抢劫”；“三角诈骗”等一系列问题，都会涉及从被害人的视角出发，去分析，并得出一些新的结论。

第八个问题：关于我在方法论上的一些想法。

这些想法还不是很成熟，因为对方法论方面的反思与总结，只有当对一个问题的研究达到相当的高度和深度时，才有资格提一点。我对被害人教义学的理论构建，应该说还处在一个跋涉和探索阶段，在方法上的思考不是很成熟，隐约有一点，可以提出来和大家一起交流和分享。

有时候我在想，我们的刑法为什么不从被害人讲起？为什么要设置不法和责任的理论模型，去处理行为人的责任问题？惩罚行为人的判断顺序为什么要经过这样一个过程？13 岁的少年杀人，为什么要经过不法、责任这样的顺序得出，才觉得比较合理，而不是直接说他因不具有责任能力而无罪。这样的一个思考过程，其实大家仔细想一下就会发现，它是一个先抽象，再具体，最终恢复原状的过程。刑法上尽管讲了那么多惩罚行为，其实刑法终究要惩罚行为人，它一定要落到一个人的身上，因为这个行为去惩罚这个人，被判处刑罚的一定是一个人，而不是一个跟人没关系的行为。但是要惩罚这个人，如何实现有合理顺序、有效率、有思考能量的思考方式呢？我的方法是，第一步先抽象出一般特征，就是有没有抽象的行为、一般性的观念、一般性的对过失的想法，有没有结果。在这个意义上，不法责任中的行为人是被抽象的。下一步，再把抽象出来的内容填补回去，考察行为人有没有满足责任能力，有没有期待可能性，有没有违法性认识错误。之前这些个别化的因素，没有办法在一个人的思考过程的第一步就全部涌现，因为那会造成极大的思维负担，也会造成定罪思维的混乱。因此，第一步抽象，就是保持一种稳定性的思考，先考虑抽象。但那些抽象出来的内容绝非不重要，它在责任里面又装进去了。人还是那个人，经过了一次“膨胀”，又经过了一次“收缩”，最终还是惩罚那个人。

关于被害人的问题，我们在讨论被害人场合常会用到一个说法，叫做社会一般标准下的“平均被害人”。有人会问，究竟是采取一般平均人学说，还是采取个别的、具体化的被害人学说：在抢劫、强奸等场合，被害人有没有被压制，是不是受到胁迫，究竟是从一般人考虑，还是从具体的人考虑？这种说法的背后，其使用的方法论和我前面所讲的东西是共享的。其最终目的是使你的思维更加清楚、顺畅，即一定要先抽象地去考虑社会平均人，接下来再考虑具体的个案中受到侵害的被害人。

一般意义上的被害人是规范意义上的被害人。当一个人拿起一把刀威胁被害人取钱时，你会认为一般情况下这个行为都足以压制被害人的反抗。可是接下来你要考虑的是，如果被害人是一个柔道高手，他根本就不在乎这种胁迫手段，他基于怜悯，基于可笑，给了对方10块钱说你走吧。在这样一个案件当中，司法考试出过这样的题，要不要认定为抢劫未遂？是未遂，一般意义上的被害人应该会受到压制，好，这一步得出有抢劫行为，因为一般情况下是不法的，抽象意义的被害人是会被压制的。可是在具体层面上，具体的被害人怎么样？法益支配权没有受到压制。通过还原，这里没有一个结果不法。我们就是按照这样一个思考过程考虑的。

在一些相反的场合，像我前面讲到的诈骗罪场合，你实施一个很拙劣的手段，比如我把这瓶矿泉水以1000块钱卖给你，你就能躲过世界末日。一般来说，这么简单的骗术，没有人会因此而被骗。可是我遇到张三，他居然就买了。在这种场合下，是否构成诈骗罪？如果按照第一步，从规范意义出发，这里根本就不应该有被害人受到欺骗，就是德国教义学提出的新观点，一开始就没有欺骗。可是如果坚持说，即使一般意义上的被害人不会受骗，但在具体个案中，这个人很可悲的受骗了，我们要保护的是具体的被害人，保护那个事实意义上被骗的被害人，所以规范和事实的关系，就是在这样一些我们处理刑法学的具体的、很细小的问题中，随时表现出两者之间的那种张力和魅力。

报告基本就到这里。谢谢大家。

曲新久 谢谢车浩博士。报告非常成功。现在请劳东燕老师作点评。

劳东燕 今天我感冒了，感冒很严重，所以大家可能会听得不太清楚。对于车浩的这个关于被害人教义学的理论构建，我作评论的话，主要从以下两个部分来讲：

第一部分，它的价值和意义。

据我了解，车浩对被害人教义学的研究，应该是这个领域里做得最为深入的。具体来说，它的意义表现在以下方面：

第一个方面，传统刑法教义学建立的基础，是“犯罪人—国家”的二元体系，但车浩的被害人教义学，其实是把逻辑结构建立在“犯罪人—被害人—国家”三元体系上。从被害人视角审视刑法理论，为刑法教义学的发展开辟了新的知识领域，新的思路，而且提供了新的视角。首先，他通过被害人视角，对教义学中的一些基本概念进行了重新解读。他找到了一个合适的媒介，那就是“法益”这个概念，因而被害人在教义学中的地位作为法益主体存在。其次，他对于“不法”“责任”这样的基础概念也进行了重新解读。不法是从被害人角度的评价，而责任是从行为人角度的评价。从被害人视角对刑法中基础概念的重新解读非常具有启发意义。而且，刑法教义学的基础结构从“犯罪人—国家”的二元体系，到“犯罪人—被害人—国家”的三元体系，也引发我们对更加宽泛问题的思考。比如，研究被害人教义学不是为了削弱对被告人的保护，被害人其实也是一种个体。大家可以发现，对于如何限制国家刑罚权问题，不单可以从被告人这个径路去限制，也可以从被害人这个径路去限制。如果从双重径路去限制，我觉得在现代国家中，它显然是一种更加有效的限制国家权力的处理方式。

第二个方面，车浩的研究有超越传统教义学研究的一些非常可贵的地方。虽然车浩在他的报告前头说，他的研究只是对传统教义学的补充，但实际上也有颠覆性的一面。比如对法益的解读，他从被害人的视角出发，对法益与规范作二元性的解读，即将法益概念只适用于那些涉及具体被害人的犯罪，将那些不涉及具体被害人的犯罪归到规范的范畴之中。我觉得这种思考或者说这种探索，是非常可贵的。因为法益概念的发展，从20世纪以来，的确一直有一种趋势，就是法益概念在内容上的无限膨胀，最终变成无所不包，但基本上没有什么用处。任何一个行为只要国家定罪了，大家就说它侵犯了法益。这样的话，法益就丧失了它原初的批判性功能。所以车浩把法益与规范二分，使法益这个概念成为相对清晰的概念，这是一种很好的探索性的思路。但是我觉得在这里面，在法益与规范二分这种思考方式下，你可以发现，犯罪包含两种，一种是法益侵害；另一种是规范违反，如何限制规范层面的入罪化，这将可能是整个教义学中最需要讨论的问题。

第三个方面，车浩的研究从最初的被害人同意到现在的体系化，已经形成了一个比较完整的基本框架，他的研究有超越传统的被害人研究之处。因为以前我们关于被害人的研究，其实都是片段性的、零散的，比如被害人过错、被害人同意、被害人自我答责，以及像诈骗罪这种犯罪。但现在车浩用一个基本框架，把这些要素都体系化了。我觉得这是他的研究的一个很可贵之处，也就是说他现在所做的努力，正在使被害人教义学的研究趋于体系化。

第四个方面，车洁的研究不仅对框架的建设有所推进，而且这种具体而微的研究方法也非常值得赞赏。他的很多研究很细腻，逻辑严谨，给人留下深刻的印象，包括对法益主体的重新构建、财产犯罪中法益与法益支配权问题、对各论中一些犯罪的重新解读，都给人留下了非常深刻的印象。

第二部分，一些疑问和建议。

第一个方面，在刑法保护的任务上，你从被害人视角，把它分成法益与规范的二元论，我觉得这个部分可以作进一步的探索。因为，如果在刑法的保护目的或者保护任务中，既包含法益保护又包含规范保护，犯罪本质有一种类型是侵害法益的，另一种类型是违反规范的，除了刑法保护目的方面，犯罪本质方面也可以作这种二元论的考察。而且接下来关于不法的类型也可以作这样的考虑，也就是说，不法开始走向类型化。你在这个报告中只讲了一种不法类型，因为既然法益侵害和规范违反都是属于不法类型，很显然只有前一类才能从被害人视角展开，而后一类其实不涉及被害人视角的问题。这样的话也就是说，你从犯罪论这重体系，对于不法跟责任这种重新的理解，很显然就不仅包括你所说的，就是不法应该从被害人的立场出发去评价，责任应该从行为人的角度去评价，除此之外还有说，现行的不法侵犯只是代表不法中的一种类型。这是第一方面的建议。

第二个方面，关于个人自决权与家长主义，还有这对范畴与法益—规范这对范畴之间的关系。很显然，你现在的个人自决权与家长主义这对范畴，实际上是放在法益下面的，而这里的法益概念，你只把它界定为主体是被害人时才涉及的法益。我注意到你之前在《自我决定权与刑法家长主义》这篇论文中对家长主义有一些过于扩张的理解，如果这样理解的话，即把家长主义这对范畴作为一对原范畴来理解刑法中的犯罪，就会使得这对范畴与法益—规范这对范畴不是一种上一级跟下一级的关系，而有可能造成一些混淆。所以建议你在个人自决权与家长主义的研究中，对家长主义作比较狭义的限定，只把它限定在法益—规范这对范畴之下的法益概念处理。

第三个方面，算是疑问吧。因为财产犯罪中你所提倡的是工具模式的法益观，这种工具模式的法益观显然是以一般的被害人为基础的，而不是具体的被害人。包括你所说的合理安放数额较大的位置，数额较大为什么从经济性的标准展开？采取经济性的标准显然是一般的被害人的视角，但你在前面说到，说你的被害人教义学希望从符号化的被害人到现实具体的被害人，你在这里采取的标准，跟你前面的前提设定有没有矛盾？

第四个方面，也算是疑问。你在工具模式的法益观里面强调的一点，即你对有关概念的界定都是功能性的。我想问一下，这里的功能性界定到底是什么意思，与现在的刑法走向功能主义的那个功能主义刑法学之间到底是什么关系？

谢谢大家。

曲新久 谢谢东燕教授。

有一点我觉得她说得非常明确，就是涉及规范违反中的普通法益主体，即国家和法人组织时，不能说它没有主体，那是谬论。当然我也可能误解了你。我觉得这个问题挺重要的。理论上在规范违反当中是有主体的，那就是国家。我唯一的问题是，当国家和法人，特别是当国家成为法益主体时，国家的家长在哪呢？（车浩："国家是规范主体。"）规范有时候太抽象，当规范成为法益本身时，也可以跟前面所说的故意杀人、伤害有相同之处。还有联合国，这是可以考虑的主体吗？所以我不同意用家长主义这个词，我觉得应该有更好的词，更高的层次，我觉得应该用社会主义，更全面、更准确，因为家长主义太小。

下面我们请陈兴良教授点评。

陈兴良 本来今天晚上是没有安排我点评的，应该是冯军教授和周光权教授，但他们两位今天都没有来，所以我来发表一点感想。

刚才车浩就被害人教义学的理论建构这个题目，作了一个比较体系性的阐述，这也可以说是车浩自撰写博士论文以来，第一次以这种讲演的方式展示他在这么一个相当长的时间里的研究成果。在这里我有几点感想：

第一点，就是他这里用了一个词，就是教义学，被害人教义学，这当然是一个比较新的概念。最近一段时间以来，我也一直提倡刑法的教义学。我认为被害人教义学实际上是刑法教义学的一部分。在我们当前这种刑法教义学没有真正建立起来的情况下，来探讨被害人教义学，从某种意义上讲可能是比较冒险的，也是比较有难度的。一般来说应该有一个比较基础的刑法教义学体系，在这基础之上再去讨论被害人教义学问题，这样才能为被害人教义学探讨提供一般的理论根据。但是我刚才听了车浩的报告，我感到被害人教义学本身是刑法教义学的一部分，尤其是刑法教义学的一个重要补充：在被害人教义学的建构过程当中，能够为刑法教义学的建构提供理论资源，对传统刑法教义学中一些基本概念和分析工具的重新阐释，提供一些思想资源。所以从这个意义上，在目前中国刑法学理论发展的背景下，在某种意义上，被害人教义学的理论建构，可以起到推动刑法教义学理论发展的作用。对于这一点，我想需要给予充分的肯定。

第二点，我想一般性地谈一下被害人在刑法学，包括犯罪学、刑事政策学和刑事诉讼法学中的地位。被害人是与犯罪紧密相连的一个概念。我认为被害人在刑法中的地位，是有一个历史演变过程的。我认为最初的犯罪形象，是由被害人塑造的，被害人是犯罪的一个实体。在整个刑事活动当中，被害人占据着一种主导地位；而犯罪人，也就是实施了犯罪行为的人，在整个刑法中倒不是一个主体，而是一个客体。因此在这种体制下，刑法的形象、犯罪的形象，都是由被害人塑造的。随着法治的发展，尤其是随着国家垄断了惩罚权，被害人逐渐退出了刑法领域，退出了刑事诉讼法领域，而逐渐强调犯罪人，尤其强调刑法的功能主要是保护被告人，对被告人保护胜于对被害人保护，这也是罪刑法定原则的应有之义。在这样一个背景下，犯罪人受到了相当的重视，而被害人在刑法中逐渐被遮蔽了、消隐了。

但现在又出现了一个新的趋势，被害人又重新回到了刑事法律中来。在犯罪学中，除了研究犯罪人外，也强调对被害人的研究，并由此出现了被害人学，作为犯罪学的一个分支学科。在刑事诉讼法学中，也开始强调对被害人诉讼权利的保护，对于被害人在整个刑事诉讼中的权利和地位，都予以了相当的肯定。这样一种趋势是比较普遍的，像我们现在推行的刑事和解等，都在强调对犯罪人的处罚中要在相当程度上考虑被害人的意愿。被害人在某种程度上甚至可以决定某些轻微犯罪是否进入司法程序，是否要实施处罚。在一些比较严重的犯罪中，甚至在判处死刑的情况下，也要相应考虑被害人的意愿，如果被害人谅解的，往往可以成为不判处死刑立即执行的一个根据，所以对被害人的诉讼权利予以了相当肯定。

在刑法学中也同样出现了被害人教义学。将被害人引入刑法中，将被害人对定罪量刑中的一些影响，予以教义学化的分析，由此丰富了刑法教义学的理论。传统的被害人教义学，主要是从两个方面展开的：一方面是在总论中，主要是被害人承诺问题，被害人承诺可以作为一个出罪事由。传统的被害人承诺是在构成要件之后，在违法性里进行考虑的，作为一种违法阻却事由。但是后来，这种被害人承诺作为一种出罪事由，越来越前置，前置到构成要件中，如果有被害人承诺，可以排除构成要件，成为一个重要的出罪事由。所以在总论中，被害人承诺越来越成为对于不法、责任产生重大影响的重要概念。另一方面是在刑法分论中，就像车浩刚才所讲的，在诈骗罪中需要考虑。诈骗罪在一般情况下是一种被害人有过错的犯罪，在对诈骗罪设置法定刑时，已经考虑到了被害人过错因素，因此在诈骗罪中，被害人过错一般不能成为对诈骗罪的犯罪人从轻处罚的根据。但是，如果被害人的被骗从法律上看是特别不值得法律加以保护的，也就是在一般情况下一般人都不会受骗，被害人却受骗了，在这种情况下，根据刑事政策的有关原理，就会引入被害人是否值得法律保护，即保护的必要性，来决定对被告人是否出罪。由此可见，无论是在刑法总论还是刑法分论中，被害人因素在事实上都成为对刑罚发动、刑罚处罚程度的一种限制性的、否定性的解释论据。在这个意义上的被害人，不再作为加重对犯罪人惩罚的理由，而恰恰成为限制刑事责任的一种根据，这样一种特征是很明显的。

当然，车浩所讲的被害人教义学已经大大超出了传统刑法教义学中的被害人的一些因素。应该说，体现了车浩在被害人教义学问题上的一种非常宏大的学术野心，也就是力图用被害人概念重新构建刑法学。车浩用被害人概念重新界定法益的概念；对违法的本质到底是法益侵害还是规范违反，提出了二元论的观点；用被害人的概念对不法、对责任进行了重新阐释，提出了一些具有说服力的观点。尤其是运用被害人教义学的一些原理，对人身犯罪、财产犯罪所作的分析，我觉得是具有相当的教义学含量的。比如，人身犯罪都有一个被害、加害问题，财产犯罪也有一个对财产法益主体的侵害问题。对这些犯罪的传统理解，往往只考虑犯罪人一面，而没有考虑被害人一面。事实上，只有从犯罪人和被害人的互动中，才能很好地把握人身犯罪、财产犯罪这两种犯罪类型。这种互动关系，可以为我们分析人身犯罪、财产犯罪提供一些很好的思路。所以，我认为这一部分是车浩的被害人教义学中特别具有学术魅力的地方。车浩运用这一部分被害人教义学的原理，很大程度上深化了我们对人身犯罪和财产犯罪的理解，利用被害人教义学的这样一套理论，打通了总论和各论之间的关系，这是车浩的一个重要的学术贡献。

车浩最近几年发表的论文，既有很宏大的理论叙事风格，又有对人身犯罪、财产犯罪非常具体、细腻的教义学的分析。将这样一种宏观的理论把握和具体的细节分析能够很好地结合起来，我觉得这是车浩的一种理论优势。前段时间车浩写了一篇论文，是关于扒窃的，他专门给我看了。扒窃是一个非常具体的个罪问题，但车浩对扒窃作了教义学分析，也包括一些被害人的因素。同时让我感到特别吃惊的是，车浩提出，扒窃打破了贴身禁忌，提出了贴身禁忌这个概念。他认为扒窃不同于其他盗窃的一个特点，也是扒窃应该承担较重刑事责任的一个根据，就在于扒窃存在对被害人的贴身禁忌的侵犯性。贴身禁忌这个概念的提出，虽然是个很宏观的概念，但对我们界定扒窃范围，具有非常重要的意义。从贴身禁忌一词可以看出来，车浩对扒窃所作的是比较限制性的解释。所以能够在这样一篇对很具体、很微观的问题讨论中，抽象出一个很宏观的理论，并且在宏观和微观之间能够自如转换、游走，这是车浩的理论特长，也是我非常赞赏的。

最后一点，我想对车浩的被害人教义学提出一点质疑的地方。我发现在车浩这个理论体系中，提出了一个比较重要的理论，就是犯罪是法益侵害和规范违反的二元说。这是一个很重要的基础性理论，也是一个突破性理论。但是恰恰是在这点上，我觉得有一点质疑。因为车浩对被害人的概念仅限于个人，因此他是采用了犯罪学上的有被害人的犯罪和无被害人的犯罪分类方法，采用了这样一对分析框架，因此他的被害人只能是个人。正是从个人作为被害人这样的角度出发，车浩所讲的法益所指的是个人法益。在这种情况下，如果将个人法益作为一个概念解释，那些无被害人的犯罪指的是无个人被害人的犯罪并不意味着真的没有被害人，只不过它的被害人是社会，是国家。因此在刑法学上，比较传统的法益概念是三分法，个人法益、社会法益和国家法益。如果把国家和社会作为被害人考虑进来，尤其是把法益按照传统的三分法理解，是不是还存在着规范违反？规范违反和法益侵害的关系到底怎么来看，还是值得研究的。

我个人比较倾向于贯彻法益侵害说。规范违反的背后，依旧是法益侵害的问题。当然这里还有一个如何界定法益侵害的问题。法益侵害不一定等于实害，有时候是危险，这种危险指的是某种损害结果出现的可能性。比如车浩在报告中提到了逃避商检罪。逃避商检没有具体被害人，没有被害的个人，车浩也说了，逃避商检违反的是商检制度，是规范违反。在逃避商检这个罪名中，用法益侵害是无法说明它的处罚根据的。假如逃避商检的那个进出口商品的质量是完全过关的，由于并没有谁的法益受到侵害，因此不能用法益侵害说作为处罚根据，只能用规范违反说作为处罚根据。但这涉及怎么作为界定法益的问题，如果从实害的角度来说，确实没有实害。但从商检制度建立本身看，是为了避免不合格商品的进出境。如果逃避商检，可能对于个别行为，逃避商检的商品质量是合格的；但如果放弃这种商检制度，可能会出现大量的不合格商品进出境，由此造成对社会的危害。从这个意义上说，逃避商检的行为依旧具有对社会法益的侵害性。当然这里面也存在一个问题，就是我们在立法的时候，可能会存在一个过度保护的问题。例如车浩提到的买卖枪支。在有些国家，像美国，枪支是允许公民自由持有的，但在我们国家是严格禁止的，如果买卖，被视为非法，构成犯罪。这种枪支禁止制度，到底是有利于保障公民个人的权利和自由，还是更有利于保障社会的秩序或者说保障国家的安全？这里可能存在立法上的考量问题。我们完全不排除国家在立法的时候有一些过度保护，有一些完全不应该作为犯罪处理，不应该用刑法禁止的行为，可能也作为犯罪来处罚，这种情况是有的。

我认为法益概念以及法益侵害概念，在刑法中，主要是在不法论中，虽然不是一个帝王概念，不是至高无上的，例如，在某些情况下，即使有法益侵害，但只要被害人愿意，法益主体愿意，即使有法益侵害也不能作为一种处罚根据。从这种意义上，被害人因素会成为法益侵害作为入罪根据的一种限制。但是，我认为法益侵害概念在不法论中还是相当重要的。车浩在论文中也提到，在德国的罗克辛和雅科布斯之间发生的关于刑法的任务到底是保护法益还是保护规范的争论，对于我们认识刑法的功能，可能是有重要意义的。

在车浩的研究中可能会存在这样的问题，即由于研究而把它的重要性无限放大，的确存在这样一种偏好。所以要对被害人教义学发生作用的边界作一个界定。在我看来，被害人教义学能够比较好地用来解释个人作为被害人的犯罪，用它来解释犯罪和财产犯罪一点问题也没有。但用它来解释其他犯罪就有困难，有问题。在这种情况下，我们是考虑要对被害人解释学本身作出限制，还是要解构其他概念，还是要把被害人解释学再向外作不合理的扩张？这种不合理的扩张和它应有的功能之间的关系应如何把握和拿捏？我觉得这是车浩接下来研究中的一个重要的难点。

我就讲这么多。谢谢。

曲新久　谢谢兴良教授，点评得非常精彩，也非常全面。确实有时候概念越大就越麻烦。我同意陈老师的基本观点。接下来我们有请江溯博士点评。

江溯　我非常荣幸能有机会聆听车老师的报告。正如前面陈老师所评价的，陈老师以前私底下也评价过，在我们这批 20 世纪 70 年代的刑法研究者里有两个最优秀的人物，今天都在现场，一个是车老师，一个是劳老师。我个人当然一直受到陈老师、梁老师等在国内非常重要的刑法学者的影响，但坦白地说，在最近四五年时间里，我个人的研究可能更多受到车老师的影响。因为他的一种高度精致的刑法理论，常常让我们感到刑法理论真的很美妙。这是我首先讲的自己的一个感受。

关于车老师今天讲的被害人教义学问题，不仅在我国，而且即便是在德国也是一个非常前沿的问题。因此，对于我国来说，这个问题可能更加前沿，因为我国以行为人为中心的刑法教义学的体系还没有完全建立。

我下面要讲的就是车老师这个研究的三点贡献：

车老师研究的最大贡献，我觉得可能就在于，他拓宽了被害人教义学的理论基础。前面很多老师已经讲到过，被害人教义学来源于德国，但是在德国，被害人教义学的理论基础可能并没有车老师今天展示的那么宏大，被害人教义学的基础无非就是被害人的应保护性和需保护性，也就是从刑法的法益保护和刑法的最后手段性导出来的被害人的应保护性和需保护性，实际上就是这么一点点单薄的基础。但是车老师并没有局限于这一点，他把被害人教义学的基础延伸到了自我决定权，甚至把它延伸到了刑法中的人，这样一个很具有法哲学意味的概念上了。正如刚才陈老师所讲到的那样，车老师早年时的研究更多的是抽象的法哲学，后来他及时转向了教义学。从他今天的报告中，我似乎又看到了一种从教义学向法哲学的回归，或者说是一种提升。

车老师研究的第二个贡献，刚才很多老师已经讲到了，就是他从被害人教义学角度重新界定了法益，他实际上是从法益的概念里抽出法益支配权。法益是刑法教义学中最为重要的概念，但随着法益概念的发展，出现了一个趋势，就是这个概念越来越抽象，越来越模糊，它的边界越来越不清楚，它的范围越来越不清晰。而车老师把法益支配权和法益进行了一个他自己逻辑上很自洽的区分，然后从这个法益和法益支配权中引出他的被害人教义学的基础。

车老师研究的第三个贡献，我觉得可能比较重要，就是车老师已经搭建了一个被害人教义学的基本框架。在德国最有名的主张被害人教义学的学者是劳老师在德国的指导老师许乃曼教授。许乃曼教授曾经提出了一个看法，即被害人教义学是一个连接刑法总论和刑法分论的桥梁。虽然许乃曼这么说，但是他本身并没有就如何搭建这个桥梁作出更进一步的阐述，至少在我看来没有。而这个工作在今天车老师的报告里，实际上已经很大程度上完成了。在总论部分，车老师对于被害人同意的研究，包括他对客观归责理论的研究；在分则部分，他对人身犯罪、财产犯罪的研究，都渗透着被害人教义学的基本原理。可以说，车老师在这个意义上是完成了许乃曼教授等主张被害人教义学的德国学者没有完成的任务，把这个桥梁搭建成功了。所以车老师的这个报告，即使与德国的学者相比，我觉得他的贡献也是毫不逊色的。

下面我想对车老师的报告提出几点小小的建议和看法，或者说是我自己的体会：

第一个问题，因为现代刑罚产生的过程，实际上是国家垄断刑罚暴力的过程，也就是说国家从具体的被害人那里，把处罚加害人的权利给剥夺了，这是一个垄断的过程，也是一个刑罚的国家化过程。这个刑罚国家化的过程，同时也是一个被害人中性化的过程。被害人在这个过程中被剔除掉了，变成了一个默默无闻的角色。而被害人教义学的一个努力方向，是要在这个已经被国家化了的刑罚中重新发现被害人，或者像德国著名的刑法学家哈塞默所讲的那样，是一种被害人的再发现。但我们要注意的问题是，这种被害人再发现的过程，可能会导致刑罚的重新私人化。从刑罚的国家化到刑罚的再次私人化，我觉得这个过程可能会引发对刑罚目的，或者刑法的基础理论的本身的思考。这个问题是值得反思的，或者说我们在怎样的限度内能够容许刑罚的再度私人化。

第二个问题，按照被害人教义学的理论抱负，很显然是要构建一个行为人和犯罪人二元体系。在传统的刑法教义学里，是一个以行为人为中心的一元体系，像我们的行为构成要件的符合性、违法性、罪责等，体系中的每一个阶层都是以行为人为中心的。当然，随着客观归责的引入，在客观归责里开始探讨一些被害人问题，比如被害人自陷风险问题，但从总体上讲，传统的犯罪论体系仍以行为人为中心。而被害人教义学的抱负，是要在传统的体系里增加对被害人的考量。这种考量势必打破或者说颠覆原有的纯粹以行为人为中心的犯罪论体系。这种从单一的以行为人为中心的犯罪论体系，到以行为人和被害人为两个支柱的转变，到底具体怎么建构，这可能是一个很大的问题。也许在10年或者20年之后，当我们看到车老师的刑法教科书时，可能看到的是一种完全不同的刑法教科书，不是完全以行为人为中心来阐述各个问题，而是同时兼顾对被害人的考量。

第三个问题，也是针对刚才车老师所讲到的，关于法益和法益支配权的区分的问题，我想提出几点小小的质疑：

第一点，是对这种法益和法益支配权的区分在方法论上的质疑。因为车老师在他的论文里是比较不赞成存在论这种思维方式的。但在我看来，他所界定的被害人可能还只是有具体被害人的犯罪中的被害人，而且更多是倾向于财产犯罪中的被害人。如果这么来看的话，很显然他对被害人的界定有一种很强烈的存在论或者说很强烈的自然主义的色彩，这与他所主张的规范论的色彩可能会有一点点不相容。

第二点，在法益概念的发展过程中，甚至一直到现在，德国有一个很著名的关于法益研究的学派法兰克福学派，代表人物是法兰克福大学以前的刑法教授哈塞默，他提出一种法益概念，德国学者把它看做是一种纯粹的，或者说彻底的个人主义的法益概念，在我看来，车老师的法益概念，可能是比哈塞默的彻底的个人主义的法益概念更为彻底的法益概念。正如哈塞默的彻底的个人主义的法益概念在德国受到的批判那样，我觉得车老师的法益概念也值得我们进行一定的反思。

第三点，其实陈老师刚才也已经提到了，就是我们在构建作为刑法核心的法益概念时，未见得以往的法益学说没有注意到各种法益之间的差别。事实上，我觉得以往的学说是注意到这个差别的，它把法益区分成三种不同类型的法益。但是为什么没有很纯粹地把它区分成一个很明确的法益侵害和另外一个规范违反？这里涉及一个很重要的理论的作用或者说理论的品格。理论的作用在很大程度上是要用一个最简单的东西把更多的东西容纳进去，而不是要像商店里买东西一样，把商品全部罗列出来。它只是说这是一个商店，是卖商品的，而不是说卖糖果、卖文具等。理论的作用在于，它把这个买各种各样东西的地方叫做商店。在我看来，车老师讲到的法益和规范违反，最终并不一定不能统一到法益这一个概念之下去。

最后一点，车老师在奠定他的被害人教义学的基础时，很深入地研究了关于自我决定权的问题。但我想可能要注意的一个问题，是关于自我决定权和被害人教义学之间的关系问题，车老师可能需要进一步思考一下。因为在德国学者那里，会认为这两个东西不是同样的东西，就像许乃曼教授批评自我负责原则或者自我决定权是一个僵化的原则，而把被害人教义学赞扬为一种弹性的原则。我认为这两者还是有一点点区别的。它的区别可能在于，自我决定权更多的应该是被视为被害人教义学的结果，而被害人教义学应该用来说明自我决定权的一个过程，或者是一种方案。所以我觉得还是应该注意到不同理论之间的兼容性，不能把所有的理论全放到一个框架之下讨论。因为实际上在德国的语境下讨论的自我决定权和被害人教义学之间可能还是有一定区分的。

谢谢大家。

曲新久　下面有请梁根林教授点评。

梁根林　刚才各位老师对车浩老师的报告已经作了非常客观、同时也非常积极的评价，我都赞成。

我用三个说法表述我对车浩这几年来学术的评价。一是有非常宏大的立意和视野。他对具体问题的思考都有一个宏大的立意和视野，在这个宏大的立意和视野下，展开具体问题的思考。这是一。二是有非常严谨的体系性思考。这几年尤其在陈老师的影响下，强调教义学思维，强调体系性思考，车老师对具体问题的思考都是在非常严谨的体系下展开的。这是我们法律人培养法律思维的基本要求，或者说展现了我们对法律问题思考的一个基本素质。三是有非常细腻的对具体问题的思考，但同时也很大气，大气和细腻比较统一地融合在他的学术风格中。这也是我对他的学术的一个基本的印象。

关于被害人教义学本身，我也想谈三点。

第一，被害人教义学是犯罪学和被害人学的一个超越。我们在被害人教义学发生的渊源上，要看到这一点。这是对犯罪学和被害人学的一个超越，是指向更为全面的犯罪人图像的一个重要的路标。我们说犯罪学本来是对犯罪问题的研究，但现在犯罪学开始转向加害人和被害人互动的研究。在这样的基础上，被害人研究从犯罪学中脱颖而出，成为一个相对独立的学科，但车浩老师今天给我们展示的被害人教义学，大家会发现，其实是在对加害人和被害人这样一个事实认知的基础上，再进行规范发现，再进行规范认知，这一点非常重要。

第二，被害人教义学是刑事政策推动的结果。现在的刑事政策，从“二战”以后，最重要的就是新社会防卫运动。新社会防卫运动有一个口号，就是合理的组织对犯罪的反应，在此前提下，强调对犯罪反应的合理性。在这个过程中，被害人保护运动又是一个非常重要的方面，是刑事政策的一个重要的潮流。正是在这样的背景下，不仅刑法教义学强调要合理有效地惩罚犯罪人，而且也延伸出对被害人教义学的一种追求，即要合理有效地保护被害人，合理有效地惩罚犯罪人，并最终成立合法有效的组织，对犯罪行为反映出这样一个刑事政策的潮流。

第三，被害人教义学是刑法教义学的展开，但又有着独特的视角、概念、原理、范畴，是刑法研究的精细、精致、精确的标志。

此外，我还想就车浩老师的报告提出三个问题，不算商榷，而是我们一起思考：

第一个问题，被害人教义学是不是一个刑法奢侈品？因为车老师讲到被害人教义学立足于具体的、现实的被害人进行研究，实际上也就是立足于具体的被害人有没有过错、他的过错程度、被害加害的互动，通过这种视角研究行为人的不法，行为人的行为是否不法，以及不法的程度。因而这种被害人教义学的研究注定是个别化的、具体化的、个性化的、实质化的研究。也正因为如此，我才很惊讶地看到车老师的报告中质疑我们现在是不是有一个对罪刑法定的过度追求。当下中国对罪刑法定可能还不存在过度追求的问题，我们还很饥渴。如果被害人教义学过于个别化、具体化、个性化、实质化考虑行为的不法及其不法的程度，会不会无谓地增加刑法适用的不确定性，无谓地增加刑法适用的成本？我们在实现个别正义的同时，会不会轻视法的统一性？

有时我想，如果行为刑法是强调以客观上的行为为标准统一适用刑法，强调的是外在的、客观的统一性，行为人刑法相对行为刑法有点奢侈，行为人刑法听上去很美，但实际操作起来会很糟糕。被害人教义学，当然不好说像行为人刑法一样是奢侈品，因为被害人教义学相对于行为人刑法，还是在行为刑法的大背景下展开的，是教义刑法学的一部分，但总是有点过于奢侈的感觉。刚才陈老师也提到了它的边界问题，我想不仅要注意它的边界，可能还要注意它是不是过于奢侈。

当然我也认为，被害人教义学的引入，确实有助于合理界定行为人的行为是否不法，以及不法的程度。在当下中国这种秩序缺失、规范缺失、无法无天的社会语境下，强调被害人教义学、被害人过错，对行为不法的作用或者抵消，有它的现实针对性。我们现在很多涉众型犯罪中的所谓被害人，在很多情况下都有重大过错，或是想一夜暴富、或不劳而获，他们一旦被骗，不是反省自己的过错，而是怨天尤人，怨政府，政府没管好，所以我现在钱被骗了，特别是在集资案件，政府要给我退款。把被害人教义学引进诈骗罪中，是对被害人过错的重视，确实能够更为准确地界定行为人的不法。

第二个问题，关于法益和规范的界定问题。车浩老师对法益概念的限缩界定，确实是走得太远了，会把我们传统上对法益侵害的理解，对规范违反的理解，彻底搞乱，增加我们沟通的困难。按照他的对法益和规范的理解，传统上所讲的法益侵害和规范违反，我们传统上所讲的二元说、二元论，不法论的二元论，跟他所讲的二元论完全不是一回事。这样做是不是过于机械地割裂了法益和规范的关系？这个不再展开。

第三个问题，刚才车浩老师把自我决定权和刑法家长主义作为被害人教义学一对非常重要的范畴，这点我是同意的，也就是说，既不是绝对的自我决定权，也不是蛮横的家长主义，家长主义可能要对自我决定权构成必要的限制。刚才车浩老师在报告里也提到，被害人同意杀人的行为可以适用《刑法》第232条，这当然也没有问题，被害人同意杀人作为情节较轻的故意杀人没有问题。但现在我想提出的问题，是帮助他人自杀、教唆他人自杀、相约自杀的可罚性。在这个问题上，大家可能倾向性认为，由于不具有构成要件，因此教唆、帮助、相约自杀的行为也就不具有定罪的最基本的根据。这是从构成要件理论展开可以得出的结论，特别是你把这个故意杀人的“人”，理解为是杀他人，不包括杀自己。基于这样的前提，我们当然可以得出这样的结论。但是车浩的那个观点我也是赞成的，就是说要考虑自我支配权和家长主义二元互动的问题。

我为什么要提出这个问题？因为最近最高人民法院、最高人民检察院刚刚颁布了一个“意见”，在藏区教唆他人自焚的要按照故意杀人罪处理。当然这个“意见”具有强大的刑事政策意义，从教义学上未必就能够得到完全合理的、充分的支持。但我想提出的问题是，在刑法教义学上，可不可以论证一下，或者说这个东西是完全违反教义学的。一会儿请车浩老师来指教一下。

谢谢大家。

曲新久　谢谢根林教授。

本来他后面提的问题我也想向车浩提的，因为这是一个大的问题。以前我遇到一个问题，问我国台湾地区的教授，可他们拒绝回答。这是发生在大陆的一个案子：一个人冒充孙中山，还在搞革命，弄得一群老头、老太太围着他转，很多人捐给他不少钱。后来知道是骗局了。我问台湾的刑法学教授，我说这个问题可不可以算诈骗。但他们拒绝回答这样的问题。怎么可能发生呢？不可能。后来来了一群博士生，我继续问他们，他们说这不可能。所以这个问题很有意思。我建议车浩将家长主义上升到社会主义。因为上升到社会主义，就会遇到刚才根林教授提到的，在藏区教唆自焚的情况。但那个还有点特殊，你还不能说完全是错的，因为煽动、教唆、帮助、胁迫，表面上也可以看成是被他人胁迫的。在“两高”发布的典型案例中，提到一个案例，一个人不太想自杀了，结果逼得他逃跑。这个人也许就可以回到被害人的地位，因为那时候他没有自决权了，也许是这样。

非常感谢梁老师的评论。我们给车浩 10 分钟做整体回应，然后给同学们向几位老师提问的机会。

车浩　谢谢陈老师、梁老师、东燕老师和江溯老师。几位肯定的部分都是过于奢侈了，批评的部分都云淡风轻。确实非常感谢对我的这一份厚爱。对几位老师讲的，我简单地回应一下，但很多地方也没有考虑周全。

劳东燕老师提到，工具模式的财产概念针对的是一般的被害人，这与我之前讲的具体的、现实的被害人是否有矛盾。这个问题其实就是我在最后一部分——方法论部分所要反思和总结的那个问题：对被害人概念加以考虑时，第一层次一定是一个规范性的、一般性的考虑；先抽象之后，再到第二层次上做一个事实的、具体的考虑。这个方法论是贯穿始终的。有的时候我讲到财产概念是一个规范性的、一般性的，但是在对这一层次概念考量之后，比如在对诈骗罪中的财产损失考量之后，接下来一定还要考虑在这个个案中，被害人有没有遭受财产损失。第一个层面应该首先考虑的是这个骗术本身是否使得一般的人、规范意义上的一般的人会遭受损失，所以是有这样一个思考的顺序的。这个顺序在我看来非常重要，它不是一般所说的个别案件当中的个别观点，它是贯穿始终的。

功能性是什么意思？劳老师问的其实很简单，财产对于人来说没有独立的价值，它是依附于人的。简单地讲，钱财是身外之物，它不在一体化的法益概念中，它是外部的，但它是为人服务的。从它为人服务这点来讲是功能主义的，仅此而已，它不具有独立性，还不牵扯到更宏大的功能主义问题。

曲老师中间提到家长主义和社会主义的关系，我还没有考虑好，回去再仔细琢磨一下这个问题。

陈老师在这个过程中提到了一个特别重要的问题，我这个报告本来打算写但后来没有写。在欧美社会有一个所谓被害人复兴运动，也就是刚才江溯老师提到的哈塞默所说的被害人再发现。被害人复兴运动是全面展开的，它最先出现在犯罪学中，即出现了被害人学，出现在刑事诉讼中，即出现被害人权利的保护。但在刑法教义学领域中，动作一直很迟缓，因为要进入教义学领域中，需要一系列的理论概念的构建，而不仅仅是在犯罪学中重视这个东西，理念上要保护被害人就足够了。

陈老师提到个人法益与超个人法益，为什么不能把社会法益和国家法益理解成法益，而非要在其外区隔出一个规范。这个问题刚才江老师和梁老师也都提到了。其实，根本的考虑就是法益概念越来越缺乏边界的倾向。虽然是一元论，看起来像江老师刚才提到的，理论的品格追求一般性，但这种一般性的品格不能变成万金油，什么都可以装在里面，从而就可以声称这个理论具有一般性的品格，我觉得不是这样的。我其实还有一些进一步的思考没在这里展开，就是如果把法律保护的东西分成法益与规范，而后面站的分别是个人和社会的话，是不是需要在立法程序，包括议员代表身份，以及立法的严格程度上都要有所限制。因为法益背后的个人基本利益是超越时空的，对人的生命、财产的保护是根本性的。可规范是一时一地随时变化的。非法经营罪可能过几年就废掉了，很多的市场准入制度可能就没有了，在这个过程中把人予以犯罪还是非犯罪化，这个考量程度与考量侵害一个人生命财产是完全不一样的。因此，这种区分之后会有一系列技术上的考虑，包括哪些人参与立法。市场秩序受到违反时，具体的个人根本不关心，谁会关心市场秩序呢？这里会有部门利益。可要讲个人的生命，每个人都会关心。所以在议员代表身份方面，有往前继续走的空间和可能。

江溯老师提到，刑法国家化的过程会不会也是被害人中性化的过程，而被害人的再发现，会不会导致刑罚的私人化？我认为可能还不会出现这种情况。刑罚私人化主要指追诉权是在国家手中还是个人手中，但是被害人教义学探讨的不是刑罚权的分配问题，不是追诉权由谁掌控的问题。会不会打破和颠覆以行为人为中心的体系，以及行为人和被害人二元支柱的构建？江老师提出的这个期待，也是我所期待的。实际上江溯老师的博士后出站报告主题就是关于被害人自陷风险，在这方面我们是有一些共同的志趣倾向的。因此，如果被害人教义学能够得到这样的发展，我觉得我们都是乐于看到的。还有就是他提到了自然意义上的被害人与规范的功能主义财产概念不兼容，这跟劳老师的那个问题一样，仍然是我讲的方法论的问题。先规范后事实，先抽象后具体。至于他所说自我决定权和被害人教义学的关系。他说自我答责是僵化的，被害人教义学是弹性的，这个是许乃曼眼中的被害人教义学，因为许乃曼界定的被害人教义学只在诈骗罪中。但我事实上是把他那个界定跟自我答责原理放在了一个体系中考虑。在某种程度上，我提出的是一个概念束，更多的是一种谱系的观念，它不要求各个概念之间形成完整的上下级的关系，而是一组观念工具。就好比说我去干活，拿着钳子和锤子，我并不要求钳子和锤子之间要有一个上下级的关系，但是它们对干活的工作人员而言都是必备的工具之一，仅此而已。

梁老师提的几个问题是比较尖锐的。是不是刑法的奢侈品，会不会只关注个别的正义？我在想是不是这样理解，就是说，通过对具体的被害人的研究，虽然是具体的研究，但其实目的是得出一般性的理论方案，而不是针对个案具体问题具体分析。但是梁老师提到这一点我非常赞同，就是集资诈骗罪中的被害人是否值得保护。这种情况涉及自陷风险、自我答责，包括明知有危险仍然采取投机的方式陷入危险中时，要不要保护的问题。梁老师提到法益与规范二元论会不会走得太远。我想说的是，其实按照冯军老师的说法，他比我走得远多了。他认为刑法只保护规范，所以在这个意义上我走得不远，只是在附近溜达而已。

比较有意思的是梁老师最后提到，关于帮助、教唆自杀的可罚性究竟要怎么处理？这个问题我也注意到了，最近两个比较重要的法学刊物《法学研究》和《中外法学》都刊发了关于自杀关联性行为的文章。我对这个问题也思考两年多了，之所以一直迟迟没有下笔，是我始终觉得，一般同意杀人的问题好处理，但教唆和帮助杀人的问题是没有办法靠教义学上的逻辑，在中国刑法典语境中得出答案的。因为，中国的自杀问题和欧美有很大差异。迄今为止关于自杀的研究，西方学者主要有两种径路，一种是社会学的理论，像涂尔干的路子，一种是医学的理论。但这两种理论得出的结论，与中国今天自杀的现实差别极大。比如按国外对自杀问题的研究，绝大多数自杀的主体是城市中的青壮年；可是中国，超过半数以上的自杀发生在农村妇女身上。国外得出的结论，自杀的人80%以上是精神上有问题，他们称之为精神病，包括轻度的精神抑郁；可是在中国，这样的概念远远达不到这个数目，中国人基本上不会把疯子、傻子的那种自杀称之为自杀。所以北京大学的哲学教授吴飞，在他的《自杀与美好生活》一书中对自杀做过很多本土中国化的研究，非常的有意思。他说：自杀是中国人在一种特殊的所谓“过日子”的概念的理解中，通往他所理解的“美好生活”的过程中付出的意外代价。所以在教唆和帮助自杀这个问题上，法律到底有没有可罚性，这个结论在逻辑上可能是得不出来的。教唆和帮助自杀，按日本、我国台湾地区的规定是要惩罚的，可在德国语境中是完全不惩罚的，你能告诉我到底哪个是正确的、哪个是错的吗？这里涉及对东亚社会文化的思考，涉及中国自杀人群的特殊情况，考虑刑法到底要不要惩罚帮助、教唆自杀的人，首先要基于本土化观察得出一个前提，从这个前提出发你再去论证在逻辑上如何使这个前提被精巧的理论化。如果这个前提根本不讲，上来只是说教唆和帮助自杀要不要惩罚，我觉得可以按照日本的路子惩罚，也可以按照德国的路子不惩罚，可那不是中国自己的理论方案。梁老师最后提到的那个司法解释我也有关注，故意教唆自焚按故意杀人处理，以前关于邪教组织的司法解释也有这样的规定。我对这两个司法解释的基本看法是，把它视作一种法律拟制。由于按照中国的法理，目前得不出教唆和帮助他人自杀按故意杀人处理的结论，所以才有必要出台司法解释，基于刑事政策、社会政策的各种考虑，专门针对邪教、恐怖分子，以及现在出现的一些极端、特殊场合，规定这种场合下的帮助、教唆自杀按杀人罪处理。我认为它的意义仅在此处。

曲老师最后提到的“孙中山”的诈骗案。我经常在课堂上跟学生讲中国地大物博，什么事情都可能发生，他们不相信。我说日本积攒了一百年才有些稀奇古怪的案例，而我们中国，你只要肯观察，每天在新浪、搜狐上找各种案例，什么都可能找到。然后我就举曲老师说的这个案例，有人冒充孙中山骗取了老太太的钱财和爱情。台湾地区的人就不理解，他们认为完全是编的。可在这片土地上的人就知道了，我们这个国家什么样的案件都有可能发生，但是要理论化。这样一个骗术，对于规范的被害人来讲可能是难以相信的，一般人觉得这是不太可能的，可是在这个案件中他真的被骗了，是一个具体的被害人。这个时候，对被害人的保护要到什么程度？是从事实层面考虑，事实上受骗了，因此要保护；还是在规范层面思考，由于一般人不受骗，因此就停住了，不再管你了。这是一个选择的问题。

我的回应差不多就到这。谢谢各位老师。

曲新久 谢谢车浩，作了一个非常好的回应。剩下的时间我们交给同学们，大家一起讨论这个报告。简要、不许陈述，问题直接。

提问者一 车老师，在被害人需保护层面，除了您举的那 3 个例子，在中国自生自发的一些情况还有许多。比如马上要颁布的新刑诉法的司法解释，把刑事和解作为一个法定情节。我的问题是，被害人适度谅解可否在您的被害人教义学的需保护性层面加以考虑？

提问者二 车老师，您好。您今天讲的不法的二元论。我们一般说刑法体系的构建，法益的概念是一个非常重要的标准。在您的这样一种二元论体系下，如何协调有具体的被害人的犯罪和无被害人的犯罪，虽然无被害人的犯罪这种讲法有点不当，但是如果这两种犯罪有两种不同的不法的基础，如何处理它们在刑法体系中理论基础的协调性？

提问者三 车老师，您好。你主张的是法益侵害和规范违反的二元论，您说法益理论一直有精神化、抽象化的趋向，不能提供任何批判性的基础。假如您提出这种二元论，用法益和规范两者对犯罪进行理解，所有的法条、所有的犯罪都可以用这两个去解释，也就是说我认为你这个理论是迁就于现行的立法，与那种抽象化的、形式化的法益的概念没有实质的区别。因为在德国它们有比较明确的区分，并且取得了共识，就是规范保护法益，而刑法保护规范的教义，以此来确定刑法对法益的保护，并且通过这种方法来限缩刑法的范围，对此形成一种对现行刑法也好，对司法解释也好，一种批判性的整理。您对此的看法是什么？

车浩 我就简单地说，节省大家的时间。

第一个同学提的需保护性的问题，刑事和解、被害人谅解可不可以放到这个里面，我觉得是可以的。

第二个同学的问题，不法概念的协调下法益和规范如何并存，和第三位同学所说的有相似之处。是否限制刑事立法，与一元论的法益概念到底有什么区别，提供这种区别的实益到底在什么地方，和必然论的法益的区分到底在什么地方？有两点考虑：

第一，从纯理论的角度考虑，我是觉得把保护被害人的一部分称之为法益，把社会和国家的部分称之为规范，在说法上更清晰合理一点。

第二，既然这个东西保护的是法益，那部分是规范，我始终强调法益有超越时空的特征，规范是因时因地而设置的。

立法上要强调设立一个制度，说它是基于社会和国家的需要（是规范的层面)，和基于被害人层面利益保护时，对这两种情况，包括立法程序、议员代表种种方面都需要作出一些调整。比如今天的某些制度需要维护，部门利益之间需要协调，因此出台一个刑法规定，这个程序与保护被害人隐私、保护被害人的自我决定权的就不同，我觉得通过这样的区分，可以实现在立法程序等方面的区隔。它所面临的问题是不一样的，一个是稍纵即逝的，统治者自己需要的东西，这个东西能不能通过刑法来打击，究竟是谁代表公众来参与立法，跟前者都有不一样的地方。但这个我也没有特别想成熟，我只是讲区分之后还要往前走，不然与一元论的法益概念就没有差别了。这是我的初步想法。

谢谢大家。

曲新久　今天的讲座现在就结束了，非常精彩！谢谢大家！

2013 年 5 月 21 日

第三讲

刑法教义学与刑事政策的关系：从李斯特鸿沟到罗克辛贯通

——中国语境下的展开

主讲人：陈兴良

主持人：林维

评论人：冯军、梁根林、劳东燕

嘉　宾：储槐植、张明楷、谢望原、阮齐林、付立庆、方鹏、江溯、樊文、邓子滨、周详、孙运梁、陈毅坚、吴用、孙远、李卫红、何庆仁、秦一禾、姜文秀、张超

林维 今天是“当代刑法思潮论坛”第一次走出北大、清华、人大、政法四校的小圈子，来到我们小小的中青院。今天来了很多的老师。非常感谢“当代刑法思潮论坛”能给我们举办并且参与这个讲座的机会。我们学校的刑事法团队从学源上来讲，好像百分之百地毕业于这四所学校，其中绝大部分人毕业于北大、清华和人大。从这个意义上讲，我们中青院的老师是学生辈的。所以，我们也希望能加入“当代刑法思潮论坛”这个组织，能继续邀请在座的各位老师来我们中青院。接下来，希望我们的同学们以热烈的掌声欢迎各位老师的到来。

下面有请陈兴良老师为我们作精彩演讲。

陈兴良 尊敬的储槐植教授，尊敬的三位评论嘉宾，尊敬的各位老师，同学们，晚上好！今天晚上很高兴来到中国青年政治学院举办我们的“当代刑法思潮论坛”。今天晚上我讲的题目是“刑法教义学与刑事政策的关系：从李斯特鸿沟到罗克辛贯通——中国语境下的展开”。在这里，我重点要讲的是中国语境下的展开。

我记得我们“当代刑法思潮论坛”的第二讲是我讲的“构成要件论——从贝林到特拉伊宁”。我们今天讲的李斯特和罗克辛是德国的刑法学家。今天讲的题目主要涉及刑事政策与刑法体系的关系问题。这个问题，在德国应该说是一个长久以来重点研究的问题。尤其是罗克辛教授在1970年发表了一篇重要的论文《刑事政策与刑法体系》，由此拉开了关于刑法教义学与刑事政策关系的理论探讨。在我国，近年来才开始关注刑法教义学与刑事政策的关系问题。今天的内容，我想讲三个问题，第一个问题是李斯特鸿沟，第二个问题是罗克辛贯通，第三个问题是中国意识（这个问题在中国语境下展开）。

我今天想重点讲第三个问题，但是为了使大家对第三个问题的语境有所了解，所以我首先要从第一个问题讲起，这就是李斯特鸿沟。

“李斯特鸿沟”这个词，是罗克辛教授在他的《刑事政策与刑法体系》这篇论文当中，为李斯特关于刑法体系与刑事政策关系问题贴的一个学术标签。我认为，“李斯特鸿沟”这样一个学术标签非常生动、传神地描述了李斯特关于刑法教义学与刑事政策的关系。从这个词也可以看出，李斯特认为在刑法教义学与刑事政策之间有一个鸿沟。在论及刑法与刑事政策的关系时，李斯特提出了一个至今仍广为流传的命题：“刑法是刑事政策不可逾越的藩篱”。这句话也被译为：“罪刑法定是刑事政策不可逾越的边界”。从这句名言可以看出，李斯特对刑法教义学和刑事政策所作的一种划界。

在李斯特看来，刑法教义学和刑事政策是两种不同的现象、不同的事物。对这两种不同的现象、事物的研究形成了两个不同的学科。对刑法现象进行研究形成的是刑法教义学。在李斯特看来，刑法教义学是以罪刑法定为中心的。它的主要机能是要限制刑罚权的滥用，尤其是要避免司法权滥用对公民个人权利和自由所造成的侵害。在这种情况下，李斯特把刑法看成是一个实证的学科，看做是一种实然的现象，必须要以现有的法律为基础展开研究，并由此形成刑法教义学的知识体系。在刑法教义学这个知识体系中，它采取的是一种实证主义的、形式主义的，并且也是客观的，一种描述性的研究方法。这也就是所谓的刑法教义学。在刑法教义学当中，主要采用的是一种法教义学的研究方法，我国也有学者称其为信条学。实际上，“教义”和“信条”都是同一个含义，只是不同的译法。这个词都是宗教用语，在宗教当中，“教义”“信条”都具有先验的正当性和合理性，是不可以去怀疑的。教义是研究的逻辑起点，也是它的归宿。对于这种教义，你只能去解释它，但你不能去批评它。在罪刑法定原则下，刑法本身就类似于宗教中的教义，应当作为司法实践中事先给定的逻辑出发点。在这个基础上进行演绎，就形成了一个知识体系，形成了刑法教义学。应当说，李斯特对刑法教义学的倡导，使刑法从政治的、宗教的纠葛中解放出来，且获得了一种知识上的自足性，为刑法学科的发展作出了重要贡献。我们知道，李斯特和贝林创立的是古典派的犯罪论体系，这个古典派的犯罪论体系实际上是刑法教义学最初的一个模型。这是李斯特关于刑法教义学的一个基本构想。

与此同时，刑事政策必须置于刑法教义学之外。在李斯特看来，刑事政策是一种对犯罪人进行矫正、改造的措施，尤其是李斯特所采取的广义的刑事政策观念，他有句名言："最好的社会政策就是最好的刑事政策。"因此，他把社会政策也纳入广义的刑事政策之内。李斯特在刑法目的上主张特别预防，主张对犯罪人进行矫正，并在此基础上建立了他的目的刑的思想。因此，在刑事政策问题上，他追求的是惩治犯罪的有效性和目的性，在刑事政策的研究上是一种应然的研究，区别于刑法教义学的实然研究。李斯特认为，刑事政策应当在刑法之外发生作用，不能侵入到刑法中来。在刑法与刑事政策之间有一道鸿沟，这道鸿沟是不可逾越的。李斯特之所以在刑法与刑事政策之间设立这样一道鸿沟，就是为了利用刑法抵御刑事政策惩治犯罪这样的实质性的价值内容进入刑法体系当中来。使刑法能够遵循罪刑法定原则，充分发挥刑法作为犯罪人的大宪章的保障机能。

但是，李斯特并不完全否定刑法教义学和刑事政策之间的关联性，他只是揭示了二者之间的紧张关系，确立了刑事政策和刑法教义学之间的一种外在关系。李斯特有"整体刑法学"的构想，刑事政策、刑法教义学都属于"整体刑法学"的一部分，在"整体刑法学"的范围内两者得到统一。李斯特所建立的刑法教义学体系，是一个形式的、客观的、实证描述的体系。李斯特把这种实证的思想贯穿到犯罪论三个阶层，所以他的犯罪论三个阶层是一种形式的判断。

在构成要件的阶层，李斯特主张客观的、叙述性的构成要件论。在行为论上采取因果行为论；在因果关系上采取条件说。他认为，构成要件应当纯粹地从客观的、物理的角度加以描述。根据李斯特的描述，侮辱罪的构成要件被理解为发出声波震动时，造成了对当事人听觉的感官刺激。语言的侮辱被他作了一个纯粹物理性的描述，以至于罗克辛说，听了李斯特这样一个对侮辱罪的描述，根本不知道是在赞美还是在批评他人。这样一种不加任何价值评判的客观描述，是纯粹物理性的，是一种客观、叙述性的构成要件论。

在违法论的阶层，李斯特主张一种客观的、规范限制的违法性论。形式违法性和实质违法性一对范畴，是李斯特首先提出来的。但是，在违法性这个阶层，即使是按照李斯特的观点，也只是一种纯形式的判断。因为只要具备了构成要件，形式违法性就具备了。在违法性里面所需要解决的就是正当化事由，而这是规定在刑法里面的。只要排除了正当防卫、紧急避险，这个行为就具备了违法性，因此，在李斯特时代，即使是违法性也是做形式判断，没有做实质判断。

在有责性的阶层，李斯特主张一种主观、叙述性的罪责论，主要包括故意、过失，一种心理责任论。如果说构成要件是一种客观、物理性的描述，在罪责论当中，则是一种心理性的描述。

从古典派的三阶层犯罪论体系可以看出来，这个犯罪论体系是价值中立的，是一种实证主义、形式主义的判断。

面对李斯特的犯罪论体系，我们会感到一种怀疑，即在认定犯罪时，完全根据这种客观的、形式的，或者主观的形式的标准认定行为，是不是法律所应当惩罚的犯罪呢？在犯罪认定中，难道要完全付诸形式判断，没有任何实质判断，没有任何价值判断吗？这个问题，在李斯特那里实际上是在法律之外解决的。根据李斯特的观点，立法者立法的根据是刑事政策。刑事政策在刑法外部，是立法者在制定刑法时要所考虑的。立法者能够根据一定的刑事政策，非常完美地把有关的价值内容体现在刑法当中。因此，根据刑法规定进行形式性的判断，就完全能够实现正当的价值内容。所以在李斯特看来，刑法教义学完全是形式的。

但是，这种形式判断，建立在立法时对实质价值内容的完美无缺的确认的基础之上。所以，这样一种思想建立在立法中心主义之上，乃至于建立在法律的乌托邦之上，所以他认为立法者是全能的，能够把所有应当作为犯罪处理的情形都在一个刑法典中完美无缺地表现出来。司法者只要严格按照法律的规定认定，甚至按照法律的规定作形式的判断，就足以体现这样一种实质的价值内容。而且，刑事政策和刑法教义学两者有严格分工。刑事政策主要对立法起作用，刑法教义学主要对司法起作用，两者在李斯特看来应严格加以区分，刑事政策不应该进入到刑法中。如果刑事政策进入到刑法中来，就会破坏罪刑法定原则，就会侵犯公民个人的权利和自由。由此可见，在李斯特的思想中，通过立法来严格限制司法这样一种思想倾向，还是表现得非常明显的。这种思想倾向正是古典学派的一个思想基础。

这是对李斯特鸿沟的简要描述，下面我们来谈罗克辛贯通。

李斯特的代表作是1881年出版的《德国刑法学教科书》，这本教科书是他刑法思想的集中体现。1906年，贝林出版了《犯罪论》一书，从而形成了李斯特—贝林的犯罪论体系。李斯特—贝林的犯罪论体系可以说是一个纯粹的、存在论的犯罪论体系。但此后发生了一些变化。

20世纪20年代，出现了新古典派的犯罪论体系。新古典派的犯罪论体系是建立在“新康德主义”上的一种研究方法。“新康德主义”的核心思想就是价值哲学。从新古典派体系开始就已经出现对“李斯特鸿沟”的冲击，已经把有关价值内容放入刑法教义学体系中。这主要体现在：在构成要件的阶层新古典学派发现了主观违法要素，破除了对“构成要件是纯客观的”理解；在违法性论中，新古典学派提出了超法规的正当化事由，就不是一种包含了实质的非纯形式的判断；在罪责论中，新古典学派提出了规范责任论，破除了李斯特心理责任论的概念。规范责任论开始把非难可能性的价值判断引入罪责论中，这是新古典学派的一个突破。当然，新古典学派只是在贝林—李斯特的存在论的犯罪论中注入了一部分价值内容，整体上还是保留了古典派的基本框架。

20世纪30年代中期到40年代初，德国出现了威尔泽尔的目的行为论的犯罪论体系。目的行为论在价值化方面又发展了一步，即古典行为论所关注的违法客观性和责任主观性命题，认为违法不是一个纯客观的现象，故意、过失这样一种主观要素同样也是违法要素，是一种构成要件要素，因此，目的行为论把故意、过失纳入构成要件，使李斯特客观的构成要件的框架被彻底打破。在违法性中，威尔泽尔提出了社会相当性说。根据社会相当性进行的判断，使对违法性的判断完全变为实质判断的内容。在罪责阶层，由于故意、过失已被抽离，纳入了构成要件，因此，罪责完全得以规范化。罪责指的是非难可能性、期待可能性，一种规范责难的要素，一种价值评判。目的行为论对犯罪论体系的改造，使犯罪论体系在规范论道路上走得更远。但目的行为论基本上仍属于存在论的犯罪论体系。行为的目的性，正如李斯特主张的行为的物理性一样，还是一个存在论的概念。因此，目的论犯罪论体系仍然是一个存在论的犯罪论体系。

20世纪70年代，在新古典派和目的行为论的犯罪论体系的基础上，罗克辛提出了目的理性的犯罪论体系。他把新古典学派的价值哲学和目的行为论的观点贯彻到底，由此跨越了“李斯特鸿沟”，形成了把刑事政策和刑法教义学有机统一的观点。我们把这个观点称之为罗克辛对李斯特鸿沟的跨越。德国著名刑法学家许乃曼教授是罗克辛教授的学生，他用过两个词：一个词用来形容李斯特的学说，即“鸿沟结构”；另一个词用来形容罗克辛的主张，即“架桥结构”。这里所谓的“架桥结构”，也就是我们所说的罗克辛的贯通。

罗克辛是如何来贯通的呢？李斯特把刑事政策和罪刑法定两者从外在上对立起来，因此刑法是刑事政策不可逾越的一条鸿沟，是一条边界。刑法教义学和刑事政策是两个不能相交的圆，刑法将刑事政策拒之门外。刑事政策只能通过立法体现在刑法当中，但是一旦制定了法律，就一定要严格坚持罪刑法定，刑事政策就不能进入到刑法教义学中，因此两者是一种外在的对应关系。罗克辛把刑事政策引到刑法教义学体系中来，实现了罪刑法定和刑事政策的有机统一。罗克辛曾经说过，实现刑事政策和刑法之间的体系性统一，在我看来这是犯罪论的任务，也同样是我们今天法律体系的任务。

罗克辛是怎么跨越李斯特鸿沟的？他是如何将刑事政策纳入犯罪论体系中的？我们可以看到，罗克辛并没有破除从古典犯罪论体系以来的三阶层的基本犯罪论结构，但是，在每个阶层都注入了刑事政策所具有的实质价值内容。例如，在构成要件这个阶层，李斯特纯粹是形式的，但罗克辛实现了构成要件的实质化。这种构成要件的实质化体现在对行为的看法等。李斯特根据实证主义的方法论，主要是从物理上描述这种行为，强调行为外部的举止，强调外部的物理性的特征。这是一种典型的存在论意义上的行为。罗克辛则把行为分为两种：一种是他所讲的支配犯，仍然注重行为对某种法益侵害结果的一种物理上的支配关系。当然，这种支配又可分为不同的情形。在这种支配犯的情形，尚可以描述行为的外在举止特征。但是，罗克辛又创立了另外一种行为形态，即所谓的义务犯。对这种义务犯行为的把握，不是按照物理上的、存在论上的意义来进行的，而是基于对构成要件所要求的特定的义务来把握。因此，这种行为是一种规范论上的行为，它完全脱离了这种物理的、实证的观念。由此使构成要件行为实质化了。

另外，在构成要件环节，罗克辛还有另外一个重要的贡献，就是客观归责理论。在李斯特时代是严格把归因和归责区分开来的。李斯特认为，因果关系只是解决归因的问题，归责是另外一个问题，他把归责看成一个主观问题，放在责任中解决。但是，罗克辛认为，构成要件本身也要解决客观上的归责问题。这种客观归责理论提出来以后，使得构成要件的判断需要借助刑事政策所带来的实质的价值标准来考察。他的客观归责理论形成了一套具体的归责体系，如创制法所不容许的风险、实现法所不容许的风险、这种风险是在构成要件范围之内等一系列的规则。根据这些规则，就能够解决构成要件的归责问题。

在构成要件里，刑事政策的引入使得构成要件实质化。罗克辛认为，它和罪刑法定并不矛盾。罪刑法定在构成要件里主要体现为刑法的明确性，而罗克辛理解的罪刑法定更强调罪刑法定实质的内容。他认为在构成要件环节的明确性和刑事政策的价值判断两者是能够有机统一起来的，因为罪刑法定也并不否定刑法本身所具有的概然性的规定这样一种兜底性的条款和罪名，这就有一些缝隙，这些缝隙就需要刑事政策加以填补，这是一种价值填补。这种价值填补本身是在罪刑法定范围之内的。正是在这个意义上，他认为构成要件的实质化并不违背罪刑法定的明确性要求，恰恰是实现了罪刑法定这种实质性的价值内容。由此可见，罗克辛对罪刑法定功能的看法与李斯特有所不同。李斯特更看重罪刑法定将不应作为犯罪处理的行为排除在犯罪之外的消极排除功能，而罗克辛强调罪刑法定原则在构成要件范围内实质审查的功能。某一种行为虽然刑法有规定，但是也不一定就作为犯罪处理，还可以将其排除在犯罪之外，所以发挥了罪刑法定原则这种积极的、在构成要件之内的排除功能。

在违法性的环节，罗克辛实现了违法性的价值化。而李斯特在违法性阶层仅仅是根据是否具有法律所规定的正当化事由来判断，如果排除了正当化事由，就具有了违法性。因此，违法性也变成了一种形式判断。罗克辛认为，违法性要件所要承担的是从构成要件中排除不具有实质违法性行为的解决社会冲突的积极功能。罗克辛提出了一个重要概念，就是所谓的“干预权”。他认为，违法性的核心问题是法律的“干预权”。“干预权”就是法律对个人行为的一种干预。如果需要干预，说明行为应当作为犯罪来处理；如果不需要干预，意味着行为可以不作为犯罪来处理。法律是否干预，直接决定着犯罪范围的大小。这种“干预权”通过违法性阶层对犯罪起到实质性的控制功能。比如像安乐死，是不是承认它的非犯罪化以及作为一种正当化事由，直接关系到国家对公民个人自由干预的程度问题。如果认为安乐死仍然是应当禁止的，是一种犯罪，安乐死在违法性阶层就不能加以排除，仍然要进入罪责中去评价，可能最终在量刑时会轻一点。但是，如果认为安乐死应当被正当化、合法化，就可以在违法性阶层排除。

所以在违法性阶层，对于犯罪处罚的范围就起到了一种动态的调节作用。刑法没有修改，但是犯罪范围可大可小，就看我们在违法性里面怎么来理解“干预权”。因此，在这种情形下，违法性阶层就不是一个消极排除具备正当化事由的情况，而是把那些认为法律不需要干预的行为，都可以在违法性阶层予以排除。所以，违法性阶层就变成了一个实质的判断，而这种实质判断，主要起到了对犯罪处罚范围的调节作用。因此，在违法性阶层就变得价值化了。

在罪责阶层，已变得目的化。这主要是指，罗克辛认为，规范责任论仍然还是存在的，在规范责任论之上，还要引入处罚必要性、预防必要性要素。而这种预防必要性实际上是一种个别预防目的，是一种刑法目的的体现。把刑法目的纳入到罪责中来，作为一种实质性的评价因素。根据罗克辛的观点，罪责包括几个层次：首先是心理性的要素；其次是规范性的要素；然后是预防必要性的要素，只有三者同时具备的情况下，才能具有罪责，才能最终作为犯罪加以处理。预防必要性这个要素纳入罪责中来，就形成了罗克辛所言的实质罪责概念。他把之前的罪责概念都称为一种形式的罪责概念。不仅心理责任论是一种形式罪责概念，即使是规范责任论也是一种形式罪责概念，只有他的包含预防必要性的罪责概念才是一种实质的罪责概念。

同时，罗克辛还把罪刑法定贯穿在犯罪论中。一方面，罗克辛把刑事政策从罪责、违法性到构成要件，从后面贯穿进去；另一方面，又把罪刑法定从构成要件到违法性，再到罪责加以贯穿。一个是往后贯通，一个是往前贯通，两条线索统一起来。在过去，尤其是贝林，认为构成要件是罪刑法定实现的基本工具。但是罗克辛认为，罪刑法定不仅仅在构成要件里面是有作用的，即使是在违法性阶层，甚至是在罪责阶层仍然是起作用的。他说罪刑法定起作用，实际上是指罪刑法定在费尔巴哈的那个阶段所包含的一般预防的功能。罪刑法定比较早是费尔巴哈提出来的。费尔巴哈用罪刑法定对人进行心理强制，进行威吓，所以罪刑法定本身具有一般预防功能。但是，到了李斯特，罪刑法定一般预防功能被放弃了，而越来越强调罪刑法定的人权保障机能。罗克辛复活了罪刑法定的一般预防功能，就意味着在罪责环节，对于没有处罚必要性的行为不予处罚，同时也就使它不违反罪刑法定，因而和罪刑法定原则的这种基本精神是保持一致的。

从我们对罗克辛贯通所描述的情况看，罗克辛是在构成要件、违法性、罪责三个环节把罪刑法定原则和刑事政策统一起来。通过以上比较，我们可以发现，就犯罪论体系的三个阶层而言，李斯特和罗克辛的看法是一致的，都认为有三个阶层。但是，三个阶层的内容是不一样的。

我们发现一个很有意思的现象，李斯特所理解的刑事政策和罗克辛所理解的刑事政策是有区别的。李斯特所理解的刑事政策是一种本体论、存在论的刑事政策，它是指预防或者抗制犯罪的一种具体措施，尤其是强调对犯罪人进行矫正的一种具体措施。但罗克辛所理解的刑事政策是一种方法论意义上的刑事政策。罗克辛没有一个对刑事政策统一的定义，他所说的刑事政策在构成要件阶层相当于一种实质的判断；在违法性环节相当于一种实质的价值内容；而在罪责环节相当于刑法目的。因此，罗克辛的刑事政策，在不同的阶层有不同的体现方式。另外，罗克辛的目的理性的犯罪体系，又被称为功能主义的犯罪论体系。功能这个词，也可以等同于刑事政策。因此，我们可以看出，罗克辛的刑事政策本身就像是一个“筐”，它代表的是对立于形式的、实证的一种实质的价值内容。这就是罗克辛的刑事政策。

罗克辛把刑事政策灌输到刑法教义学中，使教义学内容发生重大变化，他跨越了李斯特鸿沟。但这种刑事政策和我们已经在研究的具体的刑事政策实际没有任何关联。并不是说刑事政策纳入犯罪论体系后，外面的刑事政策就没有了，外面的刑事政策还有，两者并不矛盾。正是在这个意义上，罗克辛的“刑事政策”这个词的用法是不是妥当？能不能用刑事政策代表所有有价值、有目的、有理性、实质的内容？这个问题是值得研究的。

罗克辛教授将刑事政策纳入刑法教义学后，使得刑法教义学获得了内在的形式和实质的统一，具有了实质上的合理性。所以，在经过罗克辛改造以后的，灌入了刑事政策的刑法教义学，和李斯特的充满形式的、实证特征的刑法教义学就是完全不一样的了。罗克辛的目的理性的犯罪论体系纳入了刑事政策的价值判断的内容，但它仍然是建立在一个形式的、事实的、存在论的基础之上的。

我们可以看到，在罗克辛之后，比罗克辛走得更远的就是雅各布斯教授。如果说李斯特的犯罪论体系是一个纯粹的存在论犯罪论体系，新古典犯罪论体系和目的论的犯罪论体系就是一个非纯粹的存在论的犯罪论体系。雅各布斯的犯罪论体系是一个纯粹的规范论的犯罪论体系，而相比较之下，罗克辛的犯罪论体系是一个非纯粹的规范论的犯罪论体系。所以雅各布斯比罗克辛走得要远，我们在罗克辛教授的著作中经常可以看到他对雅各布斯教授的批评。

在这里，我们可以看到犯罪论体系的演变，是一个从纯粹的存在论的犯罪体系，逐渐实质化、价值化、规范化，向规范的犯罪论体系转变的历史。当然，这种演变合理的边界在什么地方？是在罗克辛那个地方，还是在雅各布斯那个地方，这是我们需要考虑的。总体来说，刑法教义学逐渐的刑事政策化，将刑事政策所体现的实质价值内容纳入刑法教义学中来，有它的合理性。但这里也有一个边界，不能完全用规范的价值内容取代存在论的内容。我有一个比喻，存在论的犯罪论体系内容就相当于一个人的肉体，价值论的规范论的犯罪论体系，就相当于一个人的灵魂。李斯特的犯罪论体系是一个纯粹的存在论的犯罪论体系，这样的犯罪论体系就相当于只有肉体没有灵魂；而雅各布斯的纯粹规范论的犯罪论体系就相当于只有灵魂而没有肉体。中间的几个非纯粹的存在论犯罪论体系和非纯粹的规范论犯罪论体系，都还是有肉体有灵魂的，关键是看肉体和灵魂哪一个占主导的问题。这里还涉及肉体和灵魂在一个人的生命中谁者更重要的价值评判问题。有的人认为肉体更重要，有的人更追求精神生活。看来两者都很重要，但是肯定还是有个偏向。

以上，我对李斯特鸿沟和罗克辛的贯通作了简要的描述和勾画，具体内容无法再展开。最后，我来讲我最想讲的问题，就是中国意识。

我们今天所讨论的是一个德国问题。这个问题从1881年李斯特的《德国刑法教科书》出版开始，到1970年罗克辛《刑事政策与刑法体系》这篇论文，标志着目的理性犯罪论体系的形成，这是90年的历史。从1970年到现在又过去了40多年，加起来就是130多年。也就是说，这个问题在德国已经经过了100多年的发展，但是那是一段德国的历史，而不是我们中国的历史。我们中国目前是刚刚来到李斯特鸿沟，所以我们要不要像罗克辛一样重新进行一次跨越？还是可以直接享受罗克辛贯通的成果？这是一个值得研究的问题。我认为，我们当然不需要再从李斯特鸿沟进行一次跨越，但我们必须看到李斯特鸿沟对我们现在的意义。我们不需要像罗克辛那样去贯通一次，可以直接享受罗克辛贯通的成果，但我们需要精神上经历这样一次贯通。我把这样一个思想经历的过程，称之为学术上的“忆苦思甜”。我们需要经历这样一种学术上的“忆苦思甜”，否则我们根本不知道这个成果怎么来的，不知道李斯特鸿沟是怎么跨越过来的，不去经历这样一个学术历程，我们无法解决中国当下的问题。

在中国当下里，我认为有以下三个方面的问题：

第一，我们要完成从四要件到三阶层犯罪论体系的转变。李斯特鸿沟在我们现在还是有意义的。苏俄的四要件理论中有一个概念叫做“社会危害性”。“社会危害性”实际上是一个框，它代表了所有的实质价值判断内容，它对犯罪论体系起了一种主宰作用。我们可以看到，苏俄的这种以社会危害性为中心的四要件的犯罪论体系，和李斯特的形式的、实证的刑法教义学体系是完全不同的。苏俄学者对李斯特古典派的犯罪论体系进行了批评，认为它们是形式主义的。就此而言，苏俄学者已经在一定程度上跨越了李斯特鸿沟。但苏俄学者在四要件里对社会危害性和四个犯罪成立条件之间的关系的理解，和罗克辛对李斯特鸿沟跨越的理解以及目的理性的犯罪论体系，是完全不一样的。我认为这种根本的不同就在于，苏俄四要件的犯罪论体系是在否定罪刑法定原则，主张类推的背景下建立起来的，它是充满了实质的一种冲动。它否定罪刑法定原则，否定在犯罪认定中形式性要素的重要性。因此，这种以社会危害性为中心的犯罪论体系和法治的精神，与罪刑法定是矛盾的。

在我国《刑法》确立了罪刑法定原则以后，我们还是要建立一个刑法教义学体系，而且这个刑法教义学体系的基本框架还是三阶层的犯罪论体系的结构框架，是相对比较合理的。它是在违法与责任这一基本的框架基础之上建立起来的。当然，我们没有必要从李斯特开始建立一个纯形式的、实证的刑法教义学体系，我们可以直接采纳以罗克辛为代表的在刑法教义学中包含实质价值内容的这种犯罪论体系。罗克辛目的理性的犯罪论体系，虽然在犯罪论体系中包含了实质的价值评价，但我们可以看到，他所言的刑事政策的功能主要是在罪刑法定的框架内实现一种实质合理性的机能，它是排除犯罪的机能，而不是像苏俄四要件犯罪论体系那样，社会危害性是一种入罪的机能，会对四要件的犯罪构成造成一种外在的破坏。这两者是完全不一样的，我们要警惕、警觉那种实质的判断对罪刑法定原则所带来的冲击。

第二，我们要强调刑事政策对刑法教义学的目的引导功能。在刑法教义学中，应当引入以刑事政策为代表的实质性的价值判断。只有这样，才能使构成要件从一具法律的僵尸，变成一个有灵魂、有血有肉的犯罪认定标准。所以，刑事政策对刑法教义学的引导功能，以及在刑法教义学的判断中采取价值判断的内容，是应当提倡的。事实上，我们在具体的犯罪认定中，经常有所谓的刑事政策的判断。这种刑事政策的判断和刑法教义学的判断是不一样的。教义学的判断是基于逻辑关系所得出的一种结论，而刑事政策是基于价值判断所得出的结论。在某种意义上，在构成要件范围内，刑事政策判断的效力要高于教义学的判断，它可以在一定程度上否定教义学判断的结论，形成对刑法中实质合理性的一种灌输。我们过去的司法解释中，也体现了这样一种刑事政策的判断。例如，1984 年“两高一部”关于强奸罪的司法解释中规定，如果第一次是违背妇女的意志强奸，但后来两人又同居甚至结婚，对第一次的强奸可以不按犯罪论处。这个判断就是刑事政策的结果。如果从刑法教义学角度来说，第一次强奸就既遂了，不管两人后来关系如何变化，都不能否定之前强奸罪的既遂。另外像“拆东墙补西墙”的诈骗，用骗张三的钱来还李四，再去骗王五的钱还张三这种循环的诈骗，从教义学角度来说，每次诈骗都构成了诈骗罪，因此在量刑时应当将这些诈骗数额累计计算。但根据有关司法解释的规定，这种诈骗犯罪的诈骗数额按照最后没有归还的来计算，如果已归还的就不计入诈骗数额。这种结论也只能是由刑事政策得出的，它和刑法教义学的结论不一样。在这种情况下，我们还是要遵循刑事政策的精神，它对教义学规则起补充作用，甚至是否定的作用，从而实现一种更大程度上的实质合理性。

第三，刑法教义学要对刑事政策的边界进行控制。刑事政策进入到刑法教义学中来，但是刑事政策只能是在罪刑法定的范围内发挥它的实质性的价值评判功能，它要受到刑法教义学这种刑法边界的控制，不能跨越刑法教义学的范围。只有这样，才能有效发挥刑法教义学的人权保障功能。如果超出了刑法教义学的范围，使刑事政策的判断在刑法规定之外发挥作用，就会导致对罪刑法定原则的破坏。这个基本的原则是要遵循的。

最后，我还要简单地讲一点中国意识。从李斯特鸿沟到罗克辛的跨越就可以看出，在德国，这个问题经过了一个长期的思想演变过程。中国的法制建设是最近三十多年才恢复的，也只是在最近十多年才开始引入德日的法学来建构我们的刑法教义学和我们的刑事政策学。但我们国内学者在这方面还有一些比较具有独创性的研究成果，这里我想特别指出的是在座的储槐植教授在1993年提出的“刑事一体化”思想。“刑事一体化”思想强调了刑法与刑事诉讼法、与刑事政策这样一些刑事法的动态平衡，互相协调。“刑事一体化”思想本身和李斯特所讲的“整体刑法学”的观念是暗合的。当然，储老师所讲的“刑事一体化”有一个前后的思想变化。一开始的“刑事一体化”更强调的是一个现实的法律的概念，但后来又提出了要把“刑事一体化”分为“方法论的刑事一体化”和“观念论的刑事一体化”。

在这个意义上的刑事一体化，就纳入了知识的、理论的形态，认为要把刑事政策和刑法贯通起来。所以，储老师这个思想在一定程度上也跨越了李斯特鸿沟。储老师能够做出这样一个学术贡献，我觉得是值得充分肯定的。

但我也要说，储老师的“刑事一体化”的说法提了20多年了，但从整体上来看还停留在一个提法（储槐植教授插话道：“只见开花，不见结果。”众人大笑），这个原因是什么？这次我也思考了一下。我以为，这是因为“刑事一体化”缺乏一种中介和工具，而这个中介和工具就是刑法教义学。只有借助刑法教义学这样一个中介和工具，才能将“刑事一体化”的思想加以贯彻。刑法教义学是一种分析工具，是一种方法论，只有把“刑事一体化”的思想灌输到这个工具里去，才能使这个工具实现我们所追求的价值内容，这样才能真正地跨越李斯特鸿沟。

这就是我今天晚上想要讲的一些内容，谢谢大家。

林维　陈老师花了一个多小时的时间为我们讲了李斯特鸿沟和罗克辛的贯通。我想起毛主席的一句词：一桥飞架南北，天堑变通途。从“鸿沟”到“贯通”，陈老师的报告讲的不仅仅是这两个理论之间的关系，更有助于我们更快速、更深入地了解德国法的问题在我们中国法的语境中是如何展开的，也使我们能够更深刻地了解刚才说的只开花不结果的“刑事一体化”思想。开了20年了，该结果了。

下面我们请冯军教授点评。

冯军　尊敬的林维教授、储老师、兴良教授、各位同仁、各位同学，大家晚上好。让我评价兴良教授的讲座，我是感觉很害怕、很惶恐的。但是我非常好的兄弟根林教授不断地跟我说你一定要来做这个评论，而且把我放在第一个评论的位置上，我是没有办法推辞了。

兴良教授写李斯特、罗克辛，其实都不是他的强项。我们知道，李斯特是在1919年就去世了，后来他的教科书我记得好像出到22版之后，是史密特先生帮他修订的。那你用的是他的26版的，这大概是李斯特先生去世了13年之后被修订的著作，而且是被翻译的，所以这可能和李斯特原本的思想有一定的距离。但读兴良教授的文章，就像喝卡布奇诺咖啡一样，越喝越有味道。在他的报告中，他表现了一种不懈的学习的力量，今天像他这样的教授，还在不断地读他学生翻译的东西，然后还那样仔细去琢磨，这样的一种不懈学习的精神，是今天我们很多教授所不再具有的。他不光学习，还有一种敏锐的发现力，他会发现李斯特鸿沟和罗克辛的贯通。我觉得最重要的，是他还有深远的洞察力，他能敏锐地觉察到什么样的问题是我们中国刑法学所具有的。他在这样一种坚定的自我意识下，从德国刑法学出发，通过忆苦思甜，看到中国刑法学的未来。这个演讲，我听了以后，收获很多。

李斯特的教科书在1881年第1版出版时，他在教科书的前言里写得很清楚，他所追求的目标，是要用一种精确的概念体系，去实现法治国。因此，在他的三阶层体系中所使用的概念，都是他认为可以精确把握的。构成要件符合性中的行为概念是什么？行为在他看来是完全可以把握的，刚才陈老师讲到的侮辱行为在李斯特看来就是通过声音的震动去刺激别人的听觉。他有一个更经典的说法认为，行为就是我身体的肌肉的收缩。比如说接吻，他看到的只是两对嘴唇的黏合。他这样的概念有相当大的问题，但他是很精确的，是可以把握的。同时，李斯特认为，违法性就是形式上对规范的违反，有没有形式上规定的正当防卫、紧急避险等事由，就决定他是不是违法了。责任是什么呢？在他看来，责任就是一个主观的东西，主观本来是很难把握的，但他把这个主观的东西降低为一种心理活动。而心理上的他所说的责任就是故意或过失。他说虽然主观上的心理活动看起来不好把握，但那个时候心理学已经非常发达了，这种心理活动是可以用心理学的知识把握的。所以在他的体系里，构成要件、违法和责任，都可以从存在的层面把握，这就是刚才兴良教授一直讲的存在论的犯罪论体系。他就是要用这样可把握的东西，实现一个法治国的梦想。

但李斯特也认识到，刑罚的目的不能不考虑，因此他要提出刑罚的目的就是犯罪的预防。如果不考虑刑罚的目的问题，他觉得这个问题很大，刑罚就只是纯粹的暴力。他认为这是不可取的。所以李斯特就把犯罪的预防称为刑罚的目的，这个东西也被他称为刑事政策。刑事政策是干什么的呢？就是要对犯罪进行预防。而刑事政策，刑法学又不能不考虑，他在哪儿考虑呢？他在刑罚论中进行考虑。所以在犯罪论部分，李斯特是不考虑刑罚目的的，而是用纯客观的东西把它鉴定出来，在刑罚论中考虑刑罚目的。因此他说我要根据行为人的不同情况，采用不同的刑罚措施。正是在这个领域，他提出了所谓的整体刑法学，从这个方面研究实现刑法目的这样一个构想。

我顺便说一说“李斯特鸿沟”这个词。在准确的德文翻译中，其实叫做“李斯特的分立”，就是把犯罪论和刑罚论区分开来，在犯罪论部分用精确的、存在的概念去证明犯罪；在刑罚论部分考虑犯罪预防的目的，是这样的一个分立。他不是说在整个刑法学中不讲刑罚的目的，而是把它分开来。这样的一个分立，现在的学者把它认为是李斯特的分立，就犯罪论这一部分是没有预防思想进来的，因为在犯罪论部分要进行所谓犯罪目的预防的考虑，就必然导致犯罪论是没有办法把握的。在李斯特的那个时候，他们用的是实证哲学，用自然科学来修正哲学。一切事物从经验上可把握时才是真的，经验上不可把握的都是虚假的，所以从经验上可以把握的主观的心理、客观的行为，这些东西才是科学的，才可以实现法治国的要求。

但是随着新康德主义的发展，后来的观点认为，我们不可能从存在的东西中得出一个有目的的想法。例如，你根本没有办法从两张嘴唇的黏合中，判断这种黏合的意义，而只有考虑行为人这两张嘴唇为什么黏合的时候，才能判断这两张嘴唇黏合到底是什么行为。如果他们没有爱，这两张嘴唇黏合可能是一种交易；如果他们有爱，才有可能是接吻；如果没有爱而只是被强迫的，那有可能被看成猥亵。所以，行为的意义一定要经过目的的考察才能够得出来。今天晚上兴良教授讲的那个故事，讲的那个义务犯，就是如果你不考虑一个规范的目的，你是没有办法判断这个行为到底在刑法上怎么看的，构成要件上怎么看的。比如，父亲看到自己12岁的女儿被别人强奸，他完全可以阻止强奸行为的实施，但是他没有阻止。现在摆在刑法上的问题是，对这个父亲的行为怎么评价？传统理论会说：从存在论上看，父亲什么都没有做啊，父亲不能构成犯罪。后来有人认为这样不对，父亲看到女儿在旁边被别人强奸，他能阻止而不阻止，这不构成犯罪是有问题的。如果我们从存在论出发，这个父亲对那个实行强奸的人，有一种存在论意义上的帮助，心理上的帮助。让那个人看到我在强奸你却不管，这是心理上的支持，所以从存在论上得出结论说，这个父亲是一个强奸罪的帮助犯。但把父亲作为强奸的帮助犯处理，这是和规范目的完全相反的。从规范目的来说，有一些制度是社会的核心制度，它必须很好地被保障。我们期待一个父亲，在任何条件下，都要对他未成年的子女进行救助，如果你不救助，你的行为就和杀人的行为、强奸的行为是一样的。这是我们的制度对这个父亲的强烈要求。警察也是一样，警察看到别人杀人能够阻止而不阻止，警察就有可能构成故意杀人，而不是一个所谓的玩忽职守。这就是所谓的义务犯，义务犯只能从制度、规范目的，即设立这个制度的目的中得出这个结论。如果仅从存在上考虑，它有相当大的问题。父亲看到自己的孩子溺水了不救，我们称之为不作为的故意杀人，那为什么看到自己的女儿被别人强奸能救而不救，竟然只是一个帮助犯呢？逻辑上说不通。这就是说对构成要件的解释，要按规范目的进行。

罗克辛认识到仅从形式上考虑是不对的。罗克辛最大的贡献就是贯通。在责任论方面，不仅不把它看成心理的或者规范的责任，而且强调了所谓预防的必要性，预防的必要性大，责任就大，预防的必要性小，责任就小。当然他用的不是所谓罪责的概念，而是所谓答责性这个说法，他把答责性、责任与预防的必要性完全统和起来，在李斯特、麦茨格、韦尔策尔之后，建立了一个考虑规范目的、考虑预防必要性的犯罪论体系，就是把预防必要性作为刑事政策贯彻到犯罪论之中。今天来看，这个贯通是有意义的。但罗克辛的贯通在有些情况下未必是完全彻底的，特别是他所谓的客观归责理论。在很大程度上，客观归责理论的意义、作用并不是很大。因为在很多情况下它只是对实行行为性的解释，危险的制造和危险的实现往往是从实行行为中可以看出来的，所以在这个之外作了一个这样的解释，其实作用并不大。作用比较大的，我倒觉得是现在雅各布斯教授主张的纯规范的考虑。这个考虑当然主要是说在构成要件这个部分，要去考虑社会的机能，规范所能让这个社会发挥的机能。在构成要件论领域，兴良教授刚才讲到的两个司法解释，在机能的规范的刑法学解释中，我觉得可以采纳。行为人先强奸了妇女，然后妇女又跟他自愿发生性关系，之后关系还不错。在这种情况下，处罚的必要性是没有的。在诈骗的情况下，我先诈骗了，又用诈骗后来的钱还了诈骗前面的钱，我觉得这里可以解释为，不要把归还的部分看成是法益损害，因为他根本就已经还了，所以要把所有诈骗数额都加在一起加以处罚，这也不符合诈骗罪的规范的保护法益。最重要的是，有一些行为只有用规范的机能的刑法理论指导，才能很好地解决。比如，现在有很多的诈骗行为，最典型的是所谓冒充彭德怀，说我是彭德怀，我要做一项很重要的工作叫民族资产解冻，还有冒充孙中山的，说你们赶快给我钱吧，等我资产解冻了给你们很多钱，还会解决你们的工作问题。结果，一个省党校的教授居然被他骗了，给了他 20 万元当活动经费。最后，那个诈骗的人，自己把自己给骗了，有人说他拿着公安部的文件，证明是公安部让他来解冻资产的。可你这个章好像有点问题，你把这份文件拿到公安局去做个证明，证明是你的以后我就把钱给你，这人居然就拿着自己伪造的这份文件到公安局鉴定。公安局最后说对不起，你这是自己伪造的，是诈骗犯。对于这些问题，有没有必要把这样一个党校的教授都不太认识到的行为作为诈骗罪处理，我觉得有相当大的疑问。当然，明楷教授反对这个观点我也知道，诸如此类的，有好多这样的例子。雅各布斯教授强调说，我们要看看这个法规机能的发挥，刑罚能不能让社会更好地发挥机能，如果没有这样的刑罚处置，没有处罚的必要，社会也还能发挥机能，我们就不需要刑罚。如果我们这样处罚了，这个社会反而不能很好地发挥机能了，我们也不能处罚。对于这样的问题，我觉得可能在我们最高人民法院的解释中，至少贯彻了这样一种想法。总的来说，雅各布斯教授的理论，对我们以后也许能够有一个更好的借鉴吧。我期待，兴良教授能够有更大的学术贡献。

谢谢大家！

林维　从冯军教授开始，我们能够闻到学术硝烟的味道了。现在有请梁根林教授。

梁根林　各位老师同学大家晚上好！

在我们“当代刑法思潮论坛”的第二讲，兴良老师讲的题目叫“构成要件论——从贝林到特拉伊宁”，让我印象极其深刻。在论坛当中，兴良老师说，我们要回到贝林。但我在作评论的时候调侃说：“回不去了，回头望一下还行。”但是，在今天这个报告中，他非常明确地提到：“我们无须回到李斯特，也没有必要重新跨越李斯特鸿沟，我们可以直接享受罗克辛贯通的成果，然而我们还必须在思想上经历一遍从李斯特鸿沟到罗克辛贯通的学术历程。”兴良老师是这么说的，在基本的学术立场上也是这么做的。他在中国意识里强调了三点，第一就是在体系的建构上，从四要件到三阶层的转型，这是他多年来一直在倡导的，也是一直在极力推动的，尽管遇到了很多反对的声音。最关键的是后两点，兴良老师明确地提到，刑事政策对刑法教义学的目的指引，以及刑法教义学对刑事政策的边界控制。特别值得注意的是他讲的第二点。兴良老师过去一直强调的刑法教义学，把法治国原则、罪刑法定原则，在刑法方法论、刑法思维中具体化、体系化。这是他一贯的逻辑，强调刑法教义学对法治国的坚守和保障，当然毫无疑问也要控制刑事政策的渗透、刑事政策作用的边界。但刚才他讲的第二点，刑事政策对刑法教义学的目的指引，如果我没有理解错或者曲解的话，这可能是过去他一直很抗拒的，很抗拒刑事政策进入刑法教义学体系内，对刑法教义学进行目的性的指引。因为刑事政策具有灵活性，刑事政策具有功能性，刑事政策具有开放性，刑事政策具有不可捉摸性，刑事政策可能被特定的个人或者群体进行意志操纵，不具有法治国家原则那些固有的自由安全保障机能，所以他一直很抗拒这些东西对刑法教义学的渗透，而特别强调构成要件，强调贝林所主张的古典的构成要件理论、古典的犯罪论体系，强调构成要件的客观化，强调构成要件作为一种价值无涉的、客观的构成要件的定型。通过这种方式来贯彻法治国家的原则，贯彻罪刑法定，所有的实质判断必须放到违法性之后来进行。但今天他的报告已经告诉我们，构成要件原来也是可以实质化理解的、实质化解读的，我觉得这是一个重大的学术转向。我倒是希望兴良老师能够在这个方向上继续往前走，不要就此打住，这是一点感想。在这个基础上，我还想就今天这个主题本身谈一点我自己的想法：

第一个想法，兴良老师用了“李斯特鸿沟”这个词，“李斯特鸿沟”是蔡桂生翻译的，我不懂德文，不知道李斯特鸿沟这个词德文原文是什么意思。但我个人有这么个想法，“李斯特鸿沟”是不是罗克辛有点主观地强加给李斯特的一个标签？刚才冯军教授的评论在某种程度上回答了我的疑问。为什么这么讲呢？因为如果说是鸿沟，就意味着李斯特把刑事政策和刑法体系对立起来，搞得水火不容。可事实上，尽管我们说李斯特在认识论上、方法论上是存在论的，是法律实证主义的，他强调法律教义学，刑法是主要追求法治国的自由安全保障机能，刑事政策才解决所谓的社会政治任务。从这个前提出发，刑事政策和刑法自然有紧张性，因此强调刑法始终是刑事政策不可逾越的藩篱或者说不可逾越的屏障。但请大家注意，恰恰是李斯特推动了刑事政策和刑法体系的融合，按照李斯特的方法论和他的逻辑，会存在两者之间的紧张性和对抗性，但李斯特一直在推动、跨越两者之间的紧张性。刚才冯军教授已经讲了，在刑法理论的发展史上，李斯特对刑罚目的的追求、对刑罚目的的强调，可以说是所有德国刑法学者中作出贡献最重大的，而刑罚目的是刑事政策最基本的原点。再者，李斯特强调所谓的整体刑法学，他看到了两者之间的紧张关系，看到了两者之间的专业分工和技能分工，但他试图把它纳入到一个屋檐下，构建一个所谓的整体刑法学。而且，李斯特早就认识到作为刑法教义学最基本的灵魂的罪刑法定原则，本身就具有重大的刑事政策机能。他并没有说刑法体系就是刑法体系的，或者刑事政策就是刑事政策的，上帝和恺撒是互不干涉的，他并不这么认为。他早就提出，罪刑法定具有刑事政策的机能。所以尽管我不懂德文，但用李斯特鸿沟这个词，依我自己的直观感觉，罗克辛先生是不是有点过于苛责了李斯特，这是我的第一个想法。

第二个想法，从刑事政策或者刑法教义学的发展历程、演变历程看，在李斯特的体系中，刑事政策与他的刑法教义学确实有一定的紧张性。李斯特强调刑法始终是刑事政策不可逾越的藩篱，李斯特的体系可以说是刑法主导的体系，两者之间有紧张关系时，刑法优先，刑事政策靠边站，刑事政策不能凌驾于刑法体系成为法官思维的主宰或者逻辑。在古典学派之后，特别是到了大概20世纪30年代吧，过于强调体系化的思维所带来的一系列的弊端。鉴于过于体系化所带来的弊端，最早是沙夫施坦因强调，如果根据体系化的思考，教义学的思考得出的结论与刑事政策的思考得出的结论之间相互冲突时怎么办？体系上认为正确的东西，刑事政策认为是错误的，或者正好相反，沙夫施坦因首先提出来，这时候刑事政策优先，刑法体系让位，刑法教义学的思考让位。在这之后，我们再看到在耶塞克教授和魏根特教授的教材里，同样有类似的观点。他们的观点说，解决问题总是第一位的。我们对沙夫施坦因的情况不太了解，但对耶塞克教授和魏根特教授的体系框架，我们还是能够大体把握的。尽管他们为刑法教义学作出了重大贡献，强调这种体系性思维，强调这种逻辑性思维，但是真碰到问题，两者发生紧张冲突的时候，耶塞克教授是做了退让的，说体系性思考要让位于问题性思考，以求得具体问题妥当有效的解决。罗克辛先生认为，这种体系外的修正，是不可接受的。这也就是罗克辛先生强调的刑事政策和刑法体系既不能是对李斯特所强调的刑法主导的背离，也不能是沙夫施坦因或者耶塞克所强调的在某些例外情况下刑法体系让位，刑事政策优先。罗克辛先生认为，两者必须融合，但怎么融合？不是说李斯特们没有认识到，也不能说耶塞克、沙夫施坦因们没有认识到有融合。而是说他们在方法论上，这种存在论、法律实证主义的观点，以及对刑法的机能、刑事政策的机能的理解，闭塞了他们在理论建构上的突破。罗克辛就强调，方法论上、认识论上必须超越存在论，走向规范主义，必须超越这种单纯的物本逻辑，走向价值判断。因此，刑法体系、犯罪论体系必须是规范主义的、目的主义的、机能主义的、刑事政策导向的。这种规范主义、目的主义、机能主义、刑事政策导向的犯罪论体系，是一种目的理性主义的犯罪论体系。在这种目的理性的犯罪论体系中，刑事政策原本就是体系的一部分，由此才还原了刑法教义学固有的面相，过去理解歪了，现在还原它固有的面相，刑事政策和犯罪论体系或者说刑法教义学，本来应当是融通的，这是我想讲的第二点。

第三个想法，罗克辛体系的实质是什么？刚才提到了罗克辛的体系叫刑事政策导向的体系，这涉及对刑事政策怎么理解。其实罗克辛所谓的刑事政策，简单说就是目的理性。他把目的理性作为建构整个犯罪论体系的基础，表现在对构成要件、对违法性、对罪责这种概念范畴的界定。刚才兴良老师也讲到了，对构成要件他强调实质化。怎么实质化？更多的是通过客观归属理论，或者叫客观归责理论，来限定所谓实行行为的范围。在违法性的问题上，他强调所谓的法秩序统一性原理，根据法秩序统一性原理解决利益冲突，进行利益衡量，解决不同个体的利益冲突，解决个体与社会之间的利益冲突。在这个基础上进行利益衡量。他因此强调一种多元的体系，多元的阻却违法事由。当然在罪责层面，他更多地强调超越心理责任论，超越规范责任论，走向功能责任论，或者叫实质责任论，把预防必要性的问题融入进去。

从这三点我们可以看出，罗克辛所建构的体系已经完全被刑事政策化，这种体系又是完全符合教义学法则的。罗克辛强调，他要建立的犯罪论体系应当是有效率的体系，第一叫概念的秩序性以及明确性；第二强调与现实的联系；第三强调符合刑事政策的目标设定。这三个出发点与跟犯罪论体系的三个阶层是紧密贯通的。如果说罗克辛相对于李斯特，或者罗克辛之前李斯特之后的所有德国刑法理论有超越，我想可能就在于他不仅强调概念的秩序性，不仅强调明确性，而且强调犯罪论体系建构必须与现实保持联系，能够回应和解决现实问题，而且对现实问题的回应和解决，要符合刑事政策的目标设定。这里所讲的刑事政策的目标设定，一定是目的理性的刑事政策目标设定，不能是完全功利的、实用主义的目标设定。通过这种建构，把刑法理论体系、刑法教义学所追求的体系性思维和刑事政策固有的本能的问题性思维、对问题的有效解决融合在一起。并且，这一切都是以概念的秩序性以及明确性为前提的，即符合教义学法则的逻辑，符合罪刑法定，符合刑法规定，具有形式合理性的前提。在这个前提下，再作后续的实质性的思考、价值性的思考、规范性的思考、机能性的思考。所以我想这样一种理解，应当确实代表了我们刑法理论体系发展的最高成就，罗克辛不愧为当代刑法学的最高成就的代表，他站在刑法学成就的最高峰上。我曾问许乃曼教授怎么评价罗克辛的刑法教科书。许乃曼教授脱口而出，这是一本圣经。我认为，这本书对我来说是一本百科全书。我倒还没有认为已经到了像圣经那样不可挑战、不可置疑必须虔诚信仰的程度，但这本书确实可以说是百科全书式的，而且也展示了当代刑法学的最高研究成果。

第四个想法，关于中国问题。这马上要回到刚才兴良老师和储老师提到的，“刑事一体化”只开花不结果的问题。首先，这不能怪储老师。如果要怪的话，应当先怪储老师的弟子，包括我在内，当然也应当怪所有的中国刑法学人。这里可能涉及我们的体系建构和学科的融通关系怎么处理。过去我们似乎要从四要件的犯罪构成理论中挣脱出来，强调进行体系建构，进行刑法教义学的探索和努力，建立形式合法性、形式合理性，我们把逻辑的东西看得太重了，把机能的东西、目的的东西看得可能相对轻了一点，或者说至少不是当下首先要解决的问题。也许我们应该先解决形式逻辑的问题、形式合法性的问题，然后再解决机能性的问题。是不是我们在体系建构的时候，我们在方向上、在方法论上出了问题？我有一个强烈的感觉，我国最近几年刑法学的研究轰轰烈烈，理论成果非常丰硕，但我国刑法学研究与实践越来越背离，理论不买实践的账，实践也不买理论的账，大家互相不服气，理论对实践的影响力在削弱，实践可能底气也足了，他们认为你们这帮学者搞的东西，都是闭门造车，没有任何实践生命力。我们可以去指责实践对我们理论的藐视，但是我们是否也应当反思理论本身在建构的时候，对实践的这种忽视，对现实关注的缺失。而罗克辛特别强调体系建构一定要关注现实问题，保持与现实的联系，我想这是我们要认真对待的问题。我认为，刑法体系和刑事政策的融通，恰恰是解决中国问题时所需特别认真对待的。

谢谢大家！

林维　在陈老师的这篇讲演稿里特别提到了劳东燕教授对具体刑法问题采取刑事政策的角度与方式的做法，下面请劳东燕教授点评。

劳东燕　今天坐在这里给陈老师作评论，我觉得我是诚惶诚恐的。我主要讲两个方面，第一个方面讲两点，是对陈老师所讲的两个主要方面，我非常认同的地方；第二个方面我讲一些补充，针对陈老师论文中我觉得不能同意的地方。

第一个方面，两点认同。第一点，陈老师梳理了从费尔巴哈、李斯特到罗克辛，刑事政策与刑法体系之间的关系。费尔巴哈时代，刑事政策主要被当做立法层面的政策，所以他实际是通过罪刑对称来实现所谓的威慑目的。到了李斯特时代，除了在立法层面上使用刑事政策概念外，他又把刑事政策进一步引入刑罚论里，较费尔巴哈有一个非常明显的进步。在罗克辛时代，其实刑事政策与刑法体系之间的关系表现在：刑事政策不仅仅是立法层面的政策，也不仅仅是指导刑罚论部分的政策，它同时指导以犯罪论为核心的刑法教义学体系。从这个角度讲，从费尔巴哈到李斯特到罗克辛，刑事政策所占据的地盘是不断扩张的一个过程。所以陈老师讲到，李斯特与罗克辛都是在目的性的意义上使用刑事政策这个概念，这就是我认同的第一点。

第二点，陈老师讲到了对罗克辛贯通的一个借鉴之处，即刑事政策应当放在刑法体系之内进行处理。关于这个见解，我自己也经历过不同的理解阶段。我以前处理刑事政策和刑法体系之间的关系时，把它当做原则和例外之间的关系处理。也就是说，将教义学的规则作为一个原则，将刑事政策作为一种例外，或者有的时候其实是在规则之治与自由裁量意义上理解教义学体系与刑事政策之间的关系。但后来我也发现这样的处理模式会有很大的问题，因为教义学体系或者说教义学规则总可以构建很多例外，这样的话教义学体系本身很难起到它应有的那种体系性的功能。所以我从去年开始也认识到必须要把刑事政策放在刑法教义学体系中处理，把它作为一个内在参数。陈老师今天明确地说应当以教义学原理为中介，把刑事政策和教义学完美的融合在一起，我特别的欢欣鼓舞，因为我的改变是在往正确的方向走。

第二个方面，有一些问题我觉得可能还需要补充，或者不是很同意。

第一个问题，关于刑事政策如何进入刑法体系的问题。其实刚才陈老师在讲到储老师提出的“刑事一体化”的问题时，认为要把教义学体系作为一个媒介，然后通过这个媒介让刑事政策发挥作用。但这里显然有一个桥梁问题没有解决。刑事政策是一个性质完全不同的因素，它本身处于刑法教义学体系之外，在教义学之内根本就没有刑事政策这个要素。要把一个完全异质性的东西挪到刑法教义学体系之中，你本身就需要有一个管道或者一个媒介。而我觉得这一点陈老师并没有很明确讲到。我觉得，把所谓的李斯特鸿沟完全归咎于李斯特身上是有问题的。这个所谓的鸿沟，其实是当时实证主义的产物，而实证主义是从费尔巴哈就开始了。另外，这个所谓的鸿沟也是概念法学的产物，因为它完全是以形式逻辑为中心建立起来的。这样说来，刑事政策不可能找到容身之所。刑事政策到底通过什么样的管道、媒介进入刑法教义学体系呢？我觉得与从概念法学到利益法学，再从利益法学到评价法学，这样一种法学方法论上的转变很有关系。因为利益法学兴起后，实际上这个所谓的体系就不再是以形式逻辑为中心的体系，而是以目的为中心的体系。而所谓的体系是在最高目的的指引下的所有组成部分在意义上的一致性，而不再是形式逻辑上的逻辑性。这样一来，刑事政策因素可以通过目的因素进入到刑法教义学的体系。目的在刑法教义学体系中是有存在余地的，这里的目的，我觉得与陈老师所说的刑法教义学中目的性的指引是有点不一样的。陈老师所说的目的指引是指在目标上的或者说在精神上的指引，而我所说的目的，本身就是刑法教义学中的内在的因素。刑法教义学中的目的，可以分成三个层面：第一层面是宏观的刑法目的，刑法目的里包含通过预防来保护法益；第二层面是分则各章所保护的中等层次的目的；第三层是每一个罪刑规范本身自己的目的。在我看来，刑事政策就是借助这些目的因素进入刑法教义学体系。刑事政策进入刑法体系不能把它单纯地理解为是输入和被输入，或者说反映与被反映的关系，而应该理解为教义学体系有它自己运作的逻辑性，否则就像陈老师所说的那样，刑法教义学体系是一个封闭性的结构。如果是一个封闭性的结构，怎么能把刑事政策引进来呢？我觉得这里应该区分运作逻辑上的封闭性，一方面，教义学只按照自己的逻辑运作，刑事政策不能影响教义学的运作逻辑或者运作方式；另一个方面，它在认知上是开放的，它作为目的，实际上刑事政策起到类似纲要性的作用，纲要是可以变的，就像我们总可以对刑法的目的进行重新解读。所以我觉得只有借助刑法教义学中的内部机制，才能把刑事政策引进来。为什么我国刑事政策和刑法教义学体系会有这么大的问题？实际上就是因为它输入的管道太多了，“条条大路通罗马”。所有的路都可以进入刑法教义学，使得最终的体系完全都崩溃了。我觉得只能维持一个通道，那就是通过目的。如果无法通过目的渠道进入刑法教义学体系，那样的刑事政策对教义学体系不应该起作用。

第二个问题，陈老师显然肯定罗克辛贯通所带来的借鉴意义，显然对罗克辛贯通所带来的问题没有作特别的更进一步的探究。在我看来，这里所谓的罗克辛贯通涉及需罚性与应罚性之间的关系问题。也就是说，罗克辛对传统的关于应罚性和需罚性之间的关系作了重新界定。以前的应罚性其实就等同于刑法教义学，所谓的犯罪论就是解决应罚性的问题，所谓的需罚性就是刑罚论所解决的问题，教义学体系中只考虑当罚性。可就罗克辛的目的理性刑法体系，对这一点做出了很大的改变，他把应罚性和需罚性都当做犯罪阶层体系的架构准则，认为应罚性考虑的是行为的主客观不可归责性，需罚性考虑的是预防必要性，因而每个阶层都要考虑进去。问题是在罗克辛的体系中，需罚性与应罚性的关系到底有怎样的变化呢？从他对罪责阶层的重新构建来看，他显然认为当罚性优于需罚性，也就是说，应该先肯定应罚性，在此基础上如果认为不需要处罚，在预防目的上不具有预防必要性，就阻却罪责的成立。表面上看是维持了当罚性高于需罚性的地位，但在我看来，他这种做法难以贯彻到底，因为他的不法阶层是以客观归责为核心构建的。而他的客观归责里的规范保护目的，关于构成要件的效力范围，关于风险是否允许，这些判断规则全部都是需要从预防的必要性角度考虑。如果罗克辛还希望以当罚性制约需罚性的话，他的希望恐怕很难不落空。而如果说在罗克辛的体系中，当罚性的判断还只是受到需罚性的一些侵蚀的话，在雅各布斯的体系中，需罚性则全然取代了当罚性。两者根本就是等同关系。完全架空了当罚性的概念，使得需罚性完全取代了当罚性。这种倾向是会带来很多问题的，我简单讲几个问题。一个是目的刑法在方法上的变革，一方面赋予传统方法论以活力，因为如果没有这种变革，传统的以逻辑为中心的方法论，势必面临僵化而无法与时俱进的问题；另一方面也削弱了传统法学方法论控制法律判断内容的可能性，因为法律本身是没有目的的，所谓的目的不过就是解释者的目的。还有，它扩张法官的自由裁量权，最终促成一种解释者，或者以法官为中心的法理学。相比于立法者，法官被认为或者解释者被认为更适宜承担法律续造任务的位置。法官成为真正的犯罪定义主体，在强调罪责法定的刑法领域必会遭受诟病。另外我还认为，目的性的法还强调以结果为导向、以未来为导向，关注的是对未来的影响，而不是个案的公正，这会使个体的权利不再被关注，而关注对未来的影响。

第三个问题，我觉得陈老师通过教义学控制刑事政策的边界的观点，他其实提供了一种解决方案，但这种解决方案简单化了。因为教义学本身已经被刑事政策改变了，用一个已经被刑事政策改变的东西去控制刑事政策思路的边界，实际上就变成了逻辑上的自我循环，而且也不可能。所以我一方面承认教义学体系本身有其既有功能，但又觉得如果完全依靠教义学制约刑事政策，还是没有办法解决很多问题。所以我初步的想法是采取双管齐下的方式：一方面，只允许通过目的这个途径把刑事政策因素引进来，只有可以解释为刑法中的目的的刑事政策才允许进入刑法体系，才能够影响教义学体系的构建。凡是与预防本身、与目的没有关系的刑事政策都被排除在刑法教义学体系之外。我认为用这种“管道”控制当前中国语境下的刑事政策对教义学的侵蚀，会有相当大的作用。在这里，目的起到了一个过滤器的功能，把很多无关紧要的，或者说会扰乱教义逻辑的东西，全部排出去。另一方面，只有这一种管径控制是不够的，还应该考虑用另外一种手段去控制。对这部分我考虑得不是很成熟，但总的来讲，我认为应该考虑解释方法论上的选择。我认为，目的论解释成为解释论中王牌的解释方法本身是有很大危险的，所以可能需要对目的论解释进行严格的限定。另外，可能要从实体性的合宪审查角度，对刑事政策进行控制。可能需要存在论上的事物本质，通过所谓的物本逻辑，在一定程度上限制规范论的极端化。所以在某种程度上，我也是比较赞同罗克辛这种折中立场的，反对雅科布斯那种极端危险更大的立场。但我同时认为，罗克辛的这种走向本身也会带来很多问题，这些问题可能不仅仅是刑法体系本身所面临的，而可能是整个法理学、宪法，以及其他部门法所共同面临的。

我可能讲得太多了。谢谢大家！

林维 谢谢劳东燕。

也可能是一个巧合，今天在座的除了我和劳东燕以外，总共有 8

位陈老师指导的博士。劳东燕开了一个很好的头，让我们知道老师不仅是用来学习的，也是用来批判的。

下面请陈兴良老师做一个回应。

陈兴良 我做一个简要的回应。

对今天我们所讨论的刑法教义学与刑事政策的关系这个题目而言，今天台上在座的 3 位评论人应该说是最有资格来评论这个问题的。冯军教授，精通德语，对李斯特、罗克辛，尤其对雅各布斯教授的思想具有非常深刻的理解，所以他站在雅各布斯的纯粹规范论的立场上，对我们今天所讨论的题目作出的评价是在意料之中的。梁根林教授，过去一直从事刑事政策研究，出版了刑事政策三部曲。但最近一两年以来，进行刑法教义学研究，其中很大的一个学术路径，就体现在将刑事政策的研究和刑法教义学的研究结合起来，所以梁根林教授对今天讨论的题目有很长时间的研究了，而且是专业的。至于劳东燕教授，她对刑法教义和刑事政策关系问题的一些非常具体的地方，有很独到的见解。她最近两三年发表了 3 篇文章，都是专门讨论刑法教义学和刑事政策关系问题的。尤其是《比较法评论》上的文章，题目实际上跟我这个差不多，也是梳理了从费尔巴哈到李斯特、到罗克辛的关于刑法教义学和刑事政策之间关系的学术历程，所以事实上，对于今天我们讨论的这个问题而言，我是一个闯入者，我是一个新闯入的，我对这个问题虽然过去有些思考，但无论是从理论深度上，还是从研究的径路上，跟 3 位评论人比都应该说是一个后来者。当然，我敢于去探讨一些问题。

但事实上，这样的探讨是存在很大障碍的。这就是刚才冯教授所提到的，我们在跨越李斯特鸿沟之前，首先就存在一个语言的鸿沟。我并不懂德语，而且李斯特去世将近一百年了，他是 150 多年前的一个人物，他当时写的德文可能现在看也算是古文了，类似于中国的古汉语了，很难看懂。尤其是我们中国翻译的版本是第 27 版，是他的学生施密特修订过的版本，并不是之前李斯特的思想。这些都给我们理解李斯特的思想带来很大的困难。我在写论文的过程中，也是小心地去分辨，翻译过来的李斯特教科书里面哪些是属于李斯特本人的思想，哪些是属于施密特的思想。这一点跟后来翻译的费尔巴哈的刑法教科书不一样，费尔巴哈教科书把增订者的内容专门列出来了，和他原来的思想分开来了。这里面存在一个语言的鸿沟。

我觉得语言当然是一种障碍，但思想上的洞察力是可以跨越语言的鸿沟的。也就是我们还是要有一种问题意识，尤其是要有中国立场，站在这样一种中国的立场上把握这些问题，一种主体性的思考，一种为我所用。我们关注 100 多年前的李斯特，并不是去研究历史。我们之所以关注李斯特，是因为李斯特的思想中有些内容对我们今天中国的刑法是有借鉴意义的，因此我们需要思考这样一个德国问题。当然，我的思考是一个粗线条的、框架式的、非常宏观的，只是想指出从李斯特鸿沟到罗克辛跨越这样一个学术的演变过程，而这一学术演变过程，对我们中国目前面临的刑法教义学与刑事政策关系问题的解决，我认为是具有参考价值的。

雅各布斯是冯军教授在德国的导师，所以冯军教授很多的思想都受到雅各布斯教授的影响。雅各布斯教授在规范论的道路上走到了一个极端，所以冯军教授才会说罗克辛的规范论实际上是不彻底的，确实不彻底。存在论的刑法和规范论的刑法，两个极端，就像我所讲的，一个是光要肉体不要灵魂，一个是光要灵魂不要肉体。我个人觉得可能还是要结合一下，灵魂还是离不开这个肉体，肉体是灵魂安放的一个处所，如果灵魂离开了这个肉体，就会变成一个孤魂野鬼。按照存在论、实在论，犯罪是从实然的角度来描述的。但是按照规范论，犯罪要按照一种更高的价值重新建构。所以要理解实在论和规范论之间的哲学上的差别是很大的，实在论是实在主义、自然主义、科学主义的哲学基础，但规范论是建立在价值学，还远不止价值学，甚至现象学，以及一些比较玄乎的哲学基础之上的，这两者有比较大的差距。从总体上看，我觉得我们的刑法理论要逐渐向规范论的方向发展，规范论能够解决一些存在论所不能解决的刑法问题，像冯军所讲的义务犯理论，是有一定道理的。但我个人始终觉得，在规范论的路上走得太远，可能不符合中国现实，一种理论可能还是要符合中国的现实问题。中国和德国相较而言，可能还是处于一个起步阶段，一个比较后发的社会。我们社会整体的精神状态、物质状态、社会状态没有达到德国那么高的程度，因此我们要考虑两个社会之间的状态上的差异。也许德国的那种规范论理论是我们明天所要采用的，但我们今天采用可能就会有问题，包括社会的适应问题，公众的认同问题，以及我们学者所能够理解的问题，可能会有这样一些问题。事实上，我们现在的理论研究中，传统的理论研究中，根本就没有区分实在论和规范论，是把实在的问题和价值的问题混为一谈，处于一种理论上的混沌状态。而我的观点是，首先要把两者分开来，实在的、规范的，事实的、价值的，要分开，然后再慢慢建构两者之间一种比较妥当的关系。这一点我想特别加以说明。

梁根林教授对刑事政策和刑法教义学之间的关系有比较深刻的理解。当然刚才谈到所谓李斯特鸿沟是刑事政策和刑法教义学之间的一种分裂，实际上，准确来说，就像刚才冯军说的，是在李斯特的体系中，犯罪论和刑法论之间的分裂。因为他认为犯罪论是要非常实证的、非常形式的，是限制司法权的，而不得有价值侵入。但刑法论是要有目的性的、要有机能性的，要体现刑事政策的。因此，我们这里所讲的刑法教义学实际上是指犯罪论，而不是指整个刑法学。罗克辛更多地采用刑法体系这个词，也就相当于刑法教义学，相当于犯罪论体系。所以李斯特鸿沟在很大程度上体现为犯罪论和刑罚论之间的一种背离，一种冲突。当然在一个大的刑法体系内，得到统一。梁根林教授认为这是我研究径路的一个重大转变，我并不承认。我认为，并没有超出我的传统的理论研究的基本框架，只不过表述上或者强调重点上有所不同。因为我过去比较强调罪刑法定原则，强调形式理性，强调形式解释论，有时候继而言之也是要回到贝林，回到古典学派。但那只是一种象征性的，一种象征意义的。我们现在面临的问题还是贝林时代的问题，是李斯特时代的问题，是要建设法治国的问题。在这种情况下，贝林和李斯特所主张的形式理性的思想具有现实意义。当然我们的刑法教义学体系已经不可能回到贝林，回到李斯特，不可能是一个纯形式主义的、实证主义的体系，我们的构成要件实际上也包含了价值评判的内容，而不可能像贝林那样完全形式的，在这点上我自己的观点还是始终一致的。事实上，还重点体现在我对刑法教义学和刑事政策的关系在中国的展开。我个人觉得，我们还处在李斯特的那个时代，我们现在需要警惕的，主要还是来自前苏联的以社会危害性为中心的、实质的价值判断在我们刑法领域中的主导地位。形式的刑法教义学事实上我们并没有建构起来。建立一个具有一体化的、体系化的知识框架，一个刑法教义学框架，是当务之急。在这个框架内，当然应该以刑事政策为目的引导。但另一方面，我更强调的是要用刑法教义学去限制刑事政策，去控制刑事政策。刑事政策只能在罪刑法定原则的范围内发挥作用。它的主要作用是去罪化作用，一种积极的排除犯罪的功能，而不是入罪的功能。

我觉得劳东燕教授对刑法教义学和刑事政策的关系确实是有一些很深的、很具体的研究。她提出了一些很具体的观点都是很有价值的。比如她刚才提到的，把目的性的刑事政策引入刑法教义学，而不是一般性的刑事政策都可以引入。对能够引入教义学的刑事政策作一个范围限制，一定程度上能够回答车浩事先向我提出的问题。车浩的观点大体上也是这样的。他认为不能把刑事政策当成一个筐，什么都往里面装，什么都可以往刑法教义学里面放，还是要有一个限度的。劳东燕教授提出了目的性的内容，符合刑法目的内容的可以作为刑事政策引入刑法教义学体系中，其他内容不能引入。这种解决问题的思路我认为是非常具有启发性的。另外，劳东燕教授刚才也提到了，当教义学本身被刑事政策化了时，怎么能用这样一种被刑事政策化的教义学规则去限制刑事政策，这里面可能会存在一个悖论。关于这个问题在逻辑上怎么解决，我觉得这也是需要思考的问题。（冯军：“逻辑上是没有问题的，这叫做规范的自我控制。”）好，冯军教授提出一个很好的解决方案，一种规范的自我控制。我的一个基本观点就是，首先我们要把教义学和刑事政策分开，然后再考虑融合，而不是在没有分开之前就去融合。如果没有分开之前就去融合，可能因为刑事政策具有很强的、实质上的能量，就会侵蚀具有形式性的构成要件、教义学规则。所以我们现在更需要提防的，是刑事政策的实质性的价值内容会侵蚀教义学的规则，这一点是必须要警惕的，也是我们讨论这个问题的重要意义所在。

谢谢大家。

林维 感谢陈老师的回应。现在我们开始第二轮的批评与自我批评。

有请我们刚才一直在讲的“只开花不结果”，为我们种出“刑事一体化”这朵花的辛勤园丁储槐植老师点评。

储槐植 刚才已经说了，我的学生现在都比我有能耐，所以我今天来主要是吸收营养的。

关于我的“刑事一体化”，其实在两年以前劳东燕已经说得很清楚，她说储老师的一些观点还是有新意的，但可惜没有做进一步实质性的推进。我认为所言极是。今天兴良说我的这些东西“只见开花不见结果”，我说我的是“欣赏植物”，意思跟劳东燕说得差不多，我觉得确实是点到了痛处。

最近兴良和其他教授一直在努力推进德国、日本的三阶层理论。在这个过程中，我觉得最重要的就是发展了刑法教义学。我个人认为，关于用三阶层替代四要件，在中国目前的社会发展情况下，可望的历史时期内，30 年，我认为四要件不可能被三阶层替代。关于这个问题，周少华在今年第 1 期《法学研究》第 42 页上说得比较清楚，充分考虑了包括文化等方面的深层原因。所以我觉得，如果要谈兴良教授的贡献，我认为主要不是在于推进三阶层理论，而是很好地身体力行，做了刑法教义学的工作，我认为这是兴良教授所做的非常重要的工作。因为这个工作不像三阶层那样，很难在实际工作中被接受。但是关于教义学的思维方式和解释能力的提高，我认为这是兴良教授的一个重大贡献。他的贡献就在于推进了刑法教义学，而不在于用三阶层替代四要件。

林维　感谢储老师。张老师，今天既然来了就说几句。

张明楷　我真的没打算说，因为今天讲了一天的课。最主要是我对刑法教义学、刑事政策以及两者之间的关系这三个问题真的没有什么想法。关于刚才梁根林教授对兴良教授转变的评价，兴良教授否认，我是主张客观解释，如果我们读出来的是转变，那就是转变。

我一直没有用刑法教义学这个词，我也没有用刑法信条学这个词，（陈兴良："你用解释学。"）就是刑法解释学。不要以为刑法教义学和刑法解释学，或者说理论刑法学，或者刑法教科书有什么区别。兴良教授刚才讲，刑法教义学有个特点，好像把刑法当成宗教一样，不能批评。我觉得也不是这样。因为德国、日本的学者本来就是在解释刑法，不是像我们以前那样总是在立法论上去讲刑法，动不动就说刑法这条不好，那条不好。或许是他们的刑法制定得好，我们的刑法制定得不好。另外，就我的学术范围来看，我也见到过他们在自己的教科书上说刑法的某个条款制定得不好。比如，罗克辛就讲过关于共犯从属性的问题，德国刑法的规定并不是很好，再比如说，井田良在自己的教科中认为，德文是刑法教义学，德文实际上也就是刑法学，但他也认为日本刑法关于累犯的规定违反责任原则。兴良教授最近一直在谈的，好像我国刑法解释学或者刑法学反对刑法教义学，我就特别不理解，我觉得没什么可反对的，它就是一个东西。这是我想说的第一点。

第二点就是刑事政策。我也很少用这个词，因为我真的不知道刑事政策是什么。比如说严打，我的体会，这是一个政策。但我很难体会"宽严相济"是个什么政策，也很难体会以前的"惩罚与宽大相结合"是个什么政策，我也很难体会这二者之间有什么区别。为什么？因为"宽严相济""惩罚与宽大相结合"太对，你没办法说它错，这个太对的事情是用不到司法实践中的。比如“重的重判，轻的轻判”，我们刑法规定本来就是重罪法定刑重、轻罪法定刑轻，怎么把它应用到实践中。但可能有人说实践用了，比如说现在有很多刑事和解。我觉得那可能就是用了“政策”。我们现在不能像以前那样“严打”，我们现在尽量用宽怀的惩罚措施，就是这个。而这个不等于宽严相济，我觉得是不一样的。

接下来就是第三点，关于上述两者是什么关系？可能就取决于你对这个政策怎么理解了。比如，刚才根林教授讲的，理论有时候可以注意到司法，我在想有时候可能有点类似理论是刑法教义学，司法实践是刑事政策，他们有很多地方用政策去办，我们强调对刑法的解释。有时候强调刑事政策和刑法教义学的冲突，可能这个时候讲的刑事政策更强调一种合理性。如果按照刑法的条文解释不合理，我们该怎么办，可能是讲这个问题。当然，再合理的入罪理由，如果法律有规定，那一定按法律规定来。但反过来也可能有不一样。有时候我们讲的这种政策，可能它是在法律上找不到理由的一个东西，有可能我们就说了是一个政策。比如兴良教授举的两个例子。这样的例子实际上有很多，也就是说在法律上找不到。比如中止犯罪处罚，没什么根源，他已经实施了行为，已经实施了就是违法的，他中止了违法结果，所以责任减少。为什么就免除？这是政策的理由，鼓励行为人不实施犯罪，这个政策理由也等于就是预防犯罪。但是这个根据从法律条文上是找不到的。再比如我经常举的一个例子，日本，在老虎机里买弹珠，有的是你赢的，有的是你偷的，结果你装在一个筐里了，不知道哪些是赢的哪些是偷的。那怎么办？全部算盗窃。理由是什么？政策的理由，因为不这样，你们都这么做。谁都把合法所得和犯罪所得混在一块，分不清，那就把它一起算。这也是政策的理由，但是从法律上也是说不清。这两个是什么关系可能取决于政策是什么。但我的一个基本观点就是，应当尽可能地在刑法范围内处理问题。从实质的角度看，把刑事政策作为对刑法解释的一种指导也好，我觉得最终还是要回到在刑法上找到根据，这样最合理。罗克辛讲的结论我也很赞成，比如在答责里面讲预防的必要性，但是他始终没有讲在刑法上预防必要性要素表现在哪些地方，具备什么要素就有，具备什么要素就没有，不讲这个的话我们怎么去判断？当然他可能心里很清楚，他也举了例子说这就是没有预防必要性的。问题是换一个例子，或者不换例子，别人的看法可能是不一样的。我有时候也在想陈老师刚才所讲的例子，比如强奸罪在很多地方告诉才处理，对此我们现在没有规定，我们可不可以通过解释，把这种强奸罪中的事后承诺也确认为是有效的。当然，我不是说我一定要提出这样的观点。我觉得要尽可能把这种政策的东西变成在法律上有规定的，有法律理由的，这样可能更好一点。

我就讲这么多。谢谢大家。

林维 下面我们请谢望原老师评论。

谢望原 首先要感谢陈兴良教授给我们作了一个非常精彩的演说。刚才诸位教授已经对陈老师的研究和成就给予了充分的肯定，无需我再多言。我仅谈一点我自己的感想。

第一个想法，国内很多学者在研究国外刑法学说时，有一种倾向，就是往往把自己熟悉的某个学者的思想或著作就当做是那个国家的思想，这难免有盲人摸象之嫌。原来高老师指导的一个博士生，可以说他是国内最早写客观归责的博士生了，我通过他的博士论文研究就感觉到，客观归责在德国一定是最权威的理论了。但后来慢慢感觉到，德国有很多学者并不赞同客观归责，而且认为相当因果关系已经把这个事情解决得很好了，客观归责并没有实质性意义。我们的很多学者，把它夸张到了极端的情景，这种现象对很多年轻学者来说容易被误导。所以我觉得在研究外国刑法学时，还是要慎重，避免以偏概全。这是一个想法。

第二个想法，我赞同陈教授关于刑事政策的相关理解，我不赞同张教授所说的刑事政策不是很重要，我觉得刑事政策是非常重要的。

我也曾经写过文章充分肯定刑事政策对刑法具有实质性的影响。但刑事政策对刑法、对刑法理论的影响究竟表现在哪些方面，这可能是一个仁者见仁，智者见智的问题，很难说谁的观点就是绝对正确的，谁的观点是绝对错的。在我看来，刑事政策不能超越罪刑法定。如果超越罪刑法定，刑事政策就会被滥用，就会导致法治被破坏。如此我就想到陈教授讲到的1984年“两高一部”对强奸罪的解答，以及1996年最高人民法院对诈骗罪的解释。这两个解释我认为都属于典型的刑事政策性解释，这个我是赞同陈教授观点的。但是结论是，我和陈教授、冯教授的观点可能有所不同。你们两位教授认为这种解释是合理的，但在我看来这种解释是错误的。先强奸了，后来因为和解了，就可以把强奸变为合法了吗？因为罪刑法定的那个事实已经发生，如果这样进行刑事政策的解释，就是践踏了罪刑法定。同样的道理，1996年关于诈骗罪的那个解释也存在问题。在诈骗之后，又用骗别人的钱把诈骗的钱还上了，这跟盗窃了再把赃物送回去有什么区别？在罪刑法定的前提下，这两个司法解释是没有解释力的。所以用这种司法解释进行刑事政策上的解释，这是对罪刑法定的根本破坏。我也注意到英美刑法上有一个很经典的案子，是涉及强奸罪的。A、B是两个成年的男女性，A男和B女在同意的前提下发生了性关系，但是在过程中，事情没有做完，B女突然反悔了，强烈反抗，A男强行把事情做完。B女马上向警察报警，后来这个案子被以强奸罪判定有罪。我想这应该是坚守了罪刑法定原则。这是第二个问题。

第三个想法，兴良教授的一片苦心我们非常赞佩，这就是储老师刚才讲的，兴良教授在推动中国刑法学的研究，试图用三个要件来取代四个要件，做出了艰苦卓绝的努力，取得了很大的成就。但有些观点我不完全苟同。比如，你认为它有社会危害，把它批得体无完肤，对于这一点我不能同意。再如，大陆法系的法益侵害说，讲的也是一个社会危害性问题。在英美刑法上的危害原则下，追究一个行为的刑事责任，这个行为必须具有危害性，这里面涉及的还是社会危害性。所以说，如果把社会危害性抽掉了，犯罪的本质究竟是一个什么东西呢？所以我觉得社会危害性这个概念的存在没有那么严重的问题。至于说这种价值判断会不会冤枉好人、破坏法治，这不是社会危害性本身的问题。

我也不想占大家太多的时间。谢谢大家！

林维 其他老师有没有问题？尤其是远道而来的周详老师。

周详 我和子滨一路上都在考虑这个问题。陈老师是不是转向了我不知道，但是当陈老师谈到了刑事政策与刑法教义学、李斯特的刑事政策和罗克辛的刑事政策是两回事的时候，我就知道，陈老师真的没有转向。我不知道梁老师、张老师为什么得出陈老师转向这样的结论，作为一个观察者，我认为他是没有转向的。这是我想讲的第一点。

第二点，关于什么是刑法教义学。这个问题很重要。刚刚储老师也说了，实际上很重要的一个问题就是三阶层和刑法教义学的关系问题。其实我觉得，在陈老师的观点中，刑法教义学和三阶层肯定是一个密不可分的关系，正是因为有了三阶层，才会有从客观判断到主观判断、从形式判断到实质判断等一系列规则、顺序，这才是教义学所体现出来的核心精神。恰好我们也不能把刑法教义学等同于教科书本身，因为我们从20世纪80年代开始就已经有了中国自己的教科书，但那个时候的教科书不能等同于德日刑法中的教义学，这是一个非常重要的问题——教科书不同于刑法教义学。梁老师好像表达过类似的观点：是否应该把教义学提到如此高的地位。我总感觉到，在陈老师的观点里，刑法教义学与三阶层的借鉴始终是密不可分的，没有三阶层介入的话，就不可能有陈老师这种刑法教义学的概念。这是我想讲的第二点。

第三点，为什么陈老师没有转向，还是和他一贯的思想是一致的？当讲到刑事政策和刑法教义学关系的时候，陈老师始终强调，刑事政策不能突破罪刑法定。所以大家会看到陈老师在这个命题上始终是坚持原来的观点的，所以李斯特的这个鸿沟还是存在。而且结合我们国家的现实，我也想到，这个鸿沟是存在的，但如何贯通？似乎可以这么说，陈老师不是说有转向，而且一直都是这么做的。比如他举的两个案子，恰好就体现出都是出罪的。刚刚谢老师也说，这破坏罪刑法定原则，其实不是这样的。陈老师的意思是，出罪的时候找点刑事政策的理由，是没有破坏罪刑法定的。当然我看到张老师有不一样的观点，他就举了一个有罪的，也就是弹珠的那个例子。他认为，这个案件完全可以定盗窃罪，而且把所有数额都算进去。但我认为，这个案子恰好应该是无罪的。既然在证据上无法确定数额，那就只能说是无罪的。比如，两个人在没有共谋的前提下同时向两个人开枪，打死了一个人，如果无法判断这颗子弹是谁打的，最后为什么只能定故意杀人罪未遂呢？其依据就是疑案从轻，或者从无。所以说，我觉得这始终没有和陈老师的观点相违背，不存在转向的问题。另外，在构成要件的实质化问题上，西原春夫曾经说过，构成要件的实质化的历史在某种意义上就是构成要件崩溃的历史。陈老师主张在一定意义上、在某些问题上可以进行实质化，但他还是强调，在对构成要件进行解释时要先形式再实质，也不是所有问题都可以塞在构成要件里，还要区分主观与客观等。甚至在某种意义上，如劳东燕教授所言，体系与刑事政策应该是一个原则与例外的关系，在某些地方可以松一下。这不违背罪刑法定。当然，如果把所有刑事政策都纳入到体系中，并作为最基本的原则性的东西，我总感觉到刑法体系就不是体系了。比如刑法的目的，就像大家刚才所说，随时可以改变，在解释时也可以任意变化，法条在解释者手中就变成海绵，怎么捏都是可以的，就容易出问题。以目的作为管道把所有的刑事政策的内容都纳入体系，看起来这个管道很狭窄，但不断进来的东西会对刑法体系造成破坏。

这是我个人的看法。谢谢！

陈兴良　我再简要地回应一下。

刚才谢望原老师提到，他在《中国法学》上发表过一篇文章，讨论的就是刑事政策对刑法理论的影响，这篇文章实际上和我们今天晚上讨论的题目也是相关的。谢望原老师主要研究刑事政策，所以他也想把刑事政策和刑法理论，他这里所讲的刑法理论，实际上就是刑法教义学，把二者结合起来。我觉得这个基本路径是非常有意义的。但谢望原老师刚才提到一个观点，周详也提到了，就是罪刑法定的含义是什么？我个人觉得，罪刑法定只是限制将法律没有明文规定的行为入罪，但并不限制将法律有规定的行为出罪。只有在这样一个前提下，刑事政策才有可能在罪刑法定原则所框定的范围内发挥实质合理性的作用。也就是说，刑事政策永远不能超出罪刑法定的限度，但在罪刑法定的限度内，刑事政策可以发挥积极的排除犯罪的作用，使最终认定为犯罪的那部分内容更具有实质上的合理性，所以刑事政策应当具有这样一个机能。我个人感觉，我们的司法实践中，存在两极化倾向：一方面，社会危害性的观念造成了对罪刑法定原则的一种冲击，使罪刑法定原则在司法实践中不能得到贯彻，有一些法律没有明文规定的行为，或者法律规定的边缘行为被入罪了；另一方面，存在着机械执法的倾向，我们的法律、司法解释将犯罪规定得非常具体、固定，使一些按照这样的法律和司法解释处理的案件，客观上得不到实质合理性的内容，因此不能得到很好的效果。在这种情况下，我觉得应当用刑事政策这个因素去化解。

我在这里可以讲一下我今天中午遇到的一个案件。我今天中午12点钟下课回我的办公室，在楼下被一个人截住了。他问："你是陈老师吗？我等了你3天了。"我问："你有什么事？"他说他有一个关于自己儿子的案件。他就给我看了这个案件，之后我很有感触。他儿子是一个大概二十二三岁的年轻人，在深圳。有一天晚上他上网购物，网站上包含点击积分。他发现那个网站有一个漏洞，无对价可以取得积分，而积分可以换钱。他一下子点了两万多分，转移了31万块钱到他的卡上，他控制了这笔钱。但他当天晚上九点多钟就给那个网站发了一条消息，表示忏悔。他说："我因为看到你们的漏洞，一冲动就点了两万多分，得到了31万元，我表示忏悔。我希望退给你们，解决这个问题。”这件事情他是有证据的，他发的电子邮件对方也有留存。第二天他到派出所报案想解决这个问题，但是遇到一个障碍。本来31万元可以直接退给受损失的公司，但中间环节要交10%的费用，相当于买了31万元的东西，网站要收10%，也就是3万多。这样就导致钱没有退回去。财产损失的那家公司是浙江湖州的，这个小孩就被湖州的公安给抓过去了，以盗窃31万元的数额起诉到法院。法院让他父亲到深圳派出所开具报案证明，表示有这个经过，但是深圳的派出所不愿意出证明，所以案件就僵住了。按照现在的法律规定，盗窃31万元是盗窃数额特别巨大，要判10年以上有期徒刑。而那天晚上因为这个漏洞，那家公司一共损失了400万元，他得到了其中的31万元。但他当夜就给人家写了忏悔信，使这个公司及时发现漏洞并堵塞了这个漏洞，避免了其他损失。而且案发以后他这个钱也很快退回了。那么他当天晚上写的那封信能不能视为自首，能不能据此而减轻处罚？现在法院不敢减轻处罚，有很多法律障碍——10万元以上，数额特别巨大，那就是10年以上有期徒刑，很难减到3年以上10年以下，就更不用说减到3年以下。像这样的案件，如此机械的执法，非得把这么一个年轻人关10年，对社会有什么好处？对他个人有什么好处？如何实现刑事政策？像这样的案件，我个人觉得，最多判一两年，而且缓刑，让他把钱退了，就可以结案了。而且损失单位也给他出具了一个和解证明，说希望轻判他，但现在法院找不到轻判的根据，因此就违心地作出一个所谓的“依照法律规定作出的判决”，那很可能就判处10年。由于他一时的冲动就判10年，这样的法律太不合理。

对于这个案件我特别有感触。罪刑法定只是要限制那个最高的额度，不能超过最高的幅度，但是往下判的轻一点，罪刑法定不应该禁止，而且根据案件特殊情况，法官完全可以进行自由裁量，使案件符合实质的合理性。所以从这个案件我感觉到，现在这种机械执法的现象非常严重。这种现象和罪刑法定实际上是没有关系的，而恰恰表明，我们的刑事政策应当进入到执法的过程中来，使被告人能够获得从宽甚至出罪的理由，使判决结论更加符合社会一般的公正观念。

这是我想表达的观点。谢谢！

林维 谢谢陈老师！今天我作为主持人出现在这里，其实我还真不愿意，我想表达自己的观点，但是没有时间了。陈老师的演讲稿里有一句话：我国的刑事政策研究已经形成了独立的学科。我特别不能同意这个观点。（陈兴良："你问李卫红教授是否是独立学科。"）但我们有专门研究刑事政策的老师，请中国青年政治学院法律系的李卫红教授谈谈她的看法。

李卫红 我很荣幸今天能够享受这样的学术盛宴，而且是在我们学院。在这里，我对陈老师所作的研究谈一些体会，然后问一个问题，谈一谈个人的观点。

从整个刑事法学的发展看，无论从费尔巴哈到李斯特再到罗克辛，犯罪论与刑罚论一直处在徘徊当中，从客观到主观、从形式到实质、从存在到规范。罗克辛将刑事政策引入刑法教义学中，他实际上借助的不过是目的理性。那我想请教陈老师，德国刑事政策的内容是什么？德国刑事政策的内容与中国刑事政策的内容有什么不一样的地方？刑事政策制定的主体是谁？从这些问题可以引申出来，如果没有刑事政策，在罪刑法定的范畴内，是不是可以解决理论和实践当中所出现的一些问题，比如您刚才所提到的一些案例。而张明楷教授虽然不主张刑事政策，但他在教科书里提到，某些问题是根据刑事政策的理由解决的，比如你刚才谈到的中止的问题。刑事政策在我们的教科书中引用，但您自己却说不知道它是什么意思？我当时也想请教您这个问题。但我想先请教陈老师这些问题，可能会比较低级。至于刑事政策学，我个人认为，它已经往前走了。李斯特更多的是从预防的角度解决犯罪问题，也就是更倾向于犯罪学。到了罗克辛这里，他将目的理性引进来，他所讨论的刑事政策的内容是什么呢？像谢望原老师所提到的，某一个学者是不是一个国家的代表？刑事政策的内容、制定的主体、法律的位阶，跟我们中国的背景是否相一致？比如“严打”的刑事政策，“宽严相济”的刑事政策，包括以前的“惩办与宽大相结合”的刑事政策，如果没有这些刑事政策，我们能不能解决理论与实践的问题？

谢谢大家！

陈兴良 好，我回答李卫红教授的问题。

李斯特曾经说过这样的话：“刑事政策是犯罪学和刑法教义学之间的桥梁。”所以在李斯特看来，犯罪学、刑事政策学和刑法教义学是不同的学科，但又具有很强的关联性，由此构成一个整体的“整体刑法学”。事实上，李斯特所讲的刑事政策和罗克辛所讲的刑事政策，我在前面的报告中已经讲了，完全是两码事。李斯特所讲的刑事政策是一个本体论意义上的刑事政策、具体的政策，比如矫正政策，甚至广义上的刑事政策还包括一些社会政策。只要是有利于抗制犯罪、有利于对被告人进行矫正的，都属于刑事政策的范围。所以他这种刑事政策，是一种实体性的刑事政策。而这样一种实体性的刑事政策，它是处于刑法教义学之外的可以独立研究的一门学科。但罗克辛所讲的这种刑事政策，实际上是一种观念上的方法论意义上的刑事政策。他的刑事政策就像我所讲的，在构成要件中指的是实质，在违法性里指的是价值，在罪责论里指的是目的，所以罗克辛的刑事政策就成了一个“筐”，里面包含了很多内容。但这些内容能不能都包含进去？这一点劳东燕教授刚才提到了，有些可能能包含，有些可能不能包含。所以他们两者讲的刑事政策完全不是一回事，这一点要区别。前两天碰到梁根林教授，梁根林教授跟我说过这样一句话，我印象特别深刻。梁根林教授说：“我过去研究刑事政策，现在我在刑法教义学里面研究刑事政策。我研究刑事政策的过程就是放弃刑事政策的过程。”话没说错吧？但我想，梁根林教授所讲的放弃的那个刑事政策，应该是李斯特的刑事政策；但是他放弃李斯特的刑事政策，实际上是拿起了罗克辛的刑事政策。实际上没有放弃，只是放在一边了，那个东西还在那里。因此把刑事政策引到刑法教义学里来，和专门研究刑事政策的那些人所研究的刑事政策，并不互相排斥，而是互相关联的。这是我的一个感想，也是想和梁根林教授交流的。所以梁根林教授已经不研究你们的那个刑事政策了，他研究罗克辛的这个刑事政策了，所以他是一个学术转向——从具体的刑事政策的研究转到刑法教义学中来了。这是我的理解。（梁根林："我确实转向了，你也转向了，你要客观地承认。"）另外，劳东燕教授也转得很好。劳东燕教授过去比较注重宏大的叙事，研究的内容比较抽象，但后来慢慢地把抽象的东西、政治哲学的东西聚集到刑事政策的概念上来，然后再从刑事政策进入规范刑法学，也就是教义刑法学中，慢慢使两者结合起来了。所以我觉得劳东燕教授的这个路径走得是非常正确的，而且这几年所发表的成果，我觉得还是很有学术价值的，她的成果是一个宏观的把握，与一些更具体的问题结合起来。这是我的一个感想。

你刚才提到一个很重要的问题，就是我们将刑事政策引入刑法中来，那么"严打"的刑事政策、"宽严相济"的刑事政策，是不是要引入我们的刑法中来。德国的刑事政策是什么样的刑事政策？当然德国的刑事政策可能还得问冯军，因为我迄今为止还没有看过一本专门研究德国刑事政策的书，我看过日本的，看过法国的，甚至其他国家的，都有专门的研究刑事政策的书，但德国的我一本没看过。根据我的理解，他们国家不像我们，我们国家的"严打"刑事政策、"宽严相济"的刑事政策是一种国家本位的刑事政策，是一定的执政党、政府制定的刑事政策，带有很强的行政化的官方色彩，它指导一段时间的刑事立法、刑事司法。我最近也在写一篇论文，就是关于刑法的刑事政策化，或者刑事政策的刑法化。我们现在的刑法受刑事政策的影响太大了，刑事政策的刑法化应该有一个边界，刑法要有自身的稳定性，不能将一定时间内的刑事政策灌输到刑法里面来。刑法一会儿严打化、一会儿又宽严相济化，这样一个刑事政策的巨大的变动，会使刑法处于一种不安定之中，刑法的安定性、稳定性得不到保证。"严打"的刑事政策和"宽严相济"的刑事政策是互相冲突的，同一部刑法，按照严打的刑事政策变成了这个模样，然后现在又要变成宽严相济的刑事政策的模样。它并不是从一个新的刑法里面按照宽严相济来做，而是从一个体现“严打”的刑事政策的刑法，再给它改回来。那么，这样一种刑事政策的巨大变动在刑法里面留下了深刻的痕迹，影响到刑法内在的和谐和内在的合理性。所以我觉得这一点是要注意的。但我想在国外，像李斯特所讲的刑事政策，可能更多是一种学理研究上的刑事政策，比如注重于一般预防还是注重个别预防，都是一种理论上的刑事政策，像罗克辛可能也是。所以梁根林教授讲过一句话：罗克辛认为罪刑法定和刑事政策在某种程度上就是一回事，罪刑法定是刑事政策的基础。罪刑法定的目的是什么？是保障人权，是要建设法治国。这是一个根本的追求目标。而刑事政策也是要为这个目标服务的。这个意义上的刑事政策就是刚才张明楷教授所说的实质合理性，就是怎么使刑法具有合理性。这和我们所理解的某一个党、某一个机关所制定的具体的刑事政策，完全是两回事。

另外，我们刑法学体系和国外是不一样的。我们刑法学体系包括犯罪论和刑罚论，其中刑罚论占有很大篇幅。但国外的刑法学主要是总论，即犯罪论。犯罪论体系在日本的教科书中可以写五六百页，但是刑罚论写十几页就完了；德国实际上也如此，像罗克辛的刑法学教科书，它是没有刑罚论的。他们的刑罚论内容，事实上就是刑事政策学的内容，刑罚论是由刑事政策论来讲的，他们的刑事政策论就是刑罚论。所以德日刑法理论认为，刑法学研究就是犯罪论，这一点和我们是有很大差别的。

我就做这么一个简要的回答，谢谢！

林维 有请最后一位老师——樊文老师。请稍微掌握一下时间，把更多的时间留一点给同学们提问。

樊文 我就简要说一点。

陈老师这个报告的学术意义在什么地方呢？学术研究不能切面地

看，而要从学术史的角度看。从李斯特一直到罗克辛，这些伟大人物你不可以绕过去其中的任何一个。刑法学发展是一个问题史，这个过程是由一系列的问题不断解决、不断产生组成的，直到今天刑法学才发展到现在的这种程度。从这个角度看，这个报告的意义就特别大。作为刑法学者，我们不能仅仅停留在现状中，我们要从发展史的角度看问题。此外，陈老师讲的李斯特的鸿沟，也不是李斯特自己提出来的，而是许乃曼教授给的一个形象的说法。他这个观念是哪来的呢？李斯特文集第二卷第 80 页，有他在第四届国际刑法学会大会的工作报告中的一篇文章。这篇文章题目是什么呢？就是《社会学的和人类学的研究对刑法学基本概念的影响》。李斯特在第 80 页提出了一个著名的命题，陈老师已经讲过了，“刑法是刑事政策一个不可逾越的藩篱”或者说是一个范围。他是这样讲的：“我的观点是这样的，看起来有可能是悖论，刑法是犯罪人的大宪章，意思就是行为人只能在法定的前提条件，就是我们所说的法定的构成要件下，或者是在法定的界限范围内来处罚才是合理的。这样的话，就会有两个公式、两个著名的原则——一个是没有刑法就没有犯罪，一个是没有刑法就没有刑罚。这样的话，刑法就是公民对抗国家刑罚权的堡垒、是公民对抗多数人权力的堡垒、是对抗利维坦的堡垒、是对抗国家怪兽的堡垒。因为，我原来就说过，刑法是国家刑罚权在法意义上的限制法，把法限制住，刑法是这个意思。因此，我现在也可以说，刑法是刑事政策不可逾越的藩篱。”他的这么一段话，意义在什么地方呢？对今天的法治国来说，一方面，刑事政策解决什么是犯罪的问题；另一方面，采取什么样的最有效的办法实现对犯罪的法律遏制，这可能是刑事政策要解决的核心问题。但刑事政策不能脱离宪法，宪法是它的界限。任何刑事政策的制定不能超越宪法，这是法治国对刑事政策最大的约束。因此在刑法教义学上，不会考虑刑事政策会逾越法治国，因为有宪法限制。

对谢望原老师说的那个社会危害性问题，我可能会给他提一个不同的意见。如果犯罪的定义是确定在社会危害性意义上，被害人同意就没有它的体系性地位。为什么呢？我们知道，被害人同意是对他的法益的放弃，法益的放弃有三个层次：第一个是专属于自身的核心的法益，然后是集体法益。被害人同意放弃专属的那一部分法益，根据社会危害性，这个同意就是无效的。因为放弃的法益是社会的。因此在四要件的范围内，致命的一点是很多问题没有体系性地位。

我就说这么多，不对的地方大家批评。谢谢大家！

林维 今天时间比较晚了，留几个问题给同学，看同学有什么需要问的。

提问者一 陈教授，您好！刚才我听了您说的两个问题，就是各位教授都在争论的关于刑法教义学和刑事政策的关系问题。大家用了一个形象的比喻，就是肉体和灵魂的分离。您强调，把它们两个彻底分离之后再融合。我请问，假如它们已经融合，我们可不可以不打破这种融合的现状，只是推动它们进一步融合，在塑型阶段进行整改。这个建议合理吗？第二个问题就是，刚才陈老师讲到，刑事政策可以渐进性地纳入罪刑法定、刑法教义学，前提是坚守罪刑法定原则。我请问一下，刚才陈老师在回答李卫红老师观点的时候用了一个观点解释，就是八个字："不增入罪，可减出罪。"您有没有想过，在中国这种现状下，如果把可减出罪纳入罪刑法定合理解释范围内，会不会让特权常态化。也就是说，罪既然是既定的，刑罚是不是也应该既定。

陈兴良 我理解了，你提了两个很好的问题，那我很简要的回答。

关于第一个问题呢，我只能回答你一句话：任何比喻都是蹩脚的。你不能当真，你只能领会它的意思。第二个问题，就是说呢，如果罪刑法定不限制出罪，会不会导致特权思想横行，有特权的人可以不受到惩罚。你这个担心是有道理的，但这个问题不是罪刑法定所能解决的，可能需要其他的制度加以保障。

谢谢！

提问者二 陈老师，您好，您在报告中谈到，李斯特形容侮辱罪时，您说，声音的振动引起的他感官的刺激。我本身对科学比较爱好，我在想是不是将来有一种方式能够将一些主观方面通过客观来描述？

陈兴良 好，你这个问题实际上涉及一个主客观关系问题。主观和客观不一样，客观可以用物理性的东西来描述，但主观是人的心理活动，有时候不好把握。在这种情况下，主观要件的客观化通常用推定的方法解决，这样的方法目前也逐渐被司法实践采纳。至于你讲的问题，还涉及事实和价值的问题。价值的判断取决于个人的一种主观选择，因此价值本身、价值判断本身很难用物理的东西加以描述，因为它是一种精神性的东西。那个东西可能要独特地掌握，就像冯军教授刚才打的那个比喻，两个人嘴唇碰嘴唇，这在物理上是可以描述的，但到底是爱呢，还是其他的东西呢，就没法在物理上描述了，还是要去理解它。精神化的层面没办法物理化。

谢谢！

林维 谢谢大家！现在已经10点多了。今天是一个高强度的学术碰撞。感谢陈兴良教授所作的报告，感谢三位主评人，特别感谢储老师，还要特别感谢其他各位老师，感谢各位同学，尤其是站着的和蹲着的，辛苦了！希望下一次“当代刑法思潮论坛”轮回到我们这里的时候，我们能够提供一个更好的环境。

谢谢大家！

2011年10月31日

第四讲

当代刑法理论中的实质化思潮

主讲人：劳东燕

主持人：刘明祥

评论人：陈兴良、王世洲、梁根林、曲新久、冯军、周光权、时延安、车浩、付立庆、刘树德

刘明祥　老师们、同学们，大家晚上好。今天论坛的演讲人是清华大学的劳东燕博士。劳博士是陈兴良老师的高足，也是我们刑法学界的后起之秀。近四五年来，她都有大作在《中国社会科学》《法学研究》《中国法学》三大权威法学刊物发表，同时，她也发表了多部有学术品位的学术专著。

下面，我们有请劳东燕老师为我们作本次论坛的主题演讲，大家欢迎。

劳东燕　今天，我的主题从当代刑法中的实质化思潮讲起，从刑法的实质化思潮本身去谈刑法的刑事政策化问题。大家初次接触这个主题时，会觉得这是两个不同的问题，下面我会向大家诠释我是如何构建二者关系的。我的理论假设是刑法理论中总体存在一种实质化的思潮，而这样一种实质化思潮在我的演讲中是作为一种现象性事实存在的，因此我的报告并不涉及实质化思潮本身的利弊取舍问题，而仅仅是对实质化现象本身进行一种解读。

20 世纪以来的刑法理论的实质化与刑法的刑事政策化之间的关联，是目的理性的刑法学体系发展的结果，也就是说，是从本体主义向功能主义转化的产物。这里会涉及许多抽象的概念，所谓的目的理性实际上是指刑法理论的构建受刑事政策理念的调整。从本体主义向功能主义转向，实际上是将本体主义下的“犯罪的本质是什么”“刑法的本质是什么”的本体性追问向将刑法整体当做社会控制的工具，进而围绕社会控制的目的构建犯罪论体系并运用刑法理论的功能性思考的路径转变。在这种意义上，刑法的刑事政策化就是我所谓的刑法的被工具化，刑法也就意味着成为一种功能性工具。

今天我所要讲的内容分五个部分：第一部分是向大家揭示刑法刑事政策化的种种表现；第二部分是解释刑事政策与刑法体系的关系；第三部分是刑法的刑事政策化与机能主义刑法观的关系；第四部分讲刑法刑事政策化所内含的危险；第五部分则是如何制约刑法刑事政策化的危险。在第一部分的末尾部分，我会交代刑法实质化与刑法刑事政策化的关联性。20 世纪以来，刑法教义学理论总体偏向于实质化。

第一部分的内容，我分三个层面来说：

刑法教义学实质化的第一个层面，表现在犯罪论体系。我们知道，不法与罪责构成犯罪论体系的两大支柱，是一个多世纪以来德国刑法学所取得的最大成就之一。早先，不法和罪责实际上是作为与客观和主观相对应的要件而存在的一对概念。因为在李斯特—贝林时代，虽然已存在不法与罪责的区分，但不法大体等同于客观要件，责任大体等同于主观要件。尽管不法与罪责这两大范畴依然存在，但在 20 世纪中后期的刑法理论发展中，这两大范畴在内涵上发生了重大转变，即不法开始包涵故意、过失等主观要件，罪责则更强调是一种规范性的责任论。从德国主流理论看，无论是目的主义犯罪论体系，还是罗克辛的目的理性的犯罪论体系，不法与罪责本身都无法和客观与主观相对应。从这样一个转变大家可以看出，构成要件的日趋实质化，使构成要件在整个犯罪论体系中呈现出一家独大的局面，而这显然与构成要件的客观归责有关。尽管日本刑法理论表面上并不赞成客观归责理论，但是可以看到构成要件的归责在日本犯罪论体系中变得原来越重要。因为日本学者发现因果关系对归责不那么重要时，他们就开始引入实质性的实行行为概念。因此，在经过客观归责的检讨之后，构成要件原则上成立不法，也成立罪责，在整个犯罪论体系中，构成要件趋于实质化，而且变得一家独大。这是犯罪论体系实质化的第一个方面。

犯罪论体系实质化的第二个方面表现在，三阶层的区分趋于模糊化。初时的构成要件、违法性与有责性的区分是比较清楚的。但当对构成要件趋于实质化理解后，即要在违法性本质、犯罪本质的层面对构成要件，尤其是客观归责所带来的规范保护目的，或者说风险升高理论等展开理解，都代表了一种要实质化去理解构成要件的趋势，从而使得违法性层面与构成要件层面合二为一。晚近以来，在雅各布斯所提倡的规范违反说里，不法与罪责都不作区分，也就是说违反规范既是不法的标准，也是确立罪责的标准，即违反规范，意味着不法与罪责要件的齐备。需要注意的是，雅各布斯的规范有它的特殊性，它的规范总体上是在归责意义上界定的，即某种结果相应地应当归属于某人，某人就违反了规范，因而其也具有了不法性和有责性。因此，在雅各布斯那里，不法与罪责都是从归责那里来的。正如许多学者所批判的那样，犯罪论体系在他那里与其说是二阶层，不如说是只有归责一个阶层，犯罪的认定就是由归责决定的。这就是我想说明的第二个方面，传统的三阶层的划分变得日趋模糊。

犯罪论体系实质化的第三个方面是，犯罪论体系中的某些要素的体系性位置的变动。比如，社会相当性理论、可罚的违法性理论原来都是放在违法性阶层中予以讨论，但现在这些要素都被提前到构成要件层面，也就是说，在构成要件层面判断时，我们就要去判断行为的社会相当性、有无可罚的违法性。这大体就是我要讲的犯罪论体系的三个方面的变化。

刑法教义学实质化的第二个层面，表现在具体教义学理论的演化。很典型的例子是共同犯罪理论中的正犯判断标准：正犯逐渐从传统的实行犯向罗克辛所言的“核心角色”转向，所谓的“核心角色”包括是否行为支配，是否意志支配，还有所谓功能性支配。在这一理论中，用“支配”的概念判断共同犯罪人中的正犯，实质上体现的就是实质化的要求。现在理论中出现的共谋共同正犯也是这一体现，所谓的共谋行为与构成要件行为相距还很远。为什么说共谋就成立共犯呢？这实际上就是使用了实质性标准。除去共同犯罪的例子，另一个例子就是不作为犯罪中作为义务的实质化。晚近以来，大家在不作为的讨论中逐渐从形式化的四个作为义务来源说中摆脱出来，而更强调实质性的作为义务来源。像客观归责理论，该理论本身就意味着对构成要件的理解日趋实质化；还有，像实行行为概念的实质化，原来我们在谈实行行为时，往往从行为是否符合构成要件的角度界定，但现在说实行行为，就是实行了对法益具有现实危险的行为，即从危险的角度界定实行行为，其实就是实质化的理解，因为危险的有无，主要取决于主体的评价。

刑法教义学实质化的第三个层面，表现在构成要件解释的实质化。近年来，我国刑法学界正在经历着由陈兴良教授与张明楷教授所主导的“形式解释论”与“实质解释论”的争论，并形成了两大阵营，这是一场非常有影响力的争论。在此，我想说的是，刑法理论的实质化不仅仅在于构成要件的实质化，而且也体现在刑法解释的实质化。在构成要件中，提倡所谓的形式解释论有它的必要性，这个我将在后面提及，但从总体上看，构成要件的解释日趋实质化。所谓的实质化，其实就是犯罪本质，即以犯罪本质为指导进行构成要件的解释。这种犯罪本质通常被理解为法益侵害。但大家知道，犯罪的本质是法益侵害还是规范违反，是存在争议的。因此，犯罪的本质更多被理解为应受惩罚性，无论是法益侵害还是规范违反，都以此作为构成要件的解释基础。

在这里，我列举刑法教义学实质化的三个层面，是要表明刑法教义学的实质化倾向。我的基本结论是，刑法教义学的实质化根源于刑法的刑事政策化。也就是说，实质化之所以会发生，实际上取决于刑法理论体系在合目的性或者说在刑事政策目标的指导下，刑事政策目标就是控制犯罪，在这样的目标指导下，反过来影响对犯罪论体系的构建或者对构成要件的解释。

我觉得，实质化的发展在迎合20世纪以来法律整体扩张，为国家权力深入介入刑法领域提供了教义学上的理论支持。也就是说，形式性的刑法理论无法为国家刑罚权的扩张提供依据，而实质性的刑法理论则是对于国家权力扩张的一种自我调适。其实，刑法的实质化源于宾丁的理论，他是规范理论的提倡者。此后，由于纳粹刑法与实质理论的亲密性，学者多对实质理论抱有疑问，认为实质理论是纳粹刑法的独特特征。其实，这完全可能是一种偶然结合的现象，因为法律的扩张或者说刑法的扩张，20 世纪以来就开始存在，只不过是在纳粹刑法之中走向了极端。接下来，纳粹刑法的终结，也并没有结束实质化的趋势，正如上述我所举的教义学实质化的三个层面所表现的那样。

第二部分，我打算梳理一下刑事政策与刑法体系的关系。

大体上我觉得，多数人在理解刑事政策概念时基本上都是从近代意义的角度着手的。贝卡里亚与边沁时期实际上已经有了刑事政策的思想，但在我看来，那时的刑事政策与其说是刑事政策，不如说是刑事政策思想。在近代国家产生以前，很难想象有现代意义上的刑事政策的存在。因为刑事政策是国家政治意志和诉求在刑事领域的体现，而且刑事政策又被作为国家谋求特定的政治秩序的策略性手段来运用，所以现代国家的产生是现代刑事政策产生的前提。在这里我们说的刑事政策是与国家秩序联系在一起的。现代国家产生之前，尽管会有刑法的运用，但往往是不理性的，通常与领主、君主的意志相关，而不是与国家的政治秩序联系在一起。

近代刑事政策的产生要满足三个条件：第一，刑法目的的转变，如果刑法目的依然是报应性的，就不可能出现刑事政策。因为刑事政策本身是一种手段目的，是一种理性算计的产物。这与费尔巴哈强调威慑犯罪、预防犯罪是有关系的。因此，只有将刑事政策作为对付犯罪的策略与手段，刑事政策才有可能产生。第二，犯罪学的产生。犯罪学的出现，契合了刑事政策的目的，即控制和预防犯罪，在某种程度上，可以将二者的关系视为诊断和治疗的关系。很显然，没有诊断就没有治疗。当然，我不是指犯罪学一定要追溯到 19 世纪后半期，在贝卡里亚或者边沁时期，已经提到了很多预防犯罪的思想和策略，近代犯罪学可以追溯到贝卡里亚时期，这在犯罪学上也是有理论支持的。第三，近代刑事政策的产生，与政治与法律在形式上的分立有关。大家可以看到，在贝卡里亚那里，罪刑法定的法虽然已经开始指实证法了，但是要知道贝卡里亚论证时并不存在一部实证法。而且，可以看到，他所说的危害性概念其实还是一个法外的概念，是一个有着政治含义的概念。政治与法律在形式上的分立，应该始于费尔巴哈，在他那里，罪刑法定的法就是实证法，而不是自然法了。早期的贝卡里亚、霍布斯所言的法律，都还是有自然法意味在里面。因此，只有当刑法形成了一个封闭体系的时候，才需要有一个外在的价值去指导刑法体系的构建。费尔巴哈在19世纪提出刑事政策这一概念绝不是偶然的，因为在他那里，实证法与政治的分立完成了。

形成刑事政策之后，就出现了到底如何协调刑法体系与刑事政策的关系问题。在费尔巴哈时期，刑事政策主要应被理解为立法层面的政策，是在立法层面关于刑罚配置使用的政策。在这里，我们可能过多地强调了罪刑法定的重要性，而没有看到罪刑相适应、罪刑均衡在贝卡里亚或费尔巴哈那里的重要性，即通过刑罚的分配来实现对犯罪的控制目的。在费尔巴哈那里，所有的行为人都是一样的面目，关注的只是他的行为，因此，这样的刑法又被称为行为刑法，立法者通过将相应的行为等量地配置上相应的刑罚，从而达到最佳预防犯罪的效果。接下来，在李斯特时期，刑事政策既是一种立法政策，又是一种执行政策，它不再仅仅影响立法，还影响刑罚的执行。在李斯特时期，刑法与刑事政策的联系依然是刑罚，即刑事政策通过刑罚的运用实现控制犯罪的目的。上述两个时期最大的区别就在于，费尔巴哈时期，看重的是行为本身，因而给行为配置相应的刑罚就能达到预防的效果；但在李斯特看来，犯罪的发生不是理性算计的结果，往往会有生理、心理或社会等各方面的原因，所以强调在执行阶段引入刑事政策。

近代将刑法体系与刑事政策相分离的做法，始于李斯特。因为他将依据经验科学如何防止犯罪行为，以及如何对待犯罪人这种合目的性支配的东西规定为刑事政策，并将这一刑事政策与规定犯罪成立要件、体系化、概念化的刑法学完全对立起来。也就是说，在李斯特看来，刑事政策是用来对付和预防犯罪的，而刑法是用来保障犯罪人的。他说过一句名言："刑法是犯罪人的大宪章。"从李斯特开始，刑法与刑事政策之间就具有了一种紧张关系，这根源于李斯特对刑法与刑事政策不同的任务界定，而这对后世研究刑事政策与刑法产生了重大影响。到现在为止，我们对刑事政策和刑法的研究都是两条线的，鲜有将二者结合起来研究的先例，即使有结合研究的例子，也往往停留在"刑事政策对刑法具有指导作用"或"具有批判作用"的抽象层面，并没有反过来影响犯罪论体系的构建。在我看来，这样一种观点有其合理的一面，即依然是站在李斯特的理解思路上，但这可能是片面的。李斯特与先前的费尔巴哈，在对刑事政策的理解上并没有很大的差异，总体而言，他们都偏向于所谓的立法政策，都重视刑事政策与刑法体系间的连接纽带——刑罚，即通过策略性地运用刑罚手段来达到预防犯罪的目的。在这里，作为刑法教义学核心部分的犯罪论体系，从来就是和刑事政策不相关的，因此，李斯特与费尔巴哈之间的共性要多于特性。

接下来，战后对德国理论影响较大的是威尔泽尔的目的理论。在我看来，它将刑事政策和刑法体系之间的联系更加决绝地切断了。因为目的主义本身强调行为是受目的指引的，这种行为概念本质上也是本体主义的，这也就是威尔泽尔为什么一直强调所谓的物本逻辑的原因，因为他发现了目的指引下的行为。所谓的物本逻辑，在我看来，就表明他所建立起来的犯罪论体系依然是一种本体主义的体系，因而进一步将刑事政策排除在刑法体系之外。因此，威尔泽尔强调要发展建立在物本逻辑之上的刑法体系，于是刑事政策退居次要的位置。用许乃曼的话来说，威尔泽尔更加严格地划定了刑法体系与刑事政策的界限，而将刑事政策始终排斥在刑法体系之外。

真正将刑法体系与刑事政策结合起来的，就是罗克辛教授，他在1970年出版的《刑事政策与刑法体系》一书则是其主要标志。之所以与以往将二者结合的研究有所不同，就在于刑事政策不仅仅通过刑罚与刑法体系进行勾连，而且还被引入刑法体系的核心领域——犯罪论体系之中，反过来影响犯罪论体系的构建。在这本书中，罗克辛通过刑事政策的视角，对包括构成要件、违法性和罪责层面的犯罪论体系作了全面而体系性的解释，至此，教义学理论的构建与刑法的解释都开始以刑事政策为指导目标，根据刑事政策目标的不同而作出相应的调整，这就反映了刑事政策对犯罪论体系的构建和对构成要件的解释的反作用力。这与李斯特以及威尔泽尔的理解都是不同的，最大的不同之处在于，早先的观点大体上都是以刑罚作为刑法体系与刑事政策的共同纽带，而现在刑事政策开始影响犯罪论，犯罪论才是整个刑法的核心领域。这是我报告的第二部分。

第三部分，我想讲一下刑法的刑事政策化与机能主义的刑法观。

通常理解的刑法的刑事政策化，一方面，是在立法论层面讨论的，即将多大范围内的行为和何种性质的行为纳入刑法的调整范围，也就是犯罪圈的划定、构成要件的设置以及刑罚的配置，都受刑事政策目标设定的影响；另一方面，在解释论层面，刑法的刑事政策化则意味着将刑事政策作为刑法解释的指导工具，通过为后者提供价值判断上的指引，使解释结论最终符合刑事政策的价值取向。曲新久教授曾将 19 世纪后半期受刑事实证学派理论影响的阶段称为“刑法的刑事政策化”。其实，在我看来，当时的刑事政策对刑法的影响主要还是围绕刑罚或者其他处遇措施的运用而展开，并未真正影响以犯罪论为中心的刑法教义学的构建。因而，称为惩罚或处遇的刑事政策化或许更为合适。因此，这里所说的刑法的刑事政策化，并不是曲教授所提出的那种意义上的刑事政策化。

刑法的刑事政策化意味着刑法的被工具化。当代社会中刑法的刑事政策化现象的出现，与法律的现实主义运动之间存在着紧密的关联。所谓现实主义运动是指将法律作为实现目的的手段。将现实主义运动投射到刑法领域，其实意味着机能主义刑法观的兴起。刑法的机能和目的，决定应当把多大范围内的行为和何种性质的行为纳入刑法调整范围，这实际上是刑事政策的问题，而不单纯是解释的问题。因此，机能主义刑法观的形成，标志着刑法在向和刑事政策的结合方向跨出了第一步。机能主义的刑法观根源于李斯特的目的刑思想，即通过刑罚的运用达到刑罚的目的。在这里，刑法目的开始与刑罚目的相分离。在20世纪50年代以前，我们很少听到所谓的刑法目的，而只有刑罚的目的，而刑罚的正当性的根据都是指报应与预防。刑法的刑事政策化，使刑法本身的机能被重视起来。在我看来，机能主义刑法观对教义学理论有重大影响，这种重大影响主要体现在责任论上。我以下以罪责理论为例，说明机能主义刑法观是如何对教义学理论构建起作用的。

自古典时代以来，罪责理论经历了重大的发展与变化。而相比古典时期最大的变化是，放弃结果责任论，而奉行心理责任论。此后，从心理责任论发展为规范责任论，如今又出现了功能责任论。冯军教授认为，从结果责任论、心理责任论、规范责任论到功能责任论的发展是人类文明的体现。在某种程度上我并不认同这样的观点。如果只是单纯地进行学说演变与发展的梳理，的确是有这样的现象，但我并不觉得这与人类文明进步是联系在一起的。也就是说，功能责任论并不代表责任论的最高境界，关键是从什么角度来说，因为功能责任论本质上说就是一种社会责任论，而罪责最终是要保障个体自由权利的，功能责任论则正好瓦解了这一功能。功能责任论的所谓责任，就是从预防必要性角度考察罪责的有无：如果有预防必要性就有罪责，如果没有预防必要性就没有罪责。在这里可以看到，个人实际上更容易被入罪。也就是说，本来起消极功能、防止入罪的罪责，被无形地瓦解了。它不仅不利于被告人，而且反过来具有了积极的入罪功能。所以，从个体自由权利的保障来说，很难认为功能责任论代表人类很高的文明状态，只能说功能责任论是呼应现代社会的过多风险以及国家权力的扩张而出现的。功能责任论的出现有其必然背景，有一定的必然性，但从应然性考虑，就不能说其代表了更高的文明。

第四部分，我要讲的就是刑法过度刑事政策化的危险。

刑法的刑事政策化，一方面表明对刑法作为控制工具的使用趋于理性化，即有其手段算计的合理性一面；但另一方面也暗示着，有关犯罪化的问题越来越受犯罪定义主体主观意志的影响。犯罪定义主体可能听起来有点抽象，比如说，我们在对犯罪作定义的时候，说客观上有危害性的行为，但危害的概念其实是很有弹性的。如果自然犯时代的危害标准相对还比较客观的话，在法定犯主导下的今天，危害的认定越来越取决于立法者或者解释者主观上的认识，而这就是所谓的犯罪定义主体。例如，非法经营罪处罚的不经允许经营电信业务，如果不是国家刑法的规定，其本身就是一种商业竞争行为。在这里，行为是否具有危害，不再取决于客观的社会伦理本身，而取决于立法者或者国家本身。因此，当刑法的刑事政策化趋于过度时，犯罪危害的判断就越来越集中在定义主体那里，进而导致所谓的危害判断变得任意，因为这缺乏一定的外在标准，即主体认为有危害就具有危害。

从这里可以看出，刑法在任何时候都没有办法切断与政治之间的联系，具体的刑法案件也不能忽视当地当时的政治诉求。刑法日益刑事政策化的倾向，代表着刑法日益政治化的现实。刑法体系的发展在一定程度上呼应政治需求，本身无可厚非；但政治力量如果在刑法体系中长驱直入，也会带来一定的危险，刑法教义学因而完全可能成为政治的附庸而丧失独立品格。对于中国刑法学而言，便极有可能形成前院驱虎后院进狼的局面：刚刚才处理完刑法知识的去苏俄化问题，又不得不直面刑法的刑事政策化所带来的危险。无论是苏俄化的刑法知识，还是政策化的教义学体系，本质上涉及的都是过度政治化而致使国家刑罚权无法受到有效约束的问题。

因此，可以看出，我所反对的不是刑法的刑事政策化本身，而是过度的刑事政策化，尤其是刑法的日益被工具化。真正需要警惕的是，在刑法教义学中，以合乎刑事政策的目标设定为名，通过促进实质思考方式而全方位地突破自由主义的制约。在我看来，过度实质化的发展，实际上就是要摆脱古典主义刑法所设置的种种约束，只不过这样一种违反或突破是非常隐蔽的，也就是表面上包括归责在内的要素并没有太多改变，但仔细考察，其内涵已经大大改变。这种重大变化就是刑法的刑事政策化引起的，这里蕴含的是通过实质化的思考方式全方位地突破自由主义的制约。

尤其需要注意的是，当代刑事政策的非理性发展，在德日稍微好一些，在英美等国表现得则相当明显，刑法的工具化特别严重。其中，重刑主义是比较明显的一个特征。而这种重刑主义，恰恰就是非理性的，往往是政治家在民众的呼吁下，为了整体安全感，选择将一些行为入罪化或者加重对该行为的处罚。大家应当了解，很多犯罪的出现有其复杂的社会原因，加重刑罚处罚实际上是政治人物在对这一问题进行简单的处理。重刑主义是没有对症下药的非理性选择，当然无法解决犯罪问题，并可能导致政治人物使用更加严厉的刑罚，这就是20世纪后半期以来刑事政策出现恶性循环的原因。晚近以来，刑事政策的非理性发展，也使得刑法的刑事政策化特别危险。大家可以试想，在这样一种刑罚不断趋于严厉的刑事政策目的导向下，刑法教义学的构建怎么可能趋向理性化。

最后一个问题，我想讲一下如何制约刑法过度刑事政策化的危险。

在这里，我只是考虑了几种方案。但这个问题本身却很复杂，因为它更多地涉及公法领域，牵涉个体与国家间关系的演变——不再仅仅是对立的关系。在我们迎接现代风险挑战时，个体更多的是依赖政府，在个体和国家关系发生新的变化时，如何制约国家权力，就成为了一个重大课题，在刑法中实际上就是制约刑法刑事政策化的危险。

刑事政策的核心任务是犯罪的控制与预防，然而，犯罪的控制与预防本身无疑并非终极目的。刑法的任务在于，通过维护国际认可的所有人权，保障公民们和平、自由的生活。这意味着刑事政策对犯罪控制与预防目的的追求，应当服从于更高的或者至少同样重要的其他价值目标。因此，可以看到，刑事政策的控制与预防的目标实际上是存在界限的，尽管所谓刑事政策都是合目的性的产物，但并非所有的合目的性的东西都是合理的。

关于刑法刑事政策化所带来的刑事政策法治化问题，梁根林教授早在几年前就已提出过。刑事政策的法治化，探讨的是刑法的刑事政策化危险如何制约的问题，这一制约，体现在刑法教义学的构建上，是要对刑事政策的范围和程度等进行规范的制约，从而使其符合法治原则、人权原则，防止法安全和人权保障沦为社会保护的牺牲品。在国家权力事实性扩张的前提下，研究刑法的刑事政策化与刑事政策的法治化是必需的，但问题依然在于如何去制约国家权力、防止过度扩张以及如何防止法教义学不会在刑法刑事政策化中完全丧失独立品格，以至于沦为刑事政策的傀儡。

我思考的第一种方案，利用解释方法实现刑事政策化的法治化。包括很多国外学者在内，开始拒绝实质的、客观的解释论，而求诸形式的、主观的解释论。在我看来，陈兴良教授实际上也采取了这种方式，他用形式解释的方法缓和刑法的过度刑事政策化或者说是用形式解释的方法减少过度刑事政策化所带来的危险。除了采取形式的、主观的解释论外，很多学者开始强调解释规则的位阶性，如强调文义解释优先。而相对来说，实质解释论往往反对文义的制约，最崇尚的则是目的解释，因为目的解释是要探讨规范本身的精神，这与形式解释论不同。我认为，在一定程度上，坚持形式解释论可以减少刑法刑事政策化带来的危险，但仅此一点是不足够的。展望未来，我们所面临的是很复杂而矛盾的任务：一方面，对个体和集体的利益不断有新的损害形式出现，所以，刑法规范需要做出回应；另一方面，刑法要在其犯罪化的过程中防止自身的滥用。因此，仅仅依托形式解释论无法对这一复杂的任务作出一个两全其美的解答。此外，我觉得解释规则的位阶性也很难靠得住，像文义解释、历史解释、体系解释、目的解释等解释方法与规则到底有什么样的位序，事实上是不清楚的。法院、法官及解释者往往是结果导向的，所有的规则都是作为手段被利用的，所以，解释方法的位阶性可以作为限制过度刑事政策化的一个尝试，但可能并非那么有效。

第二个方案，用教义学控制刑事政策的边界。这是德国刑法学者所提出的一种可能的解决方案。然而，我认为这种方案的成效也是有限的。因为法教义学本身可能就是一种流动的存在，尤其到了今天，法教义学的一些基本理论已经被刑事政策改变了。当我们说将法教义学作为刑事政策的边界时，法教义学是一种较为稳定的存在，但当法教义学的内核已经被刑事政策改变时，如使用功能责任论、共谋共同正犯等教义学理论去限制刑事政策，能否取得实效是存在疑问的。

我所考虑的方案之三是，引入实体性的宪法审查，制约刑法刑事政策化的危险。传统上，对于刑法的合宪性审查往往采用形式的或程序的审查方式。或许可以说，在刑法领域，历史上从来还没有一个时代像今天一样，如此迫在眉睫地需要引入实体性的合宪性审查。正如前面所说的，当国家法完全以实证法的形态出现，国家意志在犯罪化问题上呈现主导姿态时，如果不引入宪法性的实体审查，所谓的制约将很难奏效。据我观察，20 世纪中后期以来，人们确实开始在宪法层面关注对法实证主义的实体性制约。在我看来，罪刑法定的实质侧面的出现，正是此种关注的产物。要从实体上遏制刑法的刑事政策化所带来的问题，将刑事实体法纳入合宪性审查的范围，强调宪法对刑法的实体性制约。在我看来，就是努力构建个体与国家间关系的一种尝试，也同时解决了刑法刑事政策化所带来的困境。

一方面，刑事政策对社会的保护是不容忽视的，然而过度重视法益保护带来了另一方面的问题，也就是刑法刑事政策化的危险。当前，我们在食品、药品以及环境等问题上均有不同程度的不安全感，刑法的介入可能不可避免，但过多保护法益会引发限制自由、丧失人权的问题。比如，加拿大将 1982 年的《加拿大权利与自由宪章》补充到宪法中，使该宪章作为对刑法的重要制约而存在。加拿大最高法院不仅利用该宪章宣布那些最终法律结果是监禁却不去证明过错的犯罪无效，而且还宣布此类立法无效。1998 年后，英国则在其入罪化标准中加入了限制条件，即不违反《欧洲人权公约》。也就是说，英国相关法律的有效性，需要接受《欧洲人权公约》条款的实体性审查。

德国则将所谓的自然法正义融入《德国基本法》之中，使得所谓的自然正义的效力等级高于宪法规范。德国学者罗克辛也在法益概念中，引入了宪法权利的制约。

总体而言，在刑法刑事政策化的今天，如果不引入实体性的宪法审查机制，其实是相当危险的。我国不存在可以操作的宪法审查机制，如何展开对刑法刑事政策化的实体性审查？当然，最根本的还是引入宪法审查机制。但在目前情形下，可以通过解释论实现。即在刑法解释时作合宪性考量，并以此为出发点，对我国刑法中的相关罪名进行解释。比如，聚众淫乱罪，刑法本身并不要求其是公开的，但刑法解释却附加了这一限制，就是放进了宪法权利的考虑。因为从宪法保护隐私权角度出发，可以发现公开性的要求。再比如，《刑法》第306条导致辩护人与诉讼代理人非常容易入罪。当然，从各国来看，律师教唆作伪证都是要处罚的。然而，从对《刑法》第306条与307条的比较分析中，我认为，两罪的入罪标准是不一样的。为什么辩护人与诉讼代理人较之于其他人员更容易入罪呢？有法益上的标准或政策上的理由吗？事实上，为了保护辩护权的行使与被告人的权利，对辩护人与诉讼代理人的入罪标准应当更加严格，因此，这涉及违反宪法平等保护原则。如果在两罪的解释上不违反宪法平等保护原则，就需要对“情节严重”“引诱”作严格解释，以便实现与《刑法》第307条入罪门槛的平等化。我觉得，可以从宪法平等保护中引申出来，并通过解释制约刑法刑事政策化的危险。另外，对诽谤罪以及其他涉及宪法权利的犯罪，必须通过宪法对刑法作限制性解释。在缺乏实体性宪法审查机制情形下，通过在刑法解释论中自觉地引入宪法性或合宪性的考量，可能是比较稳妥和现实的。

我的报告基本上就是这样，谢谢大家。

刘明祥 论坛活动现在进入点评阶段。我们预约了3位嘉宾点评，首先欢迎曲新久教授点评发言。

曲新久 言说者启发了你的想象，你的想象未必与言说者一致，但肯定具有关联性。我觉得有三点比较重要：

第一，刑法的刑事政策化，意味着刑法的被工具化。对此我是完全赞同的。自近代以来，我们就将法律作为保障人权、保障犯罪人的宪章。从康德、黑格尔到马克思，基本上都是将法律视为圣物、圣器。人们一开始就期望法律作为一种圣物，大家一起信仰和信奉它，但实际上完全不可能。有公共权力的存在，就有法律的被工具化，这点在我们国家较为突出。大家知道，我们有关刑事政策的决议中就有：要善于运用刑事政策的武器。因为大量的行为在刑法中不被认为是犯罪，或者受解释者本身能力所限，这时就需要抽象性的刑事政策。我倒是有个疑问，劳东燕在讨论刑法刑事政策化时着重讨论了罪责问题，也就是罪责不再是个人的、主观的，这恐怕在西方理论中都属于偏激的。因为雅各布斯的理论在德国是少数派学说。今天冯军没来，他和我说过，雅各布斯曾经说冯军没有完全理解他本人的思想，他比冯军介绍的雅各布斯还要雅各布斯。可以说，主观责任与个人责任还是一个基石，尽管刑法刑事政策化的趋势很明显，却很难动摇主观与个人的责任。

劳教授提出了三个方案。在第一个方案中劳教授认为，解释方法的阶层性标准比较模糊，但她本人还是比较坚持解释方法阶层性的。我相信，解释从来就是没有顺序性的，所谓的体系性的文义解释包含了多种解释方法，类似东北菜中的乱炖，你很难说顺序。但可以肯定的是，在个案或者个别法条的运用中，是必定有次序性的，但为什么会有这样的次序性，就比较麻烦，可能与解释者本身的偏好有关。关于第二个方案提到的教义学限制过度刑事政策化问题，很简单，我就说一句话，可能就是理论和实践的关系问题。这是永恒的。很多法官根本不看教科书，为什么？因为需要解决的问题都不在教科书里。关于方案三，宪法审查问题，我建议劳教授思考，原本刑法的基本原则就是宪法原则，很多国家都将事后不可罚作为宪法原则，我们国家同样也是如此。罪刑法定原则是人权保障的最低要求，当然就是宪法的基本原则。最后关于宪法司法化问题，站在门外，我当然赞成，但有一点保留，主要是用宪法来解释法益问题，这个恐怕现实意义不大。因为所有的刑法法益都是宪法法益，不是明示就是暗示的，因此，从宪法的高度去限制刑法因过多刑事政策化而带来的松动，意义不大。她举了两个例子，我不想讨论《刑法》第306条，讨论得太多。以聚众淫乱为例，在座的教授好像也表过态，基本上没有反对“南京判例”的，最近张明楷教授保持谨慎地反对。其中有一个人说的清楚得不得了，那就是李银河教授，因为聚众淫乱完全没有损害，当然危害的概念不太好说，因人而异。这里只涉及成年人、未公开的，不涉及儿童的，没有危害是比较明确的。

第二，关于刑法是中心还是边缘的问题。我记得劳教授文中有一句话，就是“刑法越来越边缘化”，其实在我看来，刑法始终是刑事政策的中心。李斯特说过，最好的社会政策就是最好的刑事政策，很多人很难能理解这句话，其实这句话是说给刑法学者听的。在这个意义上，刑法是被刑事政策边缘化了，比如，缓刑、假释的扩大，执行方式的多样化，自由刑的方法增多，处理措施越来越合乎目的，变得柔化。但从限制国家权力、制定国家政策的角度看，刑法永远是政策制定的中心。所以说，中心还是边缘，主要还是由问题的角度决定的，泛中心就是边缘、泛边缘乃是世界的中心，因为你站着的地方就是中心。从每个国家对本国地图的标示可以看到标示的都是中心。因此，中心还是边缘，只是一个评价问题。

第三，刑法的刑事政策化对构成要件的影响，可能真的非常复杂。刑事政策对控制和预防犯罪比较直接，是政府的决策。由于我国各公权力机关混统一体，权力分立不够，因此会出现一些问题，刑法对刑事政策的控制也比较复杂、困难。我建议，在座的同学们可以从权力的分立看我国刑法的规定。

最后一点感想，实质、本质、实在的东西不太好把握。比如，形式与实质的关系，我始终搞不清楚明楷教授和兴良教授挑起的符号之争。在哲学上它们本来就是一对对应的概念范畴，然而，一旦到了具体层面，形式与实质又很变化。是不是从目的的角度进行解释的就是实质的，从原则的考虑就是实质的呢？在现代汉语词典中，实质就是本质的、实在的意思。所以，今天讨论的问题里最难讨论的就是实质的问题，如何将哲学层面的问题落实到刑法层面，是我们面临到的最大问题。

好，大概超了一分钟，谢谢大家。

刘明祥 好，下面有请车浩老师来点评。

车浩 谢谢刘老师。劳东燕老师的报告非常精彩，我很荣幸对此进行评论。我会考虑到我被安排作这样一个评论的原因可能是，我和东燕师姐年龄相近，平时交流很多，她对我文章批判的火力很猛，所以，如果我今天也以同样猛烈的火力批判的话，东燕师姐也应该包容理解。

劳东燕老师的报告，整体上给人一种振奋的感觉。这个振奋的感觉主要来自两个方面：一方面，是报告主题的统摄力。目前刑法理论发展出现了很多具有争议的话题，比如责任客观化的问题、刑法功能主义的问题、刑法与风险的社会关系问题、刑事政策与目的理性的问题、形式解释论与实质解释论的问题，等等。可以看出，劳东燕老师报告的话题是在努力为这些问题寻找具有共性的“母题”，也就是所谓的“刑法的刑事政策化”。这个主题一旦提出，就好像具有“万有引力”一般，拽着听众和读者的思维往上走，在一个更为宏观的角度思考问题，从而获得一种居高临下的俯视感和一种鸟瞰的感觉，同时对听众自己的研究脉络会有一种清理和再认识。另一方面，所谓振奋的感觉是说，东燕老师对这一主题的梳理也很见功力。比如，在构成要件的实质化、三阶层分界的模糊性、责任的客观化等这些看似没有什么关联的问题中，她发现了所谓实质化的这一线索，像在一堆杂乱的事物中发现蛛丝马迹的侦探一样，体现了她的学术洞察力和敏锐感。我觉得，从宏观层面捕捉具体线索的做法，它的好处在于使人们从单一、狭隘的视角中挣脱出来。这是我十分佩服的地方。

而恰恰在我佩服的地方，我有一点担忧。因为世界上的事物都具有普遍联系。如果站在很宏观的层面往下看，你总可以在各种事物间发现各种联系，总可以在宏大主题下获得一种新的理解。但是，恰恰是因为这种方法具备一种普遍的有效性，有时候，你很难发现什么样的联系是有效的联系，哪一些联系是偶然的甚至是附会的，是人们利用外部性话语建立起来的非常脆弱的蜘蛛网。研究者可能自认为揭示了一些隐蔽的关联，但完全也有可能是在人为地制造一些貌似有意义的效果。这样一个虚假关联的风险，我认为，这是所有宏大叙事和在具体问题之间建立起联系的学者都必须面对的。比如东燕老师在这篇报告中说：由于刑法的刑事政策化，导致犯罪定义主体性不断凸显，刑法的刑事政策化过程，其实就是刑法犯罪定义制造者不断扩张的过程。但是，我们知道，犯罪定义受制于解释者的主观认识和价值选择，或者说解释者在法律解释工作中的主体性，即使完全不考虑刑事政策的问题，解释者也会按照本人的价值观和世界观解释法律。所以，这个问题的本质根本不是由刑法刑事政策化导致、引申出来的，究其本质，它可能处理的是福柯意义上的权力、主体、话语之间的三角关系，而报告人把这个问题放在刑法的刑事政策化的语境下讨论，让人感觉是为了论述的需要而强行建立起所谓关联性，把一种可能更为普遍但是与自己主题无关的命题改头换面地塞到自己的主题之下。这是我说的第一点意见，就是说，这个报告某些地方可能存在着虚假关联性的一种风险。

我的第二点商榷性意见是，报告可能存在抹杀重要区别的风险。偏向宏大叙事的手法往往具有一个特点，就是抽空问题发生的具体特定时空背景，将之作为一个似乎放之四海皆可的普适性命题。比如，在东燕老师这篇报告中，她特别习惯把刑法刑事政策化问题放在诸如20世纪以来、现代刑法，特别是当代社会这样一个宏大语境中进行考察，但是我要说，在当代社会中最不靠谱的词，可能就属“当代社会”了。为什么？因为构建刑法刑事政策化所需要的基本范畴，以及对这个命题予以评价的一些基本事实，在各个国家和地区都存在很大差异。首先，各个国家刑法典的体系结构和条文特点差异很大，这肯定会影响到各国刑法体系对刑事政策的反应；各个国家现阶段面临的主要问题究竟是刑法的刑事政策化还是刑事政策的刑法化，会有很大的区别。其次，各国司法者的解释工作，更倾向于从严解释还是从宽解释，这可能需要一个充分的实证调查来说话，不能简单地摘引个别学者的只言片语。最后，各国的刑事政策究竟是倾向于严厉还是轻缓，实践中也有很大差别。这些关系到基础判断的事实，必须被完整地呈现出来，在此基础上，才可以谈当代社会。当在这些问题上存在巨大差异时，我们根本没有办法在当代社会这样一个时空状语修饰下，简单地说刑法的刑事政策化成为了一种趋势或思潮，也没办法说这种趋势是宽缓还是严厉，更没办法说什么是风险以及如何应对这些风险。所以，如果我们的研究不顾这些问题，仅凭研究者本身的感觉以及宏大叙事的需要而强行抹杀并非不重要的差异的话，我认为，结论只能成为靠本人信念维持的理论预言，这种预言可能在某一刻恰好实现，或者在某种现象上恰好吻合，但那只会是得之偶然，绝对不是经过普遍理性的论证的结果。

我的第三点从第二点继承而来，就是说，这样忽略具体时空背景的宏大叙事，存在着丧失中国学者主体性意识的风险。在很宏大话语下讨论问题的人中，有一位是我国台湾地区有名的刑法学者许玉秀教授。她谈问题的思维套路就是，谈台湾就是谈世界，谈世界就是谈德国，谈地理空间是没有意义的，有意义的则是被法秩序充实评价的那个空间。东燕老师的报告中，尽管没有唯德国论，但很明显的特征是，她把这个问题也当成了可以忽略的时空背景，并放在 20 世纪以来的当代社会中讨论，文章中交错地使用了诸如德国、美国、日本等国文献来论述。这个地方我觉有两点特别需要注意：

第一，中国，特别是大陆，与台湾地区是不一样的。台湾地域狭小、人口较少，它的犯罪问题永远都不可能成为一个世界性议题。对于这种处于国际政治经济秩序中的边缘性地区来说，它的研究者的出路只可能是抹杀和忽略与德国、美国的区别，从而获得一种荣辱与共感，所以，它的研究不是强调本土，而恰恰是通过当代社会将自己带入中心舞台之上。然而，中国大陆的问题是不一样的，这个占世界人口四分之一的国度，所面临的犯罪问题与刑事政策制定问题，绝不可能援引其他国家和地区的关于刑事政策的讨论并被简单地同化，而必须要针对中国本土的社会情况讨论，也就是说在刑事政策问题上必须要有中国意识和大国意识。

由此就牵扯到第二点，刑事政策在知识论上与刑法教义学、解释学是不一样的。我们知道，绝大部分的教义学、解释学都具有某种跨越国别语境的规范性质量，因为那些具有说服力的模型的产生主要依赖康德所说的共同具有的普遍理性的思维逻辑，因此在某种程度上它是可以放之世界范围内去讨论的普遍性知识。但是，刑事政策是不一样的，它取决于各国各个时期的经济发展程度、收入、文化、阶层结构、犯罪发生率等个别化参数，它更主要的是一种地方性知识。特别是对中国这样一个转型国家来说，各种矛盾突出，社会公平、司法独立、民意等中国特色的因素都影响着刑事政策的制定。中国学者只有首先回答好中国转型时期应该采取什么样的刑事政策，然后在这个特殊语境下去处理刑法与刑事政策的关系，才能在此基础上去谈当代社会这种抽空语境的刑事政策分析。

但是，我感到不能满足的是，不去说应然层面，即使是实然层面，那么多年的“严打”政策、死刑政策、宽严相济的刑事政策都没有在刑法的刑事政策化语境下进行充分论述，相反，她在文章中概括性地提到了，比如当今社会整体上对犯罪的无法容忍，导致日益严苛的刑事政策、强调重刑主义的威慑，等等。这些说法让我很困惑，因为这一段描述究竟是在谈哪个国家哪个时期的刑事政策？中国的刑事政策从“严打”到宽严相济，难道这是表现出刑事政策日益严苛吗？是表现出对犯罪现象日益不能容忍吗？再比如，她在报告中说，20世纪以来，刑法对于安全问题特别强调，越来越模糊法律与道德之间的传统界限，从横向维度拓宽刑法适用范围，这个论断也让我感到困惑。因为中国通过刑法制裁道德的行为从来没有出现过，更谈不上衰微。同性恋、通奸、见危不救、杀害近亲属这样一些在国外刑法典曾经或者正在惩罚的行为，从来没有在中国刑法典中出现过。而我们知道，在广东发生的“小悦悦事件”，引发了多方关注，已经有人在说“中华民族已经到了最缺德的时候”。

在中国，刑法刑事政策化到底是泛道德化、还是道德化程度不够？周光权老师就主张，转型时期社会规范问题不是一个毋庸置疑的前提。把这些真实的背景搁置，直接谈聚众淫乱的问题，比如要不要加公然性要件问题，我的感觉就是，你有了这杯古典自由主义的酒垫底，什么中国问题的特殊性都消失了。这点是在说服力上不能完全使我信服的地方。所以，总体来说，东燕老师这篇报告属于气势恢宏、立意高远的那类，这是真实的感觉。这个问题是那种“九层之台，起于垒土”的问题，如果把研究放在一些偶然或虚假关联上，就像在沙土之上垒起的大厦，建得越高，别人釜底抽薪的可能性越大。特别对于近期刑法学界广泛讨论的风险刑法与刑法风险，我想我刚刚提到的这几点，恐怕也是对刑法宏大叙事研究中潜藏的风险的一种提醒。

最后，再说一点，尽管说了这么多与东燕老师商榷的意见，但我还是很赞赏她的研究，这种研究有它独特的价值。不管我是否赞同她的观点，如果没有她的这些研究，我连刚刚这些商榷性的思考也是逼不出来的。东燕老师的这种不断追问地研究，其实也不断启发着其他人去追问，这是一种思想上的恩惠，具有许多封闭性研究所不具有的能量。这些封闭性研究对或错看过就是了。这样的研究可以擦亮赞同者或反对者的想象，但又不强求占据他人的大脑，不会逼迫别人接受。因此，这是一种可以启发他人思考的、不霸道的、有德行的研究。

刘明祥　看来已经擦出了思想的火花。我会给劳老师一定的时间作出回应。希望你们姐弟俩能像我和冯军教授一样争论起来，争论甚至打起来。下一位有请时延安老师作点评。

时延安 刚刚听到车浩老师的点评，很有启发。我想到咱们这个论坛叫做“当代刑法思潮论坛”，如果当代社会不靠谱的话，当代刑法也是不靠谱的。总而言之，听到劳老师对这一问题的论述，我是心生敬佩；再加上听到车老师和曲老师的点评，也有很多想法。我对劳老师论述的总体感觉是，论证是能够成立的。加了“能够”是觉得有点勉强。因为我对刑事政策可能会与在座各位有不同理解，与罗克辛所指的刑事政策是否有统一的内涵是值得怀疑的。劳老师的报告与罗克辛的《刑事政策与刑法体系》一书有相互印证的地方。罗克辛的书出版于1970年，是对之前理论的反思，而劳老师是对1970年后至今40年的又一个反思，所以，这个反思在总体上应该是能够成立的。

对整个报告，我有四点是比较赞同的。第一，所谓的刑法本体主义的又一个解读和反思。这个我也理解，其实从对德、日刑法学的梳理来看，很多理论不是发现的问题，而是研究者的复制、添加。所谓本质理解，就是添加了自己的认识和理解。第二，我非常赞赏她对刑法政治化的归纳。这也是我最近研究的一个话题，尽管不是刑法的政治研究，而是刑事法治的政治研究。我觉得这样可能更为合适一点，因为政治化问题从不同角度、不同层面解读可能有不同的理解。第三，对功能责任论的批评和批判。这一点我是高度认同的，因为功能责任论会瓦解刑法基础的东西，是非常危险的。第四，以宪法的维度去解决刑法的过度刑事政策化。也就是从宪法司法化的角度，通过宪法实体性审查解决或抑制这种过度的刑事政策化。尽管我们没有所谓的违宪审查机制，但《立法法》中有相关规定，能否将它激活、发挥它的作用？我觉得，是值得提倡的。尤其是在刑法中，包括刑法与司法解释，以及地方的准司法解释，实际上有很多违宪的地方，一旦激活了立法法，对刑事法治的发展将大有益处。

除了这四点学习心得外，就报告来说我提三点想法：

第一点想法，对这个话题的研究可以转化一个维度。劳老师是从贝卡里亚、费尔巴哈开始梳理的。换一个维度，它其实也是一个法学发展的历程。我们看法学发展，其实是三大学派承前启后的历程，从自然法学派到实证法学派，再到社会法学派，这样的发展阶段也恰恰与贝卡里亚、李斯特、罗克辛相对应。我没仔细研究过这些德国学者背后所遵循的法学流派，这样的研究很有必要。据我观察而言，自然法学派关注价值，实证法学派关注规范，社会法学派关注事实。其实，这三个学派不是同时出现的，而是先后出现的。可以看出刑法的流变也与之相呼应。当法实证学派出现时，法才真正成为一门学问，因而，法实证主义在法学发展中是十分必要的，就如同刑法教义学在刑法理论中的形成一般，是具有开天辟地意义的。但经过我的分析，法实证主义里面也有很多问题，就如同罗克辛所说：我们不断创造抽象性概念，当这些抽象性概念不断被创造的时候，我们越来越偏离现实。从三大流派的走向看，真正的走势是三大流派开始融合，尤其是进入了后现代社会，有很多新鲜事物出现。当1970年罗克辛出版《刑事政策与刑法体系》这本书时，恰恰反映了这样的趋势，之所以要打破“李斯特鸿沟”，就是因为实证法学派无法回答自然法学派和社会法学派提出的问题，因此，他打着刑法的刑事政策化的旗号实际上就是解决这个问题。

如果这样能说得通的话，我的第二个想法就可以提出来，实际上，我们可以对刑法的刑事政策化进行还原，可以不用这样的词，因为刑事政策这一概念具有不同的指称，这样的词会产生更多的困惑。换句话说，可以还原为“三大法学流派的流变”这样一个命题，并通过解构或者建构刑法教义学的内容实现两个目的：其一，发现事实问题。近年来，陈老师和张老师发起的一系列争论，其实就是在努力解决这个问题。去年，陈老师与张老师关于行为功利主义与规则功利主义的争论，实际上是社会学首先提出的。而我们知道，关于风险社会的提法，也来自社会学。我们发现，这实际上是刑法努力地在向社会靠近并解决社会问题，是刑法教义学向社会看齐的一面。其二，如果我们在这一方面还原的话，刑法的刑事政策化就是刑法在各个利益方面的衡平。各种价值的选择，并不一定表现出国家权力导向的倾向，更多的是一种利益的平衡。在这样一种平衡的思路指导下，对刑法教义学的基础理论进行重新的阐释与建构。这是我的观点，就我研究而言，我未必敢用这么一个宏大的视角，这些只是一个思路而已。

关于第三点想法，我想回到刚刚曲老师提到的对实质解释论与形式解释论的看法。首先，坦白地说，我认为在某种意义上这一对概念是不成立的。正如劳老师所言，形式解释论与实质解释论是和文义解释与目的性解释、解释的位阶性相关的概念，所以，将它放置于刑法解释学中，比单独提出一对更宏大的概念要好得多。其次，实质解释论所提出的很多问题，通过还原来看，根本不是形式和实质的关系，是我之前提到的刑法理论如何处理事实层面与价值层面关系的问题。早些年，赵汀阳在《读书》中画过一幅画，叫做“本质”，其实就是一棵树，上半部分是枝枝叶叶，下半部分是根茎。什么意思呢？这幅画就是告诉我们什么是本质，本质就是这一棵树，枝枝叶叶和根茎。

谢谢各位，谢谢。

刘明祥　好，给劳东燕老师一些时间，对 3 位点评人的点评做一些回应。

劳东燕　刚才曲老师讲到主观责任与个人责任是刑法的基石。从应然层面上讲，我是同意这个判断的。但从客观上说，我觉得责任还是表现出客观化的趋势，主要表现在过失犯罪领域中，尤其是无认识的过失。如果完全考虑个人责任，是完全不需要入罪化的。为什么使过失犯罪入罪化？最主要还是填补法益漏洞，而不是追究个人罪责。当然，与功能责任论相比，这只是在客观化方面偏离了一点，没有功能责任论那么极端。这是我对曲老师问题的回答。由于曲老师一直研究的是刑事政策，我们在很多方面立场都比较一致，也就是说，政策本身对刑法有重大的影响，这是实然层面的判断，政策对刑法的影响必须加以控制，这是应然的判断。（曲新久：“这里还有不太一样的地方。政策是政府制定的，而刑法是法官解释运用的，用你的话说，其实就是主体的不一样。而在法学院中，大家关注的是刑法学、刑法教义学，出了法学院之后，则更关注刑事政策。”）对。

在回应车浩的点评之前，我还是先回应时延安老师的点评。可能是我在本文中的确没有交代清楚，我的刑事政策到底在何种意义上使用。刑事政策，在我这里，实际上是超语境的，也就是说，是在罗克辛那个意义上运用的，即通过威慑的效果来追求预防的价值。其实，我的刑事政策主要还是集中在对预防必要性的考量上，并不是具体地讲中国的刑事政策。我有一个课题是研究刑事政策和刑法理论的，我必须要把框架性的研究完成以后再去进行具体刑事政策的研究。车浩对我的批评，很大程度上是由于我对刑事政策没有很好的界定导致的。我是在德国理论中所谓的合目的理性的层面上使用的，意思是说，犯罪的成立不仅仅需要逻辑的考量，而且要加入预防必要性的考虑。如果加入预防必要性的话，很多刑法理论都将做许多不同的构建。

车浩批评我的一个方面，是所谓构建虚假关联的风险。这当然是一个哲学问题，但也是一个判断问题，不同人对同一事物可能有不同的判断。车浩提到，犯罪定义本身就是权力、话语、技术之间关联性的表现，而不是刑法刑事政策化的结果。但我觉得，这依然是刑法刑事政策化的结果，比如，《刑法修正案（八）》将现在很多行为都入罪了，生产、销售假药罪原来是具体危险犯，现在改为抽象危险犯。如果不从刑法的刑事政策化思考，就无法解释入罪以及罪名和刑罚变更的原因。车浩：那应该是刑事政策的刑法化，而不是刑法的刑事政策化。我的刑法的刑事政策化，其实也包括在立法层面的入罪问题。把多大范围内的行为纳入犯罪圈，本身在多大程度上受刑法的制约，这是我对犯罪定义方面批判的回应。

关于另外一个方面，普适性话题会抹杀并非不重要的差异问题。实际上，这是个人的研究偏好，或许也是一种偏见。因为在研究各国刑法时，我总是发现很多共同性的东西，而我也对共同性的东西更感兴趣。一方面，我承认各国的刑法存在着许许多多不同的地方；但另一方面，我也总能找到很多共同的地方，包括像德国的未遂犯从19

世纪时的客观化转向了 20 世纪以来的主观化；晚近以来英美等国同样也有这样一种趋势，表现得特别明显。当理论出现了某种交集时，我更愿意去寻找它的根源。当进入到当代社会，在全球化的带动下，各国之间的确有很多相同的问题，比如，环境污染问题、食品安全问题、金融风险问题等。现在的问题是，当我发现各国理论的共同点以及各国对此的趋同反应时，如何确证这种联系的可靠性。至于说刑事政策是趋于严厉还是轻缓，这不是我个人臆想的见解。比如，我国针对 1997 年《刑法》的 8 次修正案，很少有除罪化或轻缓化的趋势，这就说明了在刑事政策的导向上我国刑法偏向于重刑主义。而我所举的例子中，在英美等国，重刑主义表现得十分明显。从实证研究看，白建军教授曾经做过这样的研究，即把新中国成立后几百个司法解释汇总进行分析，结论和我的是一致的。也就是说，他发现中国在司法解释方面，越来越不利于被告人，越来越偏向于入罪化，越来越偏向于加重刑罚。因此，我在报告中的判断还是有一定依据的。宽缓化当然也能找到它的根据，但在我看来，宽缓只是支流。我承认，有轻刑的方面，但重刑的方面则是主要的，这既是中国，也是英美等国刑法的主流走向。

就第三个批评而言，所谓的忽略时空而导致研究者主体性的丧失问题，在某种程度上，我是接受的。因为我的研究偏好，更强调各国刑法的共同性，可能夸大共同性而忽视相异性。我国以往的研究更多地倾向于寻找差异性，如果完全是差异性的，就没有什么可比性。例如，印度有一个罪名叫嫁妆杀人罪，印度女性出嫁要提供嫁妆，如果不提供，男方家庭会对其不好，因此，这个罪就是 7 年之内女性非正常死亡，男方曾经索取嫁妆的，因果关系上直接成立嫁妆杀人罪，但这个罪名和我国所有罪名都缺乏可比较性。关于严打和宽严相济的研究是我下一步的工作，我把框架性的工作完成后将会进一步研究具体的问题。

另外，时延安老师虽然提了很多观点，但我发现，我们彼此的立场没有多大差别。而且，我觉得你看过罗克辛的《刑事政策与刑法体系》之后，就会发现我的刑事政策就是在那个意义上说的。可能我太理所当然了，所以，我会把它说成是刑法的刑事政策化。我的刑法的刑事政策化，并不是中国意义上的刑事政策。

我就简单说到这里。

刘明祥　现在大家可以提问，既可以向主讲人提问，也可以向点评人提问。好，先请刘树德法官发言。

刘树德　我就提三点感想吧。

第一，我很赞同刚刚车浩的评论。当然，东燕也作了回应。其实，刑法学中的很多概念都要首先界定清楚。前面曲老师也提到了形式与实质之争，其实，如果不对基本概念做一个界定的话，恐怕很难展开讨论。第二，还是概念界定的问题。所谓的刑法的刑事政策化到底针对的是刑法法条、刑法体系还是刑法教义学，必须要界定明晰，这是讨论的基础。第三，这次来，看到这么多热情高涨的刑法学科学生，觉得咱们这个“当代刑法思潮论坛”确实如车浩所说，提供了一个思维碰撞的平台，这在我十多年前读书那会儿是很难想象的。关于理论和实践的问题，我觉得大家可以私底下继续探讨。

提问者一　我想问一下劳东燕老师，您开始提到用刑法教义学规则去限制刑法的刑事政策化，我就想到了“当代刑法思潮论坛”第二讲中，陈兴良老师所主张的“回到贝林”的命题，也就是说能否采取回到西方理论最初原点重新构建理论的思路？

刘明祥　好，劳东燕老师，请回答这位同学提的问题。

劳东燕　这个同学的问题提得很好。其实，刑法的实质化或者刑法的刑事政策化的对策本来就有很多条途径。陈老师的“回到贝林”是其中一条不错的策略，也就是说重回古典自由主义时代。我的判断是，古典自由主义时代的社会基础是公民与国家间的对立，而现在恐怕不能绝对这么说。因为要求法益保护的社会需求日益增长，实质化就是顺应了这样一种潮流。除非认为刑法功能在呼应需求方面，完全不必要，否则刑法就必须回应这些社会变化所带来的挑战。从近年来持有类犯罪、危险犯等形式的犯罪在刑法典中的增多，就可以看出社会需求和政治诉求在其中施加的影响。陈老师的出发点是正确的，就是要去实质化。但我以为，更好的方式是利用合力去化解实质化，原因就在于个人与国家间的关系已经发生了重大变化，我的思路就是在回归过去的思路外，寻找其他更好的去实质化的路径。

提问者二　劳老师在谈实质化问题的时候，提到了犯罪圈日益扩大的问题。对此我还是很有疑惑。如果所谓的犯罪圈扩大是伴随着刑罚的轻缓而进行的话，犯罪圈的扩大还是一个问题吗？也就是说，尽管犯罪圈扩大，但是法定刑却因此降低，这难道是不好的吗？

劳东燕　当然不是说犯罪圈的日益扩大就一定是坏事，只不过，我是要强调在犯罪圈扩大时控制国家的权力。否则我可能会采取陈兴良教授的主张，完全回到古典时代，限缩犯罪圈。但需要看到的是，犯罪圈的扩张有它存在的合理性和必要性，各国也都表现出犯罪圈日益扩大的趋势。所以，我的方案是，刑法要适度回应社会需求，实质化是必需的，但是必须对其背后的国家权力提高警惕。

提问者三　我想请问一下陈兴良教授。大家知道，“小悦悦事件”发生后引起了各方的关注和重视，关于这些冷漠行人的行为是否入罪的问题，希望能听到陈老师的意见。谢谢。

陈兴良　你提的这个问题和我们今晚讨论的主题有一定的关联。刚刚，车浩在点评时提到了，在刑法的刑事政策化中对道德和刑法的关系如何处理的问题，也是值得研究的。这个问题主要涉及对见危不救行为的评价，是否应作犯罪处理。很多媒体在这个问题的讨论上，都引用了外国刑法的规定，尤其是德国刑法的规定，觉得见危不救应当作为犯罪处理。我们现在考虑问题往往有一种思维习惯，既然外国都这么规定了，我们为什么不能有这个规定？在这里，实际上有几个层面的问题可能需要考虑：

第一，在德国刑法中有见危不救这个罪，但是，它有没有案件的发生？记得有一次，有人问张明楷这个问题，张明楷表示没有这样的案例。也就是说，法律中虽然有这个罪，但从来没有适用过。因此，我们不能简单地说，因为他们有这个规定，所以，可以作为我们将此类犯罪入罪的依据或者某种正当性。这是一个层面的问题。

第二，为什么德国可以规定见危不救，它规定的基础是什么？我们是否具备这个基础？我个人认为，在德国之所以可以规定见危不救，它肯定有一个基础，这就是它的公民的道德化程度相当之高。也就是说，在一个紧急危难事件中，绝大多数公民会去履行救助的义务，只有极少一部分人不去履行救助义务，这是违反公德的行为，而这种违反公德的行为在这个社会又被看得非常严重，以至于作为犯罪处罚。这样一个前提是，它的公民的道德水平很高。但反观我国社会，可以说，总体道德水平比较低，见危不救现象比较严重。当然，这种严重状况背后的原因何在，还是需要具体分析。比如，我们履行救助义务，无论是道德义务还是法律义务，我们都可能付出代价，这是我们制度设计的问题。正是这种制度设计，压抑了人们救助他人的内心冲动。尤其是个别地方，有的人不仅不去救助，反而大量围观，在这样一种道德水准下，如果法律规定见危不救为犯罪并且严格执行的话，这种效果和可行性是受质疑的。毕竟，我们有一句古语，叫做“法不责众”。如果某个法律大家都去违反，你去制裁他（她）是很困难的。我个人的观点是，在中国这样的环境下，将见危不救作为犯罪处理，难度很大。只有将来我们道德水平提高了，只有极个别人见危不救的话，才能作为犯罪处理。

第三，是最根本的一点考虑，当前见危不救以及道德普遍降低的现象，能否依靠法律解决？我觉得，不能依靠法律解决这一问题，更不能依赖刑法解决这个问题。道德的问题还是归道德领域。我们当前的道德普遍败坏与我们普遍的制度设计，包括社会结构调整等都有关系。把见危不救行为作为犯罪处理，是一种很简单的方法，但实际上它无法解决这一问题。对于你刚刚提到的“小悦悦事件”所反映出的见危不救的现象，还需要从道德层面、制度层面和社会层面解决，从法律层面解决还不成熟。这就是我的简要回答。

刘明祥 好，我们在座的老师请继续作点评或发言。王教授您先发言，您的年纪最大，理应先发言。

王世洲 我想讲几个事实，把几个事实说清楚。

第一，实质和形式的问题。我们现在标准的哲学也好，前沿研究也好，没有把形式和实质分开来。我们不承认没有形式的实质，也不承认没有实质的形式。既然不能分离，我们为什么还要谈？我们发现，全世界只有两个时期、两种人谈实质问题：第一个是苏联学者，他们为什么要讨论实质呢？因为他们不搞罪刑法定。第二个是日本学者，日本学者不是永远都谈实质，是在60年代到80年代谈实质问题。他们为什么谈呢？因为他们不立法。我当面请教过日本学者，发现日本不仅不立法，而且他们的法律可以由市、町、村来制定，连村都可以制定刑法，两年以下惩役连村都有权力。因此，这样的环境逼着他们要去讨论实质问题，也就是从实质上讨论法律是否妥当的问题。我的结论是，对实质刑法的研究就是公然或暧昧地承认类推，因此，在中国这样一个立法或修法频繁的国家，其实不存在实质刑法讨论的背景和根基。由于这个原因，我没有参与这个讨论。

第二，劳东燕这个报告体现了一种非常强大的努力，表现出她非常强大的学术背景，我们应该承认。我们都知道刑法学者总有一套一套的理论，而且这些理论总能站得住，比如，费尔巴哈、贝林、宾丁等，无论他们主张什么，都能在他那个时代一条线贯到底，直到后一时代的人，才发现他某个地方没有说得完整，然后再去改正它。这种一贯到底的学术坚持是符合正义要求的。当我们说什么是正义时，具体到案件，就是指你能从这一头打通到另一头，这一头不通，你就反过来说。只要有一头能够说通，这个正义就归他。最担心的就是这头说不通，另一头还说不通，那就死定了。对于我们这些从事理论研究的学者来说，就必须保证逻辑通畅，你不能前言不搭后语，也不能后面否定前面。当你在评价一个学者的文章时，不仅要看他写了什么，而且要看他没写什么、不说什么。我不是在批评你，只是用你的例子来证明我的观点的正确性。可以这么说，在我们国家，凡是讲实质的人，他在开头有两个前提说不通：第一个是什么叫法益。他说不通，他自己说半天，最后就是法益是说不清楚的。第二个是罪刑法定的明确性原则，多明确才叫明确？他一定要说，这个明确性是说不清楚的。他一定要以这两个前提来讨论实质刑法。

我很赞同刘树德法官开始的发言，讨论问题首先要从概念出发。车浩老师说得对，无论演讲者本身说得对与错，他（她）都启发着我们去思考。我们可以看到劳东燕老师的报告，在实质性方面混合了六种理论，有法益的、有犯罪本质的、有规范的、有应受刑法惩罚的，还有主体的评价，她还多了一个是宪法的。但问题在于，这么多理论堆在一起，就必须要学会打通。劳东燕的讲演是把这些理论都混合了。

另外，还有一个事实问题，就是刑事政策。劳东燕老师说她是按照罗克辛的观点，但是说着说着她就离开了。因为她说她是以法律与政策的分离为前提的。我们要问，刑事政策是在法律之外呢，还是在法律之内？按你的说法，刑事政策有时候在法律之内，有时候在法律之外，它是漂移的状态。我们应当追问刑法的正当性根据在哪里，然后将之在刑法之内作为基点来审视刑事政策的定位。

刘明祥　根林教授，你来说几句？

梁根林 今天劳东燕老师做了一个气势非常恢宏、非常具有体系性、前瞻性、非常具有开放性的一个学术报告。我之所说它气势恢宏，因为它不是仅局限于车浩老师耿耿于怀的当下中国，而是贯穿了历史，超越了我们的具体时空，也跨越了我们的具体语境，非常具有穿透性，或者用时下流行的话语说就是穿越。

我为什么讲这个问题呢？刑法当然是有国别的，但是，关于刑法问题的思考，更为重要的是寻找相同的地方，找到共同的逻辑，找到共同的规则。尽管我认为刑法是民族国家的，是受疆域和时空限制的，但找一些普适性的东西依然是必要的。这一点也是用来回应车浩老师对劳东燕老师的批评。但确如车浩老师在点评中所说的那样，必须注意具体的时空语境以及具体的时空差异所决定问题的特殊性，也要注意我们的应对策略和手段的特殊性。这就涉及我们今天讨论的基本命题，什么叫刑法的刑事政策化？我们现在所说的刑法的刑事政策化，与德国所言的刑法的刑事政策化，从语言上看是一致的，但在内涵上也是一致的吗？我们一向强调“政策是法律的灵魂”“政策指导立法者制定法律也指导司法者适用法律”“刑法离不开刑事政策”，等等，这是我们中国人的理解。

可在德国语境下，李斯特强调刑法与刑事政策的对立，也就是“刑法是刑事政策不可逾越的藩篱”。实际上，李斯特提出了刑事政策的主张，强调了目的性追求，但他又认识到这样目的的追求，确实会与罪刑法定存在紧张关系。所以，在李斯特之后，德国学者将这种紧张关系叫做“李斯特鸿沟”。德国人实际关注的是怎样跨越这样一种鸿沟，为了解决刑事政策与刑法的紧张关系，跨越“李斯特鸿沟”，出现了所谓实质化问题，也就是所谓的刑事政策化问题。但这里有一个大前提，就是刑法的罪刑法定、刑法的权威或者是我们通常讲的法治机制已经确立了，或者是兴良老师一直追求的刑罚权的最低限度的形式合理性基本上不成问题的时候。在这样一种前提下，再来讨论刑法如何回应社会所提出的问题与挑战，刑法要做合目的的思考以及有效性的思考。因此，罗克辛教授在他的书中将封闭性的教义学体系打开一个口子，引入开放性的刑事政策，做合目的性与有效性的考量，使得合目的性与有效性追求不至于成为脱缰的野马，而受到教义学的严格约束。

但是，我们的语境和德国人的语境是不一样的。同样是讲刑法的刑事政策化，他们讲的语境，如果不是后现代的话，也至少是后古典语境下的刑法的刑事政策化。而我们所讲的语境则是前法治的，讲得精确些，是法治初级阶段的所谓刑法的刑事政策化的问题。因此，我们要注意这样一个问题，就是刑法的刑事政策化这一命题在中国是可以成立的，但这一命题在中国是具有特殊内涵的。对这一特殊内涵，我们既不能一味肯定，也不能一棍子打死。为什么？因为建立法治国家的过程还主要是要确立法治的权威，树立刑法的效力，从某种意义上是用刑法来代替传统意义上的刑事政策。因此，在某种意义上说，我们应当是刑法的去刑事政策化，而不是刑法的刑事政策化。如果在无法无天的时代，我们可以不去扯这个问题，因为没有前提。但在1979年《刑法》生效以后，经过30多年的适用，到底是法大呢，还是刑事政策大？是法在起作用，还是法之外的刑事政策在起作用呢？我们要认真思考。所以，刑法的刑事政策化在中国的语境下，要延伸出它的一个反命题，就是刑法的去刑事政策化。我们这里的刑事政策就是我们一般人耳熟能详的刑事政策。

另外在中国当下，刑法要不要适度地刑事政策化？当然得要。我们除了要确立法治权威、保证国家刑罚权最低限度的正当性与合理性，我们还要考虑在这个过程中的合目的性与有效性。从这个意义上说，我们现在既面临着传统的安全风险，也面临着新的安全风险。传统的安全风险就是政治国家与国民之间的紧张对抗关系；现代风险就在于犯罪对国家和国民的威胁。早在10年前，储槐植老爷子往我信箱里塞过一张便条，他在便条里面画了一张图，那张图是三角形的，就是国家、罪犯、国民这三角关系。国家、罪犯、国民这三者可能在根本走向上决定了刑事政策的内容。我们国家问题复杂的原因就在于，国家公权力与国民私权利之间的紧张关系还没有化解，保障机制还没有建立起来。我们面临着犯罪，尤其是新型犯罪的考验与冲击。所以，我们面临着两面夹击，处于腹背受敌的困境。在这个意义上讲，我们的刑法体系、刑法理论、刑法教义学完全地回到贝林时代是回不去的。其实，说到底，还是这个原因。因此，劳东燕老师所提到的这些，可能和中国不完全合拍，但或多或少、或早或迟，我们都要面对。刑法的刑事政策化作为一个普适性的考虑，我觉得还是值得关注的。

说到最后，我想讲一点刑事政策。前几年，我一直在研究刑事政策，但是，研究的过程就是自我否定的过程。到现在，我有了答案：刑事政策必须在刑法之内进行理解。在法律之内理解，才能使法治原则和刑事政策达成某种程度的统一。简而言之，刑法和刑事政策并不是并行的两种东西，它们应该融为一体。我们的知识理论体系也应该如此，刑法教义学必须把刑事政策的考虑，一种目的理性的因素吸收进来，这样既能坚守我们的法治秩序，也能回应社会提出的新挑战。我们需要关注差异，但更重要的是关注共性的东西。

谢谢大家。

刘明祥　请周光权教授点评。

周光权　我讲三点意见吧，主要是针对劳东燕老师报告中的问题的疑问。

第一点，刑法实质化的危险在哪里？刚刚车浩批评的是有道理的，也就是说，你的文章立足在德国的问题，论证也运用的是德国的思路，就学术需要世界的眼光这一点来看，是值得赞许的。然而，你的方法论必须立足于中国，必须要去讨论实质化在中国的具体危险。陈兴良老师和张明楷老师关于形式与实质的讨论，在一定程度上讨论到了实质化的问题。但实质主义认为，处罚必要性是整个刑法学的核心。这是我对张明楷老师的书与文章的学习和研究中总结出来的。他的整个思路都是围绕着处罚必要性展开的，与他所坚持的结果无价值、法益侵害立场相关的是：当一个行为具有很大的社会危害性时，张老师基于其内心正义的冲动，觉得这样的行为不能忍受了，他就会反过来考虑如何通过解释刑法将这样的行为入罪。比如，在军人抢劫的场合，张老师就论证其应当适用“冒充军人”。走的就是这条路经，而这就带来了解释上的随意性。所以，我觉得，实质主义的问题主要或者首先在于方法论的问题。它的思路是从处罚必要性出发，对行为是用轻的刑罚还是重的刑罚会反向地讨论问题。我的感觉是，将坚持实质主义贯彻到底的人，是不适合做律师的，他做律师，被告人就惨了；但他适合做检察官；做法官也有问题。所以，多少有点违法的事情，到了实质主义那里，就一定是犯罪了。

实质主义在方法论上的问题，比如说法条竞合，它一定会说，重法优于轻法，而不是我们通常说的特别法优于普通法。再比如，一个行为有多个后果的话，它讲要数罪并罚。一条走私船上有武器、毒品以及走私普通货品，它一定会讲数罪并罚。它的逻辑思路是，这么危害重大的行为不并罚不合适，显然是从严重后果反过来看问题的。再比如，为贩卖毒品而运输，实质主义一定是并罚的。最高人民法院司法解释关于两人都具有身份的共同犯罪，按照主犯的性质定罪。我觉得这些都是很彻底的实质判断的思维。实质判断是将处罚必要性和预防必要性区分得比较开的，它讲处罚必要性一定是针对过去的法益侵害，而劳老师贯彻的实质主义关注更多的是预防必要性，也就是说未来。所以，从方法论上说，它与其他中国学者所说的实质主义是有差别的。第一个问题就是要分析中国实质化的危险在哪里，实质化的危险可能还是在于其会使得国家权力无限膨胀。

第二点，如何看待回归古典这一命题。我实际上赞同根林教授的观点，我们是回不去古典时代的。这中间有个问题，就是在传统的国家与公民两层中间，多了一层庞大的社会，社会会提出一些处罚的呼吁，这与古典学者所面临的问题完全不同。所以，当社会变得很庞大时，犯罪就会变得越来越复杂，越来越不容易判断，这时就需要建立一些相应的机制和程序。比如，冯军教授谈到的在德国讨论罪刑法定中的类推时，特别强调要建立一种商谈机制，这是在国家和公民之间膨胀起来的社会所必然带来的问题。宪法法院的建立、英美国家陪审团制度的建立，我觉得是要建立这种商谈的机制和程序。一旦建立了这种商谈的机制和程序之后，对很多犯罪的判断就会变成实质的判断，需要考虑相应的国民的呼吁，这样的观点显然不是形式主义的。所以，我们是不可能回到过去的。

第三点，关于劳老师指出的防止刑法过度刑事政策化的方案。比如，法益概念、解释论以及宪法实体性合宪审查等，如果仅仅是这样，我们就会回到法益保护的立场上，而且这样的工作我们现在就在做。所以，你的这些方案与现在我们正在做的，哪些是超越的，哪些是新的，我还看不出来。

就简单地说这几句吧，谢谢大家。

刘明祥 冯军教授，你还是趁着你的酒兴说几句吧，我们欢迎。

冯军 我真的没有想到要说什么。我本来是打算从头听到尾的。我们在喝酒之前，都仔细地看过了东燕教授的论文，看过之后就觉得我们必须喝一点酒。在中国刑法学界，我们非常缺乏一位真正的女性刑法学者。在很多年以前，德国有一位普珀教授，是波恩大学的。我隐隐约约地感觉，许玉秀教授有一点普珀教授的气质。但经过这么多年的交往，我与许玉秀教授的个人交往是很深的，我们认为我们大陆的劳东燕教授，她应该是中国的普珀教授。这个评价不是我做出来的。

因为今天晚上有东燕教授的讲座，所以我一早赶回来看她的论文。我看了东燕老师的论文非常感动。有很多地方令我感动，但也有很多地方令我困惑。比如，威尔泽尔教授，我们都说他是一个物本逻辑的刑法学者，但我们同时又觉得他是一个价值论的、令刑法学从本体论向价值论转变的学者，这是为什么？这个问题，是东燕教授在她论文里提出的。本体论和规范论，或者说本体论和功能论，是目前整个刑法学的核心：一部分学者说我们要从本体出发来构建刑法，另一部分学者则说本体是不重要的，重要的是规范的评价。这个问题，其实在中国刑法学界还没有引起足够的重视，但我发现东燕教授已经敏锐地发现了这一点。本体论无非是说看看我们存在的是什么，规范论是说应该对我们存在的东西作何种评价。存在是什么，这个问题是本体论，也可以说它是形式的。存在的东西如何评价，这是价值论的，而这种价值论的东西往往是规范的，是符合目的的。在刑法学中，我们到底应该怎么看待这个问题？你要是从本体论出发、从词语的本来含义出发，我们可以说你是形式的；但如果跳过词语这个形式的东西，而通过合目的性去解释，那就是实质的。在这一点上，东燕教授提出了一个很好的问题。威尔泽尔从本体论出发，又提出一个价值的概念。因为威尔泽尔特别强调社会相当性理论，又特别推崇物本逻辑，也就是行为的本体构造。行为必须有目的，目的是行为不可缺少的本体组成部分。但他又强调犯罪是符合构成要件的、违反社会相当性的行为，这里又变成了一个价值的东西。东燕教授今天讲的报告，主要不是在说怎样从形式向实质转化，而是从形式向实质转化，尽管兴良教授会有不同看法。我为什么说它是必然的？雅各布斯教授很多时候都和我说，威尔泽尔再往前面迈一步，从所谓的社会相当性理论往前迈一步，就是所谓的客观归责理论，但他没有迈出去，所以他强调本体论。

为什么说我们必须迈出这一步呢？因为我们知道，形式的东西就是空洞的东西，用形式的概念没有办法能代表什么内容，因为太形式了。所以，在这个意义上，今天的刑法的实质化运动就是必然的，否则，就是空洞的，因为你根本不知道我们刑法中的概念是什么。婚姻是什么？你可以完全不理解，因为它过于形式了。《刑法》第257条规定了暴力干涉婚姻自由，什么叫做婚姻自由？如果你完全形式地理解婚姻自由，你就不可能真正理解它，你必须追问，什么是婚姻？那我们可以有很多的解释，但毫无意义，所以我们现在要做一个实质解释。

刚才世洲教授说得很好，说什么是法益？从字面上说，法益就是法律上对我有好处的东西，但你真要说明白法益，那却很难。从我身边的经验看，我从人大西门坐出租车，从人大西门出去直行，突然有车从主路出来。这条主路有三条道。出租车在第二条和第三条道上停了下来，撞上了一个骑电动车的人。我不知道谁侵害了谁的利益，结果无价值的人会说，骑电动车的人被撞了，他非常理直气壮地说你撞我了；开车的人也说是我撞你了。他不敢说任何话，因为汽车撞了骑电动车的人。我是学刑法的，我会较真，我就从车上下去。我在想，你凭什么说我撞了你，侵犯了你的利益？总共是三条道，而且都是汽车开的道。道路规则是对主路出来的车，辅路上的车是要让的。我在哪条道行驶是我的权利。我在第二条和第三条路上停下来撞到你了，是，我是撞到你了，但你凭什么说是我侵犯了你的权益呢？开车的司机也觉得非常冤枉，这是我的权利啊，你本可以走三条主道边上的自行车道，你偏不走，要走我的机动车道，最后撞了你，责任要算我的。对，这里确实有一个损害，但是这个损害在法律上究竟有没有意义，这本身就是规范决定的。（刘明祥：“你这些话可以私下再说……”陈兴良：“说得挺好，可以继续说。他说的实际上是法益侵害还是规范违反的关系。”）

我的结论是，如果没有规范，所有的法益侵害都是不存在的。在这个意义上说，所谓的法益都是抽象的概念，是不是法益、怎样审判，所有的东西都是由规范决定的。我很奇怪，我带的硕士生，他毕业了，去了朝阳法院工作，去年教师节的时候回来看我，非常失望地对我说，冯老师，我真的觉得我在法学院学的东西没有用。我就说，你能不能具体讲一下，你在法学院学的怎么没用了？他就跟我说了一件事情，听完这个事情，我觉得很难受。他说，他们法院办了一个案子，被院长大加赞扬，到现在为止，我也不知道到底对了还是错了。有一个人开车，正停车等待绿灯。突然，有人撞在他的车尾，送医后不幸身亡。这个人是一个小偷，被人追赶后慌不择路，跑得很快，撞在后备箱上了，撞了之后已经重伤。法院说，等绿灯的司机应该赔五万元钱。然后法官做了很多工作，让追的人和司机都赔了一些钱。法院说，这样一个判决是非常具有社会效果的，说这个案子判得很好。我当时都不知道这个案子应该怎么判。（陈兴良：这不是一个刑法问题。冯军：他为什么不是一个刑法问题？陈兴良：它是一个民事赔偿的问题。）民事赔偿是不错，但也涉及归责的问题吧？

刘明祥 好，好，那就此打住吧。开始给同学一个提问机会，你还提吗？

提问者一 我请教下劳东燕老师。劳老师刚刚说要制约刑法的刑事政策化危险问题。我想问，这个危险是对哪个层面来说的？这个危险是否与刑法应有的独立品格有关？

劳东燕 这个危险就是指过度的刑事政策化，会使国家权力侵入封闭的刑法中，使刑法丧失其应有的独立品格。这样一来，刑法体系或者教义学体系，很难再去制约刑事政策了。主要是这样的威胁。谢谢。

刘明祥 好吧，劳老师看到时间已经过了，所以很简单地回答了你的问题。今天，劳老师以“当代刑法理论中的实质化思潮”为题，给我们带来了一场非常精彩的讲演，在座的各位老师也作了非常好的评论，使我们享受到一场非常丰盛的学术盛宴。但是遗憾的是，由于时间关系，今天我们的论坛活动就到此为止了。谢谢。

2012 年 5 月 17 日

第五讲

形式刑法观初反省与实质刑法观再批判

主讲人：邓子滨

主持人：周光权

评论人：周详、车浩、梁根林、曲新久、冯军、劳东燕、付立庆、江溯、何庆仁、程岩

周光权　各位老师，各位同学，“当代刑法思潮论坛”又开讲了。原本这一讲的主持人是张明楷老师，但张老师跟我说，他有一个更重要的活动要参加。所以，就只有我上来勉强主持。

清华就是这个特点，学生不怎么爱听讲座，但是今晚确实来了不少。现在有请我们今晚的主讲人邓子滨老师。邓老师供职于中国社会科学院法学研究所，是研究员，在刑事推定、刑法的形式主义和实质主义的论争方面有独到的研究。但很遗憾，今天晚上，实质主义最坚定的旗手没有来，所以现在形成了一边倒的局势。刚才我问了一下，今天是不是找一个坚持实质主义的人顶替张老师的位置，结果发现好像很难找。但大家千万不要误以为清华大学在结果无价值与行为无价值的争论上会当然拥护形式主义，怀疑一切是我们对学术应该抱有的精神。邓老师也是基于这种精神，展开了深入的研究并取得了丰硕的成果。下面就有请邓子滨研究员为大家作精彩的报告，大家鼓掌。

邓子滨　各位老师、同学，晚上好！我是认真地做了一个文字上的准备，想把更多的时间留给发言的老师，我的发言应该不超过一个小时。感谢大家来听我的讲座，更感谢陈老师、梁老师、曲老师、冯老师和光权教授，作为导师、老师和师兄，他们屈尊前来主持和点评！我刚得知张老师不能前来，遗憾得不得了。不过，清华大学是张老师的老家，这里有热爱张老师的同学们，我会一丝不苟地完成我的初反省和再批判。

大家知道，2009 年我写了《中国实质刑法观批判》（以下简称《批判》）一书，陈老师作序，刑法领域里形式论与实质论算是“刀枪相见”了。先要声明，虽然很早以前陈老师就关注形式理性与实质理性的关系，但从未有人以“形式派”自居，更无“形式刑法观”的称谓。陈老师和我都认为，我们秉持的并非形式刑法观，不情愿用“形式”二字自我命名，因为中国政治哲学语境里的“形式”，总是比“实质”矮半截；再者，我们不是不要实质，而张老师旗下的实质论者也并非不要形式。可是后来，随着争论的深入，为了指称的方便，只在与实质论者的“互称”意义上，我们暂且接受了“形式论者”的称呼。

我的《批判》一书面世后，引起一定反响。周详教授率先撰文，系统回应，有华丽的赞誉，也有犀利的反批判。大家可以在陈老师主编的《刑事法评论》第 26 卷上看到这篇文章。最重要的是两位“大佬”亮剑：《中国法学》2010 年第 4 期发表了陈老师的《形式解释论的再宣示》和张老师的《实质解释论的再提倡》，真正展开了形式论与实质论之间的针锋相对、大张旗鼓的学术批判，由此改变了法学界长期以来四平八稳、无关痛痒、名批实捧、你好我好的学术生态。当然，是否形成了学派之争，还有待观察，巅峰对决尚待时日。

在陈老师、张老师的再宣示、再提倡之后，颇感有必要对 3 年前的《批判》进行反省。又因梁根林老师赏识，惠赐了今晚这个讲座机会，遂以“初反省与再批判”为题，接受大家的评点。

我曾尝试给实质刑法一个定义，认为它本身只是一个笼统的说法，泛指一切试图从本质上理解、判断、言说刑法学的方法、理论乃至思想。我还尝试概括实质刑法的基本主张：一是承认罪刑法定原则，但强调它的实质侧面；二是承认类推禁止，但不反对扩大解释，并以目的论解释为依归；三是坚持以犯罪本质指导构成要件的解释，运用社会危害性、法益侵害性的实质判断，将虽有明文规定但不值得科刑的行为排除刑罚。对于以上三点主张，我提出简要的质疑：罪刑法定原则是否真有形式和实质两个侧面？两者的关系到底怎样？扩大解释与类推解释能否区分？目的论解释是否可靠？实质论者是否真的只将不具法益侵害的行为排除？实质解释的实情，是否入罪偏多，出罪偏少？等等。我以这些质疑为基础，构造了对实质论的最初批判。

批判之一：实质刑法的倾向是纵容权力。

权力是一双欲望之翼。天有多高，欲望就飞多高，权力无限膨胀，不知收敛，四处招摇，惹是生非。“叫嚣乎东西，隳突乎南北，哗然而骇者，虽鸡狗不得宁焉。”权力带来的恶意，让我们有理由相信，毁灭、杀戮、酷刑的事业，是纳粹不涉利害的愉悦之源，相信他们从残忍的强者对无助的弱者的征服、盘剥与折磨中，获得了真正的乐趣。面对权力，如果没有硬性的、明确的、形式上的法律，就不可能为学步的法治铺平道路。因此，让司法官员循法，是防止权力专擅最不坏的方法。真诚强调法的形式要件和庄严的正当程序，才是真诚的法治。毋庸讳言，我们时代的某些方面，还与贝卡里亚时代相仿，应当做启蒙思想的追梦人，不该迫不及待地追随所谓“反启蒙运动”。要知道，化解法律几乎是权力的第一本能。

我曾给出化解法律的“功夫秘籍”，今天看来，内容大体符合实际。秘籍一，诉诸目的。目的、任务最好是双重的，“既怎样又怎样”，可以降解法律对权力的压制力度，无论重点放在哪个方面，皆无明显不妥，权力得以游走于双重目的之间。秘籍二，痛恨敌人。犯罪者比敌人还恶劣，因为他在内部打击社会。强化对犯罪的痛恨，不仅可以巩固权力阵营，而且可以借助“谁是敌人”这个政治判断，以政治主导法律。秘籍三，引入价值。伴随复杂的价值判断，罪刑法定的铁则，可以被稀释、分解。秘籍四，引入实质。韦伯指出：“不论在哪里，只要官僚制能够插手，内容就不仅是法律规范形式的司法完善，而且还有法律规范的实质公正，因为这尤其符合理性的官僚制的内在气质。”秘籍五，利用知识。知识就是力量，知识就是权力，知识为权力服务。权力凭借知识，首先识别法律是否明确，然后决定采用何种解释方法。“疑难案件造就了坏的法律，法官这么认为。”秘籍六，解释法律，尤其推崇实质解释。德国人说，“法律比其作者聪明，而解释者比法律聪明”；我只能说，惟其有权，所以聪明；惟其聪明，所以解释。仔细推想，只有形式上不利于适用者的法律才需要解释，解释就是为了便于权力行使。若想约束权力，就要强调形式，约束实质。

刘宝瑞先生的单口相声《官场斗》中，乾隆是最有权的，他革了刘墉的职，还说“限你3天，回原籍种地抱娃子去。第四天，北京城哪儿见着你哪儿杀你。不听召见，私自入都，有意刺王杀驾，就地正法”。本来就没离开，谈何私入？我们尊敬的张老师，也有像乾隆爷的时候，他将拒绝客户提现，解释为非法吸存。托尼·布莱尔说，我们在伊拉克发现了大规模杀伤性武器，那就是萨达姆本人。一语中的！恩格斯说，资产阶级的婚姻实际上就是一种伪善地掩蔽着的正式的和非正式的卖淫。直击实质！

批判之二：实质刑法的实质是社会危害性刑法。

陈老师认为，社会危害性理论恰恰就是实质刑法的理论基础，而这个理论时至今日还没有得到彻底清算，它本身是反形式的，具有实质主义法学的特征。在社会危害性的语境中，往往先作实质判断，入罪意向十分强烈，它所彰显的实质理念与罪刑法定所倡导的形式理念之间，存在着基本立场上的冲突。

陈老师的另一弟子刘为波说，声称社会危害性对于刑罚权具有重要的制约功能，这是一个弥天大谎。如果司法官员倾向于“把事儿办了”，在社会危害性的考量上，就会对不合胃口的法律起到化解作用，使他们心安理得地寻求入罪，不那么惭愧地奉承权贵。而我认为，社会危害性理论的利弊之争实际是生活逻辑和法律逻辑的冲突。之所以认为社会危害性理论拿起来方便，用起来顺手，是因为太渴望实质正义，试图在所有个案中都实现实质正义。

陈老师在《法学研究》2000年第1期发表了《社会危害性理论：一个反思性检讨》一文，向这一理论发动总攻。12年后，战事依旧吃紧，抵抗依然顽强。究其原因，社会危害性理论仍然汲取着与其诞生土壤极为近似的营养，否则无法解释它的根深叶茂。陈老师认为，关于社会危害性理论的讨论，存在十分严重的非历史主义倾向，极大地妨碍了对其政治本质的认识。君不见，正当“苏维埃刑法从实质上理解犯罪”的时候，苏联公民的权利与自由已经荡然无存，以致性命难保。几乎同时，纳粹法学开始高扬实质主义大旗，高声赞美墨索里尼的“打黑除恶”。正当帝国司法部长居特纳声言“纳粹主义以本质违法的概念代替了形式违法”的时候，希特勒宣布，“德国人民的最高法院由我本人组成”。应该思考的是：这样的土壤能否长出好的苗子？

批判之三：实质刑法的弊害是动摇罪刑法定。

实质论者凡事留有余地，向来责备形式论者不够灵活。可是，不够灵活正是对付权力的法宝。你要灵活吗？那受益者可不是你。你说拘留 3 天太死板，最长可以延长至 37 天，那你看哪个拘留不在个把月？你说律师会见嫌疑人时侦查机关可以派员在场，那你看哪次他们不在场？权力如果不能得到完全的制约，就等于没有制约。

类推，是罪刑法定被藐视的直接证据。无论苏俄刑法还是纳粹刑法，都有类推的规定，因为极权专制的国家，无不厌弃罪刑法定。牧野英一直言，当个人主义思想衰退，团体主义思想抬头时，罪刑法定主义的重要性必然渐渐丧失。对此，泷川幸辰深感不安，认为在刑法学中，再也没有比“法无规定不处罚”更具魅力的语言了。这一原则，冲破了意识形态的束缚，成为世界性的信念。然而近年来，对这一原则却产生了疑问，曾经坚如磐石的原则开始头童齿豁。

我国具有长期的封建传统，国家权力空前发达与强大，没有罪刑法定主义的社会基础。所以，必须从理念上加以启蒙。启蒙尚未完成，过早、过急地追求实质，会使法治的理念未曾完聚便消散于无形。实质正义，无论如何都是以具体问题具体分析为导向的，当民众发现，方便不是来自循规蹈矩，而是来自见机行事，信守规则便成为脑残的征兆。

说到罪刑法定的现实困境，我可能有更多的感触。其中一个重要感触令我自己都觉得震撼：罪刑法定写入《刑法》15 年来，司法解释和审判实践都证明了这个原则的彻底失败。我绝不是说既判的案件都是错的，它们多半是对的，但这些对的判决不属于涉及“是否坚持罪刑法定”。它们的正确不是贯彻罪刑法定原则的功劳，而是依法办事的结果。

我亲历了一起“纽扣案”，促使我下决心批判实质解释。女公诉人是华东政法的硕士，她引证了“上海朱建勇案”：“被告人为泄私愤，侵入他人股票交易账户，并修改密码，采用高进低出股票的手段，造成他人巨额资金损失”，对此，法院认定故意毁坏财物罪。“纽扣案”的情节是，几个妇女因家族仇怨，跑到对方的住宅兼纽扣厂房哭闹，将装在袋中、摆在庭院周围的大量不同型号的铜纽扣倒在地上，掺杂在一起，最终以故意毁坏财物获罪。我不明白，黑瓜子和白瓜子混在一起，分开就可以了，黑瓜子照样吃，白瓜子继续卖，何必大刑伺候？谁都不否认“毁坏”有一个核心含义，争论的是“毁坏”的词义究竟可以辐射多远。前田雅英有个比喻：处罚范围犹如投石于水中所画出的同心圆，即便是取其一点而打算只将处罚扩展到某些部分，实际上却必然引起全方位的扩大。实质论虽然在个案解释中总是得心应手，但却往往以规则微调为代价，日积月累，本意是补偏救弊，结果是倒持泰阿。就这样，实质论者赢得了不止一次的战役，却输掉了整场战争。

实务界显然欢迎实质论，理由是它便于入罪。张老师不承认。如果同学们也怀疑我危言耸听，不妨参考一下曲新久教授的调侃。他说：“如果张明楷认为无罪，那是真无罪；如果陈兴良认为有罪，那是真有罪。”当下中国，实质论和形式论的目标都是法治，在许多里程中并肩前行，它们在哪里分道扬镳呢？我认为，是在应否填补刑法漏洞的问题上。人们普遍承认，没有一部法典是没有漏洞的。但是，承认刑法漏洞，不意味着一定要去填补它。民事法官不得借口法律没有规定而拒绝裁判，但刑法却受制于罪刑法定，法官在法无明文规定时，必须拒绝有罪裁判。基于这个特点，刑法漏洞必须被尊重！填补刑法漏洞，会无意间冲破了“无罪不罚”的底线。

在《批判》一书中，我曾试图挖掘实质主义在中国的深厚根基。

齐宣王问孟子："汤放桀，武王伐纣，有诸？"孟子对曰："于传有之。"问："臣弑其君可乎？"答："桀纣背仁弃义，残贼之人，谓之一夫，闻诛一夫纣矣，未闻弑君也。"听说杀了个坏蛋，没听说杀了国王。《左传》记载了宋楚泓水之战。宋师败绩，因为宋襄公坚持"寡人虽亡国之余，不鼓不成列"。于是，迂腐遂成盖棺定论之辞。历史的口水吐在宋襄公脸上，规则意识却淡出中国历史，只有尽快达到目的的愿望固执地留在国民心中，强烈地支配着日常行为。请问同学们，横穿马路时，你是否走斑马线？红绿灯是否只起参考作用？有人说中国人太老练，这个民族太早熟。其实都与善于应付规则有关，都与善于以实质化解形式有关。在皇位继承上，立长不立贤，原本是国人最早的宪法实践，但它从未被长期遵循过。国人太渴望贤人政治了。古已有之的观念，差不多都落脚在灵活性上，日常熏染，使国人形成了逆法治的思考，采取着非法治的行动。我深深以为：身处反经行权如此悠久的国度，面对便宜行事如此擅长的国人，根本无须提倡实质论。

中国法治的当务之急是什么？是让法官尊重法律、敬畏法律，逐字逐句地适用法律。理念，关键是理念，理念决定方法。我很荣幸地接受周详教授对形式论者的评判：无须智慧，只需普通老实人的固执，坚持的耐心，不放弃的信心，死战到最后的一个决心。

近年来，关于自然法与法律实证主义的争论，也提供了批判实质论的有力根据。一向被认为具有法律实证主义传统的德国法官们，在纳粹时期，真正信奉的是实质公正。说穿了，是"向元首而不是向法律本身效忠"。纳粹这个怪胎的出世，对于睿智而又总是思想着的德意志民族来说，无疑是一种深刻的悲哀！卢梭打开了潘多拉的盒子，公意无限至上的言论，潜伏着导向专制的危险。对此，布鲁姆表达了新近的看法：卢梭不是大恐怖的祸首，尼采也非纳粹的诱因，但他们的话语及其言说方式，容易被政治曲解和利用。

关于要不要法律，争端已经基本平息，但人们不时徘徊于形式与实质的取舍之间。以路面驾车"碰瓷儿"为例，劳东燕教授与我就有无果而终的交锋。她思考的是，构成敲诈勒索还是诈骗？诈骗的被害人是被撞者、警察还是保险公司？够复杂吧？而我颇感无奈地对她说：东燕，哪儿有什么碰瓷儿？你看他的车正处在合法的有路权的位置上，而你的车正处在违法并线的状态。他有路权，没有义务让你。王海打假，谈何犯罪？你可以说他“以合法形式掩盖非法目的”，但行为本身合法，你非要揭开他的内心世界，是否踩到强制取证的边缘？交警这时一般都会忽略碰瓷儿者的心态，径行依照明摆着的形式的状态来裁决“事故责任”。这确保了一个长远的利益：督促人们尊重规则，不给某些违规者诬陷他人碰瓷儿的机会。

既然规则已定，游戏各方都须遵守。尤其是，越是好的游戏规则，就越是着意于限制强者，但偶尔也给弱者带来不利。这时，弱者必须忍受，继续按规则办，以便迎来下次于己有利的结果或者避免下次强者违反规则。强者要是违反规则，弱者所受的损失，必定大于弱者自己遵守规则所受的损失。所有的人都一体守法，这对弱者有好处。“形式”有弊害，“形式的”法律也有弊害，但必须忍受，以便迎来更大的守法利益。这就是陈老师和我极力拥护的规则功利主义，不同于张老师大约一年前的讲座所主张的行为功利主义。

在形式与实质争论的参与者中，劳东燕教授在《刑法解释中的学派之争：对形式论与实质论之争的检视与反思》一文中，给我不少溢美之词，也配送了许多诟病之语。她的大作就要发表了，留些悬念，我只撷取对我的批评部分。劳师妹说，对于两大阵营间的曲解与误读，我在许多方面难辞其咎。首先，我将事实论与价值论之争，混同于价值论内部之争，因而凡在构成要件中运用价值判断的，一律归入批判范畴，甚为不妥。其次，将实质论的立场等同于后现代的解构启蒙、解构法治的立场，未免自误误人。最后，作出正确的诊断，不意味着开出正确的药方，对罪刑法定的贯彻，看似给出了简洁明了的回归古典学派的解决方案，但实际上既不现实，也不具有可操作性。劳师妹尤其认为，在刑法到底有无明确规定，以及规定是否明确尚待争议时，不应像我说的那样，做“一刀切”地对被告人有利的判断。尽管我对劳东燕教授最后一点批评不能认同，时间所限，我也暂不申辩，以便拿出足够的篇幅来叙述张老师在《中国法学》上的指教。

张老师的反批判主要包括以下七个方面：

其一，我曾认为："刑法，不可能包含不值得科处刑罚的行为，因为那对立法者来说是荒唐的。"张老师从五个方面对我进行了反驳。经过反思，我认同张老师的意见。现在想来，当时写作时，没有照顾到逻辑上的一致，有一并反对实质解释之嫌；没有时刻想着，实质解释有时也可以得出出罪的结论。

其二，张老师批判"扩大解释必须有利于被告"的观点，他重申，当某种行为并不处于刑法用语的核心含义之内，但具有处罚的必要性与合理性时，应当在符合罪刑法定原则的前提下，对刑法用语作不利于被告的扩大解释，从而实现处罚的妥当性。我至今不能同意他的这个意见。理由在于，张老师所说的"处罚必要性与合理性"，其判断标准不外是法益侵害性，与社会危害性相去不远。以之为杠杆，调整用语同核心含义的距离，从而调整处罚的可能性，怎么还能保证"遵循罪刑法定原则"呢？

其三，我否认罪刑法定原则存在形式与实质两个侧面，张老师对此给予了较长篇幅的批驳。张老师委婉但坚决地指出，我的论述中有许多妄断与臆测，还一并反驳了陈老师对这个问题的看法。不过，我认为陈老师的论证更全面、更有说服力。两个侧面的区分，在张老师看来似乎天经地义，对其发难实属牵强附会、杯弓蛇影；而陈老师则认为，此番争执绝非空穴来风，兹事体大，事关整个形式观与实质观的体系争论。内容很复杂，还是请他们二位自己说吧。

其四，关于刑法漏洞是否可以填补，张老师圆满地解决了旧的纷争，却带来了新的疑惑。张老师反对类推，认为那些必须通过类推才能填补的漏洞，才是真正的漏洞；真正的漏洞不能由司法填补，只能通过修改刑法来填补。这在形式论者看来也是正确的。不过，张老师继续写道：为了实现刑法的正义，必须在不违反罪刑法定原则的前提下，尽可能减少和避免刑法的漏洞。换言之，应当在法定形式范围之内，将值得科处刑罚的行为合理地解释为犯罪。可以通过类推解释以外的各种解释方法填补的“漏洞”，都不是真正的漏洞。

我对张老师这段论述的质疑，不在其理论上是否妥帖自洽，而在其实践中是否变数丛生。首先，要识别是否“真正的漏洞”，靠什么？靠正义的判断，靠法益侵害性带动的处罚必要性；其次，要确定是否属于“类推解释方法以外”，靠什么？靠类推解释与扩大解释的区分，而人所共知这个区分并不可靠，张老师自己都承认这是“刑法学永恒的课题”；最后，这里无疑动用了实质解释，“将值得科处刑罚的行为合理地解释为犯罪”，而张老师在别处一再强调的是“将不值得科处刑罚的行为排除出刑罚”。

张老师又提到，应将暴力逼取证人证言中的证人扩大到被害人。我要质疑的不是此番扩大是否合理，也许真是合理的，“举轻以明重”，不让被害人二次受害。我要质疑的是，个案正义所带来的思考模式，是否会在其他个案中导致意想不到的结果。想想李庄案，引诱证人作伪证，龚刚模是证人吗？有人说当然是，共同犯罪人互为证人。打黑，尤其要打黑律师，顾不得那么多了。

其五，张老师还有这样的论述：扩大处罚范围，并不等于违反罪刑法定原则，只有不当扩大处罚范围，才会违反罪刑法定原则。还是那个老问题：“不当”的标准是什么？当与不当作为杠杆，给一个支点，是否可以撬动地球？将他人的戒指从甲板上投入大海，把他人喂养的鸟儿从笼中放掉，是否构成犯罪，构成何罪？你刚作出故意毁坏财物的判决，鸟又飞回来了，怎么办？这个问题现在反省起来，虽然我仍不同意张老师构成“毁坏财物”的结论，但我也承认当时“宁愿定盗窃也不定毁坏”的说法有问题。依现在的判断，还是认为法无明文规定不为罪更稳妥。

其六，还要自我反省的是对张老师二阶层理论的某种误读。当然，误读的还有光权师兄。张老师的犯罪论体系认为，客观要件讨论实质违法性，主观要件讨论责任，构成要件符合性的条件在理论上被忽略了。这样看来，纯粹的误读倒也谈不上，只是大家对理论模式改变后的风险有不同的判断。既然张老师强调，自己并非简单地合并了客观构成要件与违法性两个阶层，从来不曾否认构成要件符合性的概念，那我可以争取全身而退了。毕竟，我反对两阶层的本意，是不希望构成要件过分实质化，从而走向崩溃，失去人权保护的门槛意义。

其七，关于法律解释是否必要，我没有改变看法，仍然认为，不宜过分倚重法律解释。一个重要理由在于，没有扎实、充分的理由让我相信，法律解释优于法律本身，或者说法律解释比法律本身问题更少。由于法官可以自由选择解释规则，他们就自行建构了解释的界限，并且不存在标明越权的警戒线。这样一来，我们实在无法相信，某种解释比另一种解释，或者比它所解释的法律，更加正确或者更加符合实质正义。

最后，我向同学们推荐乔治·奥威尔，尤其是他的《动物农场》。动物革命后，将压榨他们的人类东家赶出农场，聪明的猪们随即篡夺了革命果实，把动物主义的原理精简为不可变更的戒律：第一，凡用两条腿行走的都是敌人；第二，凡用四条腿行走的都是朋友。压缩为一句格言："四条腿好，两条腿坏。"禽类提出反对，于是就有了第一书记对戒律的实质解释："同志们，从正确的观点看，禽类的翅膀主要起推动作用，而不是操控作用，所以应当被看做是腿。人的区别性标志是手，人正是用它来干坏事的。"

聒噪了50分钟，就此打住。再次感谢陈老师、梁老师、曲老师、冯老师和光权师兄，还有为我安排这次讲座的江溯师弟。再次感谢在场的各位老师、同学们。谢谢！

周光权　刚才邓子滨教授用了不到一小时的时间，把他的形式解释与形式刑法观的一系列理论，讲得比较清楚，而且对相反的理论，也就是实质刑法观的理论进行了批评。接下来，我们进入评论环节。关于评论人，我们原来安排的是3位，就是曲新久老师、冯军老师和张明楷老师。由于张老师没来，所以有一些调整。我们先请周详教授作一些评论，大家欢迎。

周详 不好意思，我是不请自来。偶然听到是子滨兄的讲座，抽出了一点时间来听一听。我觉得这个讲座非常的好，能够把我们吸引过来。由于张老师原来是中南的人，学科带头人，所以他的理论是在那个时候就已经确立了的。我一直是在中南的，所以说我受张老师的影响很深。说实话，到现在我是不太愿意放弃实质解释论的一些观点。为什么放弃不了，那是因为放弃了，写文章就写不出新意来。张老师对某个问题的解释，听上去还是挺有道理的，他并不是瞎说，而是根据词语本身解释的。如何抗拒呢？也许实质解释论确实给我们提供了很多的智慧。因此，在司法实务界的影响力特别大，而且我的一些师弟啊，从实务部门回来的，都说办案的时候最爱看的就是张老师的《刑法学》。

但是，我总感觉有一些问题。刚刚子滨谈到了几个问题，主要就是实质刑法观与形式刑法观之间的争论。我就他提的几个问题谈一谈。比如，他谈到了“武器”，或者说“凶器”，我国《刑法》里就有规定携带凶器抢夺、携带凶器盗窃，什么是凶器？我记得张老师在给法官讲课时就曾经说过，外国某法官曾经有句名言，法条在法官手里就像是海绵，想怎么捏就怎么捏，想捏成圆的就捏成圆的，想捏成方的就捏成方的。也就是说，当我觉得要动用刑法处罚的话，就把它解释到法条里面去。比如硫酸能不能算武器？大家都知道这个著名的案子。其实用“化学武器”就可以把它吸收进来，这就是说词语上就把它包含进去了。当然它也是值得处罚的，它足够和其他的武器一样具有相当的社会危害性或者法益侵害性。

我是说，如果这样延伸的话，可能问题就出现了。我们这样解释携带凶器抢夺、携带凶器盗窃，比如我携带两支烟斗，那种农村抽烟的烟斗，去抢劫或者抢夺或者盗窃，是不是携带凶器？大家肯定会说不是，可是我觉得按照张老师的思路，完全可以解释进去。为什么呢？大家看过古龙的小说，七种兵器，排列第一位的就是烟斗，小李飞刀也就排在第三位。我们再进一步说，刀是凶器没问题，烟斗是长的，也没问题。一根短棍子算不算凶器？大家又可以想一想周星驰的一部电影，叫做《唐伯虎点秋香》。其中就有一个唐家的霸王枪，也是古龙小说里的七种武器之一，好像排在第六位。唐伯虎和书生剑决斗，他父亲就死于书生剑下，所以霸王枪排在书生剑之后。到唐伯虎决斗时，枪头还是被砍掉了。但唐伯虎已经练得出神入化，不需要枪头，失去枪头的就是一根棍子，他还是把书生剑给刺死了。他说了一句话，我霸王枪又排到第一位去了，一根短棍子居然排到了兵器的首位，这就是武器的解释。然后大家就会想到，我身上任何东西都不带，是不是可以解释为携带凶器呢？有人说那不可能吧，其实还是可以的。古龙小说里面第七种兵器就是“愤怒的小马”，其实就是指拳头。所以，这“武器”你该去怎么解释？语言是充满智慧的，尤其是中国的语言文字，博大精深。手中无剑，心中有剑，这就是我们的智慧。所以说，实质解释运用了很多智慧，它可以把真的解释为假的，把主观的可以解释成客观的。

这就是我最近在《清华法学》2012 年第 1 期，针对张老师把正当防卫的防卫目的，即为了……解释为“因为”，从而从主观要素变成了客观要素，提出了我的反对意见。张老师在文中例示出了很多“为了”的用法，其实就是因为的意思。我以前确实没有想到，这是张老师实质解释的智慧。我国《刑法》中有所谓的倒卖车票罪、倒卖船票罪，但是就没有倒卖飞机票罪。飞机票能否解释为车船票？大家一定认为不能。但我按照实质解释论，一定可以解释得了，为什么？大家知道有一家飞机制造公司叫做什么？我的英语不太好，不敢发音，叫做“空中客车”，既然是空中客车，那张老师一定能够解释得进去。因为从社会危害性来说，倒卖飞机票的危害不一定比倒卖车船票小。完全能够解释得进去，这是实质解释的厉害之处。再比如，容留介绍卖淫，如何解释“容留”和“介绍”。我最近看到一个案子，好像就是北京某法院判的。一个人请另外一个人去嫖娼，他开了房请他人嫖娼，是否构成容留卖淫罪？我们现在可以这么解释：你自己去嫖娼，在酒店开了房，你也是容留，因为你开了房让妓女到这里来卖淫。所以，尽管我国《刑法》里没有嫖娼罪，但实质上有，那就是容留卖淫罪。这就是实质解释的厉害之处。另外，你看最高人民法院有一个容留卖淫的定罪量刑的标准，只要容留一人的就构成犯罪，所以我们通过实质解释，使刑法实质上可以处罚嫖娼。

我现在对实质解释是抱有反思的态度的，虽然我内心还是不太想放弃这个立场，但我还是在朝着形式解释这个方向在走，要有一个过程，包括张老师和周光权老师的争论、张老师和陈老师的争论、规则功利主义与行为功利主义的争论。我最近写了一篇文章，还没发出来，其实就是站在规则功利主义的立场，也包括我对周光权老师的二元论的行为无价值的赞同。

这就是我对子滨讲座的一些简要的观点，基本上说，我还是很赞同他的观点的。谢谢大家。

周光权 周教授讲得很精彩，批评得也比较温和。下面我们有请下一位批评得更为温和的人，冯军教授上来点评。

冯军 本来以为由兴良教授、新久教授先提问的，让我来说，我真不知道说什么。这个稿子我是今天拿到的，并且非常认真地看了一遍。我一边看、一边感觉，一边欣赏。大家有空可以读一读，文字确实很优美。关于这一点，兴良教授一定很清楚，他用一种很优美的文字表达了他的想法，我很欣赏他的文字，很欣赏他的形式美，但要让我对它作一个思想上的评论，我感觉很为难。因为我也读过他的文章，读过他的书，知道形式刑法观与实质刑法观，包括兴良教授把它说成是中国学派之争。关于这一点，我一直弄不明白。我本来是想听新久先评论的，可是刚才听了周详教授的评论之后，我似乎隐隐约约感觉到了什么是实质的？按照他的说法，实质刑法观似乎就是把方的变成圆的，把圆的变成方的。圆的我知道，方的我也知道，但是把它俩变来变去，我就不知道了。如果张老师真的是这样一种刑法观，当然应该被批判，但问题是，这是不是张老师说的那种刑法观？实质刑法是不是这样一种东西？

我有一种感受，为什么不好评论子滨教授的文章呢？因为他用来批判张老师的例子是否本身就是正确的？如果具体地讲结论，我可能和他是一样的，比如“纽扣案”，我也认为不应该解释为故意毁坏财物。这个案子是说，有人把别人的不同型号的纽扣都混在一起了，要分开的话，需要 10 万元钱。问题就在于故意毁坏财物包不包括这一类的间接损失。但是你说，把戒指丢向大海，不叫故意毁坏财物，而是盗窃，我就有疑问。因为盗窃是取得罪，你没有取得它，没有取得怎么能叫盗窃？盗窃必须是以据为己有的目的取得啊，没有取得而把它解释为盗窃？张老师聪明啊，他就说这不是盗窃而是故意毁坏财物，因为戒指的价值流失掉了。我的看法和他的看法是一样的，把戒指丢入大海，把这解释为毁坏财物没有问题。我不能同意子滨你说的解释为无罪，无罪的问题很大。因为我们说损害，你如果把形式刑法观限定在认为损害就是使物品现实地被破坏，我应该就不是形式刑法观论者，我也不同意你这种解释结论。如果你这样说的话，那就麻烦了。

最近有一个案子，有人用带有艾滋病病毒的针头去扎别人。针头那么小，不能把这个解释成伤害，这个伤害是看不见的，但是你不能说不存在伤害。还有一些明知自己患有艾滋病而与他人发生性行为的，被害人没有实体上的损害啊，但是你不能否认这是一种伤害。按照你的解释推测，只有伤残才是伤害，要按这种解释，依我自己看，是不能接受的。至于你说把鸟从鸟笼里放飞了，算不算故意毁坏财物？这不一定。如果一概解释为故意毁坏财物，这是有问题的。你说把鸟放飞是一个民法上的问题还是刑法上的问题，这也不能一概而论。你要看这个鸟养了多少时间，放飞后能不能飞回来，等等。

所以，单从所举的例子看，关于形式刑法观和实质刑法观的争论，我觉得我属于实质刑法观。但是从你们对实质刑法观的定义上来说，我又可以说我变成了形式刑法观的学者。因为你把实质刑法观解释为把圆的变成方的，方的变成圆的，我肯定不赞同这个。我就在想，我到底是一个形式的刑法解释论者，还是实质的刑法解释论者呢？还有一个很大的问题是说，是不是形式的刑法观，当然你讲座开头就说了，你不是不说实质，张老师也不一定不讲形式，这里的实质和形式到底有多少重要的区别？所以你讲的三个理由，比如说主张扩张解释，目的论解释，是不是主张扩张解释与类推解释有间隙，从这些方面来说，当然如果你说扩张解释一律禁止，如果是这个主张的话，那就是形式刑法观；如果说类推解释要被禁止，而扩张解释则不需要，就是实质刑法观的话，如果这样来划分，就非常明确。

但在很多问题上，我感觉子滨教授似乎走得更远了。他在他的书和文章里都提到了他要回归古典，提出了一个口号，回归古典学派。当然，他这个古典学派是说要回到贝卡里亚那里去。贝卡里亚我们都知道是一个启蒙学者。从今天的角度看他并不能成为一个学派，他没有教义学，不像费尔巴哈那样创立了教义学，贝卡里亚那里只有思想。你说要回到贝卡里亚来解释法律，但贝卡里亚本人反对刑法解释。他说，你有解读，我有解读的话，不可能会有真正的判决。如果你真的说回到贝卡里亚，我们肯定是回不去了，不可能再回到刑法不能被解释的道路上去了。但从反面来看，如果刑法被解释成，方的变成圆的，圆的变成方的，这也是不可取的，这是完全不要形式的做法。

你不能简单地说实质刑法观纵容权力。我可以说在很多情况下，形式刑法观同样会纵容权力。你想一想，如果我们坚持形式，不允许有任何的人道主义或者自由主义的考虑，我们同样会面临到权力滥用。在很多方面，就像你说的，实质刑法观和形式刑法观有共同之处，他们都追求法律理念和解读的精神。大家都说启蒙思想家的理念过于理想，包括像李斯特那样的古典犯罪论体系，用精确的概念实现法治，从今天看来，不太现实。刑法是一门精确的科学，这只是一种理想。

你自己说你是一名形式刑法观论者，但兴良教授在你的那本书的序言里说，你赞同自然法学者。如果你赞同自然法，那你就是一个实质论者。因此，在什么层面界定形式刑法观与实质刑法观？我是有很多疑问的。但我同时又感觉到，就像周详教授批判的那样，张明楷教授强调目的解释，强调并允许扩大解释，比如他说的，可以用扩张解释的漏洞绝对不是漏洞，所以可以用解释去填补漏洞。这个说法我完全同意。这个漏洞是可以解释的，不像是类推解释，没有这个东西，用另外的东西来替代。但我也感觉到，明楷教授走得有点远。今天在清华大学讲座，不是变成明楷教授的批判会。明楷教授是我的师兄，也是我私下很好的朋友，我十分尊敬他。但是他的解释立场是不是真的有这样一种倾向，把圆的变成方的，方的变成圆的呢？有没有这样一种倾向呢？

在有的地方似乎有这种感觉，就是刚刚周详教授举的飞机与车船的例子，就是关于危险驾驶罪的争论。我们当时在德国，包括兴良教授、新久教授、根林教授都在。明楷教授突然问我一个问题，他说，冯军呐，你告诉我醉酒驾驶飞机能不能构成危险驾驶罪。我说干吗问这个问题？飞机又不是机动车。他说飞机是空中 bus 啊。我就说，你真认为飞机是机动车？他说我就是这么一问。后来在一次研讨会上，他又说了这个问题。我好像感觉到他要把飞机解释成机动车，我就说，你要是把飞机解释为机动车，我会毫不犹豫地站在批判者的行列。后来我隐约听到，我们清华大学有学生想去替张明楷教授论证飞机是机动车，醉酒驾驶飞机要按危险驾驶罪处理。同学们，你们尊重张老师是非常好的，他确实有很多值得我们尊重的东西，但是不能把尊重的东西变成迷信。凡是他说的东西，没有经过验证的，都作为金科玉律来对待，我可以负责任地说，这是错误的。因为你知道，张老师也是人，张老师也会犯错。这种将汽车是 bus，飞机是空中 bus，所以飞机也是 bus 的解释方法，是过于牵强的。你不可能把飞机解释为机动车，你也不能把飞机票解释为车船票，如果这样解释就不再是扩张解释了，而是类推解释了。很早以前就有学者想把飞机票解释为车船票，说这是扩大解释。这怎么是扩大解释呢？扩大解释再怎么扩大，也不可能扩大到这个词语的含义范围以外去吧？如果你把这种扩张到事物包含范围以外的解释定义为实质解释论，我就不是实质解释论者。但如果只是从是否需要扩张解释、扩张解释与类推解释的区分的标准看，我支持实质解释。

子滨教授，我是很欣赏你的，尤其是你的文采，欣赏你的才华。有很多地方我们有共同之处，就像我记得兴良教授在你的序言里说到的，你似乎有一种悲观情结。我自己本人有一种浓重的悲观情结。有一次我家里的表姐的儿子生病死了，我打电话安慰我的表姐。我说，姐姐你不要悲伤，你想一想我们人类这么多人，你孩子去世没多少人知道。中国很大，但是比起世界就很小，世界比起宇宙那就更是渺小，微小得几乎看不见。我说，你没有必要为了那一点渺小，而导致自己过于悲伤。也许我过于悲观了，但是你将实质刑法观和形式刑法观这么强烈的对立，或者像兴良教授所说的，上升为中国的学派之争，对于这样的强烈的对立意识，或者说是学派意识，能给刑法带来什么？我认为是悲观的。

谢谢大家。

周光权　谢谢冯老师，现在我们有请曲老师为我们作评论。几个月前，曲老师也是在我们清华法学院作了“关于拖拉机是不是汽车”的讲座，但是我们还是不清楚，所以接下来我们有请曲老师继续说。

曲新久　在扩张解释和类推解释问题上形成不同意见其实很正常，重要的是要努力去找到合适的界限，就像子滨教授所说的，没有这个界限的话，就很容易被突破。而且这个问题并不只是刑法一个学科的问题，它需要一个系统的东西，它需要司法。而司法又是社会中的，是有文化背景的。所以说每个民族有她的宿命。我看到了子滨教授对中华民族有一种悲观的宿命情结，这是没有办法的，有的时候事情就是这样。这就是你的命，这是改变不了的。人与人之间的关系，也在发生着变化，比如在北京大街上行走，没有几个人是你的朋友，来到教室呢，你的朋友会多一些，这也是我为什么愿意待在这里的原因。反过来说，你到一个沙漠里去，看到一个人，你开心得要死。你到美国或者欧洲，你感觉没什么人，一看到中国人，你就会觉得这才像个人。你去吃西餐，突然吃上一碗小米粥，你就会说，这才叫吃饭呢。有些东西不是教义学或者法学能够解决的，它里面包含了研究者、司法者、立法者对生命、对世界的一种看法和体悟。在这里可能是有一些复杂的。我常常对这些东西感兴趣，但又很难理解它。你有的时候觉得能够理解的，转眼间又觉得糊涂了，这都很正常。

今天子滨教授讲得不错。他给我的书呢，我一直没看完，我今天才看到不到四分之一的地方。有一次吃饭的时候，我问他，你说的纽扣的案子在哪？他说你再往后看，今天才终于仔细地看了这个案件。关于“纽扣案”的问题，更重要的是法律指引的含义涵盖的事实问题，反过来对解释起到了影响。在这个问题上，我觉得评论、批判或建议，都很难。因为我总觉得子滨教授在生气，在一种生气的状态下写作。我一般来说，对生气的人是躲着的，因为我也经常生气，莫名其妙地就受到了内伤，别人也看不出来。所以，我读的过程中，总觉得子滨在生气，当然生气包括从历史的跨度，中外的跨度。但如果你看看美国、欧洲人的生活方式，你看也不错，其实也未必就很好。在中国，人与人之间有非常多的形式的东西，就像在中国用西方的亲热动作，就是犯罪，就猥亵了。比如很简单的，一个小孩用嘴喂东西给另一个小孩，这就是猥亵了。你看有些地方，过去的食物太过坚硬、太过粗糙、又冰冷，母亲经常把食物嚼着吃，然后喂给孩子。你要说母亲是猥亵的话，是很痛苦的。这个就是一个环境的问题，对于一个日本人来说，你对他饭盒里面撒泡尿，这就是损害，是不得了的事情。但是你要是在中国，一个同学在另一个同学饭盒里便溺了，饭盒会损害吗？确实是个问题。所以在具体问题上，一定要把东西归入实质还是形式，确实很难。在哲学高度上，形式和实质也非常复杂。我觉得关键是一个语境的问题。如果你把实质刑法看成是一个大尺度地适用刑法，而形式刑法是在适用刑法时比较保守，或者用一个词，形式刑法运用刑法时胆子比较小，实质刑法用刑法抓人时胆子稍微大一些。这就像谈恋爱，有些男生和女生谈恋爱很委婉，就是拉拉小手指头，看见老师啪的一下松开，脸都通红了。另外一些男女生就是大尺度恋爱，一起来，一起走。这样看来呢，你说是胆子大些好呢，还是胆子小些好呢？不好概然而论。有的时候是需要依据你的角色而决定的：你要是作为警察，胆子很小，那就会很糟糕；你作为法官，胆子又很大，也不符合形象。但是作为警察，总还是需要一些法官的思维和意识，也就是去思考这个法官是怎么考虑的；作为法官，你要去体会警察，警察他是保护这个社会的。有时候理论说起来简单，就是邪恶得到惩罚，正义得到伸张。如果这一点都达不到的话，很难说这个社会是正义的，那就无非是一个强盗的舞台。所以在这个角度上说，大尺度的，或者你把这个说成是实质刑法观，它就是重要的，是有价值的。但是反过来说，政府有很多“危险”的组织，它们总是倾向于把界限极端地扩大。有时候感觉法律确实像弹簧一样，它总有一个极限，你无限地扩大界限，那它也会到头了。这就需要知识、体系的完整、司法的独立等复杂的因素。这是对子滨讲座的第一个印象。

尽管光权说不要提拖拉机和汽车的问题，比如冯军教授硬把拖拉机解释为汽车，当然他可能还会改变，但是你要是把飞机解释为 bus，那肯定不能被接受。为什么？因为在刑法体系中，不太可能存在着一种希望，说把俗语中叫做空中 bus 的解释为汽车。因为世间这些东西你可以用一个完全没有想到的名字来命名，只要它被群体所接受。在刑法中，比如拖拉机、汽车、飞机这些概念，在语言的运用中就像海王星一样在我们的星系中很遥远，它与我们没有紧密的接触关系，所以是非常难的，不是容易的。有些语言学上的，比如巴黎、北京等，这些名称是很难变的。所以我也接受冯军教授所说的不能把飞机解释为机动车。

下面有个提醒，如果你一定要有一个划分标准的话，形式理性的概念可以用。它有更高的位阶，完全可以适用在其他领域。但很难说形式刑法就是法治的。有些具体的批判可以拿出来讨论，这一点冯军教授也有提及，就是“实质刑法是否就纵容权力”。关于是否纵容权力，我觉得它主要不是一个刑法问题，确实是一个政治学问题，或者是一个法理学问题，可能在刑法解释中的影响并不是太大。当然，一个研究者或者解释者的戒心可能比较大，他可能会更多地倾向于关注形式的一面。所以有的时候也未必说，你引用了我的调侃，虽然意思差不多，但未必就完全是那个意思。比如浙江有个案子，有钢材掉入海里，有浙江人就把坐标告诉了福建人，于是福建人就把它打捞了上来。从海里打捞起的钢材，你说能算得上盗窃吗？律师的倾向是它可能不是盗窃。张老师的观点就是盗窃。我的观点很明确，从海底打捞起来的钢材和从钢材市场上偷来的钢材，它的意义是不一样的。海底的钢材的价值要远低于火车站或者钢材市场上的价值，这方面我有经验。如果把保守的说成是形式的，把扩大的说成是实质的，我觉得这确实是有影响的。

至于说实质刑法观是不是具有社会危害性，社会危害性概念是不是需要，我觉得这是值得讨论的。我认为，我们的社会危害性概念确实太大了，但却未必完全赞成兴良教授的观点，问题在于在现在的司法中，很多人是不考虑危害的。比如南京的副教授群居换妻，你要不从实害的角度看，他肯定是犯罪；但如果真正从危害性的角度看，他就不是犯罪，因为他没有损害到任何人。中国的问题是政治化、意识形态化，确实社会危害性概念会泛化，确实是有问题的。包括兴良教授早期的刑法哲学，它就是一个大的社会危害性概念，这个社会危害性概念无所不包。再比如你说罪刑法定的实质面和形式面，我倒觉得不是特别关键。我一直认为，明楷教授可能有点错误，他无非是把罪刑相适应原则和人道主义原则作为了罪刑法定原则的内涵。我并不认为这会非常多地影响到他的解释论以及对具体问题的解释。

很难说对子滨教授有批评，我只是说，里面会有很多启发。因为一位生气的人，一位对社会充满感情的人，他说的话实际上是引人关注的。这算是对子滨教授的一个表扬吧，他提出的问题确实值得我们关注。这是一个永恒的问题，怎样控制国家权力，怎样防止权力滥用。

谢谢大家！

周光权 张老师不在，我今天来主持，所以我想借这个机会说几句。对张老师的批评很多，这是个好事。因为当一个教授不在的时候，大家在讨论问题时都离不开对他观点的讨论，说明学问已经做到了登峰造极的程度。所以我为有这样一位同事而感到非常幸运。张老师的观点我也不是全赞成，当然在有些问题上我们是一致的。我讲不全赞成，就是他从处罚必要性出发，这样的话，处罚的范围可能会很广。有的时候，为了强调他的处罚有道理，不排除有强词夺理的嫌疑。比如冯老师刚刚讲的空中客车，如果要解释成客车的话，仅仅是因为两个字是一样的，那这是不是子滨所讲的形式刑法观呢？

我经常晚上有课，我女儿7岁多，我要离开家的时候说，我要上课去，她说爸爸你真可怜，我们晚上看电视，你还要上课。所以同一个事，每个人的看法不一样。像行为、法益这些概念，我在用，张老师也在用，但是我们的理解是不一样的。而在实质的刑法观问题上，很多时候他讲的是有道理的，但是如果稍微再往后收缩一点就会更好。子滨刚才对张老师的一些批评，我想出于我对张老师的理解，有的我是可以回应的，当然还有的我也回应不了，因为确实很复杂。这个实质主义是否纵容权力？我觉得不是太突出。有时候形式主义纵容权力，这个曲老师刚刚也有提到。我们刑法之中有很多“其他”的规定，陈老师专门有文章进行讨论。陈老师试图将“其他”的情形范围限制得很小，其实就是实质主义的。等会儿我们会请陈老师作一个总结发言，可以批评我。为什么说限制“其他”的方法论一定是实质主义的？如果是形式主义的，肯定不是这个观点。最近我看《检察日报》上登载了一篇赵长青老师的文章，他讲民间借贷行为不能以非法经营罪论处。现在很多的案件都按照非法经营罪处罚。我成立一个信托公司，但我没有金融的借贷放贷许可。我现在通过很低的利息把钱吸进来，却以很高的利息放出去，这中间有利息差。这样的行为是违反国务院的相关条例的。因为条例禁止非金融机构从事金融机构的业务。所以很多法院在判决时，针对这种民间借贷，都引用国务院的这一条例。可是，前不久，茅于轼写文章说，这种民间借贷行为对社会、对借款人、对放款人都是有利的，没有害。所以你要是按照实质解释可能最后是无罪的结论，你要是进行形式解释，反而得出有罪的结论。另外，现在很多人在进行“吴英案”的讨论，很多人认为是无罪的，这一定是实质解释立场上的结论。

按照子滨的观点，形式的刑法观有助于保障人权，限制权力，但是不一定。有时候公诉人在法庭上，他依据的法律条文基本上是形式的。比如，对贷款诈骗罪，公安部的立案标准是骗取贷款100万元的就可以立案了。实践中，你办一个贷款可能需要20份，甚至是30份的证明材料，各种各样的，我们都想象不到的。企业不在这30份材料里作假，它拿不到贷款。完全符合银行贷款要求的企业，我觉得是没有的。我们把贷款资料翻出来看，任何企业的证明材料都可能有瑕疵，一旦追究它们骗取贷款的刑事责任，从形式上看非常容易。但是，尽管有些材料作假，可担保物是真实的，这就定不了贷款诈骗罪，所以，对立案标准不能作形式的理解，权力是否被滥用与形式或者实质的关系并不是很大，这是第一点。

第二点就是关于社会危害性的批评。社会危害性要是换成社会损害性，可能就没有问题了。因为台湾也用这个词，王世洲老师翻译的德国教科书也用这个词。社会损害性换成法益，你很难说有多大的问题。所以，有的东西，如果不去实质考虑，可能就处理不了。比如，妇产科医院有很多医生性别上是和我们一样的，但是他们检查女性的身体，你很难说他猥亵妇女，所以这个时候你需要作实质判断。另外，我们是要承认不能犯和未遂犯的区分的，如果承认这一点，不作实质的判断是不行的。还有偶然防卫这些问题，不做实质的判断也处理不了。还有像拐卖妇女儿童问题，我上周在《法学家》上看到谢望原教授的一篇文章，他举了一个案例：有一个妇女因为当地的生活条件很不好，就找了当地的一个人贩子，知道他卖人，跟他说，你把我弄到那边卖了。人贩子说，我要卖人的，要赚钱的。妇女说没有问题，只要把她卖过去就行。最后人贩子也得了好处，这个妇女的生活条件也改善了。但是，人贩子因为其他原因被抓了，查来查去，他犯的其他案子都定不了，就这一件事铁证如山。最后法院就真的把这人贩子定了罪。可是，从实质的角度看，这个案子中真有受害人吗？因为拐卖妇女罪是侵害妇女权益的犯罪，它对人身权利，特别是对自由权的限制，但对于一个自愿被拐卖的人来说，她的自由受到侵害了吗？从形式上看，行为人有拐的故意，并从一个地方拐到其他地方。在那篇文章中，谢老师说他赞成定拐卖妇女罪，但我是有疑问的。所以，有的问题形式并不一定有利。

至于子滨刚刚讲到的，说实质刑法观会得出类推的解释。我现在发现，关于类推这个词，不同的人在讲的时候，其实是不一样的。就像我们邀请你吃饭，吃饭这个词肯定不是只请你吃饭而不吃菜，所以，这个词的含义是不一样的。所以很多时候我们讲类推实际上是类比推理的省略，这样的话，我觉得实质刑法观所讲的类推没有问题。而有问题的就是将强奸罪的妇女解释为男的，这就不是类比推理的问题，不是法学方法论意义上的推理问题。子滨在前面讲一些宏观，后面则举一些例子，这些例子就涉及实质刑法观和刑法解释的问题，他举了“碰瓷儿”和暴力逼取证言。他举的例子说交警碰到“碰瓷儿”的人其实也是不会管的。但是实际上问题是，交警如果发现这个人不止一次这样发生事故，那他肯定是要管的。如果他只是发现这个人只有一次这样的事故，他是管不了的。这里，合法和非法的问题比较模糊，但当他有充分的证据证实都是这个人干的话，就一定是犯罪。这是一个什么问题呢？就是以合法形式掩盖非法目的的行为，刑法是要管的。但是“碰瓷儿”的事情和王海的事情是不一样的，王海这个事情在消费者权益保护法上是有争议的。子滨教授认为王海是消费者，所以他知假买假，他买的时候就是受害者。“碰瓷儿”这件事就不能认为他和王海一样，“碰瓷儿”这件事无论是在民法上还是在刑法上都不可能是合法的。所以我觉得，以合法性掩盖非法目的，当它可以被充分查明的时候，是应该处罚的，所以“碰瓷儿”这样的行为在北京是以危害公共安全罪来定的。试想一下，在人来人往的道路上“碰瓷儿”，真的很危险，定罪没有问题。我在看子滨报告的时候，就发生了一起在铁路口“碰瓷儿”的案件。在早高峰的时候，铁路口人很多，犯罪人没有违章，拐弯的人（被害人）违反交通规则，但是这个犯罪人在铁路口连续作案20多起。这样的犯罪人最后被抓了，以危害公共安全罪定罪，没有问题。所以我觉得，刑法要关注实质，尤其是这样以合法形式掩盖非法目的的。比如受贿中房产证没有过户到受贿人名下的，我们还是要处理，这个时候是实质的判断。我有时候经常说，民法的判断可能是形式的，比如看产权证明；但刑法的判断必须要看形式后面的实质，有没有权钱交易，有没有权力的滥用等问题。

这里还有一个问题，如果实质主义完全瓦解，现代刑法的三大原则：罪刑法定主义、法益主义和责任主义，可能就没有了。责任主义表面上看是年龄，是责任能力，但它的背后是期待可能性的问题。所以，我觉得刑法的判断，有的时候是以形式作为切入点的，但是最后它一定会回到最终的实质的终点。即使在我们看来是很清楚的地摆在面上的条文解释，最终在解释论上还是一样的。比如伤害，划伤一个很小的口子，不可能构成伤害。伤害还是要回归到对身体机能的损害问题上，这还是实质的解释。

最后一个观点，关于形式解释和实质解释。因为子滨说，如果是实质解释，会使以有权的为准，以官大的为准。这个我很理解，因为在中国的确存在这样的问题。但把我们争论的问题放在现代刑事诉讼的构架去理解，这样的担心可能是多余的。现代刑事诉讼中的对抗制是发展的方向，对抗制意味着公诉方有权提出证据，并对证据进行解释，这个解释本身可能就不是形式的，可能就是实质解释。因此，作为辩护的一方，它的解释也可能是实质的解释，最终由法官判决。所以不太可能是法官说了，法官的手表最准。如果考虑这个构架的话，我想无论是实质的还是形式的，并不能当然得出实质的就有问题的结论。法官的判断要考虑这个社会的常识，而这个常识很多时候并不停留于表面，形式主义刑法观或许是值得再考虑的。

我为什么要讲这一段呢，因为我的观点跟前面几位都有一些差别，包括跟周详老师都有一点差别。周详老师认为张老师的观点可能像橡皮泥一样变的，但是我并不这么认为。只要你坚持法益保护主义，坚持实质的罪刑法定，坚持规范的责任论，它的问题基本上还是可以化解的。当然，如果张老师走得不是那么远，我们的担心就会更小一点。所以我的观点和前面几位不一样。

接下来的评论人有可能和我的观点以及前面几位观点都不一样的，是我们的劳东燕教授。

劳东燕　很高兴有机会为我们的子滨师兄作一次评论。实际上就是关于形式解释论与实质解释论的问题，我之前的很长时间都觉得没什么区别，我甚至将这种观点向陈老师表达过。但陈老师跟我说这差别可大了，并不小。然后我就问张老师，他就说，我真是想不通，我的观点到底有什么问题呢？然后就是去年冬天的时候，我花了一段时间，系统整理了形式解释论和实质解释论。结果我发现，两者之间的确是有点差别的。但是我又发现，这样一来，我自己的立场就很尴尬了。因为陈老师或者子滨师兄向来都说我是实质解释论者，我自己也是这么认为，而且按照他们给出的标准，我的确就是实质解释论者。可是他们给出的标准是有问题的。所以我觉得我是一个形式解释论者。在我系统梳理这个问题之后，就有这样的结果：我本身不认为我是一个实质解释论者，但形式解释论阵营中的两员大将都认为我不是形式解释论者。子滨所讲的内容大致和2009年的书是一致的，对吧，所以我主要就是想讲一下，形式解释论和实质解释论的分歧到底在哪里？

我先讲一下，我觉得双方在开始争论时，可能一些基础概念并没有理清楚。其中一个基础概念就是形式解释与实质解释。我们在接触德日刑法构成要件时就有一个构成要件的形式解释和实质解释。但实际上大家发现，传统意义上的形式解释与实质解释之争，在理论上是有定论的。早在贝林时代，要求对构成要件实现形式解释，实际上就是指在对构成要件作解释时，只要作事实判断就行，不需要有价值判断。但在麦兹格以后，在认为构成要件有推定违法甚至推定有责机能的时候，这个争议就已经解决了。这也就是我批评子滨师兄的，凡是在构成要件作价值判断的，全部视为实质解释，那样一来，形式解释就完全没有成立的余地了。因为在刑法中规范性构成要件要素和概括性条款的广泛存在，我们怎能对这些构成要件要素进行解释呢？所以在我看来，当前所说的形式解释和实质解释实际上另有所指，也就是在刑法的刑事政策化背景下，在刑法机能化之后，才产生对构成要件如何解释的问题。在我看来，德国实质解释的提出，与社会相当性理论的出现有关系。因为现在有很多看起来中性的行为，实际上是通过社会相当性的标准来判断，其到底是不是刑法上的行为。张老师所谓的实质解释论是受日本前田雅英所说的“可罚的违法性”概念的影响，用值得刑罚处罚的法益侵害性指导构成要件的解释。大家可以看到，德国的实质解释实际上是去罪化的，而日本则可能更多的是扩张性的，所以我觉得需要解决概念的问题。

接下来，我谈一下我所认为的形式解释论和实质解释论之间的分歧。我把双方的分歧归为八个方面：

第一点分歧，对构成要件这种形式判断和实质判断有不同的看法。其实陈老师曾经发表过论文，认为形式解释论和实质解释论最大的区别就在于形式解释论认为形式优先于实质判断，而实质判断正好相反。这一点实际上客观存在。因为实质解释论是首先考虑刑法的可罚性问题，很显然这是一种实质判断。所以我觉得，说哪个判断在前是可以成立的，可是，把这个作为双方分歧的所在是有问题的。因为形式判断在前还是实质判断在前，所涉及的只是先后的逻辑问题，而后面这个问题其实讲的是解释限度问题。所以，在涉及刑法规定为犯罪，而又一般不认为是犯罪的问题时，形式解释论者和实质解释论者都是强调实质优先的。其实，说到底不在于单纯的逻辑判断是形式在前还是实质在前，关键在于形式解释在形式解释论者判断中的分量更大一些。当然，这与对概念的可能语义的弹性的把握不一样，也有很大关系。大家设想一下，如果形式判断与实质判断两个标准完全一样，两个都属于过滤机制的话，为什么会有不同的结论？关键在于实质解释论作为实质判断是在前的，这样，对语义弹性的把握就比较开放，以至于在概念的边缘上存在争议。我觉得这是它们真正存在的问题。这是第一个区分，就是二者谁在前的问题。

第二点分歧，即什么是刑法漏洞，以及如何填补刑法漏洞？对此存在不同看法。形式解释论者认为，刑法的漏洞应该由立法修改，除通过解释有利于被告人的漏洞可以保留外，其他的漏洞都归立法解决。而对于实质解释论者则恰恰相反，他们认为，凡是可以通过解释的漏洞，都不是刑法的漏洞。大家可以看到，这样一来，对于实质解释论者而言，尤其是对张老师而言，解释论就具有了化腐朽为神奇的力量。而在张老师的笔下，刑法就是一张严密的网，不管是什么行为从这张网里漏出去是很难的。此外，就是两者对漏洞的看法。表面上看这似乎是具体的分歧，但实际上，实质解释论者意图通过解释弥补刑法中的漏洞，却导致在不同案件中给出不同的解决方案。我觉得这也是第二点差别。

第三点分歧，就是对罪刑法定的理解不同，影响了两者对不利于被告人的扩大解释的看法。大家可以发现，说罪刑法定时，说的是同一个概念，但陈老师和张老师所说的罪刑法定是不一样的。形式解释论者所说的罪刑法定更接近古典时期的罪刑法定，他反对法官进行解释，限制法官自由裁量权。但张老师所说的基本上是20世纪以后受主观主义刑法影响的罪刑法定，他强调对刑法的灵活解释。双方对罪刑法定的理解不一样，这与我们对这方面的研究缺乏有关系。我个人认为，罪刑法定从古典到现代，其含义有非常大的变化。早期表现在要求进行严格解释，其内涵之一就是在对一个概念存在歧义时，应作有利于被告人的解释，但是20世纪以后的罪刑法定对此已经放松了，也由此导致形式解释论者认为，其与实质解释论者的争论在于要不要罪刑法定。但实质解释论者会认为，这其实是罪刑法定内部的分歧而已。我觉得这就是第三大分歧。

第四点分歧，对刑法规范的性质理解不同，所以对刑法机能的理解也不一样。形式解释论者将刑法规范理解为行为规范，行为规范所面向的首先就是国民。对构成要件解释时，要求必须以国民能够理解的方式来解释。但实质解释论者认为，刑法规范首先是裁判规范，所以就应该根据裁判者自己的观点来解释。尽管实质解释论者也会认为国民的期待可能很重要，但由于他对语词概念的可能性作过于弹性的处理，国民的预期或者期待可能性在实质解释论者那里是不太重要的。我认为这是第四方面的分歧。

第五点分歧，存在偏向主观解释论还是客观解释论的分歧。应该说形式解释论与实质解释论跟主观解释论与客观解释论不是对应的。因为主观解释论讲的是是否应该按照立法者的主观原意解释法律，但这两对范畴是有内在联系的。子滨师兄也基本上是将主观解释论等同于形式解释论的。而陈老师尽管认为自己是客观解释论者，但大家可以看到的是在对遗弃罪的解释中，陈老师是着重从立法原意出发。因为当年的立法原意是保护家庭伦理关系。从本质上看，陈老师也是偏好于主观解释论的。这是第五大差别。

第六点分歧，在解释方法的选择上以及偏好上的差别。我觉得在解释方法上，形式解释论者偏向文义解释，尤其是子滨师兄表现得更加明显，就是很反对目的论解释。但实质论者则将目的论解释作为整个解释方法的核心。大家可以发现，表面上这是技术性问题，但其实还是很重要的。因为所谓规范目的，是根据解释者自己来认定的，也就是说解释者认为规范目的是什么，就是什么。尤其是实质解释论者，在他已经把起点设定好的情况下，他肯定能够达到想要达到的目的。所以规范目的是可以作多元解释的。因此，在解释偏好上的不同是第六大差别。

第七点分歧，对疑难案件在司法上的地位，以及对解释的重要性判断存在差异。形式解释论者基本上认为，简单案件是司法过程中的典型案件。对于形式解释论者来说，简单案件对法治具有基础性意义。因为在法律体系中，如果绝大多数案件能够通过机械的程序，不需要解释而直接可以完成的话，其实是非常符合法治的。实质解释论者则恰恰相反，他低估了简单案件对法治的基础性意义，往往以疑难案件为典型。所以大家可以看到，凡是张老师给大家在课堂上说的，全部都是稀奇古怪的案件。这些案件，你以后每年能碰到一两起就不错了。由此而导致出两者对解释的重要性的判断不同，实质解释论者会认为，解释对司法过程简直是至关重要的，而形式解释论者会认为，即使没有解释，司法过程也是能够维系的。在我看来，实质解释论者可能过分夸大了疑难案件在法治中的地位。

最后一点分歧，对解释者自由裁量权的认识不同。形式解释论者主张立法至上，严格限制法官自由裁量权，在立场上接近古典自由主义时期的机械解释论者，认为遵守文字所带来的好处远远多过利用文字弹性所带来的好处。实质解释论者对解释者的自由裁量权是允许的。从张老师身上可以看到，他其实对解释者的自由裁量权持一种赞许的态度。实质解释论者所信奉的名言是：心中充满正义，目光不断往返于事实与规范之间。

所以，从我的分析看，双方至少存在八种重要的分歧。接下来我就考虑这些分歧到底缘起于什么地方。我认为，这些基本分歧还是由双方对当下中国所处的法治阶段的理解不同，以及对当下法治任务的看法不同所决定的。中国当前所面临的任务可能与德国、日本还不一样。德国和日本在19世纪后半期已经解决了控制国家刑罚权的问题，也就是说法外的恣意问题基本上解决完了。20世纪以后，随着风险的普遍化，要求刑法扩大对社会的保护。这是现实的趋势。所以德日出现了实质化的倾向，不仅是构成要件，整个教义学及其理论都呈现这样的倾向。而我们国家尚未解决权力恣意的问题，同时又身处风险社会中，要求刑法扩大保护。在我看来，双方的分歧就在于，对于我国法治而言，到底是优先解决控制权力恣意的问题，还是应该优先考虑法益保护的问题？在我看来，形式解释论者和实质解释论者，在这个问题上给出了截然不同的回答。分歧就在这个地方。

我认为，形式解释论者所给出的实质解释论者与形式解释论者的划分标准是有问题的。

第一个判断标准，关于形式判断在前还是实质判断在前的标准。

如果对形式判断和实质判断在理解上是完全一致的话，得出的解释结论应该是一样的。但由于在这个过程中，实质解释论者将实质解释的权重加大了，同时就放宽了这个概念的文义可能性范围，过于拓宽了语义的范围。因此，在我看来，到底是形式判断在前还是实质判断在前，根本不是两者区别的判断标准。

第二个判断标准，即是否作不利于被告人的扩大解释。我认为，这个标准也不成立。首先，我认为要搞清楚这种扩大解释是针对什么意义的扩大。而这点实际上是没法说的，因为概念本身没有所谓的固定边界，我们无法说这个概念已经扩大了。其次，我认为概念本身会随着社会的发展而不断丰富内涵的。以 2003 年南京李宁同性卖淫案为例，就卖淫的通常理解为例，是女性向男性出卖肉体，而现在我们认为男性向女性、向同性出卖肉体，也属于卖淫。那这算不算扩张呢？陈老师显然不认为是扩张，他认为这个南京卖淫案是成立的。第三，我觉得对概念本身是不是作扩大解释，是有分歧的。比如关于虚拟财产是不是财物的问题，张老师倒是基本上持否定态度，陈老师则早就认为虚拟财产就是财物，这样一来，是不是一种扩大解释呢？所以我觉得是否作不利于被告的扩大解释也不能成为区分的标准。我认为，形式解释论者所提出的，不应该过分强调解释论在实务中的作用，应该限制法官自由裁量权的观点，是非常有意义的。

关键就是所提方案的问题，像子滨师兄所说的，只要存疑就要有利于被告，就南京这种同性卖淫案，之前在上海也出现过，上海就认为完全可以入罪处罚，而南京就觉得有争议，如果统统作有利于被告人的决定，我觉得实际上没有解决问题。我认同形式解释论者所提出的问题，但认为其提出的回归古典方案并不妥当，我考虑应当建立判例制度，通过判例来指导和限制法官判案。所以由此我觉得，我的立场是形式解释论的，尽管形式解释论者认为我的立场是实质解释论。

谢谢大家！

周光权 现在的提问已经不少了，我们现在有请子滨教授回应。按我们梁教授的标准，看看同学们有什么问题。

提问者一　各位老师晚上好，刚刚老师们讲得对我很有启发，学生现在简单地提两个问题。第一个问题是，您说实质解释可能造成权力的滥用，我想问一下，如果在政治层面排除了权力滥用，我们还有必要去反对实质解释吗？就像曲老师说的，这是个政治问题。第二个问题是您刚刚提及的“碰瓷儿案”，你所说的是指在符合交通规则的情况下“碰瓷儿”。我就想问为什么这种情况下，交警就作出了一个形式解释？也就是说掌握公权力的人，是否一定倾向实质解释而青睐权力？

邓子滨　同学的提问是不能不回应的。第一个实质解释，实质和形式都有问题，这一点没有任何人会否认。我觉得刚才曲老师和冯老师他们一再地批评我，说子滨你看，你总说实质纵容权力，其实形式也纵容权力啊。我不否认这一点，可是我在写书的时候就发现，的的确确会犯这种逻辑上的不一致。其实我们从来不反对实质，就是实质用来干什么。而我写书的时候就一并把实质给推翻了，为了说不好就说它不好，实际是把脏水和孩子一起泼掉了。现在我往回拉一拉。如果我们都能承认先作形式判断，他应该符合构成要件，或者说配合构成要件的结论，基本上先从基本语义出发，尊重基本语义。我觉得真正的形式解释论者在运用实质解释时，应当作出罪的实质判断。如果你作了出罪的实质判断，我绝对是支持的。问题就在于，前面的判断没什么区别，评价都一样，后边的判断要用实质来入罪行不行，这才是一个难点。刚才光权师兄举了一个例子，还有我和劳东燕教授有争论的“碰瓷儿”，我就用这两个例子说说我的看法。确实具体问题讨论起来很困难，但我想这并不能回避，即便最后事实证明我是错的，我需要改变自己的观点，都无妨。我是这样想的。

第一个例子是光权师兄说的男医生给女病人做检查的行为。从形式上看，先是形式上有了一点点迹象，这一点我们都不否认。可是问题在于，这时候还需要去考虑医生的主观。因为大家知道，你反过来说，假如是这个女患者和医生关系不好，直接指控医生利用权力猥亵她了。这个判断不是也很糟糕吗？这个问题我请教过陈老师，陈老师反问我。我说，看《医疗手册》、看《医疗规程》，不管医生干了什么，要《医疗手册》对于这项动作是否允许。如果允许，这个人再流氓，也不在刑法视野之内。要不然，你倒过来就麻烦了，因为你随时可以以一个人是邪恶的，而把好医生纳入刑法的框架之内，这不是更危险？

第二个例子，关于“碰瓷儿”。我稍微解释一下，我说的不是现在经常发生的那种“碰瓷儿”，几个人商量好，把人家给撞了再诬陷别人。我说的不是这个。我说的情况是，有人违章开车，另一人很生气，因为他正在有路权的地方行驶。从降低风险角度看，让着违章的人是一种道德行为。但是我要是撞，当然可以，我是有合法路权的啊。我问问大家，一个人干一次是对的，你可以忽略他的主观方面，法律是允许的，他做 10 次，怎么就变成违法犯罪了呢？他这么做反而有利于减少违法并线的现象，是遵守交通规则的表现。这对于社会没有利益吗？假如这个人有公心，买辆捷达车，满大街到处去撞违法车辆。最后你说，你出于公心去撞可以，但是你要钱就不行。为什么不可以要钱？法律说了全责要赔钱。假定我们还可以说，等到他作案 10 起后，警察发现了他的恶意，把他抓了。你回头想一想，那个警察原来每一次的判断都倾向于他，警察是不是有渎职、失职行为啊？这里有一个看问题的角度。我们可以把每一个问题分解一下，大家知道，死刑犯数字在中国是绝密，可有的国外组织天天派人去每个中级法院数法院公告，因为中级法院的死刑判决是公开的。然后把这些信息收集起来。每一个数字不能算是国家秘密吧，但用简单加法把它们合起来了，就变成了国家秘密？“碰瓷儿”问题可作如是观。医生的问题呢，我不是不想去判断主观，而是在想这个主观一定不能过早介入，这是我的想法。

下面简单地回应一下大家的观点。

第一个是劳东燕教授的说法。我之所以像曲老师说的生气，我生什么气呢？那是基于我对社会的观察。我们现在很多方面好像与贝卡里亚时代相去不远，而我们解决社会矛盾的手段是不是也应该与当时的手段接近呢？尽管这个方法可能经过一段时间后被证明不行，走偏了。法治国家就会当然地向回走一点，比如毒树之果为什么要排除。我们连毒树之果都没有，可是现在从英国留学回来的学者说，不要毒树之果，那都是人家扔到垃圾桶里的东西。这就是一个时代的错位。我总体的回应，就这几句。

第二个是回应，刚才几位老师批评我：你说实质纵容权力，可形式也纵容权力啊；你说实质可以害人，可形式也会害人啊。我也不反对这一点。我与张老师也探讨过这个问题。他说，子滨你怎么就说实质解释入罪多出罪少呢？我就认为形式解释入罪多出罪少。我想大家有个公心，你们想一想，是否和我得出的结论一样？我真心认为，据我的观察，至少我还算有一定的社会阅历，有我的阅读和我的亲身经历，至少我的感觉是，在实质观的指导下，确实是入罪多出罪少。这是我对当前的一种判断。

刚才几位老师很客气，没有批评我，但是我还要解释一下。为什么对实质观的批判，在张老师不在场的情况下，又是纳粹又是苏俄，这么上纲上线呢？这个问题我要和大家稍微说一句。这个事其来有自，并不是针对张老师。因为在我写这本书之前，有另外一些学者，我就不点名了，他们说形式不好。因为开始没有形式解释的说法，开始是我们被批，被认为是形式主义、教条主义。他们说，纳粹那个时候就是因为法律就是法律，才导致了纳粹之祸。我这里的对纳粹的批判，是对当时最早的对形式判断批判的反批判。我就是要告诉同学们，纳粹刑法绝不是形式主义的刑法，而恰恰是要求实质公正的刑法。这个小段子的评价是和张老师无关的。

我这本书也写了 3 年了，我的感觉：第一，我确实是用力写的；第二，我也是想一改我们刑法学界比较沉闷的风气。为什么突然对实质刑法观作这样严肃而激烈的批判？我想可能还是基于一种我自认为的责任感。假如说有什么不当的地方，可能就是在行文的过程中，情绪写到高涨时，有些话可能说得不是太合适。我也请各位老师和读者们谅解。

最后一句话，因为江溯告诉我有陈老师、张老师出席，我甚至猜到梁老师会来，但肯定没想到曲老师、冯老师也来了，结果我今天的发言稿，连他们俩的名字都没有。既然他们来了，我今天真的是学术生命中最辉煌的一天。尽管这个辉煌也有点暗淡，因为张老师不在。我特别感谢几位老师！

提问者二　刚才邓老师讲的，认为实质解释和形式解释，一个入罪多、一个入罪少。但在我看来，不管这个统计上的数字是怎样的，我觉得该入罪的入罪，该出罪的出罪，在正当性上作一个考量可能更好。邓老师说，反对对刑法进行解释，尤其是反目的解释。我想问一下，如果不从目的出发，如何寻找适用的法条？如果不对一个法条的含义进行解释，怎样将法条适用在各种各样的活生生的案件里去呢？比如说，法律只是规定禁止携带狗进入公园，如果一个行为人携带一头狮子进入公园，从文义上说，狗无论如何不能解释为狮子。我想请问邓老师，这能不能定罪呢？是做一个漏洞处理还是作无罪处理？谢谢老师。

邓子滨　感谢这位同学的提问。我感觉我的书里已经论述过了。在我内心当中，已经解决过这个问题了。这位同学用的是正当性这个词，如果从正当性角度判断，我就反问一句，正当性标准是什么？我开始引用了动物农场里的一句话，那个第一书记解释为什么翅膀是腿的时候，他第一句话就是"从正确的观点看，翅膀应该是……"第二个就是你所说的例子，你别觉得写了禁止狗入内，人家牵了狮子，你举轻以明重，狗都不让进，怎么能进狮子啊？那你要这么说，狗能咬人，骆驼不咬人，它比狗还大，能不能进？这个其实就是立法不当，立法的错误不能转嫁给公民。如果他就是写了禁止狗入内，除了狗之外，你牵什么都可以进。这是法治初始阶段应有的含义。

在以前，这位同学你听说过吗？活生生的例子，鱼塘边上禁止垂钓，一个人用网哗地一下弄走了很多鱼。这种行为在中国是不被允许的，而发生这个行为的国家的鱼塘主人，一看，哦，这鱼你拿走，这事是我错了，我说禁止垂钓。下次补上禁止捕鱼不就行了吗？因此，什么样的国度就会有什么样的正义，就是这样一个道理。我在书里还有一个例子，是说某国留学生在美国看到买一赠一，他头一天买了一个，第二天就把买的那个退回去。店主说，先生，我们买一赠一是说你退货的时候也得把赠送的那个退回来。这个人说，你这个没写啊。因此，店主就只能自认倒霉。陈老师以前说过，小邓，你在任何时候不要太冲动，要节制一点。但是我还是要讲，哪一个最难？张老师有一个贡献，他使中国刑法学学术成为一门规范的学问，我想中国刑法学史会永远留下这浓墨重彩的一笔。但是张老师所做的工作也并不是十分艰难的工作，不就是进行一些解释吗？说实在话，比如付立庆文笔就比较好，解释起来，大着胆子，成为第一书记，他比谁都狠。

可是我为什么这么说？谁需要付出更大的勇气？在当前中国的情况下，法无明文规定不为罪，这不是需要勇气吗？立场决定方向。当你想给一个人治罪的时候，填补一些漏洞，都不算什么特别难的事。不是说语义与处罚必要性成正比，而是说语义与他从小学开始学的语文水平成正比。但是有一条，我们真正学了刑法了，了解了罪刑法定最初始的含义，你就会知道，真正的勇气是，你能解释进去，你也不解释。我先放着他，这是法的尊严，是罪刑法定的尊严。然后让人民相信，立法者是守法的，他们弄错了，就会重新启动程序修改它。还有一个，目的解释的目的是什么？张老师明确说过，立法目的不可寻。可是同学们，我们还是要回到最初的立场上去，立法是什么？立法是怎么来的？立法经过了议会表决，是经过了民主程序的工作，你现在把程序抛开了，法官径行按照自己的目的解释，绕过了民主投票表决，只是借助了法律的外衣而已，这怎么行？

谢谢！

学生三　老师你好，我想提的问题是，很多法官在判案的时候更愿意看张老师的书，看完之后可以判案。我就想知道，这两种解释论如此地对立，中国司法实践中到底应当更多倾向于哪种解释论？另外前一位同学举的例子，是不是说明形式解释会有滞后性？

邓子滨　我就回答这最后一个问题了。这就是法治的弊端，因为法治是用语言表达的，而语言文字总是不周延的，文字越抽象越麻烦。怎么办？我觉得我从来没有试图给大家一个答案，就是想给大家一种思考的角度，或者说唤起大家的思考。这是后一个问题。至于你说的前一个问题，这个不用回答了吧？张老师教材卖得好，我还没有自己的教材，当然是看他的啦。

周光权　谢谢子滨。最后我们请陈老师作总结。

陈兴良　我们今天晚上一直围绕着形式刑法观和实质刑法观，实际上也是形式解释论和实质解释论的问题，展开了一场学术讨论。这个问题其实是一个不容易讲清楚的问题。就像形式解释论和实质解释论，它们之间到底有什么区别？它们的对立到底发生在什么地方？这些都是特别容易发生误解的。在今天晚上几位教授点评中，我就发现了这个问题，包括光权教授。光权教授代表张明楷教授作的回应，基本上是把形式解释论看做是不要实质解释，并由此得出结论，根据形式刑法观所确定的处罚范围要比根据实质刑法观所确定的处罚范围要大。但我说这么一句话，大家就可以比较出来了。如果是一个极端的实质解释论，只要是有处罚的必要性，都应该受到处罚，无论法律有没有规定；如果是根据极端的形式解释论，只要有法律规定，不管有没有处罚的必要性，都要受到刑法处罚。这两者谁的处罚范围大，一目了然，当然是实质主义的处罚范围大，因为法律规定的范围当然比法律没有规定的范围小得多的多。所以根据这样一个判断，我们就可以看出来，形式刑法观里面的形式的东西，对于处罚范围具有限制作用。

法律就是以形式的内容调控社会，对国家权力包括刑罚权加以限制。在过去很长一段时间里，我觉得形式这个东西被妖魔化了。这种妖魔化和法律虚无主义是密切相关的。当前我们正在建设法治社会，我认为应当强调形式的意义。我甚至强调应该矫枉过正，应当强调规范至高无上的价值。只有这样，才能是我们的法治，从初始的法治开始，而不是一下就进入后现代的法治。我看劳东燕教授前段时间对形式解释与实质解释作了一个比较细致的研究，她梳理了形式解释论与实质解释论八个方面的对立。我觉得，这样的梳理，还比较接近问题的本质。我认为，形式解释论和实质解释论，或者形式刑法观和实质刑法观，不能望文生义，认为一个只要实质，一个只要形式。完全不是这么一回事。当然，劳东燕教授文章中的有些观点，我也不是很赞同。我想讲三点：

第一，关于形式判断和实质判断的关系问题。正如我开始讲的，并不是说形式刑法观不要实质判断，而且即使是主张实质刑法观的，包括张明楷教授，他也不是说不要形式判断。现在问题是，如何判断这两者的关系，我觉得这是关键所在。

我个人认为，形式刑法观和实质刑法观最主要的对立还是在两者的位阶关系。刚刚劳东燕教授说这一点并不重要，但我认为这一点很重要。也就是说形式刑法观不是不要实质判断，而在刑法当中价值判断永远都是存在的。但形式刑法观始终坚持要对实质判断的功能做出某种限制，要使它具有出罪功能，不使其具有入罪功能。怎么能使其只有出罪而没有入罪功能呢？只有先做形式判断，再做实质判断。当一个行为不符合法律形式规定时，就不能使其进入到构成要件中来，根据形式标准，将一些可能具有社会危害性的行为排除在犯罪认定之外。做了形式判断之后，也不是说符合形式标准就构成犯罪，这个时候再作实质判断。在这种情况下，实质判断就只有出罪功能而不是入罪功能。这就是形式刑法观的实质。而实质刑法观往往是实质判断先行，放在第一位。这会导致一个问题，尽管它也有一个形式标准，但是结果上是用实质标准取代了形式标准，使得法的形式标准荡然无存。在这两者关系上，先作形式判断，再作实质判断，两者才能相安无事；但是先作实质判断，就不可能再作形式判断，这个过程中，形式判断就没有独立存在的地位了。到此，我们就能确定，到底是实质解释论确定的范围大，还是形式解释论确定的范围大。通过逻辑分析就能够一目了然。基于我以上的分析，形式解释论是一种限制犯罪范围的理论，而实质解释论则是一种扩张犯罪范围的理论。

第二，关于处罚必要性和可能语义的关系。这实际上是形式和实质关系的具体化。所谓实质解释论的实质，实际上就是处罚必要性；而形式解释论的实质，主要就是可能语义。形式解释论认为，要把某种行为放入构成要件中来，要受到可能语义的限制。这种可能语义不是一种法条主义，它可以扩张，但它是有边界的，不能突破语义这个边界。尽管语义边界存在很大的模糊性，但它肯定存在一个客观的边界。因此，你只能在符合可能语义下，才能进入我的判断里来。当然，进入之后还要进行实质判断。这里有一个基本原则，就是可能语义限制处罚必要性，可能语义决定处罚必要性，要承认可能语义的客观性。但是，实质解释论者的基本原则，就是处罚必要性决定可能的语义。张明楷教授在他的书里有个公式，就是处罚必要性越大，可能语义的边界就越宽。其结果使得可能语义的客观性荡然无存，可能语义的防线就没了。因此是处罚必要性决定语义，只要有处罚必要性，那就是在语义范围内，如此则法的形式性就完全飘忽了。这是形式解释论和实质解释论之间的重大差别，这也是解释方法上的重大差别。在实质解释论者头脑中盘旋的就是处罚必要性。而可能语义在他们看来，是他们的敌人，是他们作斗争的对象，他们始终要突破语义的边界。而我们形式解释论则将可能的语义作为核心，将处罚必要性看做一只危险的老虎，可能语义是一个牢笼，要防止老虎跳出这个牢笼。就此而言，两者对刑法功能的关系理解不同：形式解释论者认为，刑法是用来限制司法者，是用来保障公民权利和自由的；实质解释论者则认为，刑法是被检察官运用的，是用来指控犯罪的。在我国当前将打击犯罪放在第一位的背景下，实质解释论当然会有它的市场。但是我并不认为，一个受到市场欢迎的东西，一定就是好东西。当然还有一个时代的判断。我们到底处于一个什么样的时代？我觉得我们还是处于一个权力的专横的时代，法治的初级阶段，法治启蒙时代。出于这样的判断，我们应当严格解释刑法，用形式判断来限制刑罚权。劳东燕教授提到了风险社会，好像在司法专横与后现代风险之间纠结。但是我认为，劳东燕教授夸大了风险在我们现代社会的风险性。我们的风险主要还是来自司法专横，来自权力对公民个人自由的褫夺。这是我的一个判断，这与我过去对中国所处的法治时代的看法是一样的。

第三，对罪刑法定的理解问题。形式解释论者和实质解释论者对罪刑法定的理解是不一样的。主张实质解释论有这样一个命题：法律没有形式规定的行为，如果具有处罚必要性，可以通过扩张解释将其入罪。在这里，他们提出了一个法律的形式上的规定。它实际上暗示法律有一种实质上的规定。他们的意思是，其实法律有两个，一个形式上的规定；一个是实质上的规定。尽管没有形式上的规定，依然可以通过法律的实质规定扩张解释为犯罪。我觉得这个问题太大了，这涉及对罪刑法定的理解。罪刑法定讲的是，法无明文规定不为罪。什么叫法无明文？法能不能有所谓的实质规定？我认为法的规定是《刑法》分则对构成要件的规定，在这个意义上说，法的规定就是形式规定。

最近一段时间，我在罪刑法定的理解上，越思考越有收获。你不要以为罪刑法定就是短短的两句话，几十个字，它的内容非常的博大。我们要真正领会它，要将罪刑法定的思想贯穿在我们的血液里，贯穿到我们的学术研究中，并不是很容易。同时，罪刑法定思想与一般的常识、一般公众的普通法感情，是有一定差距的。这是刑法特有的思维方式。只有将罪刑法定放在思维方式的高度，才能真正理解罪刑法定。罪刑法定不仅规定了什么是犯罪，也规定了什么不是犯罪。法律有规定的时候是犯罪，法律没有规定的时候，就不是犯罪。你不要只看到罪刑法定中法律规定的部分，而且要看到它没有规定的部分。罪刑法定是用来划分有罪和无罪界限的。因此，入罪需要法律规定，而出罪不需要法律规定。我大胆地得出这样的结论，罪刑法定的法之规定，就是形式规定，就是指对三阶层的构成要件规定。比如杀人罪，一个人杀了人，他就符合了构成要件形式规定，但他同时也可以根据实质规定出罪。罪刑法定的规定，是指只有法律规定的犯罪，才可以处罚；但绝不是只要法律规定为犯罪，就可以处罚。因为它只是形式规定，是构成要件的规定，剩下的可以通过违法阻却来排除，可以通过构成要件实质解释来排除，还可以通过责任阻却来排除。所以，法律就是形式规定，如果你认为形式规定之外还有实质规定，就不是立法者认为有罪，而是解释者认为有罪。这就会使一种立法的恣意变成一种解释的恣意，从一种立法专横变成一种解释专横。这个法律的实质规定，其实就变成了你认为的具有处罚必要性的情形。如此，难道不是完全突破了罪刑法定吗？罪刑法定有一个演变的过程。最初的罪刑法定是用来限制司法权的。进入 20 世纪以后，发展出了罪刑法定的实质侧面，这个实质侧面是讲限制立法权。但是限制立法权，并不意味着对司法权的限制松懈了。而我们目前既需要限制立法权，又需要限制司法权。实质解释论所谓的罪刑法定形式侧面的弊端，实际上就是成文法的局限性。就像刚刚子滨教授所讲的，成文法是具有局限性的。因此，只有在罪刑法定的层面上，我们才能真正看清楚形式刑法观和实质刑法观的对立。

当然，这种对立可能真的会有夸大，但是这种价值观的对立，对刑法功能理解的对立，对解释方法选择的对立，我觉得是客观存在。这些对立需要逐渐消减，要达成共识。要把对立面给摆出来，会使我们有更清楚的意识，来反思我们过去很长时间里的刑法理论研究。我们在什么意义上、什么程度上满足司法机关对刑法教义学的要求？我们对司法活动要有什么样的引导？在当前法治初始阶段，实质解释论可以给司法人员提供入罪的学术资源。但当法治发展了，需要对司法进行限制，法院开始大胆地对检察官移送的案件作无罪判决时，就需要更多的无罪依据。这是与时俱进的。因此，我觉得我们今天对形式解释论和实质解释论的讨论还是很有意义的。尽管我总是认为，这两者的问题很难在短时间内讲清楚，要像法庭辩论一样进行对质，你什么观点，我什么观点，一点一点去细细讨论才行。像这样大而化之的讲解，总是会被找到漏洞的。

我就讲这么多，谢谢。

周光权　形式地说我们这堂讲座过六点半到现在，3 个小时 20 分钟。但从实质上讲，我们很多问题还是没有讨论清楚。这也正常，刑法关于主观主义和客观主义的争论将近 200 年。我们如果能活 200 年的话，会发现有的问题可能还是弄不清楚。所以我只能宣布今晚的讲座到此结束。

2013年10月21日

第六讲 实质刑法观的体系化思考

主讲人：刘艳红

主持人：张明楷

评论人：储槐植、陈兴良、邓子滨、劳东燕

嘉　宾：张文、梁根林、车浩、江溯、黎宏、冯军、刘明祥、李立众、曲新久、林维、秦一禾、李晓明、孙运梁、张曙光

张明楷 大家好！今天的"当代刑法思潮论坛"，请刘艳红教授为我们主讲"实质刑法观的体系化思考"！

刘艳红 非常荣幸有这样的机会来到清华大学法学院和老师同学们一起交流我对"实质刑法观"的有关思考。"实质刑法观"一词最近几年得到大家的广泛关注，大家应该不太陌生。不过，作为"实质刑法观"这一命题的"始作俑者"，我本人在此之前从未对有关"实质刑法观"批判的观点作出过回应，也从未在公开场合表达过对"实质刑法观"的个人立场，毕竟书已出版，多说无益。不过，我十分感激各位老师和同行们的关注与批判，使我之前的思考有了深化和完善的可能，也正是基于这种可能才使得我又得出了一些自己的"思维"，也就是所谓的学术成果，由此，让我有幸今天和在座的各位老师及同学们进行交流。我今天要演讲的题目是"实质刑法观的体系化思考"。在此，我会避开2009年8月出版的《实质刑法观》一书中已有的内容，着重展现体系化思考是如何贯彻与形成的，并且对其是否可行进行相应的论证。下面我开始体系化思考的具体展开。

我的思考将从六个方面进行，它们分别是：什么是实质的刑法观？实质刑法观的法哲学基础；实质刑法观的罪刑法定观；实质刑法观的犯罪论；实质刑法观的共犯论；实质刑法观的解释论。这样一个从基本观念到哲学基础，再到罪刑法定理念及犯罪论、共犯论，最后到解释论，形成了我今天所要讲解的主要内容。

第一个问题，什么是实质的刑法观？

在这个问题上，首先要感谢陈兴良教授的批判。在2010年3月23日中国法学创新讲坛第3期，张明楷教授主讲的“行为功利主义刑法观”的讲座，作为评论人的陈兴良教授指出：前不久，刘艳红教授出版了一本专著，叫做实质刑法观，这里面涉及刑法观的问题，但是我没有在这本书里看到刑法观的定义。可见，作为实质刑法观的主张者，有必要对何为实质刑法观的定义进行说明。

在仔细而又深入的思考后，我仍然要保留我的两个基本前提，即在《实质刑法观》一书中力主的两个核心命题，实质的犯罪论和实质的刑法解释论。实质的犯罪论认为，刑法应建立以形式的、定型的犯罪论体系为前提，以实质可罚性为内容的实质犯罪论体系。根据实质的犯罪论者的主张，对刑法中的犯罪构成要件的判断不可避免地含有实质的内容，即某种行为是否构成犯罪应从处罚的必要性和合理性的角度进行判断。因此，对刑罚法规和构成要件的解释应该从这种实质角度进行。也就是说，实质的犯罪论者主张的是“实质的刑法解释”。因此，实质的犯罪论和实质的刑法解释论二者之间存在着逻辑递进关系，主张前者就会主张后者。这两个基本前提、基本核心命题构成了我“实质刑法观”里所有的内容，因此，我在《实质刑法观》中就是围绕着这两个命题进行论证的。

现如今，我经常看到许多同行们在撰写有关实质解释与形式解释的论文中，并未在我所说的“实质的犯罪论”的前提下进行实质解释论的相关探讨，他们或者将其基本等同于在罪刑法定层面探讨的解释论，或者仅仅取其具有法学方法论一端的解释论。而我所主张的实质解释论是必须与实质的犯罪论紧密联系起来才有意义的，否则，同学们一定会困惑为什么在1997年以前我们没有实质的解释论，而到了1997年以后才出现了实质的解释论呢？比如周详教授曾经一针见血地指出：他翻遍了法理学的著作后未曾找到过有关“形式解释论”和“实质解释论”这样的命题。因为在他看来，法理学是所有部门法学的基础，这对解释论意义的形式解释论与实质解释论，应当有其方法论范畴的安身立命之所。但是他很遗憾地指出，并没有发现这样的命题。

为什么会没有呢？并非其没有穷尽所有资料，而是因为这对命题脱离了犯罪论体系进行考究是不可能存在的。来自德、日刑法的实质与形式刑法观以及相关的犯罪论和解释论的争论，只有在 1997 年《刑法》确立罪刑法定原则之后才会出现。罪刑法定原则确立之前，我国刑法允许类推解释，自然也就没有刑法解释论的存在基础。罪刑法定原则拥有形式侧面与实质侧面，只有在这种情况下，才会出现形式解释与实质解释之分。当然，也正是这种犯罪论体系要求我们必须放弃传统的以入罪为前提的平面体系，构建阶层的体系。我们在引入阶层体系的同时，也就会面临德日刑法中对构成要件进行形式解释还是实质解释的争论的对立。在这里，再次强调下我所讨论的语境范畴。同学们一定要清楚，我所主张的实质解释论是与实质的犯罪论一脉相承的，两者是从一条线上顺下来的，如果将它们割裂开来则不是我所主张的形式与实质解释论。

陈兴良教授曾经指出，“刑法观是指对刑法基本问题、基本方法、基本目的、基本价值的看法”。这“四基”在此我予以简要的回答。实质刑法观要解决的基本问题是刑法的思维模式问题，即是以形式思维还是实质思维解决刑法的根本问题，并以此出发，解决刑法中的犯罪论体系与刑法解释理论与方法的构建问题。刑法观主张实质的犯罪论，实质刑法观则力主实质的刑法解释论；实质刑法观的核心命题是实质的犯罪论与实质的刑法解释论；实质刑法观的基本方法是理性方法与实质方法。实质刑法观崇尚理性的方法，即以形式理性为前提，以实质理性为基点，提倡实质主义的思考模式；同时，实质刑法观重视实质的考察方法，通过从实质可罚性角度对刑法中的构成要件进行解释，以使之合乎刑罚法规的妥当性，使刑法适用仅限于处罚值得处罚的行为，限定刑法的处罚范围。实质刑法观的基本目的是，避免仅仅根据法条文字规定对构成要件作形式的理解，通过实质的解释阐述法条背后蕴含的正义理念，通过实质正义矫正形式正义存在的不当出入人罪，实现刑法人权保障之机能与法益保护之目的。实现这一基本目的，也就实现了实质刑法观的基本价值。以上“四基”就是我对“实质刑法观”所下的定义。

既然称为“实质刑法观”，则意味着对刑法整体的一种看法，是关于刑法的基本立场，而不是关于刑法中某个或某一类问题的片段性观点。实质刑法观虽然只有实质的犯罪论与实质的刑法解释论两个核心命题，但前者针对的刑法体系中最基本的犯罪论体系，后者则是刑法适用的方法论，这两个核心命题带有根本性，也因此具有了概括性。

为了更好地整体展现实质刑法观的内容，有必要从体系化的角度层层推进解读。下面我将阐述第二个问题，实质刑法观的法哲学基础。

第二个问题，实质刑法观的法哲学基础。

既然称为“实质的刑法观”，并非是对一个具体问题的具体看法，其背后一定是存在着哲学基础的。虽然在之前，邓子滨研究员在他的《中国实质刑法观批判》一文中提出了一个惊世骇俗的命题，但是由于时间关系，我在这里作为花絮简要地进行评论。在我开放的犯罪构成要件理论中，我是提倡实用主义的刑法观的，即以实用主义法哲学为基础的，但在这里我又公开表明我的法哲学基础是古典自然法学派的思想。其实古典自然法学派的思想在我的实质刑法观中从未抛弃，从未远离，一直秉承。我的实质刑法观一向是以古典自然法学派思想为基础的，同时还同我的实用主义有所连接。

古典自然法学派在17、18世纪的反封建启蒙运动和革命斗争中产生，以人权保障、自由保障为机能，人权和自由是他们高举的两面旗帜。到了18世纪末19世纪初前期，德国古典主义哲学家康德和黑格尔仍然采用了理性主义的研究方法，以理性法作为研究的重点。古典自然法学派可以说达到了巅峰。他们的共性就是探讨“法作为何？”他们认为，法的根本就是理性。理性法就是自然法最为内在的价值。理性、正义、自然法在某种程度上成为一个层面上的东西，而在这个层面上的东西，至今为止也没有被新的自然法学派所抛弃。比如新自然法学派的代表人物德沃金所提出来的“以原则去解释规则”，虽然大家现在都在争论什么是原则，什么是规则，但是其所传递出来的是，法律文字的东西是规则的，背后蕴含的正义理念是原则，通过原则解释规则，传递出真正的正义的精神和理念。因而，古典自然法学派的精髓为新自然法学派所传承，可以说只是以不同的面貌展现出来而已。

综上，我认为，古典自然法学派的法律观是四个字：“理性主义”。从这种理性主义的法律观出发，我认为自然法是合乎正义的，是实体法的基础。以此为基点，刑法表面的文字规定即实体法，背后一定蕴含着正义的理念，我们解释者就是要解释出实然法背后的正义之理念，这就是理性主义法律观的一种理性的方法。

但是这种所谓的古典自然法学派思想是否抛弃了实用主义呢？回答是否定的。我们都知道康德强调一种实践理性。所谓实践理性就是重视理性方法，但是却不忽视经验方法的实际运用，因此实质刑法观还具有实践理性的特征。其实实践理性的特征我从法哲学的缘由角度并没有对其进行考证，但我个人认为，它是19世纪末美国实用主义法学发源的旗杆。它强调法与生活的互动，强调经验方法的运用，强调对生活事实的反馈。实用主义对其进行了归纳，因此它们之间是具有某种传承关系的。所以，我个人认为，我的实用主义法哲学的观念并没有发生改变，但是古典自然法学派的思想更具有涵摄力，更具有涵括实用主义思想的效力。

同学们可能也会问我，为什么不主张新的自然法学派的思想呢？因为根据现在法哲学家们的看法，新的自然法学派思想并没有一个统一的纲领以及一致的主张，而且很多人认为，新自然法学派往往做的就是古典自然法学派的工作，比如，苏力教授指出：“罗尔斯的《正义论》之重要，其实并不是像许多中国法学家认为的那样是对正义这个古老问题的最系统、最全面或最正确的阐述，其成就在于这是到目前为止康德传统正义观的一个逻辑上最强有力的阐述。”所以，新自然法学派并没有跳出古典自然法学派。而且在我看来，新自然法学后在某些方面反而走向了极端，过于强调实质的价值理念，而这是我所不能接受的，因此我以古典自然法学派作为我的哲学基础。

在这种哲学基础之下顺承而来的就是第三个问题，实质刑法观的罪刑法定观。

第三个问题，实质刑法观的罪刑法定观。

陈老师和子滨研究员多次、反复、经常地批判我生硬地将罪刑法定分成了实质和形式的两个侧面，且形式侧面过于僵硬，实质侧面比较柔软，通过以实质侧面要求的刑罚法规的妥当性为基点解释刑法的规定，往往有突破形式理性的嫌疑，所以他们认为这样的罪刑法定观是不可取的。在此，我并没有放弃自己的主张，在这个问题上我没有改变我的立场。

我们所有关于罪刑法定的教科书、专著都强调了罪刑法定有两个侧面，即形式侧面与实质侧面。其中，罪刑法定的形式侧面包括成文法主义、禁止类推解释、法不溯及既往等，这些侧面难道不是形式理性的方面吗？也就是形式的罪刑法定。而实质侧面包括明确性原则与刑罚法规的妥当性原则，这就是实质的罪刑法定。一个原则性的罪刑法定，比方在我国《刑法》中的抽象文字表述为："法律明文规定为犯罪行为的，依照法律定罪处刑；法律没有明文规定为犯罪行为的，不得定罪处刑。"或者经典的说法："法无明文规定不为罪，法无明文规定不处罚。"仅仅根据这样的规定，我们很难知道怎么适用罪刑法定。在我的印象里，每一届本科生在上课的时候听罪刑法定这一块内容时，他们都知道这是个好东西，但是这个好东西应该如何同我们的刑事案件联系起来、如何加以运用，却是个难以明白的事情。这样就需要贯彻罪刑法定的方法，而我认为恰恰就是在贯彻罪刑法定的时候我们可以在逻辑上将罪刑法定进行分化解读。形式理性由我们的法条文字表达出来了，而实质理性需要我们去揣摩、斟酌，需要法官、学者进行相应的解释，我们才能得出这样判是否合理、这样做对不对、是否实现了刑罚法规妥当性的结论。

正因为如此，我认为实质刑法观一定是主张罪刑法定有形式侧面和实质侧面双重侧面的罪刑法定，但是我并不主张将二者割裂开来看。在这一点上，我又不是很赞同张明楷教授的主张。张老师指出，“罪刑法定原则的形式侧面”“是为了限制司法权力”；罪刑法定的“实质侧面”是为了“不仅限制司法权而且限制立法权”，但“主要在于限制立法权”。这种观点就是将二者割裂开来，而由此得出来的结论也是值得商榷的。罪刑法定是一个整体，来源于限制国家刑罚权的发动，既然如此，它必然体现在两个层面：首先体现在立法层面，比方说尽量把罪规定得详细一点，免得擅自解释扩大入罪；尽量把刑罚圈定得范围小一点，不要什么罪都罚。同时，它也体现在司法层面，法官解释的时候要尽量有一个人权保障的理念在里面，以形式的文义为前提。所以形式侧面和实质侧面共同发挥着约束立法权和司法权的作用。对此观点，形式刑法的旗手陈兴良教授深表赞同，并进一步明确指出，罪刑法定原则的形式侧面旨在限制司法权，而罪刑法定原则的实质侧面旨在限制立法权。虽然这是形式刑法与实质刑法的意外重合，但是我对这种重合表示深深的不以为然，我认为他们两个所说的我都不赞成。

我主张无论是在立法上还是在解释上，都应当贯彻其实质妥当性。立法以后并非不能讨论这个法条是否正确，就像我们经常讨论“非法吸收公众存款罪”是否具备刑罚法规的妥当性问题，是否妥善控制了刑罚法规的处罚范围一样。在解释上，也存在着同样的问题，就像我们经常讨论的“恶意竞驶”自己跟自己竞驶算不算，解释者本着何种理念进行解释，其最终的解释结论也必然不同。所以我说形式与实质的侧面共同对立法、司法起到约束作用，这就是我的罪刑法定观。

第四个问题，实质刑法观的犯罪论。

早在去年，梁根林教授就曾邀请我讲一下有关实质刑法观的内容，因为去年关于这个问题讨论得比较热闹。我当时说先让子滨讲一讲，毕竟我觉得我对犯罪论部分思考得还不是那么成熟，时至今日，现在至少可以说有个结果吧。经过了我五年的潜心研究，我已经形成了有关实质犯罪论的45万字的著作。而今天我要言简意赅地叙述这个犯罪论的主要观点。关于实质刑法观的犯罪论，我主要讲三点。

第一，实质刑法观的构成要件论。它包括两个方面的主张：一是主张实质的构成要件论；二是主张开放的构成要件论。我知道尤其是在第二个方面大家都不以为然，而我却深以为然。

第一个方面的主张，实质的构成要件论。我认为，在19世纪，与自然科学高度发达相一致的自然主义刑法观，必然是以定型的、可计算的、以形式的构成要件论为前提的，也就是李斯特、贝林时代的形式的构成要件论。但是形式的构成要件论有着哲学观的变化，也就是从存在论到规范论的变化。这在刑法的理论中也体现出来了，像麦耶、麦兹格就先后提出了规范的构成要件要素以及主观的构成要件要素，使得构成要件的形式定型意义受到了大大的冲击，构成要件不再是形式的类型，而具有了实质推断评价的内涵，从而使构成要件出现了实质化的进程，也就是说在构成要件这一阶段越来越多地包含了违法性、有责性的东西，这样一来也导致构成要件同违法性和有责性的关系发生了变化。因而，在构成要件实质化的进程中也传递出这样一种信息——就像西原春夫说的那样，独立的构成要件已经崩溃，已经消解，构成要件与违法性、有责性融为一体，称之为客观违法构成要件以及主观有责构成要件似乎就成了必然，这便是构成要件实质化所带来的。

第二个方面的主张，开放的构成要件论。开放的构成要件被子滨研究员认为是极其不可理喻的，同时也被中国青年政治学院的王俊硕士所批判。王俊硕士就指出：之前张明楷教授承认开放的构成要件，但是后期张教授发生了改变，现在已经不提倡这个概念了，而是主张不成文的构成要件概念，但刘艳红教授可能是个例外，她坚持认为，开放的构成要件在实质上是合理的。在这个问题上，可以说我既是个例外也不是个例外，说例外是因为之前张明楷教授的确是承认开放的构成要件的，后来不知是否由于陈老师强烈批判的缘故还是由于张老师自己的思考，他完成了自己在这个概念上的“转型”，抛弃了“开放的构成要件”概念，转而使用了一个全新的术语，即“不成文的构成要件要素”。不过恕我直言，在我看来，张老师这个“不成文的构成要件要素”不过就是“开放的构成要件”的另一种说法而已，其实并无本质区分。因为我曾经指出：开放的构成要件是指由于立法者未能详尽地描述构成要件的各种要素，根据刑法规范对构成要件的字面规定，尚无法判断行为是否违法，还需要法官进行其他补充判断的构成要件。比如，不真正不作为犯中的义务来源、过失犯中的注意义务、非法定目的犯中的目的等，均属于开放的构成要件。而张明楷教授指出，开放的构成要件肯定是不行的，所谓的不成文的构成要件要素，刑法条文表面上没有明文规定，根据刑法条文之间的相互关系、刑法条文对相关要素的描述所确定的，成立犯罪所必须具备的要素。因为刑法不可能将所有犯罪的一切构成要件要素，都完整地记述下来；虽然大多数构成要件要素都是由刑法明文规定的，但是，也有不少构成要件要素不是由刑法明文规定的，而是经由解释形成的；例如，不真正不作为犯的义务来源、过失犯罪的结果预见可能性与结果回避可能性以及一些目的犯，刑法不可能没有遗漏地作出规定。在此，无论是内涵或是表现形式，所谓不成文的构成要件要素与开放的构成要件概念并无区分。既然如此，就没有必要主张不成文的构成要件要素概念。

不过，张老师否定开放的构成要件是有理由的。他认为，承认开放的构成要件会违背罪刑法定原则的要求。但我认为，承认不成文的构成要件要素，如果按照相应的解释也是一样会违背罪刑法定原则的，对开放的构成要件和不成文的构成要件要素所承担的指责应当是一样的。

张明楷教授还有一个比较有力的对开放的构成要件的指责，即他认为：如果肯定开放的构成要件，就意味着否定构成要件的违法性推定机能；如果在构成要件之外寻找违法性的根据，必然损害构成要件的保障机能；开放的构成要件理论，实际上是将需要补充的构成要件要素，从构成要件转移到违法性中去，从而将其排除在故意的认识对象之外。我觉得这样说是不对的。肯定开放的构成要件正是由于我认为构成要件是具有违法推定机能的，但遗憾的是，违法机能要素没有完全表达出来，所以我们才要弥补它，法官要解释它。这样一来，开放的构成要件恰恰是以构成要件具有违法推定机能为前提的，又怎么能说它违背了构成要件的违法推定机能呢？所以，对张老师的这一指责，我是十分不赞同的。

综上，我的结论是，虽然开放的构成要件在德日刑法学界有学者反对，有学者赞成，但同学们可以细看所有的刑法条文，并没有一个条文规定了不真正不作为犯的作为义务以及盗窃犯的目的。其实这些都是解释出来的，而这些都是表现违法性的开放的构成要件。在实践中和我们的法典中，大量存在着开放的构成要件。我们承认它们又如何？如果你不让我承认它，那就让所有的立法者把所有的不真正不作为犯的作为义务补充出来呀，实际上那是不可能的。因此，我在这里强烈地反对陈兴良老师对我的指责，他说：刘艳红教授推行开放的构成要件观念。我并不这样认为，我不认为我是在“推行”。所谓的“推行”有点类似于推销，就是这个东西本身不好，而非要说这个东西好，大家快接受吧，我是一种理论面向实务的务实的态度，这个东西本身就是存在的，我只不过将它拿出来展示给大家看而已。在这里我认为可以引用时延安教授的一句话：实质上，否定开放构成要件的实现多有掩耳盗铃的心态，刑法规范的构成要件在很大程度上是开放的。也就是说，面对实务和立法中的这种状况，我们何必要自欺欺人呢？我只不过是比较理性地将故事说出来而已。说出来不是我的错，事实本身才是有错的。因此对我的指责就是不实之词。我今天来这里压力也是很大的，这种压力并非我自己的东西记不住或者说怕我自己的观点解释不清楚，最大的压力在于我要跟我的老师们批评求教，因而经常会涉及一些老师们的观点，因此在这里要说句名言“吾爱吾师，吾更爱真理”，它给了我力量。开放的构成要件我不但承认，而且从未改变，这一立场我是要坚持的。

第二，实质刑法观的违法性论。在此同学们应该会有所困惑，我所说的实质的违法性论有什么新鲜的东西吗？因为如果我们翻遍现在的教科书几乎都可以发现，在有关违法性这一问题的论述上基本上都会从这样一种路径入手，也就是首先是古典的形式上的违法性论，随后都发展出了实质的违法性论，现在大家都是既承认形式的违法性又承认实质的违法性。到这里同学们一定会质疑，形式刑法观的违法性论与实质刑法观的违法性论既然都承认了实质的违法性，它们到底有什么区别呢？下面我来介绍一下我的立场以及我认为的差别何在。我的实质刑法观的违法性论的基本观点是：在违法性的本质上，实质刑法观赞同形式违法性与实质违法性的区分，但是反对单纯从实定法的角度看待行为是否违法的形式违法性，主张探究对违法性实体的充分说明。以此为基点，在犯罪的本质是法益侵害的法益侵害说的观点之下，认为违法是对法益的侵害或者威胁，因此，在结果无价值与行为无价值的对立上，主张结果无价值。以此为出发点，在客观违法性与主观违法性的对立中，必然主张客观违法性论而反对主观违法性；进而，在违法性的程度上，主张除了进行违法性有无之判断，还需进行违法性程度高低以及法益侵害程度高低之利益衡量，只有具备值得处罚的法益侵害性，才能判断为违法。

在这里要进一步说明实质刑法观主张结果无价值论。但是我所主张的结果无价值论与张明楷教授所主张的结果无价值论还是有所不同的。其实，行为无价值论与结果无价值论的问题并非我的长项。在我思考体系化的实质刑法观之前，我一直在拜读张明楷教授与周光权教授在此问题上的论战。经过长期的拜读与思考，我认为我的大致方向是主张结果无价值的，但是有些地方却与张老师的不一样。周光权教授将张老师定性为“纯粹的结果无价值论者”，我可以看出张老师对这样的定性是十分反感的，他认为自己就是结果无价值论者而不是什么“纯粹的结果无价值论者”。但我很遗憾地想告诉张老师：其实您所主张的是纯粹的结果无价值，而且还是比“纯粹的结果无价值论者”更为强烈，如同山口厚教授所说的“极端彻底的结果无价值论”。

因为张明楷教授主张全面否定一切主观违法要素，认为主观要素应当全面纳入有责的范围。这样的观点是极端的结果无价值论。相应的，将故意、过失认为是责任范畴，而在构成要件中承认主观违法要素的，才是结果无价值论者。在此我要声明我的立场，我和张老师的观点是不一样的。

与这一问题相联系的就是客观违法与主观违法的问题。一般而言，主张结果无价值的，就应当主张客观违法论，这一观点是没什么问题的，在此不加赘述。在涉及违法性程度的问题上，可以看出实质的犯罪论与形式的犯罪论在违法性上的一个巨大差别。一般论及违法性论时，往往关注其违法性的有无，比如，规范违反说会从是否违反规范，讨论其违法性有无的问题，而法益侵害说从法益是否遭到侵害或者有危险，讨论违法性有无的问题，但是这些都忽略了违法性程度高低的问题。在这个问题上，大塚仁教授早已有所论述，有无是违法性判断的第一个问题，而程度是违法性判断的第二个问题。因此，在违法性的本质上主张结果无价值论，基于对法益的侵害或者威胁考虑违法性之有无的结果无价值，必然重视法益的衡量，从而直接延伸实质刑法观的实质违法性论所蕴含利益衡量说这一重要观点。比如，在紧急避险中法益的高低是有一个衡量的，通过衡量判断是否具有可罚的违法性。在实质刑法观中，有一个核心的词汇，即实质可罚性。对于这个词汇，邓子滨研究员是非常反对、极端厌恶的，而我本人对这个词汇非常喜欢、强烈赞成。因为在违法性论中，实质可罚性就是体现在这里的。同学们一定又会质疑，难道形式犯罪论就不主张这个问题吗？其实也不是完全不主张，但至少在我所翻阅的书籍中，并未看到有相关的论述。正如在日本，实质的犯罪论代表是前田雅英，而形式的犯罪论代表是大谷实。大谷实教授在黎宏教授翻译的著作中指出：违法性之有无由有无法益侵害或者威胁以及是否违反了相关的规范而定。在这里，他只强调了法益侵害而没有强调程度。相反，在前田雅英或者张明楷教授的相关著作中，却对此有所提及，比如，前田雅英的违法性论中“以优越的利益判断为中心”，就是有程度高低之别的，又比如，张明楷教授明确指出，应以可罚性的高低作为违法性之有无的判断。所以在这个问题上，我个人认为，实质刑法观的违法性论入罪标准更高，不但强调了性质，而且强调了程度。因此可以看出，实质刑法观的犯罪论通过这一违法性论，它的人权保障机制也得到了体现，绝对不是像子滨教授所批判的，一提到实质刑法观就是搞入罪。

第三，实质刑法观的有责性论。我要首先表达对陈老师观点的赞同。陈老师曾经指出，有责性这一环节在我国犯罪论体系中是十分薄弱的环节，至少我本人是这样认为的。我对有责性论的考虑并不是特别深刻，但是实质刑法观还是有其独特的有责性观点的。我主张的是规范责任论。我们都知道，在有责性论中有许多关于责任的概念，人格责任论、社会责任论、道义责任论、实质责任论、冯军教授的功能责任论，等等。很多责任论都风靡一时或者正在风靡着，比如，功能责任论是在德国十分流行的，实质责任论则是在前田雅英那里很有市场，而规范责任论则为我本人所力主。

一般而言，日本学者多主张规范责任论。当然并非是他们主张规范责任论我才主张的。大家一定认为我所主张的实质刑法观，在日本主要是受前田雅英的影响，在国内主要是受张明楷教授的影响。既如此，前田雅英主张实质的责任论，为何我不主张实质的责任论呢？对此，我认为，实质责任论实际上融合了规范责任论的内容，并且应当以责任的预防为基点来考虑责任的有无。它这种过于强调对未来的预防，是我一贯反对的。以此为基点出发的罗克辛的那套理论，其实我本人也是比较反对的。罗克辛打破了李斯特的鸿沟，将刑事政策融入刑法中来，究竟是贡献还是毁灭？这是值得我们思考的。刑法是一门规范学科，而刑事政策是功能性的理论，这两者不能说是水火不相容，但至少是两个视阈的问题。当我们把刑事政策完全融入刑法领域以后，别说是构成犯罪，就连罗克辛所提出的“惩罚的必要性”“必需性”等很多这样的词汇，就会容易让人误解。当我们要处罚一个犯罪人，考察他是否有责任的时候，可能会由于主观上认为这个人的危险系数很高，基于惩罚的必要性，出于特殊预防的必要，而使得给这个行为人绳之以法、定之以罪成为可能。因此我认为，实质责任论的这个观点与罗克辛的这个功能在理性上有一些异曲同工之处，将刑事政策贯穿在刑法领域里，至少是我本人所反对的。

当然，陈老师曾经指出，罗克辛的刑事政策贯穿在刑法领域中是以出罪为前提的，但我本人并没有觉得罗克辛是以出罪为前提的。我大致翻了下他的书，当然例子并未仔细阅读，可是我真的没有发现他是如何体现他的出罪前提的。如果说他先通过客观归责理论，比方说雷雨案、飞机事故案等将这些问题出罪的话，在我看来这些问题根本不能称之为出罪，因为这些问题在我们平常看来都纯属稀奇古怪不会讨论的案例，根本也不是我们正常人要讨论的案例，因而罗克辛的这套理论太过极端，为了理论而理论，教义性很强，说服力不够，远离生活，不接地气，所以，对具有刑事政策意义的实质责任论，我也是比较反感的。

基于此，我主张的是规范责任论。而究竟什么是规范责任论呢，在冯军教授的《刑事责任论》一书中有了详细的交代，在此不予赘述。既然认为责任的本质是规范责任论，实质刑法观必然认为，责任的要素包括责任能力、故意或过失以及由规范责任论所提出的实质阻却罪责事由——期待可能性。期待可能性问题尤其重要。对这一问题在基本观点上，我是赞同张明楷教授的。他指出，当一个人具有了故意和过失，我们就推定他具有了期待可能性。所以，在承认期待可能性是责任要素的前提下，将缺乏期待可能性作为责任阻却事由对待即可。

第五个问题，实质刑法观的共犯论。

共犯论应该说是我最感兴趣的一个部分了。正如威尔泽尔所说的，共犯论是体系论的试金石。每一个研究犯罪论体系的学者，肯定是要在共犯论中试试水，先要到这个共犯论的大海中扑腾几下，看看会不会被淹死，而经过我长时期的思考与检验，我的以二阶层作为架构的实质刑法观的实质犯罪论“闯关成功”，通过了共犯论的检验，从而形成了实质刑法观的共犯论。我的共犯论体系是这样的：

首先在共犯的处罚根据上是要与结果无价值论的基本立场相一致的。其主张的是以法益侵害为基底的因果共犯论，而不可能是责任共犯论，因为责任共犯论居然以引起他人犯罪的心理为判断根据，这肯定是我所反对的，所以我主张因果共犯论。

其次，在共犯论的本质之下，我则主张犯罪共同说，我在这个问题上主张的是即客观主义的犯罪共同说。我的基本理由是，犯罪共同说更有利于维护构成要件的定型性。这也与我前面所说的刑法的任务是保护法益，犯罪的本质是法益侵害，违法性的本质是对法益的侵害或威胁之结果无价值的基本立场相一致。

再次，在共犯与正犯的关系问题上，我主张共犯从属性说，并且这种从属性是限制从属性说。对于其他的最极端从属性说、最小限度从属性说，我是反对的。这个问题比较好理解，在此也不加赘述。

最后，在正犯与共犯的区分问题上，我主张客观实质的正犯论。对于什么人到底是不是正犯，一定是从对他行为的定型性并结合价值判断，即是否实施了与实行行为同等地位的行为而进行双重角度的规范考量，如果是等同的，就是正犯，如果不是等同的，就不是正犯。以此为基点，在共犯的问题上，我必然是承认共谋共同正犯的。对于这个观点，陈兴良教授曾经指责过：我国已有组织犯的相关概念，再讨论共谋共同正犯是否多此一举？我认为不是的。因为组织犯仅仅是共谋共同正犯的一种类型而已，也就是我们所说的黑幕重罚论，说白了就是背后的老大是属于支配型的共谋共同正犯。但是对于对等型的共谋共同正犯，我们国家是没有概念可以涵盖的。比方说，两个人作用相当，一同上街行动，结果其中一个人没有行动，而只是在旁边给予精神上的支持，这种情况显然不是组织犯。因此，承认共谋共同正犯是有必要的。

与此同时，在共犯的脱离判断上，我主张以规范的因果关系遮断说为基准。以因果共犯论作为共犯的处罚根据，意味着在共犯脱离的判断上，应该以因果关系是否还存在为标准判断脱离成立与否。与此同时，根据实质刑法观所要求的实质考察方法，应该反对仅仅根据事实因果关系是否终断的角度考察脱离成立与否，而主张从法规范评价角度，考察脱离者与其他共犯者之间的因果关系是否成立遮断。有时，即使事实上的因果关系并未完全遮断，但只要规范地评价脱离者已经在实质上与其他共犯者之间的共犯关系已完全消解，也能认定共犯脱离的成立。比如，甲、乙、丙三人一同上街，甲、乙共同对丙说："丙啊，咱们三个一起砸车去吧。"而实际上他们知道丙的内心十分胆小并没有胆量砸车，只是想要逗一逗他，但丙沉默不语，内心反抗，不过也没有证据说他内心反抗，随后，甲、乙、丙三人一起把车砸了，丙砸了两下决定不砸了，就跑掉了，这是否能够称为脱离呢？事实上的因果关系遮断说就认为，这并没有脱离，因为丙并没有有效地防止结果发生，也没有表明自己后期的心态如何，因此，从形式的、事实的遮断上并没有完全脱离，如果既遂，丙也要承担责任。我认为这是不妥的。为了分化瓦解共犯，鼓励共犯人脱离，降低对被害人侵害的有效性，我主张在这种情况下进行规范的判断。即使事实上没有完全脱离，毕竟甲、乙二人还是按照三人事前形成的共谋而进行的砸车，在这里就要进行规范上的判断了。丙既然已经走了，有没有丙，甲、乙都会进行砸车行为的，况且甲、乙二人明知丙是胆小鬼，只是想戏弄他，丙既不能左右甲、乙的心理，也不能推动他们的行为。从规范角度看就应该认为丙已经脱离。这又再一次地说明，实质刑法观实际上常常做的是出罪的活儿，而不是干的入罪的勾当。因此在这里，我想再一次指出，实质刑法观与形式刑法观之间的区别，并不就是子滨研究员经常指责的入罪与出罪的差异。如果不明白我所说的实质刑法观的体系，就不会明白我为什么会主张这样的解释论。

综上所述，实质刑法观系统地贯彻了共犯是违法类型的基本前提，以及以法益为核心的刑法任务、犯罪本质、违法性本质等基本观点，以对实行行为与共犯关系等基本问题的价值规范考察为脉络，充分展现了实质刑法观的将实质可罚性贯彻于共犯论的价值评判立场，以及刑法客观主义的人权保障思路；它们既是实质主义的，也是客观主义的。因此我认为实质刑法观是通过了共犯论这一试金石的检验的，它是可行的。

最后一个问题，实质刑法观的解释论。

应该说，它是争议最多的一个问题。同学们可能会问，对于这个问题我是不是怕挨板砖啊，这么重要的问题只留下短短几分钟的时间进行讲解。其实我并不是怕挨板砖，而是众多学者对这个问题讨论的真的是已经很多了，之前劳东燕教授所讲的实质化思潮好像是刑法解释的问题；即子滨一年多以前也讲过关于实质刑法观的批判；陈兴良教授与张明楷教授去年也高手过招，华山论剑，各自表明了自己的立场。但在此我还是要表达立场，想说明的是我不一定与实质解释论的旗手张明楷教授的观点完全一致，我也不一定完全赞同像陈老师或者是邓子滨教授的批判，在此我有六个方面的基本判断。

第一，实质刑法观的解释论一定是实质的刑法解释论。这一点在这里就不多说了。陈老师经常问我，形式解释论和实质解释论的区别是什么？这个问题真的很难，但是我也硬着头皮考虑了一下，我的基本看法是，二者的根本区分不是谁出罪、谁入罪的问题，而是是否以实质可罚性为基点解释的问题。

第二，出罪与入罪的问题。陈老师和邓子滨经常指责我们实质刑法观的学者，甚至差点给出这样的命题："实质刑法观 = 入罪论，形式刑法观 = 出罪论"。这是欲加之罪啊。我也希望通过体系化的思考、通过前面展现的所有观点来出罪而不是入罪。关于出罪与入罪的问题，耶塞克曾经说过："在解释的问题上，法院从来都不是选择有利于被告人的解释，而是选择正确的解释。"不过，我不敢保证实质的刑法观全部用来出罪，就像形式刑法观也做不到全部出罪一样。因此，如果以这个原因为攻击点那绝对是失败的，因为所有的原则都是有例外的，形式刑法观并非全部出罪，实质刑法观也并非全部入罪，我们实质刑法观所提倡的"正确的解释"才是我们的终极目的。这种"正确的解释"有一个导向，就是一定是以出罪为原则，以入罪为例外的。

第三，以什么为指导，解释实质刑法。实质刑法的解释论当然是以法益为指导的。

第四，实质解释论经常被人们扣上这样一个帽子："搞实质解释就是搞客观解释。"我大概看了下，张老师是这样的。因为张老师是比较极端的客观解释论者，他基本上不用主观解释论。但是非常遗憾，我在这一点上不是这样的，我是非常强烈并且非常喜欢用主观解释而不是客观解释。有人会问，你用主观解释还好意思搞刑法客观主义？其实主观解释才是客观主义，而客观解释才是主观主义。

第五，经常有人认为，实质解释会以是否合乎目的来进行解释，从而成了目的论解释。而这种合目的性，很容易为解释者所用，目的论解释也成了大家所鞭挞的。我认为，目的论解释的地位从来就不曾动摇，实质解释论是而且只能是以目的论解释为先导的。

第六，位阶关系。这也是陈老师经常问我的。这个问题我还没有思考好。陈老师常说："刘艳红同学，在位阶关系上，如果你认为形式解释优先，而实质解释在后的话，那我们就一样啦。"如果那样的话我不就也成为了一个形式解释论者吗，我觉得不可以这样。我的立场我是经过长期的思考的，不能轻易动摇。而经过我的长期思考，我觉得陈老师您提出的位阶论是个伪命题。因为在法律解释学中的位阶论是所有法理学者共同探究的问题，最后他们都发现，想把法律解释之间排个位阶是不可能的，由此可以得出一个基本的结论，就是法律解释的位阶论是个伪命题。在此基础上，我认为陈老师所提出的形式与实质的解释的位阶论也是一个伪命题。为什么这样说呢？其实是不可能存在位阶的。比如，当面临描述性的构成要件的时候，像故意杀人，对于"人"我们一上来就是形式解释，而不需要实质解释；当面临规范性的构成要件的时候，像非法侵入住宅罪等，一上来就必须要进行实质解释；当面临开放性的构成要件或者张老师所说的不成文的构成要件的时候，我们根本无法得知构成要件从何而来，必须一开始就是实质解释。所以他们之间到底有没有位阶呢？有的，但只能在个案中发生。有没有一般性的原则性的位阶关系呢？没有，要视具体的条文和案件来定。

以上就是我对实质刑法观的解释论得出的六个结论。

关于实质刑法观的体系化思考，同学们肯定会觉得我是在自娱自乐。邓子滨教授非常反感这样。但是我觉得作为一个学者，如果对自己的理论都不能自圆其说，自己不能论证自己的理论，他的理论绝对是不能拿出来为大家展示的。因此我认为关于学术成果，第一步一定是自娱自乐，第二步才是推向社会，第三步借用时髦的词汇，才是成果转化。我自娱自乐的意义何在呢？我觉得至少是对陈老师刑法教义学在当代中国下的思考的一种体现，是一种对刑法的态度，我的态度是主张司法中心主义，反对立法中心主义的。而且陈老师也说过，刑法教义学不仅仅是一种对刑法的态度，还是一种研究刑法的方法。我的方法就是司法中心主义的、理性主义的、提倡实质的解释方法。同时陈老师还说，刑法教义学是以刑法规范为起点的知识体系，我的上述所有的表达，恰恰是这样的知识体系，以上就是我的实质刑法观的体系化思考。

谢谢同学们！谢谢各位老师！

张明楷　谢谢主讲人在一个小时之内把她的观点讲完。主讲人今天树敌太多，我不知道她待会儿怎么招架。我们有 4 位评论人，每位评论人的评论时间是 10 分钟。

请北京大学的储槐植先生。大家欢迎！

储槐植　各位同行！在诸多部门法中，只有刑法领域，学术界人气最旺，学术成就出众，输送的人才、才子也众多。才子就是才能出众的人，有男才子，也有女才子。例如，北大硕士毕业的“两 yan”女才子，也就是才女。南有刘艳红，北有劳东燕。这两个 yan 在写法上不一样，但是拼音是一样的，y-a-n，读第四声。

今年《法学研究》第三期，有劳东燕的《刑法解释中的形式论与实质论之争》，我在暑期中又重新粗读了一遍，又精读了一遍。我的感觉是，这篇文章是高水平的宏论，下面请允许我引用劳东燕的几句话，一开头劳东燕说："晚近以来，随着德日刑法学知识的系统引入，我国刑法学的发展不仅对传统苏俄型刑法学构成知识论上的挑战，也为学派之争的萌发奠定了必要的知识论基础。作为学派之争的重要组成部分，刑法解释中的形式论与实质论之争广受瞩目。迄今为止，形式解释论与实质解释论两大阵营之间已形成对垒之势。实质解释论阵营以张明楷、刘艳红、苏彩霞、齐文远、周详等学者为代表。当然，实质论阵营各位成员的观点之间并非没有分歧。"刚才刘艳红教授的发言也证明了这一点。劳东燕说："刘艳红教授在实质论的方向上走得最远。形式解释论的队伍处于弱势，旗帜鲜明，始终不渝地主张者只有陈兴良教授和邓子滨教授。刘艳红教授的《实质刑法观》与邓子滨教授的《中国实质刑法观批判》以及陈兴良教授与张明楷教授有关形式解释论与实质解释论立场的论文的发表，将形式解释论与实质解释论之争推向高潮。当前，形式解释论与实质解释论之争有利于促进刑法知识的增量，提升我国刑法知识研究的水平，也有助于学者检视与反思自身立场。"这是劳东燕教授对"两论"的一种正面的评价，这是开头。我还想引用几句劳东燕教授比较后面的几句话，她说："当前，我国刑事法治面临的任务具有双重性，既要解决古典自由主义的命题，即防止法外恣意，限制国家刑罚权的任意发动，又要解决风险社会背景下管理不安全性的需求，加强对社会的保护。形式论者与实质论者之间的分歧，根源于双方对上面的我国刑事法治任务双重性的不同的回答。"这是我引的劳东燕教授关于两论的评述，我觉得是非常非常重要的。

根据上面我引用的文章的分析，我认为，形式解释论与实质解释论在学术上的分歧是明显的，但对我国的刑事法制建设起着功能互补的作用。我们不仅要看到他们之间的不同争论，而且要看到他们对我国刑事法治的发展，对刑事法制建设确实具有功能互补的作用。如果只有一种声音，没有批评，那就没有进步。两种不同观点之间的争论能够推动我国学术的繁荣，这又是一种功能互补。

我相信，刘艳红教授一定会乐于听取不同声音，听到认同观点要高兴，听到反对意见或者批判意见更应该高兴。冷静地听取批判意见，主要的功能就在于促使你能够进一步深思，这样能够继续充实、完善你的实质解释论。我希望刘艳红教授能够冷静地听取，不要感到灰心丧气，应该把今天开展的活动看成是你在学术上继续推进的一个里程碑的活动，这样我觉得我们的活动就取得了圆满的成功。

谢谢大家！

张明楷　下面有请邓子滨研究员点评！

邓子滨　尊敬的储槐植老师、尊敬的张文老师、尊敬的陈兴良老师、尊敬的张明楷老师，同学们，晚上好。今天，刘艳红教授使用了“移花接木的蛙跳战术”，她完全避过了我的《中国实质刑法观批判》一书的批判内容和对象。这里有一个事实的背景我必须陈述，虽然刘艳红教授的《实质刑法观》和我的《中国实质刑法观批判》看似是在2009年的同一个月份出版，但实际上我那本书是先面世的。在那个时候，我并没有看到刘艳红教授的《实质刑法观》，我批判的内容主要是依据刘教授当时博士后的出站报告，而且我当时也是这样注释的。刘艳红教授的《实质刑法观》也主要是根据她的出站报告写成的，其中略有改动，但主要内容没变。可是今天，她讲的所有的一切基本上使用了一个“蛙跳战术”，彻底的避开了我当时的批判。

今天我想说的是，既然这样，我们可以翻掉过去那一页不提，我们可以从今天重新说起。首先说今天为什么来，其实每当我知道张老师在场的时候，都会觉得自己浑身发抖。为什么呢？因为张老师的学识太广博了，你没有办法跟他进行某种真正的论战，三两句话就被他驳倒了。他是我的老师，和陈老师一样是终身的老师。我想可能在2008年还是更早，我在《法学研究》上专门写过一篇《法学研究三十年》的文章。当时，我对储老师、张老师和陈老师都写了一些话，我觉得这些话有可能是在200年以后作为他们墓志铭的东西，这是我的崇敬之心。既然不能跟张老师进行理论上的对话，但是我们可以挖他的思想根源。

我觉得张老师的理论体系的第一点就是行为功利主义。在这样一个行为功利主义的支持下，张老师后续的所有实质观的解释，包括一些论证，都是从这个理论来的。与之相对的，就是规则功利主义。规则功利主义和行为功利主义的区别在哪儿呢？就在“斑马线”上。我有本书就叫《斑马线上的中国》。当我们从斑马线上通行时，你是看着红绿灯过马路，还是看着有车没车过马路，尤其是在有红灯，但是没有车的时候？“你过不过马路”，这是对你是什么主义的真实判断。我相信我们中国人99%都是行为功利主义者。所以在这个“实质”和“形式”的斗争中，或者叫角斗之中，其实，形式主义已经不战而败下阵来了。没有几个中国人会像西方人一样，只看红绿灯，不看有车没车。形式刑法观我们今天提出来，其实就是想要在现实的中国，在一个还没有法治熏陶的国家，能够有那么一段时间得到法治的熏陶与教养，就是我们只看灯、不看车。这是我说的第一点。

第二点，实质刑法观采纳的是整体主义思考，它也意味着平衡论。它最经典的语句就是：我们的刑法既这样，又那样。我们刑法的功能既要保护人权，又要与犯罪作斗争。但是在我看来，这样的思考应该拿到十八大报告中去，因为这是政治家的思考。法学家必须要坚持罪刑法定原则，这是它的本意。坚持罪刑法定的目的，就是限制国家权力。你不考虑这一点，还要帮忙说，“我帮你们设计一个与犯罪作斗争的方案?”这不需要刑法学家做，甚至可以说不需要刑法来做。没有刑法，打击敌人会更加干净利落。

第三点，实质刑法观的根源是一种目的论带动的实用主义。我想说的是，实用主义不坏，目的论的解释也不坏，可是在当下中国，这么一个肆意违法的社会，谁的目的？谁的实用？这是不言而喻的。所以，我们本着学者的良心和善良可以提出一种理论，我们可以说，我构建我的正确的理论，你们谁采纳那是你们的事。其实不是这样的。

有时候，一个理论可能会支持某种政治倾向。在我看来，直言不讳地说，实质的判断可能不是不好，但是它有可能超越形式的限制，而更容易走到不利于法制建设和不利于弱者、不利于公民的道路上去。

第四点，在这里，我想用一个比较生硬但是比较有说服力的例子，说明"形式"和"实质"的最简单的区分在哪里。"形式"是暂时不考虑个案正义的，它追求的是一个长远的利益，法治的意义也就在这儿。我们不是不要功利，但是我们要考虑通过规则来达到功利。"形式"的一个最有力量的东西就是，虽然它有时候显得很愚蠢，但是，它能够以最好的方式，以最严厉的方式，来克制权力。我说的是power。我以前举过一个例子，我们给某个同学一个杀人许可，但我们也没忘了给他两个选择，让他挑选以什么方式来自我限制，而且还必须挑选一个。第一个限制是，围着400米操场跑一圈杀一个人，随便杀，想杀谁就杀谁，但是必须跑一圈杀一个人。第二个限制是，你只能杀坏人，不许杀好人。第二个限制是实质性的，第一个是形式的。第一个是荒唐的，第二个是合理的。但是，各位，只要你们想一想，你就会明白，哪一种限制最终克制，大大的限制他最终的杀人数量。一定是第一个。让他跑一圈杀一个人与让他在只杀坏人不杀好人之间的区别，就是我所说的形式的与实质的区别。

最后，"实质的"和"形式的"哪一个好？我必须声明，原本没有人提出"形式刑法观"，这个词原来是没有的，这个词是在什么时候出现的呢？是在我批评或者批判刘艳红教授的这本书以后，人们就突然发现，批实质刑法观的时候，它的对应物是什么呢？就提出了一个"形式刑法观"的问题。我跟陈老师还有过email的交流，我们当时都一致认为，其实没有"形式刑法观"，没有人单独的主张形式的解释论，没有！说穿了，到今天为止我的那本书，我认为最可自我批判的地方就在于，我批着批着，我就把实质的东西一窝端掉了，给孩子洗澡，把洗澡水连孩子一块儿倒掉了。这个是我今天应该自我批评的。

我今天想说的是，没有人不要实质，也不可能没有实质，关键是实质和形式的关系怎么摆以及谁优先的问题。所以，我们总是在说，“先形式后实质”“先事实后法律”，等等，也就是陈老师所主张的一系列位阶关系。这些位阶的关系在很多案子里是看不出来的。什么时候能够用上这种位阶关系呢？我举两个例子就结束我的评论。

第一个例子，一个男医生给一个女患者检查身体，他是否有非礼行为？其实，你要是不考虑他的内心，往往还真难以鉴定，所以，这时候我们就容易把对他内心世界的探讨，他是否有非礼行为的这种内心的判断，和他有这个行为进行一并的思考。但是，我认为，这个思考仍然是可以区分的。那就是说，你必须先评价的是行为，他的行为是不是按医疗手册进行的，如果医疗手册对检查这种病是允许的，就不要管他的内心世界是什么样儿的了。

第二个例子，是和我的同学劳东燕的一个小争议。劳东燕教授问我，说邓师兄，你认为“碰瓷儿”的行为，就是开车时看到别人违法开车，我就不让他，我就撞他一下。我们当时探讨的是这个行为是否构成犯罪、或者诈骗、或者违法。我就说，东燕，这里没有违法。碰那一下只是我没让他，我有路权。我为什么要让他？对对方来讲，他处在违法状态，如果把警察招来，他会面临更大的处罚。所以他愿意掏一点小钱。如果一上来就考虑主观，那反倒是守法者每次都要遭遇内心审查了。这合适吗？

我举的两个例子也许不太适当的，也许所有的例子都意味着荒唐，但我相信，我是用一种简短的、比喻式的方式对刘艳红教授的发言做了我的评述，希望没有得罪她。

谢谢各位同学，谢谢各位！

张明楷　下面有请劳东燕教授点评！

劳东燕　刚才大家也注意到刘艳红教授对自己的导师都展开了批判，对吧？所以接下来我也就要不太客气地对她的观点进行批判。我主要提出以下几点：

第一点，刘艳红教授在今天的这个演讲中或者在以前的著作中，其实都没有告诉我们实质化究竟是怎么产生的。既然实质刑法观本质上是一种法哲学观，这种实质化在法理学和其他部门法中又有什么样的体现？它与20世纪以来刑事责任的扩张之间到底是什么关系？刘艳红教授所提倡的实质化似乎就是为了实质而实质，她本身对于实质化的问题好像缺乏一个更加体系性的、更加全面深入的思考。她所讲的实质化来源，实际上包括了规范构成要件要素、主观构成要件要素的兴起等内容，可我觉得，这些即使在没有提实质化之前也是大家一直都注意到的现象，而且这些现象并没有回答实质化究竟是如何产生的问题。

实质论的代表人物是日本的前田雅英。前田雅英对刑法的实质化的基本看法就是指刑法的刑事政策化的这个体现。而在刘艳红教授关于实质刑法观的解读中，我看不出她的实质化究竟从何而来，因为她本身是反对从刑事政策的角度去解读教义学的，这也是她反对罗克辛的理由。独立于刑法的刑事政策化的实质究竟是指什么东西？按照我的理解，以前的教义学其实只是考虑犯罪的成立，只考虑发生在过去的犯罪是否成立，即应不应当处罚的问题。而晚近以来，包括前田雅英所讲的这个实质化，前田雅英自己承认就是所谓的“刑法的刑事政策化”，其实是说需罚性的考量应该影响犯罪的成立，也就是说刑法的适用在未来应该要有影响犯罪本身成立的效果，所以犯罪论的构建就需要把需罚性的因素考虑进去。无论是罗克辛也好，前田雅英也好，他们的刑事政策概念都是在预防必要性的意义上使用的。所以在犯罪是否成立的问题上，他们的观点都是要把对于动用刑罚之后所产生的效果即预防必要性考虑在内。可以说实质化本身其实是向安全刑法的一种迈进，让法治国的刑法让位于安全刑法。我不知道刘艳红教授是否意识到这点或者是她不愿意承认，所以她也从根本上回避了形式论者对她的批评，所以，在我看来，实质化就是服务于安全刑法的。

第二点，根据刘艳红教授的解读，实质化来源于犯罪的本质，是法益侵害说，我觉得这显然值得质疑。因为犯罪的本质是法益侵害，它本身来自费尔巴哈权益侵害说的发展，而且贝卡里亚当时也提出，犯罪的本质是社会危害性，也就是说，古典刑法学本身就是强调犯罪本质的，但不清楚的是，为什么它会在20世纪以后产生了一个背离于早先古典刑法学的刑事论的立场？所以在我看来，刘艳红教授可能对法益论，尤其是两个意义维度上的法益并没有作出明确的区分。在教义学层面，法益论的意义主要指向两个维度，一个是犯罪本质所指向的法益，一个是刑罚目的所指向的法益。这两个意义维度之间存在一定的内在紧张关系。犯罪本质所指向的法益涉及刑法的正当性根据，它往往强调对法益的侵害只有达到一定的严重程度，才足以使刑事制裁正当化，所以这一维度的法益概念关注的是行为本身应否惩罚的问题，采取的是事后审查的视角。而刑罚目的所指向的法益则涉及刑法机能，它倾向于在法益侵害实际发生之前对刑法提前干预，所以这一维度的法益概念涉及的是需罚与否的思考，着眼于未然之罪。法益论不过是实现刑罚目的的工具，法益的具体内容以及如何构建法益论，最终都受制于刑法所实现的目的，因此，在我看来，实质化应该来源于作为刑罚目的的法益，而不是作为犯罪本质的法益。否则的话，无从理解为什么在古典自由主义的语境之下也有法益，今天也有法益？为什么它会走向另外一个方向？因为在古典自由主义的语境下，法益概念主要是在前一个意义维度上使用的，作为犯罪本质的维度，没有法益侵害就不构成犯罪。但今天所说的实质化，实际上更加强调作为刑罚目的的法益，而且这也驱动了法益概念的精神化和抽象化。不是说这里涉及一个“实质”概念，它就跟实质的刑法观相关。

第三点，刘艳红教授将古典理性主义作为实质刑法观的基础，是不是说以前的形式刑法观就不是以理性主义为基础的呢？如果形式刑法观也以理性主义为基础，从同一哲学基础出发，如何产生不同的刑法立场呢？

第四点，结果无价值原本是威尔泽尔对早期古典立场的概括，如果结果无价值论属于实质刑法的范畴，那岂不是说历史上从来没出现过所谓的形式刑法观，所谓的古典刑法观与20世纪以来的实质刑法观没有差别？如果这样的话，主张实质刑法观的意义又何在呢？不过与古典刑法观一样而已。很显然，主张实质刑法观就说明它是不一样的。所以，不能随便把犯罪本质所涉及的结果无价值拉到实质刑法观中。

第五点，对于开放的构成要件与不成文构成要件要素的混淆。开放的构成要件是说法官要有自由裁量权，因为在不作为犯中的作为义务、过失犯的注意规范等问题上，你可以发现，法官不用自由裁量权是解决不了这个问题的。可是不成文构成要件要素中，比如，财产犯罪中的以非法占有为目的，实际上法官没有解释的余地，他只能去认定这个案件到底是不是存在以非法占有为目的，他不存在按照自由意志解读的问题，所以当然不能把开放构成要件和不成文的构成要件要素相混淆。

第六点，关于主客观违法论。主观违法论在19世纪后半期，在与客观违法论的争论中，指的是不法的认定一定要考虑有没有责任能力，如果没有责任能力，即由于行为人不能认识到自己行为的违法性，相应的规范对他来讲就没有效应，在这种情况下，他的行为就不是违法的。也就是说，当年的主观违法论主要强调的是不存在缺乏罪责的违法。可是20世纪中期以后，威尔泽尔所说的比较偏向于主观的违法论，并不是这个含义，否则就不能理解为什么所谓的目的主义及新古典犯罪论体系同样是区分罪责与不法的了。而且威尔泽尔也说得很清楚，不法和罪责的区分是一百多年来德国刑法学中最基本的成就。因此，在使用这个基本的概念时，我们应当认识到，这个概念的含义是有过变化的，并需要首先界定到底是在哪种意义上使用这个概念。

第七点，演讲者自己的立场问题。如果说在构成要件层面，她把实质化贯彻得比较到位，在违法论和罪责论上，我们就看不出她在构成要件层面想要贯彻的实质化思想，充其量只能是局部的实质化。前田雅英关于实质罪责论的观点，才是符合实质刑法观的逻辑的。如果要坚持把实质观贯彻到所有犯罪论中，就应该坚持前田雅英这样的功能性的或者实质性的罪责论。

最后，从总体上讲，刘艳红教授对于实质化的走向充满了乐观。但我们应该认识到，这种走向它本身有很大的危险，所以可能在研究中对实质化的走向缺乏必要的反思也是一种缺点。因为如果安全刑法时代的来临存在危险，理应对实质化的走向进行反思。从刘艳红教授的论述看，她其实也认为实质化基本上代表了一种时代的走向。她刚才也在开玩笑地说，有很多在司法实务中正要做或者现实中已经在做。但这仅仅是她的发现。因为对于我们教义学研究来讲，实然不等于应然，就像康德哲学所主张的，即我们不可能从什么“是”中得出什么“是有价值的”，什么“是正确的”，什么“应该是”这样的，从来没有什么东西因为它是、它曾经是或者它将要是，而说明它是正确的，不可避免的“是”，并非因此就值得追求。因此即使它是一种实然的走向，但并不代表我们教义学今天要往这个方向走。

因此，我觉得我自己虽然也在作实质化研究，但总体上讲，安全刑法和法治刑法之间是有内在矛盾和冲突的，因而在现代社会中，比方说在我认为的风险社会之下，如果特别偏向于哪一边或者完全废弃哪一边，都不能成立，所以就可能要持一种比较折中性的观点。从总体上讲，我还是觉得保障自由是更重要的，安全是次要的，但安全不能完全置之不管。不过在这种导向中也应该意识到，安全刑法的走向、实质化的走向绝对是非常危险的。所以在这个意义上，邓子滨教授在《实质刑法观批判》中对于一些立场的担忧，我是非常赞同的。

我的评论就到这里，谢谢大家！

张明楷　邓子滨研究员对刘艳红教授的实质化的评论或者批判是非常实质化的，它不是形式化的。如果是形式化的，是不可能作出这样的评论的。接下来我不知道陈兴良教授可不可以从形式上作一些批判。

陈兴良　我正想从形式上作一些评论！

刘艳红教授在刚才的讲演中提出了五对范畴，分别是实质刑法观，对应的是形式刑法观；实质犯罪论，对应的是形式犯罪论；实质的构成要件论，对应的是形式的构成要件论；实质的罪刑法定原则，对应的是形式的罪刑法定原则；实质解释论，对应的是形式解释论。而刘艳红教授主张的是实质的刑法观、实质的犯罪论、实质的构成要件论、实质的罪刑法定原则和实质的解释论。但是，我在这五对范畴之中，只主张一个形式解释论。既不主张形式刑法观，也不主张形式犯罪论，更不主张形式构成要件概论，而形式的罪刑法定原则和实质的罪刑法定原则的相关性也是值得考察的。这是我的一个基本的判断。但由于在今天晚上，事实上，刘艳红教授对形式解释论和实质解释论这样的一个争议并没有展开，因此我也不想对这个问题进一步展开讨论。

在这里，我只是想谈一谈我刚刚听了刘艳红教授的报告，和看了刘艳红教授的论文、著作的一个感受。我认为，刘艳红教授所主张的这些实质的犯罪论、实质的构成要件、实质的罪刑法定，这样一些内容或者观点，都借助了德、日刑法学中的学术话语。但是她只是形式上都使用这些话语，而并未遵守这些话语的本来含义，对这些话语做了个人的、具有主观能动性的发挥。因此，刘艳红教授所采取的是一种实质的研究方法论。这才是根本，也就是说应该在前五个“实质”之上还要加上一个“方法论的实质”。下面我想举 3 个例子论证一下我的判断：

第一个例子，关于实质的罪刑法定原则。刚才刘艳红教授也提到，我和张明楷教授都认为，实质的罪刑法定只限制立法而不限制司法，而刘艳红教授认为，实质罪刑法定既限制立法又限制司法。但是刘艳红教授在她的著作中所引用的“实质的罪刑法定”这样的一个术语，是从日本来的，又称为“罪刑法定的实质侧面”。刘艳红教授在她著作里也引用了日本学者的一个叙述，“罪刑法定的实质侧面是指刑法的明确性原则和刑罚法规的妥当性原则”。这两个原则从其表述的内容看，只能是对立法的限制：立法机关制定的法律要有明确性，不明确则无效；立法机关所创设的刑罚法规要有妥当性，不具有妥当性则无效。它原始本来的内容是对立法权的限制，并不包含对司法权的限制。而所谓的罪刑法定的形式侧面只有“法无明文规定不为罪”这样一个内容，它是对司法权的限制，限制司法机关，将法律没有明文规定的行为入罪。但是刘艳红教授仅仅从罪刑法定的实质侧面中“实质”这两个字出发，就引申出了一大堆东西，比如认为，对构成要件要作实质判断，这个内容也是罪刑法定实质侧面的要求。我认为，这样的引申，事实上已经脱离了罪刑法定的实质侧面这样一个由日本刑法学者所主张的这一命题时的本来含义，是另外作出的发挥。

第二个例子，关于开放的构成要件概论。刚才刘艳红教授也提到了，张明楷教授和我都不主张开放的构成要件概论，而她主张开放的构成要件。我们应该看一下，开放的构成要件论的本来含义是什么。开放的构成要件论是由德国学者威尔泽尔从构成要件和违法性关系角度提出来的，他说，当构成要件能够独立的征表违法性的时候，这样的构成要件具有违法性的推定机能。在这种情况下，构成要件是封闭的，自我满足的，自身就能够完成违法性确认的。而所谓的开放的构成要件，是指虽然满足构成要件，但还不能够独立的征表违法性，不具有违法性的推定机能的情况下，还需要在违法性环节进行单独的实质性的判断。这样的构成要件才被威尔泽尔称为开放的构成要件。

刚才刘艳红教授也提到了威尔泽尔所讲的不纯正的不作为犯、过失犯都是开放的构成要件的示例，那为什么说不纯正的不作为犯是一个开放的构成要件呢？因为在这个不纯正不作为的情况下，它可能是已经具备了构成要件的该当，比如，不纯正的不作为杀人，因为他的行为将人杀死了，但是在这种情况下，还不足以说明他违法，还要看是否具有违反作为义务，也就是作为义务的违反性。因此，当时所主张的构成要件只能是实质判断。因为违反作为义务已经不是一个事实的问题，所以就不能在构成要件中讨论，而应该在违法性中讨论。正是在这个意义上说，不纯正不作为是一个开放的构成要件，它要由构成要件和违法性两个层级的共同判断，完成对违法性的确认。但事实上，后来构成要件已经改变了，构成要件中已经包含了对规范的判断内容，甚至构成要件已经实质化了。在这个意义上说，威尔泽尔所主张的开放的构成要件已经不存在了。因此，刘艳红所理解的开放的构成要件和威尔泽尔的开放的构成要件完全是两码事。刘艳红教授所说的开放的构成要件指的是一些盖然性的规定或者是一些空白性的规定。对这些内容还需要加以填补。其实这样的现象确实存在。刘艳红教授提到的张明楷教授讲的不成文的构成要件。它是没有写在条文里的，它是不成文的。在这种情况下，你不能说它是开放的，因为它只是不成文的。因此，刘艳红教授所讲的开放的构成要件和威尔泽尔的开放的构成要件本来的含义完全是不相干的，所以说你是有自我发挥的。

第三个例子，关于形式的犯罪论和实质的犯罪论。形式的犯罪论和实质的犯罪论也是日本学者提出来的，可是他们所讲的形式犯罪论和实质犯罪论是什么意思？凡是主张形式的构成要件论的，把构成要件当作类型性的、形式的东西来理解，建立在这个基础之上的犯罪论是形式犯罪论，因此，这个意义上的形式犯罪论指的就是形式的构成要件论；实质犯罪论指的是对构成要件不只要作形式的判断还要作实质的判断，建立在这个基础之上的犯罪论是实质犯罪论，因此，这个意义上的实质犯罪指的就是实质的构成要件论。但是刘艳红教授却离开了日本学者所讲的实质犯罪论、形式犯罪论这样一个本来的含义，而是把实质犯罪论提到了一个很高的高度，在实质犯罪论的名下，不仅讨论了实质的构成要件论，而且讨论了违法论，讨论了责任论，但是实质犯罪论与违法论、责任论都是没有关系的。

通过以上三点我想指出的是，在刘艳红教授的整个研究中，实质的方法论运用得可能有些问题，值得商榷。也就是说当你运用这些概念的时候，你首先要把这些概念本来的含义说出来。当然并不是说要拘泥于本来的含义，你可以发挥、展开、改造，但你要把它改造的路径讲清楚，为什么改造，怎么改造的。如果你不对这些原有的概念做一个梳理，还原其本来的面貌，而采取“拿来主义”，即一看到这个概念就拿来，然后自我任意的发挥，我觉得你这种实质性的思维“太厉害”了。

我个人认为，“形式”和“实质”的根本区别在于，形式的东西是一个标准，它本来是什么就是什么。就像刚才邓子滨讲的，跑400米去杀一个人，这是有标准的，是可以把握的；而实质这个东西你无从把握，像邓子滨说的，只能杀坏人不能杀好人。对好人、坏人的判断，就是实质判断。他也许会认为，所碰到的每一个人都是坏人，我都杀。所以，实质的判断是没有标准的。也正是基于这点，我个人的观点是，在刑法中既存在形式的要素，要进行形式判断；也存在实质要素，要进行实质判断。这是没有问题的。相信没有人会主张在刑法中只要形式判断不要实质判断。对于刚才刘艳红教授提到的形式判断和实质判断的位阶关系，我们要先作一个形式的划分确定，然后再来作实质的判断。因为形式的标准已经框住了，已经确定了，再来作实质的判断，结果只能是出罪而不可能是入罪。这也正是罗克辛将刑事政策这种非常实质化、价值化的东西引入刑法教义学中，而它为什么能够成立的原因？因为它以教义学为前提、为基础，以形式的东西为前提、为基础，因而他所作的每一个实质判断都是减少了入罪，而增加了出罪。比如，他的客观归责理论是在构成要件中作实质判断，以形式的构成要件为基础的，因此，进行客观归责和不进行客观归责的区别是：进行客观归责就会减少符合构成要件的范围，从而达到出罪的效果。再比如，在罪责方面，他提出把需罚性纳入罪责范围中来。同那些只是主观上能够归责就可以定罪的规范责任对比起来，他是更实质的。所以，罗克辛把自己的罪责论明确定为实质的罪责论，并且说规范责任是一种形式罪责论。经过罗克辛的需罚性的判断，罪责范围比根据规范责任论所确定的罪责范围要小，这可以使得一部分人虽然具有规范上的可归责性，但是因为没有需罚性，最终还是处在犯罪之外。

我个人不反对在刑法中作实质判断。但我想强调的是，实质判断一定要受到形式判断的制约，如果不受到形式判断的制约，这种思想就很可能倒向一种扩张国家刑罚权，侵犯公民权利的后果。

另外，我想最后说一句，我之所以会主张形式解释论，强调罪刑法定所具有的形式理性，是和我国当前所处的社会发展阶段有关系的。因为我国处在一个法治的初级阶段，甚至处于一个前法治时代。我们所处的时代相当于西方的100年前甚至200年前，处在贝卡里亚时代、李斯特时代。在这种情况下，法治还没有建立起来。因此我们的当务之急是要建立法治，而所建立的法治指的就是形式法治。人家在刑法中规定罪刑法定有100多年，而我们在刑法中规定罪刑法定还不到20年。基于这样一个历史发展阶段的考量，我认为，在我国当前的刑法研究和司法活动中，要把形式的理性放在第一位。如果在现阶段抛开形式的东西，过于强调实质，它所带来的对法治危害的后果是不可估量的。

这是我的一个评论，谢谢！

张明楷 由于时间关系，还因为有很多人有话要讲，所以我只能给报告人10分钟的回应时间。

刘艳红 张老师在《刑法格言的展开》中曾经说过，“法律不强人所难”，但是张老师却要强人所难啊，10分钟的时间让我如何回答这么多的问题，我只能尽我所能地高度概括。

首先，要感谢储老师的支持，我今天非常地紧张，而储老师给了我谆谆教诲，告诉我一定要虚心接受各位老师的批评。当然，这也是完善我思考的良好契机。我本以为储老师会扔过来两块板砖，我得硬着头皮接住，结果储老师教诲了一番之后没有给我板砖，非常感谢储老师的这种鼓励。

其次，对于子滨教授的评论。我要澄清一下，我并不是使用“蛙跳式”，因为之前对实质刑法观的很多问题都讲过，如果说总是“炒剩饭”，我觉得对不起大家今晚的宝贵时间，所以，我才讲体系化思考，而不是重复以往的内容。

而在陈老师和子滨的评论中有一个共性，就是反复地告诉我一定不能过于强调实质化、实质理性，要注重形式，否则在前法治化的中国的当下环境下，会有反法治的危险。在这一点上，刚刚陈老师也反复强调了，形式解释其实从来都不排斥实质解释。而实质解释又何尝不是如此呢？它从来没有尝试过要抛弃形式解释，也从未想过要突破形式解释，因此对于这一点的担忧，我认为是不必要的，仅仅是我们的思维路径不同而已。

子滨又提到了我用目的论带动了实质主义。这里东燕也提到了我的这个目的究竟是法益保护的目的，还是刑法规定的目的呢？其实这涉及实质解释论以法益为指导解释构成要件和目的论中的目的是不是一样的问题。我曾一度认为应该是一样的，但是从另一个角度看，其实在罗克辛的书中可以看出，德国学者早已提过，当我们以目的论解释刑法中的犯罪的时候，不应该仅仅是像传统的或者一般人所主张的那样，以法益保护目的为目的论中的解释目的，而应当以构成要件的保护范围为目的进行解释。在这里，他所提到的构成要件的保护范围会不会是刑法中的人权保障目的？会不会落入子滨教授所说的“既强调人权保障的目的，又强调法益保护的目的”这个圈套之中呢？在这个问题上，我是有思考的。从目的论解释的鼻祖耶林的角度来讲，目的为何是大有争议的。而我目前大致的判断是，这种目的应该是区别于法益保护目的的，它应该还包括了主观解释中立法的目的。是不是用立法的目的代替了法益保护的目的，或者说他们实际上是一样的，坦率地说，对这个问题我并没有考虑好。我只能说，目的论是我们必须要坚持的。

再次，对于东燕教授的评论。第一，东燕教授提到，实质化是如何产生的？是否服务于安全刑法？实质化的问题可以从宏大的历史层面对其进行追溯，我在这里并没有涉及，因为它涉及的问题实在太多了。在这里，我只能表明的基本立场是，我不赞成陈老师的关于形式解释论和实质解释论仅仅是中国的与德日无关的观点。这对范畴是来源于德日的。东燕在她的文章中的梳理和我之前的梳理大致相同。此外，我不认为实质化是服务于安全刑法的。实质化的思潮导致刑法的实质化，或者说我自己所主张的实质化。只是对构成要件理论体系内部的变动主张对构成要件、违法性、有责性的一种实质化的可罚性的思考，与安全刑法没有关联，这完全是两个不同层面的概念。我认为安全刑法更具有刑事政策的意味，或者说政治色彩；而实质刑法则更具有规范的意味，不服务于安全刑法。至于说会不会产生这个效果，我认为那是东燕研究的风险社会的事情，跟我没有关系。第二，东燕教授说道，我的实质化说认为，犯罪的本质来源于法益侵害，我并没有这样讲。我只是说，作为实质刑法观的犯罪本质观，我主张的是法益侵害说，为的是表明我主张的是客观违法性论，而不是行为无价值或者以规范违反说为犯罪的本质。我对犯罪的本质是一定要表述清楚的，究竟是主张规范违反还是法益侵害，并不是实质刑法观的分水岭，只要主张实质刑法观，主张这两个学说都是可以的。第三，东燕教授提出，子滨提倡以古典的自然法学派为其哲学基础，而我也提倡以古典的自然法学派为我的基础，为什么同样的大树却开出了不同的花呢？这个问题我也很想问下，对于这个问题，你们的理由何在？在你们的理由出台之前，我的理由不能出台。第四，东燕教授提到，我将结果无价值归入到了实质刑法观的范畴，我不这样认为。我认为周光权教授就是主张实质刑法观的。子滨曾在《中国实质刑法观的批判》一书中遮遮掩掩，既想批判又怕批判，引用了一个很小的注释，生怕别人看到光权是实质刑法观。我拜读过光权教授的所有著作、论文，我认为他所持的就是一个不折不扣的实质刑法观，而且是主张行为无价值的实质刑法观。我倒是觉得他的危险比我的更大。大家想想看嘛，又是行为无价值论，又使用实质刑法观，行为无价值本身就对应了主观主义，然后又是实质主义，我个人觉得，他对法治的危险比我的更恐怖。所以我想说的是，实质刑法观既可以主张结果无价值，又可以主张行为无价值，他们都是价值判断。至于使用哪种价值判断，这是一种路径的选择。而我选择的是结果无价值，我不是将其归入而只是表明自己的观点而已。

最后，对于陈老师的相关评论。第一，对于开放的构成要件问题，我认为陈老师刚刚的分析有一定的道理，但是也不尽然。我认为，我就是威尔泽尔这个层面的开放构成要件的观点。这种观点为什么在现阶段会有意义呢？不是所有人都主张构成要件是违法有责类型的。如果主张了这个观点，就会主张构成要件中的违法要素不一定会完全征表清楚，就一定会主张开放的构成要件，他的这个开放和我的这个开放又为何不一致？我也不太清楚。第二，陈老师提到了我的几个命题，诸如，实质的法哲学观、实质的犯罪论、实质的共犯论等，他只主张形式的解释论，对其他的命题都不加入“形式的”。他这种十分慎重的态度给了我很大的启发，至少促使我回顾一下我的这样的命题是否妥当。当然这种回顾肯定不是在现在。不过我可以跟陈老师表明的立场就是，在罪刑法定方面我可以坚持我的观点，即既是对立法权的约束又是对司法权的约束。这个问题，我在我的《实质刑法观》一书中有所论述。我认为，这个观点算是我的创新。因为无论是在我国，还是德日刑法学中，包括黎宏教授翻译过来的“明确性原则”，要么是像陈老师一样将其认为是形式的原则，要么就像所介绍的德日尤其是日本的时候那样。德日自20世纪60年代以来，受美国正当法律程序原则的影响，提出了刑事立法或者司法规定、定义含糊则无效，因而提出了刑法明确性原则，然后认为这是一个实质的原则。事实上我的研究发现，首先在法源限定的意义上，即在成文法主义中就内涵了这个原则。比如，洛克曾经指出了，“法律应当是制定、固定大家了解以及一般人同意采纳和允许的，法律的孕育不能说对每个人都能唤起同样的观念”。他要表达的无非就是法律应当明确的意思。因此应该说明确性原则，既是一个形式侧面的原则又是一个实质侧面的原则，所以我认为，我的这个命题是可以成立的。第三，陈老师认为我由形式和实质的构成要件借题发挥，发展出了形式和实质的犯罪论，有微言大义的意思。我认为这个前提是正确的，我确实是以形式和实质的构成要件为基点、起点发展出了形式和实质的犯罪论。在此也可以对陈老师的另一个观点作出回应，即刑法中有形式和实质的构成要件，但是没有形式和实质的犯罪论。我刚刚在讲述中，以大谷实和前田雅英的分析来表明，在以形式构成要件论为起点的形式犯罪论的代表人物大谷实那里，在他的违法性论中，就是仅以法益侵害来判断违法性的有无，而不强调违法性程度的，相反，在实质的犯罪论中是强调程度的。另外，在形式论的大谷实那里，也主张规范责任论，但在他的规范责任论之外，他强调的是可罚的责任论。我认为这种可罚的责任论纯属多余，是他在对责任进行了形式解释以后，觉得程度不够，又附加上的。这点就同张明楷教授批判的一样，当主张实质的可罚的违法性时，可罚的违法性理论就是多余的了。我运用这个逻辑反批的就是，如果主张可罚的责任理论，就刚好证明规范责任论的判断是形式的。所以，以形式的构成要件为起点，建构的肯定是偏向形式的犯罪论，只是在对立的意义上不那么形式。而我则是在范畴上借用了德日的说法，当然我也恪守了这个词语本来的含义。

以上回答有许多不足之处，请各位老师批判。谢谢！

张明楷　不好意思，因为我只给了10分钟时间，导致主讲人回应的语速跟“中国好声音”的男主持人华少差不多了。接下来是我们同学提问的时间，大家既可以向主讲人提问，也可以向到场的任何一位提问。最好只提一个问题，简单一点，开始吧。

提问者一　各位老师、同学们，大家好，我是北京大学一名普通的学生。我想向刘艳红老师请教一个问题。在当今中国，我们受这样教育的学生是应该坚持一种法律实证主义的理念呢，还是要坚持其他的非实证主义的理念？

刘艳红　这位同学，你刚刚自报家门说的话就存在形式解释和实质解释的问题。什么叫普通的学生，请你告诉我不普通的学生的标准应该是什么？你刚刚问的这个问题呢，其实跟陈老师的担忧是一样的。在我们这样一个时代，究竟是讲法律实证主义呢，还是不讲法律实证主义？其实这同法哲学思潮的变迁是有关的。这种实证主义与非实证主义的论战至今没有结束。它也是这个世纪以来法哲学领域争论最多的一个新的争论点。我的基本判断是法律实证主义已经完成了它自身的历史使命，而我们这个阶段，应该是后法律实证主义的时代。也就是说，我既然主张了自然法的这种思想，在他们的论战中，我肯定是偏向非实证主义的，在过往中我肯定是偏向洛克、霍布斯、卢梭等人所提倡的自然法思想的。而对于实证主义的这些思想，我是比较排斥的。

这是我的看法，欢迎你指正。

提问者二 刘艳红教授，您好，我来自清华大学法学院，我有一个问题想请教您。您支持结果无价值，并且在相关领域提出了自己的观点。我的问题是在共犯领域中有结果无价值存在的余地吗？如果有的话，部分实行全部责任应当如何看待？

刘艳红 发表结果无价值观点，这应该是首次。我的文章写了但是还没有发表出来，所以我也不知道你是在哪里看到的。对于你的问题呢，结果无价值的观点是如何同部分实行全部责任扯上的呢？这个逻辑是如何产生的呢？

提问者二 老师，您认为部分实行全部责任的责任根据是什么呢？

刘艳红 部分实行全部责任这个原则是共犯论这个理论中的一个原则。共犯论中的责任原则是说，当责任无法认定到个人的时候，为了解决责任的问题必然是部分实行全部责任。它只是解决共犯的一种责任论，和结果无价值、行为无价值没有必然的关联。但是如果说从关联性上讲，我只能说，既然法益侵害的后果无法确定是由谁产生的，而你又有共犯的故意，即使是部分的行为，因为共同犯罪自然有分工，这样的话，法益侵害结果的产生也是你所愿意的，是你的责任范围之内的，当然应该是部分实行全部责任，这也是和近代刑法的共同责任原理相一致的，这就是它的基础。

提问者二　那您所主张的犯罪共同说也提到了要有犯罪的共同故意，这里是不是说犯罪故意影响了共同犯罪的违法性认定以及因果关系的认定呢？

刘艳红　共同犯罪是违法类型，它不影响违法性的认定，只影响责任的认定，这是我的观点。

提问者三　刘艳红教授，我问您一个很简单的问题。

张明楷　不可以这样说哦！

提问者三　刘艳红教授，我问您一个对您来说是很简单的问题。实质刑法观来源于对实质违法论的启发或者考虑，在对违法性的考量上，实质违法论相对于形式违法论是起到一种消极的作用的，当您将实质违法论扩展到了犯罪论甚至是实质违法观的时候就是一种积极考虑的思想了，您的这种扩张或者说实质的考虑在多大程度上会受到限制，会走多远呢？

我是来自清华大学法学院的学生。

刘艳红　其实你这个问题一点都不简单，也许由于我智力所及，我觉得它挺难的，因为你涉及了违法性的判断问题。的确如此，形式犯罪论和实质犯罪论在违法性判断上是不一样的。如果我主张实质犯罪论，认为构成要件是违法类型的话，我在构成要件部分就会进行有关实质的判断，而到了违法性阶段，只是进行消极的判断了，只要没有违法阻却事由就可以了。但是如果主张形式犯罪论的话，其结果会恰恰相反。因为如果在构成要件中只作事实判断，而没有进行违法、有责推定的实质判断，在违法性和有责性阶段中，只能进行积极的判断。而这种积极判断的资料是什么？对构成要件符合性的判断有没有限定呢？日本学者就曾经指出过，在犯罪认定的第二阶段即违法性阶段进行积极违法性的确认，虽然可以对犯罪的认定采取慎重的态度，但却带来构成要件该当性的判断变得散漫无限定的危险。所以实质犯罪论采用消极的判断恰恰限定了构成要件判断的边缘。

提问者四　老师您好，有一个问题一直都没有太听懂。刘老师在您一直所说的实质违法观可能会产生的弊端中，有一些会使司法裁量权过大，可能会导致法治中的一些危险，尤其是在现在司法水平较低以及司法制度不完善的中国。您究竟是如何避免其产生这样负面效果的呢？我还没有听到有很明确的回答，因为这套体系整体下来一定会存在司法机关的裁量权过大的问题，谢谢刘老师！

刘艳红　好，谢谢这位同学的提问！其实大家都特别担心实质刑法会不会出罪，会不会反法治的问题。在这个问题上，我会提倡实质的刑法观，恰恰是因为我是从出罪的角度考虑的。储老师前段时间写了篇文章《出罪应注重合理性》，提出了用事后恢复理论解决“入罪要合法，出罪要合理”的问题。而促使我思考这个问题的恰恰就是像妨害公务罪这种并没有规定“情节严重”，或者像伪造货币罪这种既没有规定“情节严重”，也没有规定“数额较大”的这些情况。如果仅仅以法条的文字含义进行解释，这些情况被定罪的可能性就非常大。这时候该怎么办？就应当通过实质解释建立一个合理的出罪通道。这个合理的通道怎么建立呢？我认为，应当以实现罪刑法定、刑罚法规妥当性、以实质可罚性为基点进行解释。比如，伪造货币罪要一定具有行使的目的，才会破坏金融保护秩序这一法益，只有这样才能定罪。同样的道理，像盗窃、抢夺罪，我赞成陈老师的观点而不赞成张老师认为盗窃罪的法条上并没有规定“秘密窃取”的观点，通过与抢夺罪的对比以及体系化的解释，我得出的结论是盗窃罪应该有“秘密窃取”这样的构成要件在里面。

因此，所有实质化的解释都是有感于形式化的解释太容易定罪的层面而言的，也就是说，我们和形式解释论的担忧是一样的，但我们的路径、引起问题思考的出发点是不一样的。在这个问题上如何防范？我认为，当我们提倡实质解释时，它一定是以形式解释为前提。这里不会出现陈老师所说的以形式解释为第一位阶，实质解释为第二位阶的情况。以形式解释为前提并不是说一上来就是形式，比如，以非法占有为目的，当我解释这个要件的时候，我只能从实质的价值进行评判，我做这样一个事情的结果，就是为了告诉大家它在形式上是怎样判断的，因为从字面上已经无法解释其含义了，我必须借助实质。所以，实质以形式为前提是在这个意义上而言的，并不是在位阶上而言，也不会导致同学们所说的那些担忧。谢谢！

张明楷 不好意思，因为时间的关系，我现在先要让坐在前排的老师们讲。自这个论坛开办以来，今天来的老师的阵容是最庞大的。而且，今天在座的各位老师中间，有刘艳红教授的本科老师，有她的硕士导师，还有她的博士生导师，我们先请刘艳红教授的博士生导师张文老师发言。

张文 谢谢明楷先生！

我今天来有三个意思：第一个是给刘艳红捧场；第二个是很少参加这样的会，来听一听，学习学习；第三个呢，清华大学的法学院没来过，趁这个机会，到这儿来待会儿。我的三个目的都已经达到了。今天来参加这个论坛，听到讲座者和评论者们有些火药味的、充满论战性的发言，我作为一个老师感到很欣慰。我觉得这是我们中国刑法学走向繁荣的一个标志。下面我讲两点：

第一点，对刘艳红的实质刑法观，我不想详加评论，但是我感觉，从刘艳红的学术研究轨迹来看，这个实质刑法观现在成了刘艳红的一个学术标签，或者作为商品来讲，是一种品牌。这是她多年研究取得的一个比较大的成果。最早、比较有一点分量，最开始研究犯罪人，之后研究开放的犯罪过程，以后研究人格刑法，最后，把这个归纳整合，她在开放的犯罪论构成基础上，花了很大的心血，用了很多时间，研究了实质刑法观，作为她现在的一个学术品牌。我认为作为一个学者，有自己的学术品牌，这就是一个很大的成就。尽管现在实质刑法观还有很多问题，我认为很值得研究，比如，它的哲学基础到底是什么，它跟罪刑法定的关系是什么，犯罪论体系到底应该如何构建？这一系列的问题，我认为都值得研究，作为一种体系化的思考。刚刚我看了看没有关于刑罚观的问题，有人说，刑罚是刑法的第一把交椅，这个问题我觉得不应该漏掉。我觉得有了自己的品牌，逐步把它深化，将来一定会作出很大的成绩。

第二点，最近关于形式刑法解释和实质刑法解释，后来又概括成了实质刑法观和形式刑法观，我对这个争论发表一点我的看法。我认为这个争论，都是受德日的行为刑法的刑法教义学的影响，深深地打上了德日行为刑法的理论痕迹。但是刚才刘艳红也说了，刑法研究应当以司法为中心，反对以立法为中心。无论是主张形式刑法解释还是实质刑法解释，最后都是解释万能。对此，我发表三点简单的看法：

其一，不符合中国刑事司法的理性。刚刚兴良也讲了，东燕也讲了，我非常赞同。中国现阶段跟德日刑事法治所处的时代是不一样的。德日现在虽说有刑事立法任务，但刑事法治的基本理念大体上都已经形成。我们国家现在根本不是处于那个时代。是不是贝卡里亚时代？我觉得那也有点太悲观。总之，不是一个刑事法治完成的时代。最近这些年，刑事司法，尤其是规范性刑法解释，大行其道，也可能主导了中国的刑事司法制度，这正常吗？网络犯罪中的利用网络犯诽谤罪，浏览5 000次、转发500次，就成立犯罪了，这根据的是什么呢？哪儿来的？怎么解释这些问题呢？所以我觉得，现在我国司法严重越权，立法却很消极。这个状态很值得警惕。这是我要讲的第一点，也就是你讲的以司法为中心，我认为与中国的时代不符合。

其二，跟学者的使命相违背。能够把刑法的学者都等同于一般的司法者吗？学者不是工匠。学者应该是中国刑事法治的设计师，他绝不是仅仅解释刑法条文，更重要的是要研究刑事政策问题、刑事立法问题，真正能够使我们的人权切切实实地得到保障。这才是学者最重要的使命和任务。

其三，现在要把德国的三阶层犯罪论体系移植到中国来，我认为是不可能的。就这个问题，我曾经请教过希尔根多夫教授，他上半年到北京大学来讲学，我问了他几个问题，其中就包括这个问题。我说："希教授，你认为，德日的三阶层犯罪论体系能够移植到中国来吗？"他说："那不可能。中国有五千年的文明，泱泱大国，怎么会把别人的东西完全照搬过来呢？"我觉得作为一个外国人都看得很清楚，我担心，别到了多少年之后，我们中国再搞。好了，就到这里！

张明楷　下面有请林维教授评论。

林维　刘艳红教授是我的师姐啦。刘艳红老师讲座的题目是"实质刑法观的体系化思考"，我也看了她的论文，我觉得这里面存在着一个逻辑的断裂，如果这个题目改为"我对刑法的体系化思考"可能会更好一点。为什么说存在着逻辑的断裂呢？

第一点，如果说我是主张实质刑法的解释的，所以我是主张实质刑法观的，所以这些体系化思考都是实质刑法观的思考。但是这显然不是能够一以贯之的逻辑，这是第一点。

第二点，这中间提到了很多概念，因为当我们讲到实质刑法观的时候，一定是相对于所谓的形式刑法观来讨论有关罪刑法定观、犯罪观、共犯论、解释论。实际上大家更感兴趣的可能还是解释论上的形式解释和实质解释，这也是迄今为止，至少作为我个人，比较认同的对形式和实质的区分。可是刘艳红教授讲到的很多观点却不是这样的，比如，她讲到规范责任论，是不是形式刑法观就不主张规范责任论呢？换句话讲，如果所作出的一系列的犯罪论、共犯论、罪刑法定观的划分所持有的实质刑法观的观点是形式刑法观也赞成的，这个体系化思考就不是实质刑法观的体系化思考，而仅仅是一名坚持实质解释论者的刑法学者的思考，这是第二点。

第三点，有形式的刑法观吗？我们刚才说，实质刑法观一定是在相对于形式刑法观意义上的，可是子滨也没有提出形式刑法观，有吗？没有吧。他只是批判实质刑法观。陈老师在《中国实质刑法观批判》这本书里也没有提到形式刑法观。所以换句话讲，刘艳红教授自己树立了一个假想敌，从而提出了自己的一系列的体系性的思考。而这些体系性思考的对立面并不是她所树立的那些假想敌所主张的那些东西，尽管也许他们在某些地方是一样的。

最后一点，实质解释论与形式解释论的区分是不是真的就那么重要呢？刚才刘艳红教授也讲到了，我们需要有一个正确的解释。正确的解释就一定是实质的解释或者是形式的解释吗？我觉得好像也不一定哦。时间关系，我就不详细展开了。

但是我想，既然刑法的解释是对语词的解释，那么一定要围绕语词来展开。在这一意义上，形式的解释论是特别重要的。可是反过来，当形式解释论碰到语词的边缘的时候，它不得不作出一个价值的判断，如果实质解释论主张在这样的解释过程中，要基于刑法的目的、刑法的利益来就这个语词作出价值的判断，假如这个是实质解释的话，在这个意义上，我也赞成实质解释。

同样，就出罪或者入罪的角度来讲，无论是实质解释还是形式解释，如果用得不好都同样有危险。对我们来讲最关键的就是，怎样找到一个合理的、妥当的、我们认为是正确的解释，而不在于我们通过形式的方法还是实质的方法。当然，在基本的理念上，我相信形式解释论者和实质解释论者都坚持自己的解释是符合罪刑法定的、是保障人权的。如果能够基于这样的理念去找到一个合理解释的结论，我觉得实质解释论也好，形式解释论也好，从根本上区别的意义不是特别大。但是反过来，如果他们的基本立场不一样，那就危险了。

这是我的评论，谢谢！

张明楷　接下来请苏州大学的李晓明教授。

李晓明　我主要谈两点不太成熟的观点。

第一点不成熟的看法就是，提出一个观点，不仅是一种研究方法的选择，在我看来也不能脱离事物的发展阶段。我非常赞同刚才张文教授的一个观点：要放在一个时代的背景下，还包括劳东燕教授刚才提到的一个：你这个东西从哪儿来的？我非常赞同。就是说，无源之水不敢喝，喝了以后，万一是地沟油，可能是非常可怕的一个事情。就当今的中国来讲，还基本停留在刑事古典学派。它的核心问题是刑事法治问题。我们的刑事法治根本就没有建成。在这样的一个情况下，怎么可以大谈特谈实质性呢？实质性在一定程度上是对形式的一个纠偏和矫正。但目前我们应该进一步努力完成我们还没有完成的刑事古典学派、刑事法治化的阶段和进程。在这个阶段里面，实质刑法观不是说不正确，但是它还不是时候。

第二点不成熟的看法就是，作为刑法学的整体研究，既包括对犯罪的研究，也包括对刑罚的研究。我们目前把那么多的时间和精力都用在犯罪论的讨论上，而我认为恰恰相反，我们应当更多地关注"罚"的问题，因为严格地讲，在一定程度上犯罪的认定是要以"罚"为前提的，只有认真、透彻、完整地研究"罚"，才能够解决中国的立法不完善和司法不到位的问题。

我就发表这么多意见，谢谢大家！

张明楷　下面请刘艳红教授的本科老师冯军教授发表评论。

冯军　储老师、张老师、报告人艳红教授、各位同行、各位同学！我很真心地告诉大家，我为刘艳红教授今天晚上的报告感到高兴！为她这几年取得的学术成就感到非常的高兴！明楷教授说你今天晚上树敌太多，我觉得这是好事，这证明你有十足的学术自信。我想这也是我们今天的中国年轻的刑法学者所需要的。我为你感到高兴的事情还有你今天晚上的报告，你从自己的立场对刑法学作了一个体系化的思考，把刑法的很多基本问题思考清楚，进行体系化的建构，这真的是非常难得。但是，我也感到非常的痛心：

首先，在你的报告里，用了很多我不喜欢的词，比如“规范”“实质”，等等。我刚开始看这些词时非常高兴，但看完以后我就想说：“什么？这就是你说的实质啊、规范啊？”我们在同样的概念下，想的却是完全不同的东西。比如，你认为“实质”的本质，是对法益的侵害，但在我看来，犯罪的实质是说，法益侵害是更实质的东西？还是规范违反是实质的东西？用我们的子滨教授刚才举的那个“碰瓷儿”的例子来说，现在一个人开车，另一个人要并道，“啪”的冲上去。在这个意义上，我理解是和“碰瓷儿”不一样的。“碰瓷儿”是说，他看到有人给他打灯说，我要并道，然后这个人“啪”的冲上去，这样碰上去的是“碰瓷儿”。如果仅是这一次“碰瓷儿”，可能不会损害别人的利益，他只是违反规范。道路交通安全法告诉你，在别人打灯要并线的时候，你不能说就“蹦”地踩一脚，加个油冲上去；你应该放慢速度，让别人并过来，这叫道路交通规则。所以，“碰瓷儿”绝对不是符合规范的，但这一点我们暂时不论。是否可以把法益侵害看成是最重要的东西？在我看来，这并不是最重要的。最重要的是，这一个人，他对待别人财产的态度，对待保护别人财产的规范的态度。他说，你的财产、你的车对我来说是不重要的，你这样过来，我就可以想个办法获得赔偿。这是对你财产的不尊重。如果他只是毁坏这一次的财产，对我们来说，不需要用刑罚这种方式处罚他，进行民事赔偿就可以了。但是，“碰瓷儿”的人他不是这样的，他每次都完全不重视别人的财产，他每次看到别人正当地要并道过来的时候，都加油把别人撞了。这就不是财产赔偿的问题了，这就是对规范的违反问题。所以说，在刑法中重要的并不是一个财产的损害，换句话说法益损害，最重要的是行为人对保护这个法益的规范的态度，这是最重要的。而在这个本质问题上，我发现你同我有非常不同的看法。

其次，你谈到刑法体系的构成要件应该是一个开放的体系，我也同意，但我跟你的观点稍微有些不一样。我觉得，构成要件应该是开放的，但是开放的意思说的是什么呢？开放的意思是说，构成要件及其要素应该完全根据社会的发展进行解释，它并没有一个完全固定不变的含义。所以在这一点上，我完全不同意艳红教授的说法。她说这个开放的东西只是一种规范评价的东西，她刚才举到一个例子，说开放的构成要素是什么呢？不作为犯的作为义务、过失犯的注意义务，等等，其实在刑法中，有很多的概念，不光是这种规范性的概念，包括“人”。你刚才讲的故意杀人的“人”，这个“人”怎么解释？应该根据我们这个社会的理性来解释。与以前所说的人的死亡相比，今天我们说的死亡已经提前了。脑功能丧失了，我们是可以把它鉴定为死亡的，尽管人的心脏还未停止跳动。一个人什么时候是一个人？人和胎儿的界限如何划分，这也应该是由我们的社会理性决定的。举个简单的例子：一个人怀孕了，孩子还有两天就要出生了。在出生两天前进行最后一次检查的时候，检查的医生知道这个人怀的胎儿是很正常的，但他突然发现这个胎儿的父亲正好是他自己父亲的仇人。因为这个胎儿的父亲控告了这个医生的父亲，让这个医生的父亲被判了无期徒刑关在牢里，然后他就想了一个办法，他拿一把钳子把胎儿在子宫里面给钳死，两天以后，这个胎儿出生时就是一个死胎。如果他不钳的话，这个胎儿出生后一定是可以活的。在我看来，这个胎儿就是一个人，那个医生的行为就是在杀人。我曾经就这个问题征求过明楷教授的意见。他跟我说，在法国，这就是杀人。那我后来看，在美国也是这样认为的。因此究竟是胎儿还是人，这个界限是应该根据社会的共同理性来决定的。兴良教授会反对说，什么叫实质的？你这样讲实质，这种共同理性是什么啊？过于模糊。是的，它是很模糊的。但是我们今天想说，在我们这个社会里，一个基本上是人权和民主的社会里，我们的法共同体成员对我们的这个社会的共同价值，是有判断的，这个判断绝对不是某一个人的判断。我们所在的法共同体都认为说，这个法是好的。这样的法共同体成员共同作出的判断，也就是说，这是在法共同体成员的认定过程中形成的结论，这个结论就是理性的，就是实质的。艳红教授在“实质”含义的理解上跟我有相当大的出入。

第三点，我要说的就是，你用三言两语就说功能责任论是一种非人道的、不道义的、结果的、机械的，是把人不作为人的一种责任论。艳红她想得快，说得快，写得快。我想了好多年的结论，她就这么五句话给我否定了。我是一个用法学思考的人。在我看来，责任是什么呢？责任是说我们可以进行规范的沟通，有能力在忠诚于法的意义上进行有规范的沟通。如果你有能力忠诚于法，然后你还不得不去实施违法行为，那你就是没有责任的。如果你忠诚于法，你还可以实施一个违法的行为，在这种情况下，如果我们社会有更好的办法解决的话，我们也不追究你的责任。所以这个功能责任论一定是比规范责任论范围更小的。你不能说一个比规范责任论更小的结论是一个非人道的结论。

总体上来讲，你做出了很多的成就，按照东燕教授的说法，你在实质刑法论上走得最远。但是艳红教授，我希望你不要离你的本科老师太远，谢谢大家！

张明楷　下面有请黎宏教授！

黎宏　非常感谢刘艳红教授跟我们分享她里程碑式的研究成果。

我也发自内心地佩服刘教授。刚刚听陈老师说，形式刑法学和实质刑法学来源于我翻译的一本书，来自于日本。但是在我的印象中，日本的形式刑法学和实质刑法学是大谷实和前田雅英教授在行为无价值论和结果无价值论的争论之后针对日本刑法学界的萧条状态所提出来的假想命题。他们本想就此展开争论，但是不料只有他们两人争，并无其他的学者的呼应，所以感到十分寂寞，两人就做了一个对谈，对谈所展现的就是两个人在方法上是不一样的，但是结论却没什么差别。不过现在到了中国，中国人说有差异。但差异在什么地方呢？它存在于东京大学的一批学者之中。从我们现在的角度，将形式刑法观与实质刑法观的学者们加以整理可以看到，首先是从藤木英雄开始的。我们将藤木英雄理解为主观主义刑法学的代表人物。但是藤木英雄的主要观点和前面讲到的日本的牧野英一是如出一辙的，日本话叫做“解释无限”，也就是说法律对应不了现在社会发展的状况，为了应对当前社会发展的最新形势，法律就需要解释。1907 年之前，日本的帝国刑法中规定了罪刑法定原则，是按照法国刑法的规定而来的。到了 1907 年之后的日本旧刑法将罪刑法定给取消了。战后日本人认为，应当加上罪刑法定，但是日本学者认为，在新宪法中已有罪刑法定原则；罪刑法定原则不应当是刑法的原则，而应当是宪法的原则，因此，现在日本的刑法中是没有罪刑法定原则的。由此可知，日本人在作解释的时候，基本上是没有实体法的限制的，因为刑法本来就没有规定罪刑法定原则。现在以大谷实为代表的这批学者，大谷实之前是大塚仁，大塚仁之前是团藤重光，为了强调刑法是为了保障人权而不是为了保护法益，因此，一再强调刑法的解释要有一定的限制。按照他们现在通常所说的就是“不能超过一般人所能考虑到的限制”。

我刚刚听到了很多老师在质问刘艳红，其实我觉得这个问题刘艳红很难回答。因为刑法是肯定需要解释的，哪怕是形式主义的刑法学者，比方说陈老师，也是要对刑法进行解释的。关键是解释到什么限度的问题。而形式刑法学和实质刑法学在一个关键点上的解释限度是截然不同的。在此举一个我们国家的例子——非法制造枪支、弹药、爆炸物罪。有的造炮，对于炮来讲，它既不是枪，也不是弹药，也不是爆炸物，对此该怎么办呢？可能会出现几种解释：第一个解释，炮就是枪。因为炮有三个特征，管状物为依托，压缩空气为动力，发出弹丸后致伤人命。而枪也有这三个特征，因此炮就是枪。在这种解释上有很多人无法接受。在中国人的观念中，说炮就是枪，这怎么说得通呢？但是这个解释至少在形式上是那么回事儿。第二个解释，如果处罚造炮的行为有好处的话，我们将炮解释为枪又未尝不可呢？这其实就是前田雅英的解释。张老师在教科书中其实也是采用了这种解释方法的，就是解释利益——当好处大于坏处的时候，在一定范围内这样的解释是可以的，在语词中或者边缘都可以，只要在语义范围内即可。而这两种解释才是形式解释与实质解释最关键的分水岭——解释到什么范围。形式刑法学认为，不能解释到一般人都想象不到的地方去。如果想要超出一般人的理解范围的话，就要通过利益衡量进行比较。刚刚刘教授也提到了，那就是实质刑法学。但是他们俩的理解也仅仅是在构成要件的范围内。因为在日本学者看来，构成要件的判断完成以后，整个犯罪论体系90%的任务就都完成了；因为构成要件具有推定违法有责的机能，所以将重心放在构成要件符合性的判断上，所以双方学者真正进行较量的地方就是在这个地方。

而现在这个问题拿到中国来就很麻烦了。首先反对实质解释的学者就会拿罪刑法定来说，刚刚张文老师还有其他老师都提到了，中国的法官水平这样还采用实质解释，这么一解释不就乱套了。由此这就面临了更为严重的问题，即在中国刑法适用保障人权的限度之下，采用实质解释会给很多人提供很好的借口，想做什么做什么啊，解释权就在法官、检察官手上，而不是在一般的律师甚至是犯罪嫌疑人、被告人手上了。从这个角度来讲，提倡实质解释论是有风险的。而反过来我们搞刑法学专业的同学应该可以看到，不实的解释能叫刑法学吗？刚刚冯军教授举了一个很好的例子，什么是杀人中的“人”，脑死亡的人是不是人，没出生的胎儿是不是人？不实的解释就说，这不是啊。但是那种解释也不叫刑法学。综上，我觉得，实质解释和形式解释在本质上并没有什么冲突，只是在那一个点上——解释超出了语词的范围、一般人的理解范围才会有分歧。而在这种情况下麻烦就大了。有的时候我也会跟张教授开玩笑，之前他的一个博士生答辩，我就说：“你的论文写得很好，有乃师之风啊，真真是解释无限啊！”无论是实质解释还是形式解释，解释一定应当是有限度的。

这是我自己的观点。总的来讲还是恭喜你。谢谢!

张明楷 下面请江溯教授点评。

江溯 刘老师是我非常敬仰的学者。其实，对刘老师今天讲的这个问题，我没有什么研究，我只能给刘老师这个报告“挑点刺儿”吧：

第一点，刚刚黎老师已经讲到了，形式的犯罪论与实质的犯罪论在日本只有一小部分学者进行讨论，并且没有展开大面积的讨论。从刘老师的立论角度来看，刘老师是以前田雅英的所谓的实质的犯罪论或者实质的刑法观为基础的。但是前田雅英的这个实质的刑法观是以两个支点——处罚必要性和国民的可接受性——为基础，然后朝着扩张处罚的方向发展的，而不是刘老师这里所说的限缩处罚范围。

第二点，刘老师在论文中提到了现在理论通说认为，构成要件是违法、有责类型。这恐怕是日本一部分学者的观点。主流的观点还是认为构成要件只是违法类型。

第三点，刘老师在这里提出了一个观点，即违法性不仅存在有无的问题，还存在程度的问题。这也是日本学者的观点。德国学者探讨违法性只有有无的问题，而不法才存在程度的问题。所以，当探讨可罚的违法性的时候，准确地讲，应当是探讨可罚的不法问题。

第四点，刘老师在论文中指出，行为无价值论主张主观违法性论。我认为这绝对是错的。实际上，行为无价值与结果无价值的争论一定是在客观违法论的基础上进行的，行为无价值论是不会主张主观违法性论的。

第五点，刘老师说，承认主观的构成要件要素就会导致不法和罪责难以区分，并且导致三阶层体系的崩溃。恐怕这是言过其实。在德国，基本上所有的教科书都会主张主观违法要素，有少部分例外，但好像并没有出现不法和罪责的混淆，更没有出现阶层体系的崩溃。

第六点，刘老师否认自己主张实质的责任论，而是主张规范的责任论。但是，正如刚刚劳老师讲到的，如果主张规范责任论，逻辑结论更应该是主张罗克辛那种以预防必要性为基础的责任理论才对。

第七点，刘老师所依赖的基础观点，即前田雅英在共犯论中主张的行为共同说。

第八点，刘老师所指出的，只有承认共谋共同正犯，才能解决所谓的对等型共谋共同正犯。这个问题上可是在德国也没有人承认。不过解决这个问题应该没什么太大问题。

最后，我想表达我的一点看法。今天很多老师都使用了德日刑法学的概念。其实这个概念是一个相当不准确的概念。我们应当将德国刑法学和日本刑法学严格区分来看。而我们今天的讨论，很大程度上都是在日本刑法学的语境下进行的讨论。这并不能代表德国刑法学的立场。

谢谢大家！

张明楷　本来我是想给刘艳红教授再一次回应的机会的，但是没有时间了；本来我也想让在座的同学们发一下言的，但是也没有时间了；本来我只想做一个形式的主持人，不做任何实质的评论的，但是看来也不行了。我觉得，一个教授要说服另外一个教授是不可能的，这是我一向的观点。我从来没有说服过任何教授，甚至连我的学生我都很难以说服，只有在他自己还没有形成观点的时候，我才可以说服。这就是我为什么喜欢教本科生的缘故。所以，同学们大可不必在这里判断，今天谁说服了谁。同学们只需要去判断，自己觉得哪一种观点合理并去采纳就可以了。接下来我想讲几点，我会尽量抓紧时间的。

第一点，我提出实质解释论的时候从来没有想到会引起这么大的争论。迄今为止，我也觉得不应该有这么大的争论。我提出实质解释论是因为看到了我们刑法学界很长一段时间处于“汉语文字法学”状态，比如说，1997 年《刑法》颁布以后，我们有关于贪污罪的共犯规定，但是对于受贿罪就没有，很多人就写文章说受贿罪的共犯不成立了，就没有受贿罪的共犯了。我觉得这就是典型的“汉语文字法学”，没有进行任何的实质性的思考，我是出于这样的考虑才提出实质的解释的。实际上，实质的解释论并不是说要突破罪刑法定原则，所以，从这个意义上来讲，实质的解释论是在罪刑法定原则之下的解释论。刚刚几位评论人也讲到了，形式的解释论也不可能说不讲实质。从这个角度来讲，我真的是觉得这两种解释论，不应当有什么差别的。这也就是我刚刚说的为什么我会没有想到有这么大争论的原因。

第二点，刘艳红教授对我提出了很多问题，我想说一下关于罪刑法定原则的形式侧面和实质侧面。最早的时候，从严格意义上讲，形式侧面就是限制司法权的，实质侧面就是限制立法权的。后来我在《刑法学》教科书的第四版里面就加了“主要”两个字，变成“形式侧面主要限制司法权，实质侧面主要限制立法权”，为什么这样考虑呢？比方说中国人有立法解释，立法解释是立法机关作出的解释。立法解释也应当受到限制，它不可以把刑法中的“妇女”解释成既包含男性也包含女性，除非将刑法条文中的“妇女”修改为“人”才可以；同样，我觉得法院的判决写得太不明确，起诉书也不明确，说触犯《刑法》第222条，却不说触犯了哪一项，判决书也不说，起诉书也不说，从而使得辩护人没办法辩护。这样的判决书怎样能引导国民的行为？在这个意义上，明确性不只是限于要有刑罚法规明确性，判决也要有明确性。从严格意义上讲，我还是赞成陈兴良老师的观点的。从中国的现实角度讲，还是可以说罪刑法定原则形式侧面主要限制司法权，实质侧面主要限制立法权。

第三点，开放的构成要件问题。陈兴良老师已经说得很清楚了，就是法学界对开放构成要件的理解是不一样的。我也发现了日本有少数人在对开放的构成要件的理解上讲的就是不成文的构成要件。而冯军教授刚刚提到，开放的构成要件就是条文不是封闭的，条文的含义不是一成不变的，是随着社会生活事实的变化而变化的。在这个意义上讲开放的构成要件，我当然也赞成。但是对于真正意义上的开放的构成要件，我的理解是：不是把需要补充的要件放在构成要件中，而是放在违法性中。于是就出现了两个问题：一是在开放的构成要件的语境下，构成要件不能称为推定违法类型；二是这里有个重大的问题，因为我们都知道成立故意犯罪的时候，构成要件的事实是需要认识的，而违法性是不需要认识的。如果将这些要件补充到构成要件中，我们是需要行为人认识到的，但是如果补充到违法性中，只要有认识的可能性就可以了，于是它的范围就会加大了。所以我是不赞成开放的构成要件的。我也不知道我原来是不是赞成，如果我原来赞成，肯定也不是这个意义上的赞成，而讲的是在有的需要法官补充的那个意义上的，因此，应该看清是在什么意义上讲的开放的构成要件。

第四点，共犯论。刘艳红教授提出疑问，既然是结果无价值论凭什么采取行为共同说？我的回答是，既然是结果无价值论，则只能采取行为共同说。在采取结果无价值论的时候，故意是责任要素而不是违法要素，共同犯罪是违法类型，所以，只能考虑结果或者危险是由哪些人的行为引起，只要有共同行为就可以了；如果采取部分犯罪共同说或者完全犯罪共同说，那么只能是行为无价值论。因为必须将故意拿到违法性中去。这个我觉得是没有问题的。倒是有个问题可以澄清下。之前有学生问，既然是采取结果无价值论，为什么之前不直接采取行为共同说，而是中间有了个过渡，先采取了部分犯罪共同说呢？我在有的文章中已经作过说明。因为从完全犯罪共同说直接跳到行为共同说，我担心很多人不能接受，所以中间跳了一下，拿出个部分犯罪共同说，因为我觉得等到部分犯罪共同说接受了之后，行为共同说应当很好接受了。

最后，我还想讲一点，我们对很多问题的争论很抽象，比方说谈到一个行为是否构成犯罪的时候，我们在很多场合只是从很宏观的角度来讲，像是这样定罪会违反罪刑法定原则，等等，我也深深地知道，说一个行为无罪有两个好处：一是很简单，不需要讲理由；二是所处的位置有优势，不可能违反罪刑法定原则。但是我们讨论具体案件的时候，比方说什么是“毁坏”，我觉得不可以很抽象地谈。子滨教授曾经跟我讲了个案件，就是说将别人不同颜色、不同大小的纽扣混在一起，这个是不是叫“毁坏”？我认为，在这种场合当然要考虑处罚必要性的大小，当然要考虑罪刑法定原则。我们还可以看一看我们的古代，我们的旧中国是如何判断的，再看看德国、日本是怎么判断的，如果说都认为这是毁坏，我就没有说这不是毁坏的理由了。像是在德国，尤其是讲到物理性毁损的时候，就包含了这种情形，而采取物理性毁损说的时候就会受到很多形式的限制，但是即使在物理性毁损说形式的限制下，也是要进行实质判断的。比方说很多人在宜家买家具，很多家具只要拿过来拼一下就可以了，那如果在现场将别人拼好的家具拆开却没有买走，这虽然是物理毁损，但是却不构成犯罪，因为家具马上就又可以拼好了。

我今天最后的这个发言也处于很优势的地位，因为也没有人有时间再向我提出批判了。因为时间的关系，我们特别感谢远道而来的主讲人，感谢各位评论人，感谢各位老师的参与，感谢各位学生的参与，谢谢各位！

2013年11月11日

第七讲

价值判断与刑法知识转型

主讲人：周光权

主持人：陈兴良

评论人：曲新久、冯军、劳东燕

嘉　宾：刘明祥、阮齐林、方鹏、孙运粱、秦一禾、姜文秀、邓子滨、樊文、江溯

陈兴良 今天的主讲人是清华大学法学院周光权教授。

首先有请周光权教授围绕“价值判断与刑法知识转型”这个主题进行演讲。

周光权 谢谢主持人陈老师。各位刑法学界的先晋、各位同仁、各位同学，晚上好。我今天晚上要讲的是一个比较艰涩的题目，即“价值判断与刑法知识转型”。之所以讲这个题目，我有三点理由：

第一个理由，如果我们回头去看刑法学的发展历史会发现，刑法学的每一次的巨大发展或者说刑法思想的每一次飞跃的背后，都一定有哲学思想和社会思潮的巨大变化。所以我一直认为，其他学科的发展为刑法学的飞速发展或跳跃式发展提供了机会。如果没有其他学科的发展，刑法学要有突破很难。如果我们去看刑法学派早期的对立，我们就会发现，启蒙思想和实证主义各自对刑法主观主义和刑法客观主义提供了支撑。我认为，对今天刑法学影响最大的是 20 世纪以后的在西方哲学界影响力巨大的新康德主义。我们需要思考的是，新康德主义全面渗透到刑法学以后，对刑法学发展究竟有哪些冲击？

第二个理由，中国刑法学最近几年对形式刑法观与实质刑法观有很多研究。这是我们上一讲的主题，很多教授也讲过这个问题。我认为，即使是肯定实质刑法观的学者，对其背后的思想、资源，背后的哲学根据、哲学资源等的思考还有待进一步深入。所以，从价值判断的角度切入能够为实质刑法观的论证提供理由。

第三个理由，在刑法各学派的研究中，我觉得客观主义占绝对优势，世界各国的潮流也是这样。但是在坚持客观主义时，有一个绕不开的问题，即“客观”究竟在什么程度上是客观的？在客观事实之外，如果还进行价值判断，会不会违反刑法客观主义？换言之，刑法的判断成了对“眼见为实”这一说法是否可靠的诘问。我们对传统的客观主义的理解，就是依据一个客观的外在的事实来判断犯罪成立与否，而我们今天刑法学的发展，很多时候都要处理客观事实与价值判断之间的关系，且这种关系经常纠缠不清，无论是对犯罪论体系的发展，还是对具体刑法问题的解释，因此，如何在事实、价值关系的乱麻中理出头绪，是刑法学上需要讨论的问题。

关于什么是价值，哲学上有一个定义：价值就是指客体的存在、属性及其变化同主体的尺度是否相一致或相接近。价值判断是以某一选定的标准衡量人、事物和状态，通常是指某一特定客体对于主体有无价值、有什么价值、有多大价值的判断。价值判断是主体对外在事物的感受或者评价，是哲学特别是价值哲学对价值和价值判断的界定。其实，任何法律规范都内含价值判断的需求。刑法价值判断到何种程度才合适，如何在事实判断之外肯定价值判断，承认价值判断对中国刑法学知识构造的现代转型究竟有何重大影响等，这些问题都远没有充分展开，但颇值得深究。

我讲的这一段稍微有点深奥，简单想说明的意思是，对案件的处理很多都离不开价值判断。“把事实搞清楚，案件就能清楚”，这个命题不一定正确，所以我们需要价值判断。但价值判断必须有一个度，到什么样的度才是合适的，如果超越这个度会有什么问题，需要讨论。如果中国刑法学用价值评价的标准来衡量，它有什么问题，哪些方面需要改进，怎么样去改进，这是需要我们研究的问题。为了使我讲的这个问题更容易听懂，我举一个例子：大概在一个多月以前，北京某法院处理的一个案子，大致案情是：夫妇俩开车外出，由丈夫开车，妻子坐在车上。这个地方有红绿灯，他们是正常行驶。但有一辆桑塔纳轿车冲过来，这辆轿车是闯了红灯的，轿车上坐了4个人，这个车子差一点就撞上这夫妻俩的车，类似于刑法上的危险犯状态，很有可能撞上，但是没撞上。丈夫问他们，怎么开的车？那个轿车上的4个人几乎都喝过酒，他们把丈夫拖出来不断地打，丈夫就掏出手机让妻子报警。据法院判决书上讲：妻子报完警后，从地上抄起一块砖头走过来，看到1名男子正骑在她丈夫身上殴打她的丈夫，于是她扔掉砖头去拉架，而那名男子回手就给了她一拳头，打破了她的嘴巴。4个人继续打她的丈夫，于是妻子捡起砖头，向刚才打她的男子的脑袋后部砸去，那个男子顿时就不动了，其他人也不打了。不久后，民警赶到，安排双方去医院检查，而事发6天后，被砖头打头的男子死去。这个女的缝了5针，后来被鉴定为轻微伤。

怎么处理？在我们看来很简单。但在法官看来，并不那么简单。在他们眼里，尤其是维稳思维指导下的办案，首先看到的是这里死了人的客观事实。法官认为必须要有人对此结果负责，所以最后法院以故意伤害致人死亡罪判处这个女的有期徒刑13年。正当防卫与防卫过当都没有认定。法院认为是互殴，与一般伤害没有区别，性质是互殴引发的伤害。被告肯定不会服。一个案件有个客观事实，我们依据这个客观事实去处理。但客观事实只是我们处理案件的参考资料，很多时候，我们的判断在客观事实之外，还有一个价值判断。

我的演讲分为四个部分：第一部分，从学说史的角度，梳理一下事实判断与价值判断的逐步分离的过程；第二部分，价值判断对中国刑法学，特别是犯罪要件理论的影响；第三部分，价值判断对我们刑法知识结构或构造的影响；第四部分，价值判断的限度和标准、尺度。

我先讲第一部分，即刑法价值判断的学说史。

刑法学早期特别重视事实判断，后来才慢慢觉得价值判断很重要。欧陆刑法学在其最近100多年的发展过程中，饱受如何处理事实判断和价值判断关系问题的困扰。考夫曼在《法律哲学》中讲道，现实与价值的关系是法哲学最基本的问题。刑法学并不能绕开如何处理应然与实然、事实和价值这几对范畴的相互关系问题。近代欧陆刑法学的早期，也竭力排斥价值判断，但随着新康德主义、罗克辛刑法理论的广泛影响，最终的结局是价值判断深度渗透到刑法评价中。关于学说史的梳理，我首先要讲一下古典犯罪论体系。我认为它是尽可能地排斥价值判断。古典犯罪论体系 1906 年由贝林和李斯特提出。这个犯罪论体系有三个方面的特征：第一，构成要件该当性判断。坚持自然行为论，排斥规范的构成要件要素，把构成要件看成是客观的描述的事实，与规范判断、价值判断无关，在因果关系上只承认条件说。所以即在构成要件符合性阶段全面排斥价值评价，只承认事实判断。第二，在违法阶段，只承认法定的违法阻却事由，排斥超法规的违法阻却事由。第三，在责任阶段，只承认心理责任论，不承认规范责任论。

所以古典犯罪论体系坚持的是价值中立的构成要件、保守的违法性论和经验上把握的责任论。这样把价值判断的成分压缩到最低的限度。这是受 19 世纪实证主义哲学的影响，信奉奥古斯特·孔德（Auguste Comte）所倡导的“观察优于想象”，所以眼睛看到的才是真的，才是判断的依据。古典犯罪论体系有其价值，即保持刑法的谦抑、保守，落实罪刑法定，贯彻客观主义，实现法治国的理想。耶塞克曾说，古典犯罪论体系在追求法的安全与公正和对法官的约束中实现的法治国家思想，与这一犯罪概念的形式——客观特征有着密切的联系。但是，古典犯罪论体系在处理价值判断上明显存在问题。也就是说，不法和责任，从经验上看是两种实际存在的现象，各有其关涉的最高价值目标。

新古典犯罪论体系使价值判断全面渗透到刑法领域。1920 年左右，新古典犯罪论体系从迈尔、梅茨格尔所提出的理论开始，比如，规范的构成要件要素的出现、超法规的违法阻却事由的出现、规范责任论的提出、期待可能性的提出、违法性认识概念广泛的使用，新康德主义开始全面渗透到刑法领域。新古典犯罪论体系的出现，主要是因为欧洲的哲学思潮是新康德主义。

新康德哲学认为，哲学是作为价值的一般理论，其任务就是从价值的角度出发，对知识世界进行估价，从而建立事实领域与价值领域的联系。新康德哲学的代表性人物之一文德尔班的著名口号就是“对一切价值进行重新评估”，他认为，价值世界比事实世界更真实，因而价值命题比事实命题更具有决定意义，事实问题受价值问题的影响与支配，价值有效性高于一切。价值判断在所有的知识体系中必不可少。文德尔班有一句原话：“哲学虽然走过一条极其崎岖不平的弯路，但最终能够回到康德关于普遍有效的价值的基本问题上来。”后来的刑法学家和法哲学家对新康德主义的评价都很高。新康德主义一产生就对法学产生了很大影响。拉德布鲁赫则认为，整个法哲学的基础是对法的价值的观察，“法哲学必须探索各种价值，在各种价值的基础上，某一种实在法的法制显示出是公正的或是不公正的，是正确的或者不正确的法”。新康德主义也引发刑法学对价值命题重要性的深刻思考，并为进行新的研究提供了丰富的学术资源。

西原春夫曾经说：“自然科学的发达使人类不断接近于物……‘人不是物，而是主人’，这种内心的呐喊，在世纪转换之际成为一种哲学思想而突然兴起，很快就席卷了德国的哲学界。”这就是新康德学派思想。新康德主义建立在康德哲学基础上。康德强调我们的一切知识开始于经验，但经验不是知识的全部，不是所有的知识都直接来源自经验。如，2+2=4，在经验的知识中我们找不到对应的解释。又如，在以前，我们会用4个“1”代表两个人有两条腿能够走更远的路，但是现在却代表买东西和找朋友，实际上对客观存在的4个“1”有了价值评价。再如，网络上的一个“30岁还是剩女的话不违法”的帖子，一个人年龄很大了不结婚是好还是不好，其实我们有一个价值判断。所以康德讲我们很多知识开始于经验，但很多知识不是直接来源于经验的。真正的知识与经验之间有很大距离。新康德主义对刑法的影响是全方位的，它使得刑法从价值的角度出发，对犯罪论与刑罚论等知识重新进行评估，从而建立事实领域与价值领域之间的联系。按照新康德主义的进路，所谓存在客观的犯罪事实的说法是不全面的，因为现实的世界本身，如同一团乱麻，谈不上存在秩序和理性，必须透过客观事物之外的主体的评价和作用才能赋予世界秩序和理性，才能把握事物。也就是说，不存在独立于评价主体之外、超越人的意识之外的客观犯罪现实。在刑法学上，对犯罪的认识完全是评价主体通过价值判断作用于客体的结果。

1970 年以后，罗克辛提倡的“功能性犯罪论体系”产生，他把价值判断推到了无以复加的程度。我认为，刑法价值判断的顶点是罗克辛和雅各布斯所讲的那个点，如果再往前走，刑法的判断便会特别主观、特别危险。功能性犯罪论体系的最大特色在于：对于行为是否成立犯罪的评价，需要考虑刑法的刑事政策基础；在实现刑法和刑事政策的一体化过程中，价值判断在所难免。罗克辛曾讲，功能性犯罪论体系是新康德主义的彻底的实现，但有人批评功能性犯罪论体系不是新康德主义，而是存在论的。

从上面对学说史的梳理，我想说的是，受价值判断方法的影响，20 世纪以来，刑法学的核心问题最终成了在客观主义内部如何处理事实和价值的关系问题。换言之，是在何种程度上承认“眼见未必为实”的问题。中国刑法学的发展也注定不能绕开这一问题。

我讲的第二部分是“价值判断与中国犯罪构成理论的体系性重构”。

欧陆刑法学的发展主要是对犯罪论体系产生影响，这个影响对中国刑法学的发展有一些启发。我倒未必是说“四要件说”一定有什么问题，但在一个合理的犯罪论体系中应该考虑价值评价的要求是什么？一个合理的犯罪论体系不能只有判断对象、要件、评价的客体，而没有价值判断、对客体的评价。评价的客体不同于对客体的评价。评价的客体是指存在的事实，而对客体的评价是价值判断。合理的犯罪论体系应当将这两者分开。仅仅讨论经验上实存的现象是不够的，所以在犯罪论体系中讨论几个要件都是对事物的表象的展示，都是逻辑的、经验的命题，没有讨论到问题的核心。比如说杀人，有一个杀害的后果、行为，这时候有因果关系，最后要追究责任，这些都是客观的。但是我们为什么对一个杀害的行为不放过，而对如正当防卫的杀害行为却是不能管？因为我们要惩罚的杀害是从价值评价的角度去讲，是规范所不能容忍的。所以，违反规范的行为在客观上与法秩序有冲突，因而成为我们规范评价的对象。美国一个哲学家说过："我们只知道它向我们所呈现的，以及被我们整理之后的样子。一个物自体的概念并没有增加我们的知识，而只是提醒我们知识的界限。"仅仅讨论要件是不够的。要件不是任意排列的，如果要件的顺序是可以随便换的，就是把要件看成了事实判断的对象，而没有价值判断的内容。

犯罪论体系必须有助于区分事实判断和价值判断，并确保先进行事实判断，再进行价值判断。正确的定罪方法论是对行为的客观判断和主观判断分层次进行。即承认对主观构成要件要素、责任要素的判断必须后置于客观判断。四要件说里的这种关系没有理清楚，导致实践中从主观出发去处理案件，处罚范围很广。合理的犯罪论体系最重要的是区分违法与责任，把"事情做得不好"和"人不好"严格区分开。犯罪论体系怎么去改造，方案有很多种。欧陆刑法学的发展也表明，没有一个可以说服所有人的方案，但是有一个共同的点在于把事实和价值分开，把违法和责任分开。三阶层的犯罪论体系与四要件理论之间的差异，不仅仅存在于犯罪的各个要素的阶层化，更为要害的是能否将各个要素妥当区分为不法和责任，把"事情做得不好"和"人不好"区分得清清楚楚，并明确肯定没有不法就自然不需要讨论责任。我国犯罪构成四要件说的先天不足恰好在于无法区分被告人无罪时，是因为行为本身无法益侵害性而无罪，还是仅仅因为行为人难以被归责而无罪。因为紧急避险而成立的无罪，和一个精神病人所成立的无罪，在四要件理论之下所受到的最终评价是完全相同的。但是从价值评价角度看是完全不一样的。紧急避险无罪是因为不法不存在而无罪，精神病人杀人无罪是因为人没有办法去谴责所以无罪。要有价值评价。价值评价内容不同，才导致结论不同。所以，不从价值上区分不法和责任，必然导致难以准确界定犯罪的本质，难以体系性地解决共犯、认识错误这样需要区分不法和责任的刑法难题，难以解释其他相关刑事法律的规定。例如，我国 2012 年修订的《刑事诉讼法》

第284条规定，实施暴力行为，危害公共安全或者严重危害公民人身安全，经法定程序鉴定依法不负刑事责任的精神病人，有继续危害社会可能的，可以予以强制医疗。《刑事诉讼法》认为这样的行为是犯罪行为，但是这个人不可谴责，颠覆了我们四要件所讲的犯罪概念。四要件理论要求在四个要件同时具备的情况下才是犯罪，才是《刑事诉讼法》要管的。可是疯子的行为按照四要件不是犯罪。刑法理论体系如果不能很好地区分不法和责任，不能很好地从价值判断的角度来处理，《刑事诉讼法》的一些规定将无法解释。

我还要讲最后一点，只有用价值判断的方法，很多刑法体系性的问题才能很好地处理。我举两个例子。由于四要件内部相对封闭，所以很多概念无法展开。而在阶层理论体系内部，违法性与违法阻却之间的关系很清楚，构成要件和违法性的关系很紧密。在违法性里面，围绕违法性论的实质判断的标准，就有了行为无价值论和结果无价值论，很多理论上的问题可以系统地展开。但是在四要件中却没有这样一个空间，所以学派的论证和对立受到很多限制。在四要件说中，事实判断的成分多，价值判断的成分少。这个四要件堆砌成功了，对行为的定性就完成了。所以四要件成了形式判断、事实判断和经验的直觉，很多复杂问题就不能讨论了，比如实质违法性论、期待可能性论、原因自由行为、违法性认识、认识错误、共犯、义务犯、不作为犯，很多重要的范畴在四要件中没有安身立命之处，刑法理论的纵深发展受到了根本性的制约。这种四要件的理论，很多人在坚持。但是讨论很多复杂问题时，四要件的理论是有很多局限的。四要件理论的结局是红旗还在，而阵地基本不在了。

第三个部分，我要讲价值判断和刑法学具体知识的转型。

中国刑法学如果考虑价值判断的要求，很多方面需要重新改造，在此我要举3个例子来说明这个问题：

第一个例子，我们需要认真对待客观归责的理论。有很多有名的教授反对这个理论，反对的理由有两点：一是认为用实行行为概念就可以解决；二是认为客观归责的内容太多，把大量过失犯的内容包括进来了，也就是说客观归责讨论的问题在其他地方可以处理。我认为上述理由是可以讨论的，如果不考虑方法论，不考虑价值判断的需求和出发点，上述理由成立；一旦把价值判断的方法引进刑法中，就会发现刚才的两点是站不住脚的。

客观归责理论是在条件说和相当性说的基础上限制因果关系范围的。条件说的因果关系的范围太广，而相当因果关系说也有很多缺陷：一是相当性比较模糊；二是相当因果关系说虽然很容易处理行为与结果不相当的情况，但仍然存在尽管可以肯定相当性却无法定罪的情况；三是用相当因果关系说无法处理风险降低的情况，在风险降低的情况下，相当性还是存在的，但是最后无法定罪。

客观归责的三个理论构造是：行为制造法益风险、行为实现法益风险和构成要件的效力范围。从实质的角度看，即这个结果要不要算在行为人头上？我们要用什么标准判断结果与行为人之间的联系？这是一个实质的判断。这个判断是试图限制处罚范围的。日本学者在讨论实行行为的时候，有实质判断的成分，但缺乏实质判断的下位规则，而客观归责理论试图建立这样的实质判断的下位规则。这是我认为用实行行为论替代客观归责所存在的问题。有人认为客观归责处理的很多是过失犯的问题，但我认为，如果坚持刑法客观主义，一个人的行为在刑法上是否需要管，要首先从客观方面来考虑。如果客观层面本来不需要管，不用去讨论故意和过失，如果再去讨论故意、过失就是多余的了。很多传统上作为过失犯处理的行为，由于客观归责可以从客观层面切割掉结果和行为的关系，这样过失犯就不需要主观判断了。客观归责是从客观层面排除，这在方法论上，贯彻了实质判断的思路，而且符合刑法判断经济的原则和保障人权的观念。

陈老师在《规范刑法学》中指出："我国传统刑法理论，在哲学上的因果关系的指导下，对于事实因果关系进行了深入的研究。然而，由于没有从价值层面上研究法律因果关系，因而使因果关系理论纠缠在必然性与偶然性等这样一些哲学问题的争论上，造成了相当的混乱。"我们之所以限于因果关系判断模糊的状态，这和我们价值判断的观念和规范判断方法的缺乏有关。我们要认真对待客观归责理论，但我不是说要把客观归责的所有的下位规则搬进来，因为它也有很多缺点，不过其方法论上的优点是值得我们考虑的。

第二个例子，我要讲的是罗克辛所讲的答责性的概念。我们现在对责任的讨论，在四要件中主要是对主观要件和客观要件的讨论，并主要是以《刑法》第 14、15 条为标准。但是，责任不是人的主观心理的存在本身，而是对主观心理的价值评价，刑法学不可能纯事实地回答责任问题。冯军老师曾说：社会需要“责任”发挥功能时，就会让行为人承担责任，社会足够稳定，无需“责任”发挥功能时，行为人就无责任。简言之，“责任”不是自然生发的，而是符合目的地制造出来的。这句话很有道理。除了责任论，在违法性论中，讲不能犯和未遂犯的时候，世界上也没有“一刀切”的标准，经常处于摇摆的状态，很多判断和政策有关。

规范责任论认为，罪责非难的对象，乃是行为人在违法行为中对于法秩序的行为要求所表露出的错误价值思维。规范责任论比心理责任论在价值判断上走得要远，而走得最远的是罗克辛教授。他认为，有责性的判断需要考虑两个方面，即传统的有责性和答责性的概念，在判断一个人的责任有无和责任大小的时候，需要考虑预防的必要性。预防必要性是答责性中的一个很重要的内容。按照这个理论，一个人的主观心理责任或规范责任大，通常判刑比较重，同时，预防必要性大，判刑也应当比较重，即除了传统的责任概念之外还加了预防必要性的考虑。罗克辛在《刑事政策与刑法体系》一书中讲道：“刑罚同时取决于两个因素，其一是用刑罚进行预防的必要性；其二是犯罪人罪责及其大小。如果人们赞同我的观点，那么，也就意味着刑罚受到了双重的限制。刑罚之严厉性不得超过罪责的严重性，同时，也不能在没有预防之必要的情况下科处刑罚。这也就是说，如果有利于对犯罪人实行再社会化的话，那么，是可以科处比罪责之严重程度更为轻缓的刑罚的；如果没有预防必要的话，甚至可以完全不科处刑罚。”按照这个观点来处理前面说的那个北京市的案件，处理方案有两种：一种是在违法性阶段来判断有没有违法阻却事由，是否成立正当防卫或防卫过当；另外一种处理方案是，对这个女的有没有预防的必要性。这个行为是在极其特殊的时空条件下发生的，对方先有违法性，先进行挑衅的，按照罗克辛的理论，这个女的完全没有答责性，这种防卫基本上不会重演，没有一般预防的必要性。所以对这个女的有没有责任的认定是存在问题的，即便考虑到死了个人，其实可以考虑判很轻的刑。

最后举一个例子，就是义务犯的问题。随着中国刑法学的发展，在共同犯罪里面，义务犯完全是以支配犯、作为犯为原型构建的。其实对很多有义务、有身份的人的行为来讲，他是不是支配了整个犯罪完全不重要，重要的是他辜负了规范对他所提出的期待。所以，警察见危不救，警察的行为可以评价为故意杀人罪的正犯；母亲发现丈夫在打自己的小孩，母亲不去救助导致小孩被打死，由于母亲具有特殊的义务，所以完全可以视为故意杀人或故意伤害的正犯。义务犯的不法内涵是有特定义务的人通过特定的不履行义务的行为而表现出来的。对特定义务的违反成为整个犯罪的核心。对于承担积极义务的人而言，即使只实施了没有犯罪意志支配的教唆或帮助的行为，也必须要按义务犯的正犯来处理。义务犯的概念在德国也受到批评，但是德国的刑法理论对很多概念的批评是在体系化程度很高、实质判断程度很高的情况下产生的。反过来说，再走远了就有问题了。我们的很多理论是空白的，对背后很多很复杂的问题没有完全揭示出来。不揭示义务犯，义务犯的竞合问题就很难处理。我们在身份犯竞合的问题上用想象竞合来处理，我觉得用想象竞合来处理义务犯的问题，可以把复杂问题简单化。在作为犯之外，我们要重视不作为犯，在支配犯之外，我们要重视义务犯，只有这样，我们刑法学的纵深发展才有前途。

最后一个部分，我要讲刑法价值判断的标准和它的限度。

刑法价值判断方法有两方面的好处：一方面，有助于防止将行为人仅具有恶的意思但行为的实质危害很小的行为，形式化地评价为犯罪，禁止处罚不当罚的行为，从而限制处罚范围。比如说，客观归责的理论的运用就想达到这个后果。即使在刑法判断中有大量的价值判断和规范判断的内容，刑法的基本立场仍然在客观主义的范畴内。价值判断仍然是为了确保先从经验上判断哪些行为或后果是刑法要管的，再从价值判断上去进一步审核。这是出于限制处罚范围的目的。另一方面，有助于为某些原本应该处罚，但认定上较为疑难的案件的处理提供实质根据，确保罚当其罪，以有效实现刑罚的积极预防目的，为刑法参与社会治理功能的发挥提供契机，防止造成处罚漏洞。不作为义务的实质判断、义务犯、答责性概念的提出，明显就有这方面的考虑。

刑法价值判断方法的运用必须受到一定限制。第一，必须确立“规范的价值判断”标准。刑法价值判断的基础是新康德主义，其肯定任何知识的标准最终都是由价值所决定的。但价值判断总是与人的主观判断有关，不同的人在不同情况下对同一事物会有不同的认识、情感和价值评价。在价值判断标准中充满多重矛盾。因此，有必要确定刑法价值判断的标准。新康德主义者已经清醒地注意到这一问题。为避免价值判断的主观化、个别化，防止价值相对主义，新康德主义提出了特殊价值和普遍价值的概念，前者是存在于个别人的意识中的价值，受制于个人的意志和感情；后者是存在于一般人意识中的价值，决定于一般人的感情和意志，是“应当如此”的价值，相当于康德哲学中的“绝对命令”。换言之，普遍价值是标准的价值或者价值中的“规范”。按照新康德主义的进路，在这里强调普遍的、规范的价值判断就显得非常重要，即应当从作为一般评价主体的普遍意识出发，按照特定时代相应的普遍的价值规范进行判断，从而承认价值判断的内在规定性、制约性，建立理性的、可接受的社会评价，不应当以个人满意或不满意的感觉为标准，而应当以具有绝对普遍适当性的“规范”为依据。对价值判断必须是普遍地、规范地进行这一点，其他学者也赞成。例如，有学者明确指出，构成要件并非只是价值中立地描述犯罪，而必须是具有“规范性的价值判断”，惟其如此，才能显现犯罪行为的不法内涵。第二，必须考虑刑法价值评价的限度。例如，将责任和预防联系起来的答责性理论是价值判断理论，但也有学者对答责性价值判断程度过高的做法提出了质疑，他们认为，一方面，责任概念的提出，本来就是为了限制一般预防的影响力，从刑事政策上将责任和预防联系起来，势必使责任概念空洞化，可能因此而架空责任主义限制刑罚权发动的功能；另一方面，在答责性概念内部，责任和预防的关系并未真正厘清。例如，对重度精神病人的行为不处罚，既是排除责任的事由，也与欠缺一般预防必要性有关，而对防卫过当者处罚轻，既有一般预防的必要性降低的考虑，也有责任明显低于普通侵害者的原因，可能使问题更复杂。类似质疑的存在也提示我们，刑法价值判断虽然必不可少，但是价值判断的“度”仍然需要审慎把握。

简单总结一下，从思想史的角度看，20 世纪是个很极端的年代，各种思潮闪亮登场，百年沧桑，风云变幻，留给我们大量的思想遗产。刑法学的发展与20 世纪思想家们留给我们的这些思想财富有关，所以我们应该认真梳理。不能简单地去说这些理论是好还是不好，不能简单地去说客观归责是不对的，这些问题在方法论上放在哪里解决更合适，需要考虑。中国刑法学即使坚持四要件，也要仔细思考价值判断的方法怎么运用到四要件理论中，使我们的四要件理论更合理。而不是说在四要件中进行形式的或经验的判断，把实质判断放在四要件之外作为排除犯罪的事由，如正当防卫与紧急避险。我觉得这样的理论在方法论上是值得商榷的。所以，实现事实和价值的分离，并将价值判断作为刑法的核心来看待是重要的。德国民法学者拉伦茨在《法学方法论》中有一句很经典的话：不管是在实践的领域，还是在理论的领域，法学涉及的主要是“价值导向”的思考方式。民法学界王利明教授曾说：“价值判断作为一种方法论的重要内容，已日益体系化、理论化，并获得广泛的共识，成为主流的主张”。我们如果采用价值判断的方法从体系到具体的知识构造，对我们的刑法理论进行重新梳理，就能够合理处理依法裁判与赋予法官自由裁量权之间的关系。也就是说，法官要有裁判权，这种裁判权体现在他对价值判断的运用。但是法官的权力要受制约，必须依法裁判，必须考虑规范的意图。他的价值判断是规范的价值判断或普遍的价值判断，就能处理我们原本很纠结的公正司法和法官有权臆断之间的矛盾，兼顾刑法人权保障功能和社会保卫功能，积极有效地推进社会主义法治国家的建设进程。我的核心意思是，司法特别是对犯罪的判断是人间最复杂的活动，所以我们要知道眼睛看见的有可能只是我们知识的一部分，眼见未必为实。司法官员要有价值判断的理念和规范判断的方法，不能把经验上把握的东西或经验上知晓的知识作为案件处理的唯一根据。如果我们仅仅相信事实判断是整个刑法学或者犯罪判断的唯一根据，则我们是过于自信了，我们的知识构造一定是有问题的。

陈兴良　刚才周光权教授基本上是在一个小时之内完成了他的演讲。他今天所讲的虽然是个比较抽象的理论问题，但周光权教授还是举了几个具体的司法案例以帮助我们理解。通过周光权教授的讲解，使我们对价值判断在刑法中的重要性有了一个初步认识。

下面我们进入评论阶段，首先有请曲新久教授发表评论意见，大家欢迎！

曲新久　周光权教授的报告涉及了一个哲学上的命题。这个命题在当代哲学，乃至整个社会科学领域都有很大的影响力，这就是事实和价值的关系问题。自从康德、休谟提出了事实和价值、实然和应然的两个世界的关系问题后，我认为学界迄今尚未解决这个问题。法学、经济学，甚至语言学的研究都会涉及事实与价值的区别问题、实然和应然关系的协调问题。由于哲学上尚未有一个完美的解决方案，它注定是人类面临的一个永恒的难题。另外，周光权教授的报告还涉及了理性和经验的问题。这个问题相对来讲，法学界的意见越来越倾向一致。无论是英美法中的经验主义、实用主义哲学这种思维方式，还是欧陆法系的理性主义建构的法律思想方式，两大法系之间相互的融合、借鉴的趋势已经初现端倪，因此经验和理性的关系问题倒好处理一些。

第一点，就是如何评价当前中国的犯罪构成理论。在这个方面我认为，周光权教授的报告内容是否完全清楚地对这个问题作了清晰的判断，似乎是有些疑问的。他提到了事实判断和价值判断的关系，提出要重视价值判断，而价值判断实际上又是有限制的，要符合规范的判断的一般性要求，要避免个人主观判断任意性的影响，正如康德所言般绝对的、理性的、非常科学的，当然这是很难做到的。从法学的角度出发，这种科学性应当是价值评价的科学，而不是事实判断的科学。正如社会学是一种事实判断的科学，法学、伦理学是一种价值判断的科学。所以说，法学并不是研究事实的。假如这个判断成立，我国犯罪构成理论的事实性特征看上去就比较明显。当然这个判断并非绝对，因为我国刑法理论把犯罪构成论和犯罪概念论分开进行独立论述，而犯罪概念的价值评价特征显而易见。尽管有“三特征”和“两特征”的争论，“社会危害性”“刑事违法性”“应受处罚性”所有这些概念都是关于宏大的价值评价及相应判断标准的概念。但判断标准的内涵是什么，还有待确定，刑法学界也有很多的争议和问题。就犯罪构成概念来说，主体与客体、主观与客观的区分都有认识论与价值论区分的影子。因为，不论是认识论还是价值论，是事实的科学还是价值的科学，都需要区分主体与客体，但是主观与客观的概念，显然是认识论的基本范畴。所以你会看到我们的犯罪构成，它确实是以认识论为基础的，而并非是以价值论为其立场的理论概念。但我们知道，法律上的所有概念都是评价性的，而不是为了去描述事实，也不是要去认定现实生活和法律规定的一致性，这样的判断占据了绝大多数。只要做了一致性判断，就可以确定违法与否。但是在另外的场合，尤其是在所谓的疑难案件处理时，比如光权教授所讲的北京的“妻帮夫杀人案”，我们进行评价的时候，就会发现更多的价值评价的因素而不是单纯的事实判断了。我觉得光权教授给我的启发就是，在反思我国传统的犯罪概念和犯罪构成概念时你会发现，我们把这两者割裂开来，犯罪概念的定义强调了价值评价，而犯罪构成概念却是立足于认识论的立场，从事实描述的角度出发，这可能还需要理论上的澄清。

第二点，就犯罪概念本身而言，传统上认为，犯罪概念所具有的这三个评价性特征之间是循环的、表里一体的关系，但是传统理论却忽略了价值评价理论中的这种价值评价的独立性、差异性，而这恰恰也是另一个重要的问题。如果你认为我们的犯罪构成概念是一个立足于认识论立场的事实描述的概念，这可能存在更大的问题，因为犯罪构成理论中存在着犯罪客体概念。大家知道，过去认为犯罪客体是被犯罪行为侵犯的社会关系，现在传统观点也认为是利益、法益，等等。针对这个概念，有相当一部分学者批评说，这个客体要件作为犯罪构成要件的一部分是不妥当的，所以很多学者将其作为犯罪概念的一部分来讨论。而如果从犯罪概念的角度讨论法益，法益和社会危害性的关系本身就又是一个问题，而且犯罪概念作为上位概念，向下投射更多的评价性概念的时候，法益侵害性也应该作一个一般意义上的评价性的要素、成立条件。如果把法益的概念继续上升，变成刑法的目的，正如每个刑法条文背后都有一个目的一样，在这样高的一个角度定位法益，也会出现一些问题，就是在具体犯罪时，作为评价性的构成要件，其实可能又将一部分传统的所谓犯罪客体的概念继续作为所谓规范的构成要件去讨论。所以在这些问题的解决上，光权教授给了我很多有趣的启发。

当然我也有一些不同意他的看法，或者说认识不太一致的地方，比如，光权教授特别强调了应该先事实判断再价值判断，并且也把这两者对立起来看待。而在我看来，法的理论关键不在于处理事实判断和价值判断的关系，因为它原本就是一门价值评价领域的科学，它和事实无关。只不过它会处理一些事实的概念，而这些事实的概念原本也是关乎价值的。所以先事实判断再价值判断这样的顺序，也许从价值论的立场出发，其实是不妥当的。为什么呢？因为任何所谓的事实判断都是为了实现价值评价的目的判断，实际上任何离开了价值判断的事实判断都是不存在的。所以说，对构成要件的判断，你可以继续推进实质判断和形式判断之争，但是你不能说构成要件只是一种事实判断。比如，死亡每天都在发生，但是这样的事实对于法律来说毫无意义，法律只关心有规范意义的、有价值意义的死亡事件。正如光权教授所提到的“妻帮夫杀人案”，起码在案件之外就会存在一个价值背景的判断。北京这个特殊的地方，不是丛林也不是战场，从这一点来讲，这种评判甚至超出了刑法之外，但是就像是油画画布的质地一样，它并不表达图案，却间接影响了画的创作。所以关于该案，我的观点可能是他的立场和法官立场的折中。我是认为那个妻子无论如何也不应该拿着砖头去砸人，那应该怎么办？妻子可以报警，然后在一旁看着就可以了。你还可以大喊一声，“别打了！”尽管同学们听着会感觉很奇怪，这不是让他的丈夫任人宰割吗？道理是这样的，假如有人闯红灯，按照现行的道路交通法规来讲，我们已经丧失了指责他们的权利，而根据旧的道路交通法规，我们是有权利予以批评教育的。当然这个案件减轻处罚的理由并不在于是说，行为人是互殴还是正当防卫的问题，定性问题当然很重要，细节可能是更关键的，因为我们常说细节就是魔鬼，而在这类案件中，细节会有重大的影响。而如果根据光权教授所讲，结合我个人的立场，我更倾向于认为，那四五个醉汉是有过错的，而这种过错是在构成要件、违法性、责任中作为外在因素，也即所谓被害人的因素而判断。因为作为正常人的行为规范、价值判断来讲，有句话说得好，不要和醉汉讲理，一个绅士不要和农夫争吵，绅士不要和农夫打架。话又说回来，我并不反对光权教授对这个案件的判断。我和他的结论可能是一致的，但是涉及价值判断可能会有一些分歧。我只是想指出，在同一个案件的解决过程中，使用不同的价值判断标准，结果可能会不一样。所以在具体案例的分析中，大家可能会对我的结论感到很奇怪，“你这个人怎么可以如此懦弱？”这个世界就是这样，这是个懦弱的世界，涉及价值判断的东西离我们就是那么遥远，它还在非常远的星空之上。

好，谢谢大家！

陈兴良 下面请劳东燕教授评论。

劳东燕 我今天听了周光权教授的这场关于价值判断与刑法知识转型的演讲，我觉得他在很多问题上的思考是非常深刻的，接下来我打算提四点意见，这些意见仅仅是我个人的看法。

第一点，我认为光权教授在文章中，似乎把中外的犯罪论体系之比较与古今之比较两条线索混在了一起。所谓的中外之比较，也就是我国传统的四要件论和德国以不法和罪责作为支柱所架构起来的体系的对比。古今之比就是德国从古典犯罪论体系到目前的目的理性或者功能主义的犯罪论体系。就前两部分而言，德国的犯罪论体系区分不法与罪责，这是我们国家的犯罪论体系要借鉴的；先形式判断后实质判断，先事实判断后价值判断，我们国家传统的要素集合型的体系恰恰没有价值判断。论述到这里，我认为这并不存在任何问题。但他后两部分一直在论述新康德主义对犯罪论体系的影响，而新康德主义的二元论，是绝对区分事实与规范这两者的，也就是说它认为犯罪论体系就只涉及价值评价体系，与事实问题无关。既然如此，我认为，按照新康德主义二元论的观点，犯罪论体系的构建就属于规范的世界，根本不涉及前面所讲的事实与价值二分的命题。正是基于这样的哲学基础，当前德国刑法的犯罪论体系就不再是关于事实性的和形式性的，而是注重价值性和实质性的。所以文章前两部分和后两部分存在着内在逻辑的断裂。尤其是所举的三个实例，包括客观归责和义务犯理论，都属于构成要件的内容，我却从中无法找到先事实后价值的判断顺序的体现。后两部分论述给我的印象则是，构成要件的判断恰恰不是事实的判断，而是价值的判断。在今天德国的犯罪论体系中，构成要件的判断不再是单纯的事实判断，而是事实判断与价值判断无法截然分开的一体化考察。光权教授前面在对我国四要件批判的时候，做了事实与价值的区分，而在德国当代的犯罪论体系甚至构成要件中，同样存在着事实与价值判断无法截然分开的问题。这恰恰应该为作者所反对，而非推崇才是。但周光权教授对德国现行的犯罪论体系又是十分认同的。所以我认为文章前后内容在逻辑上是有矛盾的，我认为问题的关键在于，光权教授可能把犯罪论作为评价体系的问题，和犯罪论体系发展过程中实质化、功能主义化的价值判断混在了一起。德国古典犯罪论体系同样是一个评价体系，但它整个结构并非是以价值为中心，经过体系化的构建而形成。其实当代的实质化、功能主义化的价值判断，主要是在讨论包括不法和罪责在内的基本内容的构建，是否完全应当以合目的性为取向，而没有本体性的内容在里面，而这恰恰是古典犯罪论体系所坚持的，所以我觉得在这方面内容的安排上，作者还需要一定的斟酌。

第二点，关于光权教授在文中所指出的刑法客观主义的立场。这种客观主义意为何物，是与行为人刑法相对的行为刑法的客观主义，还是不法论意义上的客观主义？如果是前者的话，那毫无疑问，我们应当坚持行为刑法。但据我的观察，光权教授并未作出明确的区分和说明。从文章的最后一部分结语的表述来看，他说，“这就要求刑法理论必须确立客观要素在犯罪论体系中的核心地位，确保客观判断优先”。这样的话，他所谓的客观主义，既是指行为刑法意义上的客观主义，也是指不法论意义上的客观主义。不过这样一来，在论证上就存在一些矛盾。因为众所周知，光权教授是行为无价值论者，而作为行为无价值论者，你如何在未遂犯的问题上保持客观判断优先的立场？在着手判断不能犯人和可罚的未遂的区分上，主观因素也起着十分重要的作用。当然这也是行为无价值论者被批评为具有主观主义倾向的原因。我认为，光权教授所谓的客观主义应当是不法论意义上的客观主义，强调客观判断优先，客观要素在犯罪论体系中处于核心地位。实际上，行为无价值论者在故意犯上所持的是主观不法论。我觉得这里也有一些内在的矛盾。

第三点，我觉得按照新康德主义理论的逻辑，事实和价值是二元分立的世界，犯罪涉及评价的问题，完全为价值所统摄，如此一来，本体性的东西是否还有意义？当然，这并非文章的纰漏，只是我个人认为文章在这一点上应该还需深入探讨。如果本体性的要素还有意义，又如何对价值评价进行制约呢？换言之，本体性要素如何构成制约机制的组成部分？我们可以看到，光权教授在文章最后也提到了价值判断的危险性，他应该还是对此有所认识的。但我认为，他把这种危险仅仅理解为价值判断的相对化，即每个评价主体都对价值评价有自己的看法。当然我也认为犯罪论体系完全建立在价值的基础上，或者完全是以合目的性为导向建立的。这种做法最大的危险在于，只考虑了合目的性这样的因素，忽视了行为本身是否罪有应得，是否应罚，即用需不需要处罚的考量完全取代应不应当处罚的判断。所以，其在定罪的问题上，过多考虑了定罪给未来带来的好处。如此就会对个体权利的保障带来很大的冲击，因为权利完全被工具化了，因为责任主义所保障的这种权利要不要赋予被告人，需要视这能否给社会带来预防性的好处而定。我觉得以价值作为基础来构建犯罪论体系的最大的理论风险可能就在这个地方，而非价值判断相对化的问题。

第四点，我对论文中个别的表述有一些小的疑问。第一个是说功能性犯罪论体系的最大特色在于对行为是否成立犯罪的评价需要考虑刑法的刑事政策基础。我觉得从总体上来讲，功能性的犯罪论体系与目的理性的犯罪论体系内涵基本一致，但是功能性犯罪论体系和之前的犯罪论体系的差别，可能不能仅仅归纳为刑事政策的考虑。因为，在古典和新古典两种体系中，新古典体系也是考虑价值的。总体上来说，罗克辛所谓的考虑刑事政策的犯罪论体系只是功能主义犯罪论体系的一种亚类型，包括雅各布斯的规范论体系也是功能主义体系中的一种。第二个是在论文中出现了“新康德主义本体论方法论”的概念。但是根据我的理解，既然新康德主义考虑事实与价值二分，那就说明它恰恰就是反本体主义的。第三个是论文提出了用价值论把犯罪论和刑罚论天衣无缝地勾连起来。我想就犯罪论和刑罚论如何进行勾连，能否给出一个基本的框架？第四个是论文中提到对于责任的价值判断来讲，罗克辛走得最远，在罪责或有责性的判断阶段必须引入预防必要性的概念。实际上我觉得在责任的价值判断方面，走得最远的应该是雅各布斯，因为罗克辛在规范责任论中还是承认有些本体性的要素的存在，在此基础上，在本体性方面要考虑是不是应该谴责，在此基础上以预防必要性来限缩答责性的范围。但是到了雅各布斯那里，罪责就完全是预防性的考虑，以预防必要性完全取代罪责中的应谴责性的本体性问题。除了以上的小疑问外，总体上讲，我感觉论文在逻辑上并没有完全说服我。

我的评论就到这里。谢谢！

陈兴良　下面请冯军教授评论。

冯军　兴良教授、光权教授，各位老师，各位同学，大家晚上好。

今天晚上光权教授的报告，除了后面的总结部分，主要可以分为三部分。第一部分是一种学术史的梳理。这一部分他在梳理的过程中特别强调了“新康德主义”对刑法学的影响，要重视价值判断。关于这一点，我表示赞同。但是我要特别补充说明一点，你对古典犯罪论体系确立的时间，可能稍微有点偏差，包括学说发展史中间的历程，特别是时代的把握，我觉得可以进一步探讨。比如你有这么一段话，“进入20世纪以来，欧陆刑法学以构成要件符合性、违法性、有责性为基点的先后登场的有，古典犯罪论体系（1906年起），新古典犯罪论体系（1920年起），目的论犯罪论体系（1945年起），功能性、目的理性犯罪论体系（1970年起）”。这里的年代把握是有相当大的问题的。这里使用的词叫“登场”，这个词意味着自1906年起就出现了古典犯罪论体系。对于这个，恐怕研究德国刑法学的学者不会这么认为。1906年，不过是贝林的《犯罪的理论》这本书的出版，而这本书的出版是他对犯罪论体系的最后总结。古典犯罪论体系，根据我的了解，19世纪末就出现了。你想一想，李斯特的《刑法教科书》是在1881年出版的，还有贝林的《刑法纲要》也是在1895年左右出版的，这也不是1906年以后的事情。可以说在1906年以前已经有非常成熟的犯罪论体系了。然后您说新古典犯罪论体系“登场”是1920年起，这一点也有相当大的问题。根据我的了解，新古典犯罪论体系，比如弗兰克的《规范的责任的构造》这篇论文发表在1907年，更早的迈耶的《法规范与文化规范》，也是一本代表新古典犯罪论体系的书，是1903年出版的。1920年是其已经成熟的时间。周教授说目的论犯罪论体系是在1945年登场的，这也是有问题的。尽管威尔泽尔的目的论教科书是在1947年出版的，但是他的理论在一九三几年就开始形成了，最早的一篇关于目的论犯罪论体系的文章是1931年发表在《全体刑法学》杂志上的，1935年表明他目的论犯罪论体系的《自然主义与价值哲学》一书也出版了。所以在学术史梳理时的时间概念要特别予以注意，因为不同的时间证明的产生背景是不一样的。这是第一点。

第二点，你在论文中说，所有的三阶层体系在违法性判断上都是实质判断和价值判断的统一。这一说法恐怕也是对古典犯罪论体系的一种误解。古典犯罪论体系在违法性的判断上没有实质判断，它根本就不是根据对社会的危害这些标准判断，而是根据形式上符不符合法律规定判断违法性的，因此它是一个形式的判断。你谈到了古典犯罪论体系在区分正犯与共犯的问题上采取了形式的客观说，主张实施了符合构成要件的行为的是正犯，其他的都是教唆犯和帮助犯。这一点恐怕也是有问题的。就我的了解，古典犯罪论体系如李斯特采取的不是形式的客观说，而是形式的主观说。他认为所有的行为在客观上都是因果的行为论，所有的条件价值都是等同的，因此，在形式上无法作出区分，能够作出区分的只能是主观的因素。他是用为了自己的利益犯罪还是为了帮助别人、别人的利益犯罪，来区分正犯与共犯的。尽管国内翻译过来的李斯特的《刑法教科书》上是形式的客观说，但这并不是李斯特自己的观点，而是施密特的观点。这一点也要予以注意。就是说，你在学术史梳理上尽管较好地把握住了问题的核心，但在一些细节问题上也存在纰漏。

文章的第二部分恐怕比第一部分的问题更大。你在第二部分说要用价值判断的方法对中国犯罪论体系进行重构。主干部分你还是对传统的四要件理论进行了一种批判，当然也提到一些重构的想法，特别谈到了传统的四要件只有一个判断的对象而没有一种价值评判，这个说法恐怕是持四要件学者所不能接受的。他们把犯罪客体放在第一位的时候，就是代表着一种价值评判。四要件在高老师他们那个时代，还没有意识到这个问题，一方面，他们认为犯罪构成是承担刑事责任的唯一根据；另一方面，又在犯罪构成之外来讨论正当防卫和紧急避险。但是目前经过修正的四要件理论会在客体要件中讨论正当防卫和紧急避险。最典型的代表就是黎宏教授。他认为我们应当坚持传统四要件理论的精髓，主客观完全统一，并以此作为认定犯罪的唯一标准。在他这种理论中，不存在没有价值评判的问题。而我们经常对四要件的指责，包括我们举的实务中的例子以及这个例子的解决方案。我完全赞同曲新久教授那个勇敢的结论，但我不会把这样一个勇敢但不合理的结论归结到四要件上去。我认为，即使妻子拿砖头拍 4 个围殴她丈夫的人，将其中一个拍死，将其认定为正当防卫也没有什么疑问。你闯红灯，喝了酒不能当然地排除正当防卫的成立。当然可能有问题的是，他们 4 个人都是完全醉酒的人，如果你醉成一摊烂泥，我们可以排除你，但在这个案件中他们明显没有醉到那种程度。他们喝了酒，还出来骂人，还把人摁在地上打，因此他们并非是没有认识能力，而像精神病人一样的醉酒。这样的人喝了酒，出来惹是生非，恰恰是我们认为的刑法上的有责任的人。他仍然是有能力的人，他用这种能力去侵害别人，到这样一种程度，别人没有对你造成任何的伤害，仅仅是因为你给我造成了一种危险，我问你是怎么开车的。这都不敢问，那这个社会就无法让人共同生活了。所以我说，这 4 个人，按照我的理解，即使妻子拿着砖头把 4 个人全部拍死了，我也认为她是正当防卫。当然，如果出现这样的情况，妻子拍死 1 个人之后，其他人都害怕了，停止了侵害，那她再把他们拍死就不是正当防卫了。所以我觉得妻子成立正当防卫毫无疑问。我觉得这个问题并不是四要件的问题，而是什么呢，尽管今天张明楷教授没来，我还是要批评他一下。如果法院作出错误的判决，不认定构成正当防卫，我认为问题不在四要件，而在于张明楷教授所主张的法益保护理论。把人拍死是剥夺人家生命的行为，我要进行法益衡量，你们把我摁在地上打，虽然是种严重的侵害，但是你们怎么可以把人家拍死呢？这个时候，这样的法益衡量是不能成立的，尽管张明楷教授的第四版教科书的相关内容作出了修改。传统的说法是，有个人过来抢我的大衣，我这个大衣不是很贵，我没有别的措施，唯一的办法是拿手枪把他打死。在我看来，这也可以构成正当防卫。你不能说：衣服只是一种财物，而你却剥夺人家的生命。这样衡量的话就是过当，我觉得这是一个很糟糕的说法。你想想我一个好好的人，我和我妻子两个人开个车，无论是在节日还是平常的日子，你过来抢劫我、还打我，让我在没有办法的情况下，我一直强调开枪打死他是避免侵害的唯一可行的情况下，我为什么不开枪？张明楷教授在法益衡量方面走得过远。比如，我没把他打死，我把他打伤在这里了，你要把这个人送到医院去抢救，如果你不抢救的话，就有可能构成一个不作为的杀人。这个说法荒唐至极！比如我和我女朋友光棍节在电影院看电影，这时候过来一个人，心里想着，光棍节，你怎么可以带女朋友来看电影，于是捅了我一刀，然后我出于正当防卫也捅了他一刀，而现在又要我去抢救他，多么荒唐！在一个多么美好日子里，你强加给我一个负担，不让我和我女朋友去看电影，结果我还要把你送到医院去抢救？这完全是强加给我的东西。根据规范论的思考方式，一个人的自由不能通过外在的方式予以剥夺。被正当防卫人的不利后果应当由他自己承担。一方面，一个人被打倒后，不救他不构成不作为的故意杀人；另一方面，假如妻子用砖头把4个人当场拍死也可以构成正当防卫。这两点在德国刑法理论中是没有疑问的；这个结论是没有问题的，最起码就我的阅读范围看没有遇到过相反的结论，结果我们的理论中就出现了一个相反的局面。法律是什么？法律是一种生活秩序，是一种让我们可以满意生活的自由秩序。当一个人用一种强力的方式把我的自由剥夺掉了，还要让我去承担一个救他的责任，不救的话我还构成犯罪，我觉得这样的一种冷漠我不能接受。这样的结论和四要件没有关系，更多的是受法益保护理论的影响，过于迷信法益衡量造成的问题。有好多这样的想法我觉得不能都归咎于四要件。当然我本人也不同意四要件的理论，但你不能把一些本来不是四要件的问题强加在四要件的头上。然后四要件的支持者就可以作出一个极其明快的反击，这样反而证明你的观点是错误的，这样对新的理论的发展反而不好。批评四要件就要指出它的问题到底在哪。四要件的问题在于它的阶层不明确，或者说它就没有一个明确的阶层的划分，它没有在阶层的划分之间找到一个合理的理论支撑，我觉得这才是它的问题所在。

在文章的第四部分的第三点，你谈到了具体的刑法知识转型。在这方面，除了你刚刚谈到的、曲新久教授也已经批判过的，你总是想在价值判断之前先进行一个事实判断，这一点我也不同意。这点我赞成曲新久教授的说法，刑法判断都是价值判断，就是说任何事物都要经过规范评价，没有一个纯事实的事物可以进入刑法中来，所有的事物都必须在刑法的一个理性的目的之下，进行一个规范的选择，这本身就是一个价值的事物，而不可能是纯事实的东西。如果你想作出一个纯事实的解释，那是行不通的。比如我曾经举过的一个日本最高法院的判决，日本刑法中有一个罪叫做堵塞交通罪，就是如果你把道路堵塞了，那就是一个犯罪。日本有个判例是这样的，一条道路原本有5.9米宽，有个人就把3.9米的那部分给堵住了，也就是说还有2米的地方没有堵住。然后日本最高法院就认定成立堵塞交通罪。关于堵塞的解释，是不是还有2米就不叫堵塞了呢？日本法院认为虽然还剩2米，但是大家都不敢使用了，因为汽车把路挡住后，没人敢从剩下的2米中间过去，穿过去可能会发生一些别的危险。所以尽管没有完全占用，但是规范上可以评价为堵塞，这是没有问题的。所以说堵塞这个概念就不是事实的，不是仅仅指完全的封锁，只要使其丧失了相应的功能，仍然可以评价为堵塞道路。所以刑法它没有一个完全的事实工具的存在余地。所以，一个两天后即将出生的胎儿就是可以评价为人，因为他马上就可以出生了。如果此时把他弄死，我觉得这就是一个故意杀人。所以说，你主张在价值判断前要有个事实判断，这是我不同意的。

但是你关于义务犯的观点就和我完全一样了，我对这个理论举双手赞成。行为在刑法上承担责任主要有两种方式，一种是你积极去干涉别人的活动范围，这是你支配他人的东西，用力量去改变他人自由的空间；另一种是我应该防止我的这瓶水倒下去，倒下去可能把你的电脑弄坏，我负有义务，这就是所谓的义务犯。但是这种不防止和我用水泼到你的电脑上，在功能上是一样的，对你的损害也是相同的。所以义务犯也是正犯，就是你这样不防止水瓶的倒下导致电脑的损坏，你就是一个正犯。我曾经和人民大学的另外一位光头教授对一个案例从中午饭争论到晚饭，就是一个父亲亲眼看着自己 13 岁的女儿被别人强暴。在我看来这个父亲就是一个强奸罪的正犯。他不是一个帮助犯，因为他有义务去阻止这件事情。所以在这方面，光权教授我非常赞同你的观点，中国刑法在未来发展上要有更多规范化的思考。但是我完全不能同意东燕教授对规范的批判，说这个规范的东西是极其危险的。我已经反复同你商榷过，规范是一种客观的，具有自我客观实现的功能，是在社会中客观化了的东西。它不是一个纯主观的东西，雅各布斯教授所说的功能责任论也是强调规范交流意义上的功能需要。就是说一个精神病患者或者一个孩子，他们没有责任能力，因为他们没法同规范进行交流，我们对他们行为的规范意义是完全不被他们承认的，因此他们的行为也不需要我们用规范的方式进行否定，因为他们的行为对规范来说没有任何意义。而如果是一个正常的成年人对规范的否定，当然对我有意义。此时行为就具有交流的意义。所以说功能责任是一种规范交流意义上的，它一定是考虑到儿童、精神病患者，只不过是在规范交流意义上作的考虑。

谢谢你，谢谢大家！

陈兴良　谢谢冯军教授的评论，本次论坛的第二个环节，嘉宾评论就结束了。下面就请周光权教授作一些回应。

周光权 谢谢陈老师，我拣重要的简单回应一下。

先回应一下冯老师，我本科不是学哲学的，我学法律，哲学是自学，但自学没有成才。而且坦率地讲，这篇文章我曾经给研究哲学的学者看过，他们给我的回复大意说，如果结合刑法专业，你这样理解新康德主义是没有问题的。这句话说得很委婉了，对吧？如果你不结合专业去这样理解新康德主义或许是有问题的。所以这权且作为我的第一点回应。

第二点，就是冯老师讲到的我对时间的概括问题。我对这个问题反复掂量过，就是古典犯罪论体系究竟从哪天开始登场呢？说不清楚。即使你以最早的时间，1881 年，但是根据我国台湾地区的学者许玉秀的文章所言，实际上可以追溯更早，因为在这之前就有主观说和客观说的对立，在对立中间就蕴含着对违法性的看法和责任的看法，所以根据她的观点，还可以往前追溯一二百年的历史。所以我最终的这三个判断——古典 1906 年、新古典 1920 年、目的论 1945 年，并不是我的首创，而是来源于我国台湾地区的学者们的看法。话又说回来，这个时间的确是很难确定，不像我们搞政治运动，哪一天的领导讲话提出了“三个代表”思想，那天就可以认为是“三个代表”思想诞生的日期。刑法的很多东西，没有办法能够如此操作，所以，有争议也是很正常的。

第三点，是针对曲老师和冯老师同时提到的，我在文章里多次提出的要先有一个事实判断再有一个价值判断的回应。关于对这点的质疑，我刚才讲到的研究哲学的教授也有过同样的看法，就是所有的判断都是价值判断，纯事实的判断是不存在的。我也表示同意，但是我在文章里这样写是有原因的，大概有四个想法：其一，刑法对犯罪的判断需要判断资料的存在，而这个判断资料其实是一个客观的东西，正如冯老师刚才举的例子，堵塞交通。被堵后还剩两米的基础事实，其实是需要判断的。所以我讲的事实判断，实际上是指客观上可观察的、外在的、客观的行为和结果。一刀捅过去，被害人死了，躺在地上，这样的一个后果和判断资料，其实是需要的，所以我说的事实判断有判断资料的意思。其二，刑法的判断在价值判断之外一定有一个形式的判断，所以我们才会有那么多学者讨论形式判断与实质判断的关系、顺序如何处理，以及对立等。所以我认为在价值判断之外一定有一个形式判断，至于这个形式判断用什么词来表述，是用事实判断还是形式判断，我觉得是次要的问题。其三，从我个人的学术立场角度，我觉得刑法客观主义需要坚持，所以司法判断上需要一个客观的资料的问题。其四，在中国当前的司法实践中，你如果不告诉司法人员要先有一个形式判断再有一个实质判断，另外的危险就来了，就是法官自由裁量权的处理。我这个概念是想给法官依法办案、公正办案提供一个制约，关于事实的制约，关于判断资料上的制约。让他去搜集客观的证据，对这些证据进行质证，作出判断，并得出一定的结论，我有这方面的考虑。所以我文章中关于事实与价值的看法和哲学上的又不是完全对应的。

另外，冯老师刚刚批评我，说我讲的案例是说四要件解决的不合理。我并没有这个目的，我只是强调可能四要件更注重看到结果，正如冯老师对于过分的法益衡量的批判，我和他在这点上也是一样的，我并没有指责说用四要件解决这个案件不合理，因为我知道四要件在构成要件之外有一个正当化的事由，它也可以处理这个案件。我只是说在这个案件中正当防卫的认定需要考虑。另外，在考虑一般预防必要性的时候，是不是要纳入责任的考量中来，是不是要走罗克辛那样的路子，我在这个问题上有一些阐发。

在劳东燕教授的评论中，提到了一些问题，首先是合目的性、需罚性的问题，我觉得确实有问题存在，比如如何制约，这需要仔细论证。她也提到了犯罪论和刑罚论怎么联系起来，我在我的文章里讲，考虑价值判断、考虑犯罪论体系的合理建构，这样刑罚论就可以合理化。而四要件说很难做到这一点。我的犯罪论体系和刑罚论体系勾连在我的教科书里是这样处理的：在犯罪论里面强调规范的违反，违反规范并且造成法益侵害的行为是犯罪行为。根据这样的犯罪定义，认定犯罪的时候，是把规范要禁止的行为作为犯罪来处理。规范禁止的行为意味着别人不能这样去做，所以一个行为容易让别人去学习的话，这个行为要作为犯罪处理。犯罪论上是规范违反说、行为无价值论，刑罚论上是一般预防论。这样，犯罪论和刑罚论就很好地联系起来了。当然这个问题很复杂，不容易简单说清楚。劳东燕还提到我在方法论上的一些问题，有的我可以再研究。她讲的主观不法论是行为无价值的核心思想，这样的话会承认主观的要素，会使判断不客观。就拿未遂犯论来说，我目前的观点是强调事前的一般人的判断，即便是客观危险说也离不开一般人的概念，其与具体危险说只不过是判断时点的差别，是事后的判断还是事前的判断，在这一点上确实有学派之争。总之，客观危险说也离不开一般人的概念，只是说，它加上了科学的一般人的修饰。而什么叫科学的一般人，好像也不是很清楚，所以问题最后又回到如何对待一般人这样的概念了，我就先回应到这里。

陈兴良　现在我们进入第三个阶段。首先有请同学们向主讲人周光权教授和评论人提问。

提问者一　周光权老师，您好，感谢您的精彩演讲。我的问题是，您刚刚提到了一般预防在答责性中的作用。妻子为了帮丈夫，拍死了一个人，而您认为这个案件就没有一般预防的必要性了。现在我假设有另外一个案件，刑法规定我们不能杀害大熊猫，如果世界上仅存一只大熊猫，我现在把它杀了吃肉，因为世界上以后再也没有大熊猫了，那么我的行为的一般预防必要性还存在么？进而，我想问的是，一般预防在答责性领域作用的边界是什么？

冯军　我来回应一下吧。罗克辛教授所讲的我没有可以期待的预防必要性的案件，跟刚才光权教授所讲的案子不太一样。罗克辛教授所讲的是德国的一个真实的案子：一个人把一个女孩绑架起来了，警察现在有足够的证据证明就是这个人绑架了这个女孩，并且也把这个绑架的人抓起来了，但是不知道女孩被关在什么地方。警察局局长想，如果这个绑架的人不告诉我们女孩的关押地点，女孩的生命就会受到威胁。在警察尝试了很多方法仍然确定不了女孩的所在地后，警察局局长下令对犯人进行刑讯逼供。结果犯人就告诉了警察女孩被藏在什么地方。当他们再通过指示去找到那个女孩后发现，女孩已经死掉了。在该案例中，罗克辛教授的观点是，这个警察局局长的行为就是一个没有预防必要性的行为。在这样一种极其特殊的情况下，警察局局长的行为不再具有预防必要性。至于你说的有一个人把仅有的一只大熊猫弄死了，这恐怕还不能说没有预防必要性。因为大熊猫虽然死了，但还有东北虎，所以这里并不会因为缺少一般预防必要性而放弃处罚。

周光权　我再补充一下。先说明，冯老师讲的我都赞成。应该说，你所讲的问题和我所说的问题并不一样。我所讲的是那个行为在特定的情形下实施，那个行为不可能被他人效仿，所以一般预防的必要性很小。这里的“行为”具有一定的抽象，是针对他人的杀害行为，不可能被他人效仿。所以你不考虑这样的抽象，用十分具体的视角，在方法论上就会有问题。比如说，我看一个人不顺眼，长得难看也就罢了，光棍节还出来现眼，于是我一枪就把他毙了。如果如你所讲，具体到这个被毙的人身上，这个行为别人不会效仿，别人也效仿不了。因为这个特定的具体的人被我打死了，那个人不会再出现。所以你不能具体化到这个程度，只能说这样的杀害行为本身是不是极其特殊，如果很特殊，不会被人效仿，所以那种激情的，比如行为人发现妻子和奸夫通奸，由于行为情况比较特殊，对杀人的人其实预防的必要性比较小。也就是说这种场景下的杀人，它很特殊。冯老师刚刚讲的也很对，杀害大熊猫的行为是杀害动物的行为，你只能把它抽象到这个程度，是毁坏财物的行为。无端毁坏他人财物的行为别人会不会效仿？如果不处罚你，这个行为就有可能被效仿，所以应该处罚你。对你这种行为有预防的必要性，于是又具备了应受谴责性，可以归责。所以，判断方法上应该这样去判断。

提问者二 周老师，您好，刚刚冯老师讲，您的理论充满了理想，在落实的时候会有很多的障碍。刚刚您着重讲到了价值判断的问题。在司法实践中，如果您着重进行价值判断的话，会不会增加法官的自由裁量权？法官的自由裁量权过大，会不会导致司法腐败？当然您也讲到要对价值判断形成一种限制，我觉得您这种限制是一种抽象的，模棱两可的限制。您究竟要用什么样的限制标准来控制自由裁量权和腐败问题？

周光权 我觉得处理的方法是，在对一些刑法具体问题的解释上，建构这种合理的理论。就是一个一个问题的解决。除了这个以外，好像也没有别的方法。在解决一些具体问题的时候，首先要看成文法怎么规定的，然后要看对这个成文法是否有合理的解释，并在这个过程中判断法官面对具体问题、面对具体的事实，这些判断资料以后，他怎么来处理案件。这样讲还是太抽象了，举一个例子，比如说，交通事故一旦发生了，我们司法人员首先去看交警的报告，即便是交警的报告不合理，法官也会让交警先进行修改。我觉得这恰恰是我要批评的方法，它过于形式化，只考虑事实的判断。今年的司法考试中有一个关于交通事故的题目：一辆大货车的司机开车时发现前方有很多车子，导致路堵了，他就逆行到了旁边的车辆较少的道上，逆行并超速，结果撞上一辆正常行驶的小轿车。该轿车司机醉酒驾车，并且也没有驾驶执照，紧急情况下也没有采取踩刹车或其他制动措施。我不知道交警会如何鉴定。但有的人会说，大货车司机只有两项违章，逆行和超速，而那个小轿车司机有三项违章，所以小轿车司机的责任更重，或者两者同样重。法官在这种案件中不应该过分依赖交警的判断，而应当独立地对违法事实进行归责。这时候，采用一种评价的观念、一种规范判断的观念，可能它的解决方法和交通事故的处理就是完全不一样的。这样的话，法官的自由裁量权究竟到什么样的程度是合适的，我觉得只能按照每个案件的最后处理和法条之间的关系，以及规范的价值判断方法运用到什么程度而定，不好简单地“一刀切”。

提问者三　我想问冯老师一个问题。冯老师刚刚讲，一个人如果衣服被抢，就可以开枪；曲老师刚刚也讲，不能以拿砖拍人的方式去防卫，不要和醉汉去讲道理。这里面就蕴含着一个法律对认识的适法行为的期待。我想请教冯老师，对这样的一种期待，有没有什么具体的标准可以参考？可以量化的标准。比如，一般的理性人或者朴素的伦理观等，抑或就直接是因人而异或因案件而异？

冯军　你刚刚讲的是一个很好的例子。我首先强调一下我的观点：我的衣服对我来说不是一个极其微小的价值，它还是有相当的价值的。这是第一个前提。第二个前提是我的衣服的价值被一个人以毫无道理的方式进行了侵犯。第三个前提是我在这个情况下开枪打死他，是阻止他把我衣服抢走的一个必要的手段，就是说，只有我开枪把他打死，我才能阻止他。在这种情况下我才主张说可以开枪把他打死。第四个前提是，抢我衣服的这个人不是一个精神病患者或者儿童。但如果这几个前提都不存在，比如他并非抢我的衣服或者眼镜而是我面前的这瓶矿泉水，价值极其微小。这时候他抢走就抢走了，尽管打死他才能防止他抢走我的水。比如说我没有办法把水夺回来，因为我的力量比他小，或者我的腿压根儿就是残疾的，这种情况下我是不能开枪把他打死的。那现在的问题是新久教授说，尽管如此你还是不能把他打死，你只能跟他说，你不能抢我的衣服啊，等等。你要和他讲道理啊，如果实在不行，那你就把衣服给他吧。在这种情况下，打死他就构成防卫过当，成立故意杀人或者过失杀人。所以按照新久教授的观点就有可能作出如那个法院一般的判决。因为它只是一件衣服，衣服的价值怎么可以和一个人的生命相比。我的意思是说，我的自由、我的权利没有受到任何的限制，这种情况下我的自由并不比你的生命的价值低。如果你今天抢我的衣服，明天抢我的表，后天占我的房子，我不把你打死，我的生活就不复存在了。所以，如果法院总用这种意义上的法益衡量的话，用一个不正当的很大的利益与我的比较大的利益衡量，如果不考虑规范评价，我不能肯定说一个抢劫者的生命就不如我的衣服重要，但它们在规范上的价值是不一样的。所以重要的是，一个合法的事物不应当向一个不合法的事物让步，一个符合规范的行为绝对不能向一个不符合规范的行为让步。当然，最后的判断也和理性人、一般人有关联，但我觉得这并不是最重要的，重要的是在一个民主法治社会里面，经过正当程序确定下来的一个法律规范，这个规范的核心目的是什么，这是最重要的。我们的社会需要这样一个客观的规范，没有这样的规范就没有这样的社会，没有社会就没有我们的自由，没有我们的价值实现。

提问者四　首先感谢陈兴良教授给我这个提问题的机会。我今天很激动，因为是第一次来听“当代刑法思潮论坛”，而我大二时拜读过陈教授和周教授合著的《刑法学的现代展开》这本书，书中也提到了中国刑法学的知识转型，而陈教授也力倡从注释刑法到教义刑法的转向。在此我想请问陈教授一个问题，您在最新出版的《刑法总论精释》中所提到的教唆他人自杀，在三阶层和四要件体系看来，在定罪问题上真的会有实质的差别吗？或者说三阶层和四要件在司法实践中的定罪上会有多大程度的差别？谢谢。

陈兴良　这个问题可以归结为教唆他人自杀是否可以归结为杀人。这个问题在我国司法实践中往往作为故意杀人罪处理。在按照四要件编写的刑法教科书中，对于为什么教唆他人自杀这个问题，并没有从教义学角度进行分析，而是简单地说这种行为具有社会危害性，因此构成故意杀人，这是一种简单化的价值判断。刚刚冯军教授在评论周光权教授关于四要件里有没有价值判断的时候，我是赞同冯军教授的观点的。在四要件里，并不是没有价值判断，社会危害性这个概念就是一个最大的价值判断。但是以社会危害性为核心的价值判断和以四要件为核心的事实判断之间的逻辑关系，我认为没有理顺。如果按照三阶层的犯罪论体系，对于教唆他人自杀是不是构成杀人的问题可能会有不同的解释。如果按照我的解释，教唆自杀不等于杀人，这在构成要件环节就被阻却了。因为杀人指的是杀害他人，而自杀指的是自我杀害，杀人的概念是排斥了自杀的，所以从这个角度来说，根本不需要考虑这一行为有没有社会危害性，直接在构成要件环节就把它排除了。当然最近，关于这个问题有一些不同的看法，主要是关于如何出罪的看法，比如钱叶六博士发表在《中国法学》上的《参与自杀的可罚性研究》。他在这篇文章中认为，教唆他人自杀的行为是符合杀人的构成要件的。因为杀人这个语词并没有把自己排除，即杀人的这个人既包括他人也包括自己；而对于杀人行为的社会危害性问题，可以在违法性阶段予以排除。他主要是想论证虽然自杀不构成犯罪，在违法性阶段可以予以排除，因此教唆自杀在构成要件阶段相当于教唆杀人。自杀虽然不构成犯罪，教唆行为确实可以作为杀人罪来处理。他作了这样一种教义学分析。由此可见，对这种行为到底应如何处理，理论上可能有不同的径路。我只是想指出，四要件理论只是简单地指出了这个行为是具有社会危害性的，用这样一种价值判断来为行为定性，这样的话就缺乏一种教义学基础。这权且作为我对你所提问题的回答。

回到周光权教授今天所作的这个报告，我还想指出一个可能需要注意的问题，价值判断的基本载体还是教义学，所以说刑法中的价值判断首先需要处理的就是价值判断和教义学的关系。教义学内有价值判断，但却是转化为一种规则的指导判断。刚刚光权教授讲到客观归责，客观归责是一种价值判断，但是其中又归纳出了一些具体的规则，是根据规则进行的价值判断。它本身就是一种教义学的判断，所以说教义学本身包含了这样一种判断。但是在教义学规则之外，还有一种教义学判断，这种价值判断通常表现为刑事政策，它只能是对刑法教义学的一种补充。所以，我个人认为，光权教授今天所讲的这个价值判断还不能脱离教义学的理论背景，而且你所指的刑法知识转型也是指应当如何建立刑法教义学。只有在刑法教义学的学术背景之下来考虑价值评价，才能为价值评价提供一个更好的话语体系。

同学们的提问阶段到此结束。接下来我要邀请今天晚上的其他嘉宾一一发言。

阮齐林教授，请你首先作一个发言。

阮齐林　谢谢陈教授。

关于周教授今天的讲演，我有一点困惑。周教授今天演讲的内容和话题，应该可以归纳为功能主义或者说规范论的刑法学说的演化历程或者精要，是这样的一个推介。我觉得价值判断或者刑法知识转型的说法还没有说到位。换句话说，推荐一个学说是没有问题的，但应当进行原汁原味的推荐，介绍它的历史发展脉络，这样大家的收获可能更大。关于转型问题，我在这里是有一点看法的。介绍一个学说和以往的学说，尤其是四要件学说，没什么关系，和你今天所要推荐的学说没有什么联系。如果说有联系，反而需要你来证明，如果采取四要件说，就会产生与我刚才所说的完全不兼容的绝对排斥，使不可能容纳进去的局面的出现，这样才会出现一种转型的需要，否则就不涉及这个问题。同样是三阶层理论，也存在从因果责任论走到价值的问题。所以你在德国、中国台湾地区、日本谈这个问题，其实是一样的。除非你能证明四要件排斥一种价值的判断，否则这样谈就是不合适的。反过来你也要说明三阶层天然地就能接受这种观点，事实上三阶层也有这样的一个过程，从最初的事实到价值，甚至可以想象最后还可能回到价值。就和街上流行裙子是一样的，三十年长，三十年短。20 世纪 60 年代是主客观之争，现在是行为无价值和结果无价值之争。如果规范的东西走到极致，很有可能会珍视这种事实的东西。此一时，彼一时。所以从这个角度讲，我想我们以后在推介外国知识的时候，不要拿四要件说事，除非你证明四要件完全不容这些东西。那我看就不一定。

这是我的一点看法，谢谢！

陈兴良　谢谢，下面有请樊文教授。

樊文 谢谢陈老师给我这个机会点评光权教授这个报告。我感觉这个报告很宏大，里边有很多框架性的概念都提到了。我想谈的问题是，刑法学知识是不是需要转型？刑法学的任务是不是发生了变化？如果我们是从一个专制国家走向一个法治国家，那我们的刑法任务必然是发生了变化的。刑法理论就是要很好地服务于刑法任务的实现，并且还要让其充分地实现。这可能也是影响刑法学知识转型的一个历史条件。再一个，作为我们所处的社会是一个共同体，如果人类生活的基本条件发生了变化，刑法学知识也得进行更新。比如互联网的发展使得互联网生活已经成为我们的第二生活，信息技术已经改变了我们的生活方式，这时候刑法学知识可能就需要一定的转变。还有一个问题就是我们的公民意识发生了变化，我们对社会的认知和对刑法的要求，刑法对我们公民的法益的保护的范围，发生了变化。刑法学知识可能也得需要经历变革。还有一个宏观的因素是人权、理性的觉醒，或者说权利意识的觉醒。西方市场给我们送来了人权和理性。我们原先在儒家文化体系下对个体权利是比较忽视的，而今天这个时代，我们对每个人的权利则很重视。刑法学在这样一种人权意识觉醒的背景下也需要进行一场知识转型。对中国刑法学来说，可能说它是一个启蒙的开始更为贴切。我记得康德说过，启蒙就是有勇气运用自己的知性。对我们原来不加怀疑地接受的东西进行反思，怀疑它是不是正确的。中国刑法学界已经出现了这种启蒙，表现在我们已经对四要件开始了反思，反思它能不能实现法治国的任务。另外一个问题，当代的刑法学知识结构都是西学，我们在对四要件进行反思的同时，还要对三阶层理论进行重新的学习，也可以说是刑法学在法治国意义上的一个科学回归问题。以上是我对刑法学知识转型的一个理解，大家可以批评指正。

另外，我还要回应刚刚冯老师关于张明楷教授对于刑法解释的一个看法。在阅读张老师的文章时，会发现他有时在偷换概念，让人陷入诡辩的困惑，这就涉及刑法规范解释的一条红线，也就是罗克辛教授在他的刑法总论教科书里谈到的，法律规范的解释必须是从法律条文中得出的符合刑法学基本原则的意思，而不是解释自己的价值观。而张老师有时候却是在解释自己的价值观。也就是说，刑法规范的价值观和自己的价值观要分开，如果这两个分不开的话，就容易陷入一种诡辩，或者得出冯老师所批评的荒唐的不可思议的结论。

以上只是我个人的看法，不对的地方请大家指正。

陈兴良 下面有请刘明祥教授。

刘明祥 今天听了光权教授的讲座，非常精彩。不过说到我们传统的四要件犯罪论体系，他认为只有事实判断而没有价值评价，对于这个说法我认为不是特别合适。在我看来，我们的四要件犯罪论体系，包括我们的刑法学体系，是非常注重价值判断的。特别是像新久教授所说的，在犯罪概念里面就是一种纯粹的价值判断。在四个构成要件中，犯罪客体当然是一种价值判断。客观方面也有价值判断的成分，比如，我们对故意杀人所下的定义是非法、故意剥夺他人生命。它强调非法性，非法与否当然需要价值判断了。主观方面，我国刑法明确规定要明知自己的行为会发生危害社会的结果，还需要行为人对自己行为的结果作出一定的价值判断，而不是像德日的理论，只要对构成要件事实有认识就是故意。并且我国刑法理论还强调这四个要件彼此是不能分割的，它们之间的关系是一种辩证统一的关系，可以说把价值判断发挥到了极点，而不是如你所说的只是事实的判断。

在我看来，现在德国的犯罪成立要件都要强调价值判断，这没有问题。问题是，我们所说的事实是刑法上的构成事实，对事实进行判断和对事实之外的价值评价应如何进行兼顾？是把它们相对分开还是融为一体？这是一个必须要解决的问题。古典的犯罪论体系，比如贝林，他对构成要件事实的判断和价值的判断是完全分开的。构成要件符合性是一种抽象的不作价值评价的判断，而由违法性再作进一步具体的价值判断。后来的学者发现，他的这种想法虽然非常好，在认定犯罪的时候，先对构成事实作一个判断，之后再做实质的、价值的，更多的是规范的评价。但这在事实上行不通，因为构成要件不是一个纯粹的事实判断。贝林的构成要件理论一提出就受到了批判。正是因为如此，在现在的德国、日本，都把一些主观的内容和规范的内容放在了里面，在认定构成要件符合性时就要作价值的判断，因为对构成要件作纯粹的事实判断，他们觉得行不通。关于违法性的判断，也不再像过去那样，违法仅仅意味的是纯粹客观的，主观不法处于支配地位。人们发现，我们在解释犯罪成立要件的时候，事实判断脱离价值判断的路子行不通。如果能相对的分开，这当然是一种好的办法，这样判断问题比较简单清楚。老师讲述时也很方便，学生学习时也很清晰。但是，这个行不通，有以上的问题蕴含其中。我们的前辈在对四要件犯罪论体系进行研究时也重视了这一点，客观要素和主观内容、纯粹形式事实的判断和价值评价不能完全分开。正是从此出发，所以他们都强调马克思主义辩证统一，把它直接搬到刑法理论中来，强调构成要件的事实判断和价值判断都是辩证统一的，不能截然分开的。既然完全的分开行不通，我们考虑是不是可以相对的分开，让事实判断本身具有相对的独立性。再一个就是价值判断一定要具有科学性。我们现在的问题不是不重视刑法中的价值判断，而是没有把这个判断的科学性坚持好，任意地进行价值判断，任意地解释刑法。这种不规范、不科学的价值判断，我们必须拒绝，否则我们就会走到法治的反面去。

这是我今天的一点不成熟的意见，谢谢大家。

陈兴良　好，我们最后给周光权教授一点总结的时间。

周光权　谢谢陈老师，因为后面有几位教授评论，我就做一点总结或者回应。我特别赞成樊文教授所讲的，刑法价值判断对于中国刑法学界是一个启蒙的过程，而且这个过程才刚刚开始。我印象很深，这个“当代刑法思潮论坛”的第一讲是在两年多以前举办的，是张明楷教授主讲的“犯罪的实体是违法与责任”。但是我发现两年多以后，回到这个地方来以后，我们讨论的还是这个东西。所以我想这个启蒙的过程在中国确实很重要，也刚刚才起步，而且过程注定比想象的要艰辛。

刚刚很多教授都讲到四要件，也提到四要件便利啊，司法实践人员容易掌握啊。但是我想，便利从来不是理由，容易掌握也从来不是理由。小学数学很简单，很容易掌握，可我们现在为什么要学微积分，把数学搞得那么复杂？另外说三阶层太复杂了，司法人员掌握不了，国民党执政时期，法官判案就是按照三阶层来的，没有出现什么问题，中国人的思维完全可以接受。刚才有的教授提到犯罪客体是价值判断，我也论证了犯罪客体在我们的犯罪论体系中不能算是一种价值评价，这里因为时间关系并没有展开。你去翻阅一些知名老前辈所写的文章，他们提到，发生案件后，我们在现场发现有人死了、有东西被偷了，如果这样讲的话，还能算是价值判断么？另外，我讲到四要件在价值判断上有问题，这个问题客观存在，比如，一个正当防卫的杀人和13岁的人杀人，结论没有区别，都是无罪。那你把规范评价上两个完全不同的事说成一样的，这难道在价值评价上没有问题吗？还有的教授提到说，我推介国外的学说比较多，我承认，因为中国刑法学发展的基础太差，德国的规范发展超过200年，我们的理论发展不超过30年。我们在讨论问题时离不开人家，这没有办法，不仅中国，日本、韩国、我国台湾地区都是这样。德国处在刑法学的巅峰，只能向人家学习。问题是在比较研究当中，你把与中国有关的问题归纳总结出来去发现问题。我们现在的司法的混乱，法官任意裁量权范围过广，问题究竟在哪里？背后的根源究竟在什么地方？你把问题提炼出来，然后开出药方。这个药方虽然是德国的，但是刑法学是没有国界的，说德国就是说中国，德国没解决好的问题，中国也在所难免。此外在德国已经成功解决的问题，我们也不能掉以轻心。而且中国刑法学界优秀的、有深度的论文都逃脱不了推介的影子。但是在比较研究时确实有一个如何提炼的问题，如何结合中国国情提出解决方案这样的方法论问题。而这对于中国学者来说是没办法逃避的问题，也是我们注定的宿命。我们要想把刑法学研究推向深入，就得想象别人当时提出这种问题的社会背景是什么、哲学思潮是什么，他为什么这样去讲，他现在有什么变化，对我们有什么启发？除此以外还有一条路，就像我们目前的通说，遇到问题用偶然的因果关系、必然的因果关系解释，到最后他自己遇到案子都不知道该怎么处理。这样的话，你的独创性是保证了，但是意义又在哪里呢？我认为四要件的便利、易于掌握，只能证明它是一个应急方案。而且四要件在苏联产生的背景就是苏联的大清洗运动。那没有办法，它就是办理的工具，好用而已。所以我们现在的研究要联系别人 200 年来在想什么的这样一个背景。别人 200 年来一直在琢磨的一件事究竟是什么？所以我认为我们和别人的差距不仅仅是二三十年，而是 200 年。我们也不一定比德国、日本人高明，所以我们要很谦虚，很多问题的研究也只是初步的探索。

我的总结完了，谢谢大家！

陈兴良 谢谢周光权教授，谢谢各位评论嘉宾，谢谢同学们的参与，我们今天晚上的论坛到此为止。

谢谢大家！祝大家晚安！

2012年9月13日

第八讲 类型思维与刑法方法

主讲人：杜宇

主持人：梁根林

评论人：陈兴良、曲新久、周光权

嘉　宾：刘明祥、谢望原、付立庆、王莹、车浩、江溯

梁根林 各位老师、同学，大家晚上好！

下面，隆重有请来自复旦大学的杜宇教授，就“类型思维与刑法方法”进行专题报告。

杜宇 谢谢梁老师！尊敬的各位老师、同学们，大家晚上好！非常荣幸能够有机会回到自己的母校，汇报一下这几年片段的思想上的成果。切入主题，我今天汇报的题目是“类型思维与刑法方法”。从四个方面介绍，第一方面是类型思维兴起的背景；第二方面是类型思维的特点，特别是与传统概念思维的比较；第三方面是对类型思维运用的介绍，从立法和司法两个方面展开；第四方面是对类型思维在运用中可能面临的风险进行分析。

第一个方面，类型思维兴起的背景。

大家非常熟悉的德国法学家恩吉施曾经说过：“类型是现代所有学问的新兴概念。”类型具有一种横截性的思想价值。在自然科学领域中，比如生物学、医学（特别是精神病学）、心理学（特别是人格心理学），包括模型论都是对类型思维的运用。在人文社会科学领域，如社会学、政治学、历史学等，都表现出对类型思维的重视，特别是马克斯·韦伯首倡的“理想类型”方法。

在法学研究上，可以看到“类型”思维的开展。作为先驱，1938年，德国法学家拉德布鲁赫曾经写过了一篇文章《法学思维中的分类概念与次序概念》。在这篇文章中，他讨论了类型与概念的问题。他指出，分类概念与次序概念的问题，可能是我们方法论上最重要的问题。此后，法学中类型思维的发展主要沿着两条线索展开：一条线索是法学方法论上对类型思维的整体性探讨；另一条是部门法学对类型思维的具体运用。其中，最为经典的作家有三位：恩吉施、考夫曼、拉伦茨。因为他们分别从三个方面指出了类型思维对法学思考方式的价值。恩吉施提出，类型思维的最为重要的功能就在于，它为“抽象理念的具体化”提供了某种可能途径。相对于法学中的抽象概念而言，类型代表了一种更为具体可感的形象，从而为更加精细化、具体化地处理法律素材增添了思维工具，即“法秩序及法学向类型转向”的重要趋势。考夫曼在他的名著《类推与事物本质》中，则将类型思维与“事物的本质”结合起来，认为“对事物本质的思考，直接指向类型的思考方式”，澄清了“类推”在法律发现中的角色与功能。而拉伦茨在《法学方法论》中，关注到了“类型”在体系建构中的重要责任。概念的体系是外部的体系。原则的体系是内部的体系。而原则的体系是有缺陷的，必须要用类型作为补充性的体系，在局部的类型中起到体系建构的作用。这三位作者分别在具体化思考、法律发现及法律建构方面推动了类型思维的发展。

从部门法学上看，比较早关注到类型思维的是民法学者，如早年的徐国栋先生将类型化作为“公序良俗”的具体化工具；近来的还有刘士国教授。现在，在宪法学上，还有宪法学者反思宪法研究中的“价值单一化”态势。在这样的知识背景下，“类型思维”是值得法学界，特别是刑法学界认真对待的思维工具。这是我讲的第一个方面。

第二个方面，类型思维的特点。

从我对类型思维的梳理来看，我认为，类型思维的特点有四个。

首先，是开放性。开放性意味着概念是可以被定义的，但类型无法被精确地规定，而只能以接近的方式加以描述。类型虽然有一个固定的核心，却没有固定的边界，类型的边界在某种意义上具有开放性。

其次，是中等抽象性。中等抽象性意味着类型化的思考是双向度的思考。一方面，是对个别事物抽象化的思考；另一方面，又是对一般到个别的演绎思考。它表现为一种归纳性、综合性的思考。

再次，是层级性。这主要是我国台湾地区学者借鉴德国法哲学家的提法。我们在生活中能够体会到这样一种现象：某些生活现象之间并没有绝对的界限，而只是一种流动的、渐进的过渡。比如色谱当中的颜色变化；比如对富人的界定，很难说有多少钱才是富人。这说明类型呈现出一种连续性的、次序性的排列状态，也就是类型的层级性。

最后，是意义性。类型的要素数量不是固定的，在特定对象身上有时候会欠缺某些特征或者表现程度不同。同样一个特征，可能在某些典型对象身上表现得很强，在另一些对象身上表现得很弱。这个时候，类型就成为一种要素的弹性组合状态。这一点与概念有非常大的区别。问题是，如果是这样，为什么具有不同组织结构的对象会被归类到同一个类型当中呢？一个类型的基础是什么呢？我认为，这是一种整体的图像，在认知语言学上是容易理解的，来自“格式塔特征”。例如昆虫，在决定捕食或者产卵地点的时候，会用感知到的各种信息来综合考虑。这种整体图像的维持，还是可以进行追问的，为何会形成这种整体的图像？在类型论者看来，是一种意义的连接，即不同的要素都指向同一个意义核心，都从不同的侧面来表现这个意义。也就是说，不同的要素集合在一个意义之下。典型的对象和非典型的对象在同一个意义之下可以进行类似性的把握，这与认知语言学的圆形范畴理论是相同的。

在了解了类型的基本特征之后，我们需要了解类型与概念的区别。我认为值得注意的主要有以下几个方面：

第一，概念式的思维是断裂的思维，类型的思维是整体性的思维。概念是由一系列充分必要的特征组合的，当且仅当具有所有特征的时候才能被涵摄到这个概念之下。但是，概念并不注重特征之间的相互关系，或者说只有一种累积关系，而没有明显的逻辑的关联或意义的联系。但在类型当中，我们非常注意特征与特征之间的意义性的关系，正是在这种意义的评判下，这些要素可以被集结起来，共同指向一个意义的核心。正是由于这样一种在同一意义下进行整体的把握，类型具有整体性的特征。

第二，概念的判断当中以特征的判断作为基础。尽管在概念形成中可能有一种价值的指导，但是一旦将概念固化为几个特征之后，价值的思考就隐而不显了。在判断对象能否归属于概念的时候，仅看是否具备特定的特征，不能回射到背后的价值。类型则不同于此，而是在判断中一直将意义评判作为核心指导。在类型和对象的思考中，必须不断回溯到主导类型建构的价值观点。

第三，类型是开放性思维，而概念是封闭性思维。概念的重点在于界定，会导致分离、隔绝。它的特点是其结论的两分性：具备或者不具备。如果对象完全具有特征就与概念是同一的，如果不具有特征就不是这一概念。

第四，概念是相对抽象的思维，类型在抽象程度方面是相对具象的思维。

第五，从逻辑上看，概念是注重精确的思维，类型是相对模糊的思维。概念是以同一为基础，同一概念之下对象和对象之间的差异不予考虑。类型是以相似性为基础，对象和对象之间是相似的关系。对象和类型之间也是相近的关系，而不是完全的同一，具有一定的模糊性。

为什么要强调类型思维的特征？因为要在传统概念思维的领域之下开辟类型思维的理论空间。但在我看来，不能过分夸大它们的区别，它们之间还是有联系的：

第一，他们的区别是相对的，而不是绝对的。类型当中可能会缺少某个特征。但是，如果在类型当中的某个特征一再显示自己的重要性，就可能会被固定下来。如果另一个特征无法显示其重要性，就有可能逐渐消失。随着特征的这些变化，类型可能会固定、封闭为一个概念。再就是层级性的特定，事物的层级性越多，就越有可能认为有层级性，是概念层级性的划分，即层级性本身就是层级性的概念。概念和类型的区分，并不是绝对的，与其说是一种概念式的区分，不如说是一种类型式的区分。

第二，概念和类型是相互补充的。正所谓“概念没有类型是空洞的，类型没有概念是盲目的”。概念没有类型是空洞的，说明概念是需要类型来填充的；类型也是需要概念的，如果失去概念，类型就失去了统领、目的和方向。我们不仅需要类型来把握具体事物，还需要更高层级的概念来统摄层级，从定义上看，二者是互补的关系。

第三，类型和概念存在相互运动、相互转化的可能性。可以从立法和司法两个层面来看：在立法层面，立法者首先是从生活中捕捉原型，然后进行规范的构建，变成规范的类型。由于缺乏安定性，而进行概念化的包装以获得安定的外在形式。立法过程实际上就是类型向概念运动的过程。反之，在司法过程中，法官在面对各种个案的时候，可能会逐步打开被过分界定的概念，使它开放成为类型。在司法过程中，可能会涉及从概念到类型的运动。这种类型和概念之间的交互运动，封闭和放松、固定和开放，体现了法的安定性与目的性，形式正义与实质正义之间永恒不变的紧张关系，存在可能转化的空间。两者的对立不能被过分夸大。

第三个方面，类型思维从立法和司法层面的展开。

在立法层面，规范的形成就是类型的构建。在具体规范的构成上，类型是核心的部分，类型思维可以为立法者提供思维的工具。在体系化的形成以及立法技术的选择上，类型是非常重要的体系化工具和思考工具。

在刑法的方法论上，解释论被视为正宗，并得到高度重视。相形之下，立法论则显得极受冷落。但我认为，也应当关注规范的形成过程，以及在形成过程中蕴含的经验和方法。类型思维在这方面恰好是有所帮助的。具体规范的形成实际上就是类型的建构。从思维上来考虑，可能会分成四个环节：

第一，事实类型的发现。立法者在规范一定的事实类型的时候，先要对想要规范的对象进行了解，形成一个想要规范的生活关系的图像。通过对生活事实的观察，抽象出生活的原型是必不可少的基础。只有这样，立法才能建立在扎实的生活基础之上，为进一步规范性的构建提供方向性的帮助。这个过程具体来看，又可以分成三个步骤：一个是典型事实的想象；一个是核心要素的发掘；一个是要素关系的把握。立法者在考虑形成规范的时候，首先会想到一些典型事实，从而抽象出规范。当然，立法者也应当考虑一些非典型的事实，将立法建立在尽可能宽泛的层面上。然后，对尽可能宽泛的生活素材进行抽象的概括，提炼出反复出现的共同的要素。接着，最重要的步骤，是在要素之间寻求结构性的联系，考虑要素和要素之间的相互作用关系，不仅是位阶关系、逻辑顺序关系、权重关系，还有意义关系。只有这样，立法者才能形成生活的原型。

第二，在此基础上，从生活类型向规范类型转变。不仅要将这些生活类型逐一翻译成构成要素，更重要的是，要在生活类型的基础上，加入“规范目的”，加入评价性的观点。生活类型和规范并不完全一致，而一定会体现立法者的导向、立法的目的和意图。规范类型的建构，实际上要在生活类型的基础上进行规范性的调整和选择。

第三，经过上述两个过程，规范的雏形已经形成，但不一定完整，这时就要进行类型补充。例如，开放性构成要件要素的存在，就体现了立法当中的规范类型并不完整。这个时候，必须是类型向要素开放，在类型的整体形象的指导下寻找可能欠缺的要素。在进行补充之后，类型就会比较完整。

第四，进行规范类型的检验，包括三个方面的内容：一是论理性的检验，考虑类型内部的逻辑关系；二是协调性的检验，把类型放在整体中考察，与其他类型的关系是否协调；三是目的性的检验，考虑这种规范类型是否已经涵盖了想要描述的所有关系。此外，这个规范类型是否准确传达了立法者的规范目的。立法者不一定是抽象定性的高手，需要提供方法论的工具，帮助他整理思考。

在刑法体系的形成方面，体系的构建一直是法学的追求。随着构建工具的不同，会有不同的体系。19世纪以来，概念体系出现，从萨维尼到普赫塔，法的体系崇尚哲学性的追求，即概念的体系。后来利益法学兴起，认为法学不仅仅是形式逻辑，不是价值无涉的，而是倾向于价值的思考，实际上就是原则的体系。对于体系的设想，就从原来完全形式逻辑的概念体系，转变为实质的价值体系的追求，其中最重要的工具就是原则。但问题是，有了概念与原则，我们的体系工具是否便已充足？概念与原则镶嵌在一起，由概念充当法的外观装置，而用原则彰显法的内在价值的体系，是否已足够完美？我个人认为不是这样的：

第一，单纯依靠概念把握生活的素材，并不足够。概念的形式性固然有益于法律的安定，但却容易趋向僵化与封闭。因此，其一，概念思维的形式性往往是以牺牲法的妥当性为代价，难以在外观的安定性与法律素材的可变性之间，寻求合理的平衡。其二，概念虽然也关注对象的不同特征，但其对特征与特征之间的具体关系却在所不问。因此，它系以拼凑式的方法来认识事物，无法结构式、整体性地把握生活事实。其三，在概念化的思考中，没有或多或少，只有非此即彼，因此无法兼顾中间类型、混合类型的存在。于是，单纯依赖概念描述法律素材必然有所缺失。

第二，原则固然能显示价值秩序，但却无法深入到具体事物之中。尽管原则也可以不断具体化，但基于其固有的抽象性，原则只能在相对宏观的层面描述制度与制度或规范与规范之间的价值关系。如果具体到个别事物之间，甚至是个别事物的内部，原则就难以在这一层面显示其评价关联。

第三，更为重要的是，在概念与原则之间，在法律素材的事实描述与法体系内在的价值秩序之间如何形成对接？在概念装置下，如果无法妥当地掌握事实，就不能寻求价值评价之救济，不能回归到法律原则或理念中去寻求解答；而法律原则无论怎样具体化，也不可能成为形式性的逻辑操作，脱离其价值评价的本旨。这样，无论是从事实直抵价值，还是从价值跳至事实，都是难以想象的。因此，在这两种思维之间，很可能需要某种结合性的中间安排：其一，在素材的补充上，类型具有开放性，是灵活的，可以消除概念的僵化。其二，类型具有整体的结构性特点，可以整体性把握。其三，类型具有层级性的特点，对于素材和素材之间的复杂结构是能够很好把握的。在价值的传达上，类型能够在相对微观的领域，在原则所不及的领域进行补充的价值判断。类型的价值观点主要在事物内部发挥作用，考虑要素和要素之间的意义关系。在事实和价值的结合上，类型并没有完全抛弃特征，只是特征要素的弹性组合。在形式上，可以进行事实的判断，但在类型当中，更核心的是意义的判断。当不同对象有不同表现时，类型是可以直指核心的，不断回溯到价值的。以价值判断为内核的，具有一种结合事实和价值内容装置的功能。这是在体系化的工具方面，类型对概念和原则的补充，主要体现在对类型系列的建构上。

类型不仅仅是具体的法规范，类型还具有发展的能力。类型可以通过同一层次类型之间的比较、抽象，提炼出一个上位的类型；也可以进行提炼形成下位的类型，形成兄弟式的类型、母子性的类型，形成一个类型的体系。这种类型的体系的实际功用在于：

第一，可以传达价值观点。通过不同类型之间的比较，可以发现意义上的联系和区别，掌握法的价值和脉络。

第二，通过锁定一个具体类型在类型序列当中的位置，可以轻易看到与相邻类型的关系，把握中间类型和混合类型。

第三，通过意义脉络的把握，容易发现法的漏洞所在。所以，可以看到类型系列有独特的功能和价值。

最后一个方面，是关于立法技术的选择，简单的提一下。

在今天的立法上，是概念和类型并存的局面，既有概念又有类型。有时候立法者会用界定式的概念方法来定义一个类型："……的，是……罪"，我认为这是有问题的。对本来面目的类型，在立法上应该还原。提醒大家，虽然有些法条是以概念方式出现的，但实际上还是类型。立法技术的选择，实际上是对类型描述的技术的选择。类型的描述有三种思路：一种是概括性的描述；一种是列举性的描述；还有一种就是混合式的描述。我个人认为，第三种混合的方法更具有优越性。由于时间问题，对于这一点不再详细展开。

在司法层面，类型思维可能有一定的价值和功能，对刑事司法过程具有一定的意义。在概念中，司法过程是三段论的操作，大前提是法律规范，小前提是这个法律规范可以涵摄当下的个案事实，结论是可以推出的相应的法效果。这种三段论的思考，最大的难题是，前提是如何形成的？

首先，大前提是如何形成的？第一，大前提不是立法者给定的，而需要法官寻找。第二，大前提不是立法者整体性地提供给法官的，而需要法官在零碎的规范中进行补充和整合。第三，大前提可能是有缺漏的，需要法官寻找超规范的法益进行填补。第四，大前提相互之间可能有交叉、重叠或矛盾，需要法官进行筛选和决断。因此，大前提的形成是需要经过这些复杂过程的。

其次，小前提的形成就更加困难，在将个案事实涵摄到规范的过程中无力解决的问题很多。第一，是不是所有的规范都能以规范的概念来出现？我认为不一定都能形成概念。第二，涵摄是以规范的意义清晰为前提的，但实际上规范的意义很难是清晰的，而需要解释和探寻其意义。第三，事实如果没有经过必要加工，很难去进行涵摄。因此需要先进行挑选、整合、结构化，否则也没有办法被涵摄到规范中。第四，涵摄以概念和对象之间的“同一性”为逻辑前提，但实际上绝对的同一很难实现，案件事实能做到的只是“类似”。因此，小前提的形成也不是简单的涵摄可以概括的。传统的法学思维只关注到了最后阶段的涵摄，但是涵摄之外和之前的过程都被遮蔽了。我认为，法律思维的过程不应被简化为涵摄，而应当反思这个过程中的非涵摄操作，这是非常复杂的。

如果法的适用过程不是涵摄的，应该是什么呢？考夫曼认为是等置的，我认为是将规范和事实进行相互的对照、调试，规范向着事实前进，事实向着规范前进的过程。比方挖隧道，一头是规范，一头是事实，在挖隧道的时候彼此要向着对方，不断接近，最后才能形成连接和贯通。这就是“目光不断地流转于规范和事实之间的过程”这一名言所包含的意义。这蕴含着新的刑法解释的思路，与传统的萨维尼体系的文义、历史、目的的解释方法不同，我认为是“合类型的解释”。拉伦茨曾说过，司法者在司法适用过程中，应该不断回溯至规范后面的类型。考夫曼也说过，立法者成功与否，就要看他能否准确地描述类型；司法者是否成功，就要看他是否真实地还原类型。我认为，这是对司法者提出的“合类型的解释”要求。从反面来说，对超出类型轮廓的行为，应该予以排除。

这样一种类型轮廓是怎么获得的？我认为这是非常重要的，也是最难的问题。我个人认为，对类型轮廓只能逐步去摸索，通过个案的比较去逐步形成。在传统适用过程中，对一个典型个案不会发生适用困难。但对于非典型个案，能否归入类型，需要确定一个思考参照的模本，即挑选典型的案件，再对非典型个案与典型个案之间进行衡量。如果能够在规范目标之下，进行类似性的把握，可以考虑将案件归入规范的类型当中，反之就排除出去。应当注意，这个作业不是一次性完成的，而是逐步完成的。规范类型的肯定性的内涵和否定性的内涵，会不断地沉淀下来，通过对个案的累积可以摸索到规范的意义和范围所在。

这种合类型的解释，实际功能在于四个方面：第一，可以实现解释的具体化。恩吉施认为，类型最重要的功能就是具体化。类型可以配合刑法上概括性的条款与不确定的概念，可以对这些抽象的需要填补的范畴，进行类型化的填补。每一次的类型化，都会在局部进行方向性的填补，不断累积知识经验甚至信条，因此是法教义学离不开的。这样的经验可以为下次弥补。这种类型化不是固化的，而是可以在未来进行修改的。第二，可以实现区别化的功能。每一次的类型化只是在局部方向上面进行具体化，但在其他领域完全可以形成不同的类型，形成不同的规范。在没有办法形成统一的解释功能的时候，先在局部形成可能是特殊化的相互区别的个别化的解释，当然也对未来开放。第三，这种解释不断趋向于价值思考，趋向于规范评价，是一种实质的思考。第四，这种解释不仅能显示出个别规范的核心价值，还能通过规范和规范之间的比较，显现他们之间的意义关联，把握刑法内在的价值意义脉络。

至此，我们要面临一个非常困难的问题，就是类型化的解释与类推解释非常相近，要面临类推问题。在刑法罪刑法定原则下，现代刑法已经禁止类推了。在观念上认为解释和类推有性质的差别，但核心是界限的难题，特别是扩大解释和类推的区别。何处是允许的扩大解释的终点？何处又是禁止类推的开始？界限很重要。如果界限不可靠，就没有可操作的基础。通说认为，界限在于可能的文义范围，即允许的扩大解释止于可能的文义范围，类推超出了可能的文义范围。

但我认为，可能的文义范围不是一个清晰、稳定、可靠的标准。

第一，文义的范围肯定不是一个点而是一个区间。如果是一个意义域，它的外在界限不是非常清楚。对于刑法当中的一个词，我们可能形成主体性的分歧。例如，德国刑法学中对于“武器”是否包括盐酸这一问题，会在不同学者之间出现分歧。我认为这是因为主体不是外在的理解过程，而是作为理解的参与者造成的，这一问题是融合的产物。主体形成了理解过程中不可或缺的背景，他的学识、情感都会进入到理解的过程当中，这容易引起主体之间的分歧。

第二，文义是流动的，会产生历史性的变化。立法当时的语言意义范围与今天看到的意义范围是不一样的。困难在于，用什么时候的意义范围产生解释的基点。即便是在同一阶段，不同文化背景、职业团体之间也有可能产生不同。例如，古人云“尽信书不如无书”，一般认为“书”就是书本，但历史学者认为这个“书”特指《尚书》。再如，对何为“猥亵”，基于不同民族和文化背景的人理解不同，由性观念的不同来决定，也可能产生分歧。还有一个重要的考虑是，只有保证在可能的文义范围，才能保证可预期性。我认为这也是有问题的，不存在稳定的协调一致的关系，不能以此作为理论根据。公民对法律的预测，通常是通过民事法的文字的核心含义和通常含义进行的。有时候可能文义的含义已经超出了通常理解的含义，也就不具有可预期性。如果一个案件已经作出了判决，与另一个案件有相似性，即便超出了可能的含义，但还是会产生影响。

第三，有时候如果一个事物已经落入到另一个事物的核心语词，则不属于这个语词范围当中。有一种否定性的排除性的功能，对于明显不可能的情况有用，例如男人和女人。但是，要界定可能的文义的范围界限是困难的，例如男人是否包括变性人等。这是对传统标准的反思。

这里还面临一个问题，在解释和类推之间，有时界限的标准是不牢靠的、不够清晰，无力承担起界分的任务。造成这种现象的原因有两种可能性，一种是标准不合适；另一种是问题本身不行，也就是传统认为的解释和类推应该相互分离。有必要审视一下问题本身，解释和类推之间究竟是什么关系？罗克辛提出，解释如果没有类推作为基础是无法推动和展开的。我认为，这是一个很重要的观点。审视传统的解释方法，文义、历史、目的解释方法等，离开类推都是无法推动和展开的。例如，扩大解释并不是解释的方法，至多算是一个解释的结论。为什么要扩张，扩张的动力和理由在哪里？没有告诉我们。扩大解释实际上离开了类推，根本就没有展开的动力和方法，在思维上与类推是同出一源的，它们只是跳上了同一趟列车，在哪一站下车的不同。如果解释离开了类推，就失去了思考的动力，失去了思考的方法。解释和类推是交织在一起的，在每一个解释性的操作中，都可能有类推的成分。如果是这样，就会打破长久以来的信念。

类推是非常危险的，可能会瘫痪法治国，形成对罪刑法定的最大威胁，侵犯公民的自由。问题在于两个方面，一方面，没有办法绝对禁止类推；但另一方面，又不能允许肆意的刑法扩张。那我们应该转换问题的提出方式：在类推没有办法完全禁止的情况下，在类推内部的范围内，可否区分出可允许的类推和不可允许的类推。考夫曼提出，类推禁止是内在于类推的问题。但是有人觉得仍然没有解决界限的难题。我个人认为，现代学术的发展趋势，需要问题的重新提出，这是有意义的。因为在司法实践中，一直存在隐性化的类推，法官自我宣传只是扩大解释，逃避了论证的必要。隐形的类推会比制度化的类推存在更大的威胁。我们强调每一个法律扩张，特别是不利于行为人的法律扩张都必须进行说理、论证。

但问题仍然没有解决，合理的类推和不可允许的、不合理的类推的界限在哪里？这也是现在解释学上的难题。我有个初步的想法：还是回到类型思维，在类型的轮廓范围内，可以进行类推；如果超出类型的轮廓范围，就不允许进行类推。但是类型的轮廓范围在哪里？很难决定，类型不是一个清晰的范畴，而是开放性的。这个类型的轮廓，还是要逐步地加以确定和形成，不断地趋向规范的典型的事实。通过事实的比较来解释规范的核心和重点所在，是更具有实质性的标准，虽然可能在形式上有所缺失。

最后一点，关于风险问题。由于时间的关系，对于类型的风险问题，这里只简要讲一下。类型的边界是开放的，表现为可变的结构特征，是要素的弹性组合。在这种情况下，相比概念而言不是那么明确，不利于法的安定性的达成。但是，如果将类型只是作为补充性的思考方式，则没有必要过分的担心。形式正义和实质正义的冲突，是永远没有办法消解的。一个概念越是精确就越是固定、僵化，越容易被突破，越不具有回应性。没有任何一个范畴是绝对理想的。类型可以作为概念的补充性的思考形式存在。

感谢大家的耐心。这个问题比较抽象，有不足之处欢迎大家批评指正！谢谢！

梁根林　谢谢杜宇教授用将近一个半小时，对这个高度抽象化、哲学化的问题，作出了非常条理清晰的讲座。对类推与解释的问题，提出了他的独到观点。这个问题，必然会引起在座老师的批判。杜宇教授这个观点将在清华那一场论坛中的曲新久教授关于解释论的话题延续了下来。上次张明楷教授说，类推和解释的界限可能是个“美丽的谎言”。我也说过，当大家都说这个是世界性难题的时候，可能本来就是个世界性的伪命题。这次的讲座有传承和延续性，在内容上也讲了可能存在的问题。尽管如此，仍然会被在座的老师和同学“拍砖”

的，在老师“拍砖”之前，欢迎同学先进行提问。

提问者一 谢谢老师，我想提出五个问题：

一是如何理解“概念没有类型是空洞的，类型没有概念是盲目的？”

二是类型也有可能价值不妥当，劳伦斯的定义是在形式之上的？

三是如何理解三段论？

四是关于日本窃电问题怎样运用类型理论解释？

五是我们很多得出的结论，是不是都是在心里预设了一个结论，然后再去寻找解释方法来论证的？

杜宇 你似乎提出了五个不成问题的问题，因为你自己已经得出了结论。作为回答，我想表达几个观点：

第一，“概念没有类型是空洞的，类型没有概念是盲目的”这句话是康德说的，考夫曼在他的书中引用过来，但没有对康德这句话作出解读。我认为，我的解读大体是妥当的。如果把类型作为中等抽象，类型对概念的具体化起到非常重要的作用，能够在一定意义上避免概念的空洞。类型没有概念是盲目的，即没有概念会没有方向，因为类型是概念建构的先前方向。很难一开始就把充分必要的特征挑选出来，固定下来。我们先抽象出一些可能重要的特征，但地位不是固定的。在不停检验、扩张的过程中，有些特征会固定下来，有些特征会丧失地位，得不到显现。类型的建构，可能是概念建构的先行步骤。

第二，你提到，无论解释还是类推都先有结论，我认为是方向感，考夫曼认为是正义感。法官会根据自己的经验对案件进行方向性的假设，然后将事实和规范进行不断的衡量，不断试错。在理解过程中，会不断修正。一切法律适用都有方向感，我认为是合适的。

提问者二 类型思维与英美法系判例的遵循先例的思维是否一样？

杜宇 这个问题很好。我在发言中没有涉及这个问题，但我有本著作当中对这个问题进行了讨论。实际上，类型的思维在英美法当中有更好的显现，在普通法中甚至是一种基本的法律思考方式。哈特说，普通法和制定法没有什么区别，唯一的区别是，我们比较容易从制定法当中挑出典型的个案例子。英美法是用案例的形式，与制定法的区别是挑选个案的方式不同。类推是人类认识事物的本质的思考过程。考夫曼也认为，类型思维是直指事物本质的。因此，它可以说是人类思考方式所共通的。

周光权 杜宇博士讨论的这个问题很深，中国刑法学领域思考这个问题的很少。我很认真地看了这篇文章，也认真准备了评论的稿子。我认为，类型这个东西在我们立法中无处不在。类型的思维在中国学者的研究方法中也有。类型学的方法并不必然得出类推的结论。

第一，类型的思维，在刑法的总则、分则及研究中都大量存在。"不法类型"就是类型。故意杀人就只有一个条文，就是类型化的概念。有的国家规定一级谋杀、二级谋杀等，是对罪刑法定最忠实的贯彻，法官翻开条文就知道应按哪一个来判。我们用的杀人的概念，就是介于典型事实和非典型之间的概念，是一个类型的概念。分则中的很多都是类型的方法运用。再有"占有"的概念，考夫曼认为很复杂，从握在手中到放在面前，法律上、一般社会观念上的看法等，也是类型的概念。"受贿罪"在中国也是类型的概念，日本有七八个罪名，但日本受贿的情况在我国也都能定罪。受贿下面的利用职务便利、为他人谋取利益，也是类型化的，而不是一个特定的概念。总则中的不作为犯、过失、间接故意等都是类型化的概念。因此，类型一定是介于典型事实和抽象概念之间的，可以分级，是开放的。类型这样的东西，在刑法中存在。

第二，不能根据特例的方法来立法。我国刑法对故意伤害罪原来没有规定死刑，但后来根据特别极端的例子设立了死刑，效果并不好。还有传授犯罪方法罪、罪刑法定解释的限制问题。考夫曼也不认为硫酸是武器。

最后，想简单讲一下类型化思维一定有限制。类型化思维一直在用，相当于走路有的人习惯快走或慢走，专家告诉我们快走有利，但我们自己生活中都有用。类型学的方法也是如此。对受贿的解释，实际上是对类型学方法的应用。限度有三点：

其一，类型学方法得出的结论必须考虑国民的规范概念，要传达价值观念，有时候是具体的价值观念，向国民传递的规范意思，需要考虑国民的基本需求。刚才有同学提出，类型学思考方法和英美实践相关是对的，杜宇老师也说类型的总结是不断试错的，因此判例和陪审是需要的。

其二，类型学方法的应用，可能与刑法基本立场相关。如果刑法基本立场是侧重于保卫社会的，对类型的解释外延可能更大。但如果刑法基本立场比较保守，是法益保护的观念，解释的方法更为节制和制约。在今天的德国，类型学方法大行其道，但在日本很少，说明类型学方法的应用受制于背后的观念。

其三，类型学方法的应用不意味着类推。对于类推的危险还是要充分认识。杜老师讲到，因为概念法学三段论的推理存在很多问题，所以要用合类型的思考将类型与事实进行比对。我认为，这只能说提供了刑法解释的另外一种方法。对于概念法学的问题，在类型法学这里一样存在。挖隧道的例子，分头挖隧道也有可能挖歪了。如果对类型轮廓弄得不清楚，对轮廓的获取还是有困难的。

另外，杜老师在对三段论的概念法学的批评上有个问题，就是三段论的大前提的产生也是通过类型学方法产生的。例如，故意杀人，如果某一个人把医院急救装置拔了或者遥控断电导致病人死亡，是否算是杀人？这个很难说就是概念的判断，还是类型的判断。另外，如果类型学的大前提选不准，或者故意挑出大前提，结论也有可能是不对的。最近有个案子，受贿 160 万元再给别人免税，应该定一个罪还是两个罪？应该定两个罪，但检察院只起诉了一个罪。杜老师在方法论上还有个问题，就是他认为应当通过个案的比较，使得案件的判断走到正确的道路上，要把待处理的案件与典型的案件进行对比，对规范的内涵可以不断地沉淀下来。但问题是，什么是典型案件？这种挑选也有可能偏离。类型化的思维也不能保证整个判断没有问题。因此，应该认为类型学只是法学方法中的一个方法，更不能把司法适用当做试错的过程。

在中国，类推解释和扩大解释的界限，还是应该坚持。在中国对类推的禁止有特殊意义。可能的文义这个标准，也考虑了国民的接受范围，能够指引国民的行为，而不会使之感到很意外。类型学里面就没有概念吗？

杜宇 从思考方法本身看，只有类型。但是立法、法律适用过程中，并不只是类型。

周光权 类型学方法本身也会提出一些概念，只是这些概念介于抽象的概念与具体的概念之间。另外，我觉得考夫曼说的类推更像是思考方法，得出的结论要接受国民可接受性的检验。我们反对的不是类推的思维方法，而是结论的不允许质疑，以及直接运用到法律没有规定的事情上面。刑法规定的类推与考夫曼所说的类推，应该是有区别的。

杜宇 周老师的观点，前两点是支持我的，最后一点是反对我的，我就对最后一点作出回应。周老师提出了一个很重要的问题，也是我一直思考的问题，即范畴与方法之间的关系。如果在立法当中，立法者没有使用概念式的界定，而是使用典型的列举等方式，我觉得在适用的时候就要用类型式的适用。我们一定要考虑性质问题，适用方式紧密相连。所以周老师提到的类型方式的适用是有限度的。我的批判是建立在概念法学的想象之上的形式逻辑的概念体系，它会把法体系的适用想象成概念式的，和司法的范畴相对的，把它伪装成概念。

曲新久 对方法和方法论没有办法评论。用一个建议代替评论，暗含着评论。类型思维与刑法方法，整篇的方法是类型概念，刑法是类型工具——类型工具对于刑法与私法的意义，对于今天的评论是可理解的。他的每一个概念都可以质疑。在方法的问题上，方法论的东西，有比没有好，哪怕是错的。即使在错的方法论之下，也可以走到正确的路上。对于他的每一个结论我都可以支持，但是也可以质疑。每个人在方法论上都有自己的方法。方法的意义，我可以把我还原成你，用你的方法像你一样思考。哪怕结果是错误的，我们也是可以理解的。因此，方法论有比没有好。概念法学大多凭借想象。打个形象的比方，概念更像父辈的训诫；类型更像是晚辈的经验。从这个角度来看非常有趣，也许不被接受，但是就是自然的规律，有些东西不是你的，但是是一代人的。概念相对保守，类型带有创新性。故意杀人，《刑法》第232条，是一个名称，但是我们的刑法教授认为是一个类型，但是杜宇认为是一个名称。名称会丢掉更多的东西。在刑法之中，这样的东西很多，比如说绑架罪，不能代表概念和类型。因为类型的思维的相对性更强，后现代意味更强。类型的概念确实能够反映价值。关于方法和方法论，我们更加关注谁在说，对我自己有什么意义。从亚里士多德以来，三段论一直是最简洁的。但是三段论没有办法概括司法过程。为什么说所有的概念都是类型的？为什么所有类型都是概念的？在这里，类型和概念是明显不清晰的。法律打开就是一个宇宙，而不是一个基本世界。类型是否是分类？类型思维和整体思维的关系，类型思维是否就是整体思维？是否有类型学这个概念？如果做简单抽象，类型作为中间一点，类型就不可能是整体，类型的概念就是瘸腿的。在一个简单的三段论之中，大前提是一个什么样的概念？能否说事实类型可以向规范类型转化？就像日本人，绝大多数日本人相信钓鱼岛是日本的。每个国家都有自己的理由，但是打没有那么简单。在两个理论之间能作出判断，理性的方法在哪里？就是评价机制。这是一个很复杂的问题。我们要清楚，一个重要的问题到底在哪里重要。我对于杜宇的报告给予充分的理解和尊重。

杜宇 我觉得曲老师的评论大概是赞同。曲老师真正地理解了我，方法论的东西是一以贯之的东西。但是我们考虑某一种方法的时候，我们进行贯穿性的思考，当然就会把它和概念思维进行对比观察。为什么三段论有作用空间。第一，在简单案例中，它有用武之地。第二，可以帮助我们整理思考。规范前提、关系和结论。整理思考流程，但是不能涵盖过程。第三，法官即使进行类型的思考，进行边缘案例的判断，最终要用三段论的方法进行包装。因而，三段论无法被抛弃。

提问者三 老师您好，我是中国政法大学大一的学生，杜老师说的拍砖，德日的三要件说，构成要件类型化，刑法类型化，它们之间有什么联系？

杜宇 今天的报告之中没有展开。构成要件作为类型，是构成要件理论发展史上的基本线索。构成要件作为一种价值无涉的犯罪定型来考虑，是作为客观的行为的定型。作为理论的推进，构成要件作为责任类型化，到此为止。构成要件不仅是行为的定型，也成为犯罪的轮廓。我认为这个类型化的概念的适用，是从两个层面来考虑的：一方面是对具体个案的抽象。杀人的个案有不同的类型，有时候被视为具体化的范畴。实际上是犯罪概念的发展把它具体化了。这样的理解和今天所讲的内容以及与概念的区分都具有重要的意义。我不是在一般的意义上使用类型的，不是建立在类型的基础之上进行回答的。

陈兴良 杜宇博士将类推思维运用在刑法中的时候，提出了合类型性解释的概念，即以类型为刑法解释的界限，对传统的以可能语义为刑法解释界限并排除类推解释的观点进行了反思，由此论证了类推在刑法解释中的必要性与正当性。杜宇博士的这一观点与传统基于罪刑法定主义而具有正当性的禁止类推这一派生原则之间，存在根本性的差别，也可以说是一种理论颠覆。杜宇博士的观点并非今天才有，是其过去一个时期在刑法研究过程中逐渐形成的，在以往发表的论文中，可以见到这些观点的阐述。我一直都关注杜宇博士的这一研究成果，对其类型思维的观点持肯定态度，但对为类推解禁的观点则从本能上持一种警惕的立场。下面我主要对杜宇博士报告中涉及类推部分的内容作一个评论：

首先，关于类推的适用范围。类推是类比推理的简称，因此，类推的实质内容是类比。类比是指同类相比。由此可见，类比中的类是前提，而比是方法。至于如何确定类，如何进行比，这是需要深入研究的问题。类比是一个哲学问题，也是一个逻辑问题。作为哲学问题，主要是认识论与价值论问题；而作为逻辑问题，主要是推理与论证问题。当类推被引入法律适用中的时候，类推的每一个面相都获得了发展。法律适用中的类推，根据雷磊博士的梳理，存在三种路径：

第一，传统路径。以德国学者拉伦茨、恩吉施等人为代表。该路径的基本思路是：将法律的解释与续造加以区分。法律解释以可能语义为界限，超出可能语义的是法律续造，即法律漏洞的填补。而类推是法律续造填补漏洞的方式之一，类推的适用范围局限于法律漏洞的填补。这一观点被许多学者赞同，例如德国刑法学者普珀教授在《法学思维小学堂》一书中指出，类推的出发点是一个法条，这个法条依其文义并不能适用到有待处理的案例。因此，在类推之前，原则上会先尝试对之进行解释，试着从宽理解法条的文义，宽松到足以让有待处理的案件也可以被包摄进来。只有当这个尝试失败了，才会考虑类推。

第二，诠释学路径。以德国学者考夫曼、哈斯默尔等人为代表。该路径的基本思路是：类比的本质不是推理而是比较，类比的运用不以法律漏洞的存在为前提，每一个法律适用的过程都是类比的运用，或者也可以说，制定法中处处存在漏洞，因而处处存在类比运用的余地。解释与类比不无本质区分，两者都是对不对称之规范与事实相互调适的过程。换言之，解释即是类比。这种观点极大地扩张了类推的运用范围，将类推从方法论上升为本体论。例如，考夫曼提出了法律语言的类推性的命题，认为只要是法律语言都具有类推性。不仅法律语言具有类推性，法律适用更是以类推为核心展开的。考夫曼针对传统的法律适用的涵摄模式，提出了等置模式。如果说涵摄模式只是一种演绎的推理过程，等置模式则是涵摄、归纳、设证、类比等方法的统合。根据考夫曼的说法，法律适用过程表现为：一是通过设证寻找到与可能的推理结论相关的假设作为小前提；二是通过归纳寻找到与尽可能多的相关案件相适的、比之法律规范更为具体的规范作为大前提；三是将待决案件与典型案件进行等置比较；四是借用演绎三段论得出答案或结论。考夫曼明确地提出：类推的过程是法律发现过程的核心。

第三，分析性路径。以德国学者克鲁格、阿列克西等人为代表。该路径的基本思路是：类比既是一种逻辑推理，又是一种价值判断。通过类比可以重构一种有效的演绎推理模式，这是一种内部证成；类比的运用还涉及类似的认定，由此在价值层面进行外部证成。由此可见，分析性路径主要是把类比作为一种法律论证的方法，进行类比论证。

在以上三种路径中，传统路径对于类推的适用范围进行了严格的限制，这是基于对类推的传统理解。而诠释学路径则对类推作了相当宽泛的理解，基于这种理解，类推的适用范围大为扩张，甚至把整个法律适用过程都描述成类推的过程。至于分析性路径，主要是把类比适用于法律论证，使之成为法律论证的一种方法。

杜宇博士的观点受到考夫曼的极大影响，是一种诠释学的路径。杜宇完全赞同考夫曼的观点，并对此进行了升发与拓展。如何评价考夫曼的观点呢？我认为，考夫曼对法律适用过程的描述，克服了简单化与平面性，不再将其看做是一个从法条到案件的演绎过程，而是看做是从规范到事实不断循环往复的认识、判断与推理的过程。在这一法律适用过程中，既包括了演绎、归纳与设证等逻辑推理方法的运用，也包括类推这一价值性的比较方法的运用，因此更为真实地反映了法律适用的思维过程，这是值得充分肯定的。但是，考夫曼对于作为解释的类推与作为填补法律漏洞的类推没有加以特别仔细的区分，这是存在疑问的。问题在于：解释与类推之间到底是一种什么关系，两者之间是否存在界限，或者说，在什么意义上存在界限？这些问题，都还值得进一步思考。

其次，关于解释与类推的关系问题。解释与类推的区分，取决于我们如何界定解释与类推。传统的解释是指找法活动，对于解释赋予语义学的意义。在这种情况下，解释完全以文本为客体，可以脱离现实而存在。这样一种解释，当然是虚幻的，也是脱离现实的。诠释学将解释视为是一个在文本与客体之间不断循环往复的过程，这就是所谓解释论循环。在这当中，也就包含着比较以及以比较为中心的类比方法的采用。尤其是在对处于边缘的含义进行界定的时候，更不能脱离与符合核心含义的典型案件的类比。如果在解释中也采用类推的方法，似乎就突破了解释与类推的界限。但是，解释与类推是否存在界分，关键问题还是在于是否承认可能语义。应该说，多数学者还是肯定可能语义的存在。例如德国学者齐佩利乌斯把类型化的案例比较方法，也就是类比方法分为以下两种：

第一，作为法律解释的类型化案例比较。它是指在法律措辞的“语义空间”内进行的，将有待处理的案件依据其类型，也即就其一般的要素来看，是否应当被纳入某一法律措辞的概念范围当中。人们可以把这个处于该法律措辞之可能的语义范围内的待处理案件与“毫无疑问属于该项规范适用范围的案例进行比较”，然后就产生了这样的问题，即是否应对它们予以相同评价，从而将其纳入同一法律概念之下。这一过程实质上是法律规范的精确化问题，而不是所谓涵摄方法的运用：通过将待处理的案例类型归入或不归入某一规范之适用范围，人们可以将该规范的概念范围精确化，并由此从法律规范的概念核心以及属于其核心适用范围的案例类型出发，尝试确定其意义范围的边界。

第二，作为漏洞填补的类型化案例比较。它是指在法律规范没有对从公正的角度来看应当由其调整的某些情形作出规定的情况下，通过类比推理判断：应把当前的这个案件与法律上已经作出规定的情形相比较，并权衡是否应当从公正的损害平衡的角度来对这个案件与上述已经作出规定的情形做相同的评价。因此，类比推理实际上蕴含着一个以内容评价为基础的“一般化”命题，即已在法律上作出规定的情形，与法律上尚未作出规定的情形之间的区别并未重要到这样的程度，以至于可成为区别对待的正当理由。齐佩利乌斯的以上论述明确把可能语义地区分“作为法律解释的类型化案例比较”与“作为漏洞填补的类型化案例比较”的界限。

考夫曼也论及可能的语义，指出：可能的语义不是单纯的解释，而是全然无可否认的类推。正是在这种无害的类推中显示出，否认类推比类推本身更危险。能否从以上话语中得出结论，说考夫曼全然否认可能的语义呢？我的答案是否定的。考夫曼只是说，确定可能的语义过程本身就包含了类推，主要是指类比推理，但不能由此否认可能语义的存在。尤其是考夫曼引入类型思维，强调类型相对于概念的开放性、具象性，在这种情况下，不能否认可能语义的界分功能。

我们认为，语义界限，也就是语言的界定功能，即可能语义是存在的，根据是语言本身的规范性与客观性。语言具有规范性。即使是语言的开放性也不能否认语言的界限。正如德国学者指出，从语言的开放性导出放弃语义界限之结论的做法，忽略了对概念的使用方式界限体系性评价的教义学本身的稳定化功能。语言具有客观性，是指对象关联的客观性与主体间的关联性。

最后，关于罪刑法定与类推问题。传统观点认为，罪刑法定与类推之间存在逻辑矛盾，因此，在罪刑法定主义的视野中，禁止类推是常识。引入类型思维以后，刑法中的类推是否合法化了呢？考夫曼在其《法律哲学》一书中多次论及刑法中的类推，主要包括两类：

第一，立法上的类推。在考夫曼看来，现代立法者越来越多使用类推，甚至在刑法领域。构成要件意味着先将相同犯罪的基本案型比较点加以描述，接着列出许多与基本案型类似，而且已经被类似地决定的规则案例，如例示法、概括条款等。

第二，司法上的类推。在考夫曼看来，“所谓无法律则无犯罪”原则在真实中的意义，它不可能是一种严格的类推禁止，因为这样必须要有一个先决要件，那就是犯罪在立法的构成要件中，透过单义的概念，总结地被定义，但这是不可能的。罪刑法定原则是指将可处罚的行为的类型，在一个形式的刑法典中加以确定，也就是说必须或多或少完整地描述。因此，刑法类推适用的界限在于立法的构成要件所奠基的不法类型中。

按照以上论述，我认为，还不能得出结论说考夫曼以类推否定了罪刑法定原则。考夫曼所说的罪刑法定原则不可能严格禁止类推，这里的类推只能是作为发现法律意义上的类推，即法律解释中的类比方法的运用。在刑法没有明文规定的情况下，考夫曼至少没有允许通过类推来对一个公民定罪。杜宇博士在讲演中对禁止类推原则进行了反思，但是并没有区分作为解释的类推与在法无明文规定情况下的类推，这样很容易引起误解。考虑到类推在我国已经约定俗成地是在与罪刑法定原则相对立的意义上使用的，因此我建议将解释意义上的类推称为类比而不是类推，而将类推这一用语专门化，以免引起误解。正如我国学者指出，在我国禁止类推解释是有其特定意义的，应该区分使用类推解释与类似推理两个不同的术语。类似推理虽然是法律推理不可或缺的重要方法，但若将类推解释混同类似推理，容易在我国这样刚刚推行法治、司法素质有待提高的国家，造成侵犯人权的类推适用死灰复燃。

梁根林　今天我们的报告用了三个多小时，即将结束了。我们非常感谢杜宇教授用六七年的研究心得来此分享，也感谢各位老师推心置腹的交流。

通过今天的讨论，我们应该有这样的共识，应当区分作为法律解释方法的类比推理和作为法律适用前提的类推结论。毫无疑问，在法律解释方法中没有办法排除类比推理，但是在法律适用前提中的“可能的文义”范围中能否被接纳，一定要慎重。我们去年到德国取经，德国法学家也有分歧，但基本的共识是要绝对禁止法律适用前提中的类推结论，不能超出可能语义的范围。

谢谢各位老师和同学的参与！

2011年11月24日

第九讲

论扩张解释与类推适用的区分

主讲人：曲新久

主持人：张明楷

评论人：陈兴良、刘明祥、梁根林、周光权、付立庆、车浩

张明楷 老师们、同学们，“当代刑法思潮论坛”今天在我们清华大学举行。让我们以热烈的掌声，欢迎曲新久教授演讲。

曲新久 谢谢大家。今天我要讨论的是“扩张解释与类推适用的区别”问题。对这个问题讨论的很多，也可以叫做扩张解释与类推解释的标准问题。我今天集中在区分标准上进行讨论。我今天要讲的话题可能围绕着三个小问题展开，不去讨论特别大的问题。第一个问题是教唆帮助自杀是不是杀人罪？这个问题在中德学者的一次讨论会上，张明楷教授提到过，我们的司法实践中对此有定故意杀人的案例。第二个问题是讨论一下，汽车能不能扩大解释到拖拉机？其实问题很简单，拖拉机能不能归类到汽车当中？今天在座的可能没有清华大学机械学院的同学，有的话，我们可以深入讨论。第三个问题是，枪支能否扩张解释到火炮、大炮或者小一点的迫击炮、掷弹筒？等等。

我想，由于刑法的罪刑法定原则，自然就派生出类推适用的禁止，所以禁止类推适用《刑法》分则条文，但不禁止扩张解释，就成了目前大家普遍接受的规则。用陈兴良教授的话说，这个规则可以作为信条写入我们的教科书当中，它不是轻易能够质疑的，它应该是我们整个知识展开的基础点。我也希望论坛能够逐渐地把这些问题梳理起来，无论是宏观的、中观的还是微观的问题，我们要把它们确定下来。将一些基础性问题加以发现和综合，有利于我们理论的形成与稳定。正是有这么一个信条，我们面临一个问题，那就是怎样将解释和类推区别开来。可以说，在1997年以前，我们可能不太需要做两者之间的区分。因为1979年《刑法》是允许类推的，司法实践上，比如最高人民法院是核准类推的，并且它也是司法解释的制定者，所以类推适用和解释的区分，并不是特别重要。我们把类推立法、类推解释、类推适用经常混在一起，虽然有时也稍作区分。从现在的眼光来看，那些分类和区别都不是太重要，但留下的问题现在显得越来越重要，那就是，我们如何把解释和类推区别开来。其中与类推相似的解释就是扩张解释，所以换句话说，如何区分扩张解释与类推适用就成了问题。为什么呢？这其中有大道理，1997年《刑法》我们确定了罪刑法定，禁止了类推，于是两者的界限就变得重要起来。在更宏大的语境中看，很多人就在质疑，类推真的能和解释区分开吗？但正因为《刑法》确立了罪刑法定，国家也将保障人权写入了《宪法》，于是这就成为刑法学者必须要勉为其难作出回答的问题。

到底怎么区分呢？这里争议非常多，特别是在标准上，无论是从技术层面，还是在操作层面。比如说，大多数的观点或者通说的观点，都会以“使用字面含义”为标准，扩张解释是对刑法用语的通常含义的扩大，也就是指在刑法条文用语可能具有的含义之内，扩张刑法条文用语的通常含义，赋予刑法条文用语比其通常含义更广的含义的解释方法。尽管关于定义，各个学者间还有些许的差异，但我觉得这种差异并不是太重要。实际上，要完美地区分两者也不太可能。更重要的则是类推这一概念的界定。界定好了类推概念，就好比筑起了一个大坝，确立了解释的边界。原则上来说，如果你在适用法律时连类推都不如，你就是在随意地解释法律。尽管刑法已经取消了类推，但是类推作为刑法史上的概念，往往会反过来影响我们的刑法解释或者教义学。你去确定边界的时候，原来存在过但现在被否定的概念依然是重要的。在我看来，只要我们确定了类推的概念，就基本上确定了解释的边界。对于一些说法，比如“关注刑法的真实意思”，张明楷教授的教科书中强调它是真实的，不仅仅是字面上的；冯军教授强调它的“通常的含义”，也就是他关注可能的含义；刘明祥教授也大致是这个看法。这些概念都有作用，但仔细深究，所有这些概念多多少少存在着模糊性和逻辑上的不周延性，所以明祥教授就强调，关键在于我们怎么中和这些概念。如果我们把重点放在“类推”这一概念之上，寻找一个共同的更上位或者更抽象的概念，我觉得可以以“刑法正文”“体系化的文义”，作为区分扩张解释与类推适用的标准。简单地讲，“刑法正文”就是我们所看到的以某一两个具体《刑法》分则条文为切入点的全部语言文字。刑法解释的任务不单单是指揭示一个个《刑法》分则条文所规定的字、词、概念乃至整个条文的普通语言文字含义，而且是指在刑法乃至整个法律体系范围内解释刑法分则条文中的每一个字、词、概念以及整个分则条文，得出合乎刑法客观目的而又符合语言逻辑的“体系化文义”，用于解决当下的刑事案件。在某种意义上说，你要是说最高的概念，这个概念也可以归类为法律的意思，基本上用“刑法正文”这一概念就可以涵盖字面含义、可能语义，等等。但这一概念的具体性有所弱化。我想，可以通过一种比较系统的分析方法来弥补这一抽象的问题。我想可能有三个方面是比较重要的：

第一个，就是在目的的指引下来判断。我们以杀人罪为例，也就是我前面提出的第一个问题，教唆帮助自杀是一种什么性质的行为。

从法益保护的观点出发，我们会推导出一个重要规则：行为人、行为、被害人三者之间不能是同一的。行为人的行为仅仅侵害自身利益，没有侵害、威胁到他人或者公共利益的，不能成为犯罪。近年来，我总是会收到很多检察官的询问，包括北京的一些实际案件，都会涉及这一问题。比如说一个交通肇事的案件，哐当，司机驾车撞树上了，车损人伤，同时也把这棵挂着树龄牌的大树撞折了。我们知道，现在城市里的很多大树非常名贵，假设树的价值算下来上百万元，行为人又很穷，赔不了，他自己一条腿也残了。很多检察官问这种情况怎么处理呢？我说其实很简单，抛开案件的其他因素，从法益保护的目的出发。对不起，你是不能处罚他的。能不能有例外，恐怕在我们国家还不好有例外，不过未来可能会有例外，比如说，被害人为了保护自己的利益，向行为人妥协，行为人是不是能够归为犯罪，以后再考虑，这个以后可能会成为问题。比如说，别人绑了你的女儿，让你向罪犯交付赎金，交付赎金的行为是不是犯罪呢？可能就需要特别规定了。

以《刑法》第232条故意杀人罪为例，在“保护生命法益”这一刑法目的指引下，“故意杀人”的“人”，只能是“他人”，自然不包括行为人本人在内。“自杀”不是“杀害他人”，不构成犯罪。自然，教唆、帮助自杀不能构成犯罪。对于教唆、帮助自杀不能构成故意杀人罪这样一个简单的结论，无论是司法考试的标准答案，还是其他参考书的答案，都不会出现错误。但是在刑事司法实践当中，这样的答案至今都没有完全被接受。也就是今年年初的时候，我坐着车，打开收音机，听到有一位教授介绍一个案件，当然他不是刑法教授，案件正好就是明楷教授在他的文章中所提到的。简单地说，一个老太太过得很悲惨，也不想活了，邻居一个老头儿就按照她的要求，给她买点药放在她旁边，过会儿老头儿再过来，招呼人说老太太死了。这就是一个典型的帮助自杀的案件，当地法院就判处老头儿有罪。那能不能定罪呢？从立法目的来讲，故意杀人的“人”肯定就是“他人”。所以很遗憾地说，这种判决在实践中，多少还有。也就是几个月前，我和明祥一起去北京的一个检察院参加一个案件的论证会，他们其实也是有确定结论的。案件就是两个男人想自杀，结果一个死了，另一个没死，药也是这个没死的买的，反正不知怎么样，就是没死，这两个男的关系又很密切。从证据上看，只能证明到两人相约自杀，没死的为死掉的提供了毒药。那定不定罪呢？我很庆幸，因为绝大多数的检察官都表示不能定罪，但他们又总觉得忐忑，总觉得此类案件不乏定罪的先例。去的几个教授的观点都非常的一致，光权教授也去了。观点没有争议。这个案子本应有个标杆作用，不能把这样的案件定罪。这个案件最后也没有起诉。我想北京的检察院做的肯定是正确的。

但是你能不能就这么简单地把这个问题解答了？仅仅是从法益保护的目标去理解就解决这个问题了呢？恐怕也很难。大家可以注意一条司法解释，就是1999年10月9日最高人民法院、最高人民检察院《关于办理组织和利用邪教组织犯罪案件具体应用法律若干问题的解释》第3条第1款规定："刑法第三百条第二款规定的组织和利用邪教组织蒙骗他人，致人死亡，是指组织和利用邪教组织制造、散布迷信邪说，蒙骗其成员或者其他人实施绝食、自残、自虐等行为，或者阻止病人进行正常治疗，致人死亡的情形。"这一解释基本上是妥当的。但是，后来似乎就出问题了。也就是2001年6月11日，最高人民法院、最高人民检察院《关于办理组织和利用邪教组织犯罪案件具体应用法律若干问题的解释（二）》第9条的规定，这个规定是这样表述的："组织、策划、煽动、教唆、帮助邪教组织人员自杀、自残的，依照刑法第二百三十二条、第二百三十四条的规定，以故意杀人罪、故意伤害罪定罪处罚。"这个解释非常简练，非常清晰。这条解释为教唆、帮助自杀甚至自残行为，提供了解释上的依据和法理入罪的根据。但是，我的看法是，对于这一司法解释应作限制性解释，只有在邪教组织人员受到邪教组织的精神与人身控制，进而使被害人丧失精神选择与行动自由的情况下，才能适用上述规定。除了这样极端的情形，这个解释其实是没有用处的。你可能要问我为什么会作出这样的解释，有时候我们故意把话说得含混一些，中国人喜欢这样，没明白，却硬说懂了。

第二个问题，就是汽车能不能包括拖拉机的问题。

这其实涉及运用构成要件解释分析扩张解释与类推适用的区别问题。1979年《刑法》允许的类推案件，给我们现在处理案件树立了一个标杆，对什么是类推、类推的一般规则给我们提供了有益的实践。对类推的统计数据，说法也不太一样，有的说大概70件，有的说100件，其实要多一些，上报的大概是400多件，类推的超过300件。当然，实践中没有报的案件也一定有很多。我们已经没有办法再重溯到1980年到1996年间去寻找那些没有上报到最高人民法院的实际上适用类推的案件了。但是有一个案件是没有争议的，那就是制作、贩卖淫书、淫画。1979年《刑法》第170条规定，"以营利为目的，制作、贩卖淫书、淫画的”，是制作、贩卖淫书、淫画罪。其实，在立法之初，立法者就应预见到会有淫秽电影、录音带，但是估计他们也想不到，在那样的体制下会有人去放映这些东西，而且没有想到，到了20世纪80年代之后，这个问题一下子就突出了，有人出租淫秽图书，因为当时淫秽图书非常紧俏，一般不会卖，卖了就没了，所以就高价出租，很高的押金；再后来就是所谓的淫秽的录音带、录像带。所以，当时大量的案件在处理时是把它类推了，可以说树立了一类标杆。为什么呢？淫秽的音像制品完全不能包括在淫书、淫画当中。这一类案件到现在为止，对我们理解类推是有标杆意义的。

对于能不能把汽车扩大解释到包括拖拉机的问题，对此，冯军教授作了大量的论述，大多数学者和教科书是同意将汽车扩张解释为拖拉机的，只有少数几个学者认为不能作这样的解释，包括高铭暄老师主编的教科书、西北政法的林亚刚教授，但其实他们也没有展开叙述。冯军教授可以说是作了比较多的阐述，主要就是从汽车的概念出发，比如说“汽车”的字面含义是“由动力驱动，具有四个或者四个以上车轮的非轨道承载的车辆”。就我个人而言，觉得这一概念对于我们刑法的作用很小。当然，你要细抠的话，这概念还是有问题的。按照我的经验来看，汽车绝对不限于四个轮子。在我小的时候见过三个轮子的汽车，直到现在，我们去山西、陕西的农村，还可以看到这样的三轮汽车，它不是摩托车，个子很大，发动机能量也很大。像载重卡车有六个轮子、八个轮子的，因此，轮子多少可能并不是重要的。但是我想，拖拉机和汽车应该是不同的，如果在大的原理上是一致的，包括力学上的，但在微观上则完全不同。我注意到林亚刚教授说，汽车和拖拉机的原理大不相同。这样的判断你也很难说他对错。清华大学机械工程学院在早期的时候有个汽车专业，20世纪30年代就有了。到了50年代，就变成了汽车拖拉机专业，成立了汽车拖拉机系。因为当时拖拉机很重要，清华肩负着农业现代化的重任，到了七八十年代，又变回了汽车专业。从这里可以看出，在专业人士那里，汽车和拖拉机肯定不一样。

在我看来，汽车和拖拉机的区别，就好比鸡和鸭的区别，或者是牛和马的关系。关于这个问题，陈兴良教授尽管没有下定义，但是用了一个非常形象的说法：假设对这条道路，法律规定禁止牛、马车通过，有人套了个骆驼车过来了，你让他通过还是不通过？牛、马和骆驼是一样的吗？当然有相似性，但不是一个概念。所以答案说，骆驼车可以通过，你以后可以再立法禁止骆驼车经过。然后圣诞老人套着梅花鹿过来了，你让不让过？还是应该让他过的。为什么呢？因为鸡就是鸡，不是鸭子，你要是把鸭子归到鸡的范围内，那就是类推了。说白了就是，像这样一类描述性的用语，你非要把不同称谓的归为一类，那么就是类推了。在这一点上，我完全赞同兴良教授的观点，如果你把骆驼归入牛或马的范围内，那基本上就是类推了，而不是扩张解释。同样的道理，汽车也不同于拖拉机。进一步分析，拖拉机最常用于农田之中，耕地、播种、收割，所以叫农业机械。汽车呢，主要是用在道路上的，属于道路交通管理部门管理；拖拉机则属于农业管理部门管理。有些地方，比如高原地区，确实是有将拖拉机用于交通，作交通工具的，当然现在是越来越少。有些国家还把它作为军车，比如印度，它在山地会用拖拉机做军车。拖拉机和汽车其实可能互相有启发作用，起初拖拉机的产生是由于人们意图将机器用在农田之中，借鉴了汽车的轮胎，弄很深的花纹。后来又有了履带拖拉机，因此也在“一战”中启发了坦克的发明。所以，你能否说坦克有履带，拖拉机也有履带，因而坦克属于拖拉机，进而将坦克也归入汽车之中，这样能行吗？我想任何人都不会接受这样的观点。当然，我知道冯军教授也不会同意的，包括将汽车扩张解释到摩托车、重型电瓶车，这些恐怕都是有问题的。

其实有些概念太过清晰，给它们下定义就很麻烦。我记得古希腊有两个智者斗嘴，其中一个说，“两条腿的动物就是人”，结果另一个人拿来了一只鸡；前一人反驳说，“人是没有羽毛的”，后一人则迅速地把鸡毛拔掉。像这样太过日常的概念，尽管在法律中并不多，但在广泛的领域里是存在的，那我们恐怕只能尊重和按照日常的语义去理解。在刑法这个专业化领域，总是有一些概念是专业人士和普通民众所共享的。这个领域就成了从专业到普通的过渡领域。在这样一个领域，我们需要达成共识。如果在这样一个共享的领域无法达成共识，将会出现类推适用。你要想想，要是把淫秽的音像制品解释为淫书、淫画，多少还有点举重以明轻的感觉，因为淫秽的文字、图片在淫秽程度上远低于音像制品。但是拖拉机相对是轻的，它的载人量、用到交通领域的机会、它自身的价值都比较低，所以把它归入汽车，连举重以明轻的原则都满足不了。当然我也不是指举重以明轻就是类推或者当然解释，这里的问题很复杂。我希望，我们以后教科书可以明定，以往拖拉机是可以归入汽车的，但是以后都不能继续沿用，因为那是在类推适用。

我也注意到，最早较为系统分析这一问题并支持这一结论的是王作富教授，后来就是冯军教授。王作富教授早年在政法大学和西南政法大学讲课的时候都阐述过这个问题，后来在他的《中国刑法研究》中又作了比较多的文字说明。当时王作富老师对教唆、帮助他人自杀不能以杀人罪定罪而只能考虑类推，和关于拖拉机可以归为汽车，都是作了详细论证的。大家有兴趣可以去查一查。其实这两个论证的基本思路是一致的，因为杀人是要杀害别人，而自杀是自愿的。但是，教唆、帮助他人自杀肯定有危害性，所以若要定罪的话就一定要类推。这是一个很自然的推论。在拖拉机问题上，王老师也是一样的思路。因为拖拉机上面也会坐人，用于交通的时候也会造成与汽车相同的危害性，所以得出拖拉机归入汽车的结论。作更多论述的就是冯军老师了。大家有兴趣的话，可以看看冯军老师关于拖拉机概念中的讨论。当然，我觉得从概念的角度分析这类用语，可能是不成功的。这是关于汽车和拖拉机的问题。

因为刑法之中有相当多的概念就是日常用语，所以对这些日常用语，你原本就可以用语言学的方法揭示它的含义，但是我们的难题就是，你怎么就确定无疑地认定它是日常用语而不是经过发展成为具有特殊含义的用语？这确实是个难题。我们以后可以作进一步的研究，而我今天也作一点探讨。例如，得到比较多讨论的是《刑法》第129条丢失枪支不报罪当中的“丢失”概念，作过比较多讨论的是黎宏教授。黎宏教授认为，“丢失”的规范含义是“失去对枪支的有效控制”。乍一看，这是完全正确的，我相信这样的看法可能为大家所接受，尽管一般教科书并没有把这个解释得很细。黎宏教授其实是倾向于否定类推适用与扩张解释的区分，但是他的立场有时会不稳定。这里需要提一下类推，类推在我们的日常生活中是非常普遍的，比如说“以此类推”。但是我觉得有必要区分一下，1979年《刑法》中的第79条所确定的类推适用与作为思维模式的类推是不一样的。关于这一点，明祥教授说过，前一种可以叫做狭义的类推；后一种则是广义的类推。我的倾向是不要做这样的区分，因为这两者不一样。尽管1997年《刑法》废除了类推，但是在考虑区分扩张解释和类推适用上还是应以1979年《刑法》第79条为参照。黎宏教授的思路就是：《刑法》第129条丢失枪支不报罪主要是担心枪支不受控制地出现在社会之中，会有危害后果发生，所以不管什么原因丢失了，你不报告都会产生这样的问题，至于枪支是被抢还是被盗，都不重要。这种思路若要是仔细分析的话，就是类推适用。参照1979年《刑法》适用中在实际中的类推模式，我们发现其共同的思路是：因为这个行为是有害的，所以到《刑法》分则当中去找最相类似的罪名进行类推。但这里也存在一个立法上的限制，那就是只能在一章当中的同类客体中去寻找。举个最典型的例子，通奸造成严重后果，类推定罪就是破坏婚姻家庭罪。有个案件，丈夫因为妻子和人通奸，而将妻子吊在房梁上打，最后把妻子打死了。丈夫定故意伤害致人死亡没有问题。问题就在于，与其妻子通奸的小伙子，也被判处刑罚，罪名就是破坏婚姻家庭罪。为什么呢？因为对方妻子死了，有社会危害性，而通奸又破坏了婚姻家庭。大家想一想，其实通奸与暴力干涉婚姻自由罪完全不同，但是在当时的分则第七章的范围内，你只能找到这个条文，因为别的条文更加不行。再比如说劫持飞机的问题。当年苏联奥格雷劫持了一架飞机来华，当时我国《刑法》第一章规定了反革命罪，第二章没有劫机罪的规定，最后找条文怎么找，只能是《刑法》第二章的破坏交通工具罪。基本上说，这样的思路就是类推。需要注意的是，要找的条文并不重要，但在解释的思路中却非常重视具体条文。兴良教授在讲到构成要件时也提到过这个问题，就是我们分析任何问题时都要回到构成要件的视角之上。构成要件当然是在分则的条文之中。所以，冯军教授的论证思路就相当清晰。他主要是通过几本重要的小说等来考察丢失的含义的。你要在汉语词典当中查找，丢失就是遗失。但当“丢失”真正作为语言使用的时候，比如爱新觉罗·溥仪在《我的前半生·太监》中写道：“用这颗珠子做的珠顶冠，我曾经戴用过，伪满垮台时把它丢失在通化大栗子沟了。”这句话中的“丢失”就是“遗失”。但是，除了“遗失”这一通常含义，“丢失”的字面含义中也包括“失去”。例如，老舍在《四世同堂》中写道：“北平若不幸丢失了，我想我就不必再活下去！”在这句话中，“北平被日本人抢去了”也是“中国人把北平丢失了”，在这里就类似“被盗被抢”的意思。再如，冰心在《关于女人·张嫂》中写道：“我出去从不锁门，却不曾丢失过任何物件，如银钱、衣服、书籍，等等。”在这句话中，“银钱、衣服、书籍等等被盗走了”也是“银钱、衣服、书籍等等丢失了”。最后结论就是，在汉语当中，“丢失”包括遗忘了、失去了、被抢了、被盗了。我想这个解释就可以作为一个范例，就是从普通语言中发现规范含义。在刑法的概念中，如果对普通用语能够以普通解释的方法来发现它的含义，这应该说是最好的办法。我想冯军教授对语言文字的敏感性，在各位教授之中是比较突出的。把黎宏教授和冯军教授的思路放在一起，大家就可以看出思路上的差异。这是我的第二个部分，也就是说，教科书应当将汽车类推拖拉机删除，以此作为确定的结论写在教科书当中。

第三个问题就是关于枪的解释。

我还没有看到相反的解释。学界几乎一致认为枪是可以解释成迫击炮的。比如，黎宏教授认为可以解释到土炮，明祥教授说可以解释为迫击炮。按我的理解，可以解释成所有的火炮，不管是70毫米口径的还是120毫米口径的，不管是110毫米的榴弹炮，还是420毫米的海岸炮，反正都可以归为枪。如果有人给制造枪的定罪，但给制造炮的不定罪的话，肯定是不可以的。当然，在汉语日常用语中，枪其实很简单，包括手枪、步枪、机枪，但枪与炮肯定是不一样的。像“文革时期”的俗语一样，“没有枪，没有炮，敌人给我们造”，枪、炮明显不是同一个东西。你给小孩买把枪，然后说“我送你一门炮”，小孩立马就会乐了，这就是普通用语与规范用语的区别。当然，各国也不一样。在拉丁语当中，几乎所有拉丁语系中的枪的含义中，第一个含义都是炮。英语语系同样也是。但是在中国，枪就是枪，炮就是炮。大致来说，西方国家最先发明的是炮，他们的战争是从炮开始的，中国人则是从枪开始的。当然古代的枪很简单，冷兵器时代，棍子上面绑一把刀，那就是枪。大概到了元代末年的时候，把古代的枪和现代的枪绑在一起，前面是兵器，中间是火药筒。打起仗来，一般先开枪，打倒一片，再刺倒一片，没死的再用棍子抡，基本上就是这样。所以，如果一个人活了800多年，我们一定要让他来做法官，因为他是唯一看到枪、炮是怎么演化的。为什么想当然的就包括炮了呢？我想这是体系解释的结果。按我的看法，很多教授并没有仔细关注这个问题。比如《刑法》第125条和第151条就是比较典型的，《刑法》第125条中的枪支、弹药、爆炸物和第151条中的武器、弹药。将涉及这些概念的刑法条文都拿出来，我们会发现武器和弹药相对称，枪支、弹药和爆炸物是相并列的。你要是问一个军人，弹药是什么呢？弹就是子弹、炮弹，药就是爆炸物、雷管、炸药、TNT，所以弹和药是分开的。但能不能说我们刑法中这个弹药包括爆炸物？其实在1997年以前就有这样的讨论和争议，对这样的案件处理时，有人非法买卖爆炸物，能不能按照非法买卖弹药罪定罪呢？一直争议很大，最后很多地方都把这种行为给定了。我想这没有太大的问题，原本弹药的药就可以包括军事意义和准军事意义的爆炸物。之所以将土炮、迫击炮、火炮解释为枪，其实主要还是因为从体系中得出的。所以我的结论是，我们把炮解释为枪属于扩张解释，是可以被接受的。

由于时间关系，有些内容，我就不讨论了。比如说，明楷教授在他的一本书中讨论关于罪刑法定的问题时，就讨论到了生产、销售伪劣产品罪。而司法解释中有一条，如果是购买并使用医疗器械的，解释成销售。明楷教授倾向于这是类推解释，我倒不这么看，我倒是倾向于给它作限制解释，可以视为合理。当然，如果法律规定是，你不能把它解释成不是。比如说，养父利用教养关系，骗着养女跟他发生性关系，一二审法院都给他定了罪，而且是强奸罪。知道直接定强奸罪不合适，但是情节太恶劣了，所以不是强奸也要定为强奸。在我接触的案子中有强奸、骗奸、通奸、合奸四种类型，其中有相当多的是骗奸案件，很多都是按照强奸罪来定的。这和我开始提到的司法解释是同样的问题，刑法规定只处罚销售行为，结果司法解释却将购买解释为销售，当然是出问题了。但是我想，这里面可以有特殊性的问题，你如果对此作限制性解释，把它解释为购买并供患者使用，就可以作为非典型的销售。如果不做这样的限制，你把购买、使用解释为销售，就是错误的。明楷教授认为这里面至少有类推的内容，我在这一点上是同意的，也就是说这个司法解释是有问题的。然而，我们进一步学理解释的时候进行适当地收缩，可能这个解释就没有太大的问题了。就我接触的案例来讲，主要是很多医院进口了很多心脏起搏器，拼命推销，给你装一个支架。其中很多支架就是伪劣产品，被道德沦丧的医生使用了，还有其他很多类似的案件。你要说他是销售吗？显然不是销售。但它是打包在你整个治疗住院的费用当中的，推销医疗服务的过程中包含着对医疗器械的推销，特别是在骨科、心外科等诊疗过程中使用。所以，在这种限制解释下，说它不是类推，也是可以的。

关于这三个问题，除了上述的通过构成要件的分析外，我们还需要一种实体的、系统的、整体的分析和判断。首先是目的指引，然后是构成要件的具体分析，最后作一个系统分析和判断。在这里，我强调一个，那就是罪名。以 1979 年《刑法》第 170 条的制作、贩卖淫书、淫画罪为例，这是一个十分具体、明确的罪名，罪名抽象性、概括性、模糊性很低，是较为少见的一种罪名，行为对象被明确地列举，并且是本罪构成要件中的关键概念，若不是淫书、淫画的存在，制作、贩卖就变得毫无意义。所以，通过类推而不是解释的方式将制作、贩卖、组织传播淫秽音像制品的行为定罪量刑，是最合乎逻辑的，因为罪名当中的词语不允许将淫秽音像制品解释为罪状当中的“淫书”“淫画”。再比如说，我们法律规定了破坏交通工具罪，但如果我们是规定了破坏汽车罪，然后你把张三的拖拉机破坏了，我现在宣告你破坏汽车罪，你一定会辩解破坏的不是汽车，但我说拖拉机就是汽车，就好比说我说你是鸭子，你说，不好意思，我真的是鸡啊，道理是一样的。由此可以看出，罪名恐怕多少还有点作用，但1997年《刑法》之后我们的具体罪名比较少了，而概括的罪名比较多了。

此外，我们还需要第二种判断，就是对行为规范和裁判规范的冲突和紧张关系的协调。我们所有的学者都同意要去判断一般公众的预测能力，如果你的解释让公众大吃一惊，让舆论哗然，可能就不太妥当了。当然我个人承认，像将拖拉机解释为汽车，舆论也未必哗然，因为中国人比较通情达理，想一想，觉得这两个东西还比较像，可以放在一起归类，但是我们从技术的角度和操作的层面看，可能真的是有问题的。所以在这里，从整体上判断，比如说把教唆和帮助自杀以故意杀人罪来定，很多人可能就会认账，因为被告人法律意识不强，不专业。但是我想，如果现在我们还是这样去判决，我们的司法就真的还停留在“半瓶醋”的状态上。另外，如果是把枪支解释成炮，可能一般公众也会理解。我们有一句革命格言，那就是“枪杆子里面出政权”，这里面可能有很多语言学的背景和意义。但我想，这里面的枪杆子是包括炮筒子的，没有一个八路军队伍会说我们只要枪，不要炮。没有那样的八路军、新四军，也没有那样的解放军，所以这个枪杆子是可以包括炮的。当然，真正的口径大小在日常生活中是个专业问题，以前我们经常说的机关枪和机关炮，这两个是不分的。比如说，过去我们把镜面匣子称为手提机关枪，有的地方则叫手提机关炮，还有的地方叫盒子炮，所以真正的口径区别完全是军事上的技术划分，这种技术在我们刑法之中可能不重要。

到此，时间是基本上到了，本来是想控制在50分钟以内的。现在想在此作个简单的总结，不得不再次强调，刑法解释开始于文字，并且结束于文字，看起来就是对文字的解释。所以，字面含义、通常的含义、可能的含义、真实的含义，这些概念都是有价值的，就是明祥教授说的，可以去综合考虑。如果再往上面去寻找一个上位概念，可以找到“刑法正文”“体系化的文义”这个概念。我们解释法律最终是要找到裁判规范，而且给公民提供清晰的行为规范，因为法律所给的行为规范并不是太清晰，通过解释而使得规范变得清晰。比如其中涉及的虚拟财产的问题，兴良教授本来是建议我写这个问题的，因为我在这个问题上一直批评他，说你错了。当大家越来越熟悉虚拟财产时，好像倾向于同意虚拟财产是财产。大家可以想象，虚拟财产大家越来越习惯了，因为习惯了就变成了财产。比如说电力，很多人写文章说为什么德国人把电力解释为财物就成了类推，到了日本就一塌糊涂地说扩张，到了我们这儿就没问题了，难道中国人笨吗？其实，德国人是110年以前，电发明了不久，大家都没搞明白这是什么玩意。不知大家是否知道，当年电灯的发明者为了推广交流电，就说你看，直流电一通上，就把猴子电死了，到处批判直流电。可以看出，科学家也有偏颇的一面。所以在这里，我显然是认为虚拟财产不是财产，我不会用大段的论述来证明，这就有点显得不讲理了。我把虚拟财产定位为什么呢？就是月光宝盒里面小孩子挥霍青春和金钱的美丽幻影，这就是虚拟财产。虚拟财产问题并不好写，因为越来越多的人同意存在盗窃虚拟财产、职务侵占虚拟财产、抢劫虚拟财产，当然我还发现了贪污虚拟财产的案件。受我影响的检察官，我说不是，他就不起诉了，我说这可以按照《刑法修正案（七）》中非法获取计算机信息系统数据罪来定罪，有的地方就这么定了。还有的地方，就按非法经营罪给定了，反正在定罪方面一塌糊涂。不可否认的则是这类案件越来越多，最高人民法院和最高人民检察院也不愿在这个问题上表态。这个问题到底怎么解决呢？其实也涉及类推适用和扩张解释的问题。

限于时间的关系，已经超过5分钟了，就把时间留给大家吧。谢谢大家。

张明楷 曲新久教授报告的“扩大解释与类推适用的区分”这个主题，其实是一个永恒的话题。即使是持相同标准、站在相同立场的学者，在具体案件中，在一个具体的解释上，对扩大解释和类推的适用还是会有区别的。比如说刚刚讲到的虚拟财产，曲新久教授和陈兴良老师的观点是不一样的，所以先请陈兴良老师作一个点评。

陈兴良 各位老师、各位同学，刚刚曲新久教授给我们作的讲座，我觉得更像是一场语言学的讲座，而不太像是刑法学的报告。这个报告中提到了几个问题，大型拖拉机是否可以解释为汽车，丢失是否包括被抢、被盗，枪支是否包括火炮，都是语言解释学的问题。当然，正如德国著名的刑法学家考夫曼所说的那样，刑法学家应该是实践着的语言学家。在刑法当中，我们大量处理的都是语言学的问题，所以，刑法学家应该有语言的敏感度。在这一点上，我是非常赞同的。下面我想就曲新久教授的报告做三个方面的点评。

第一点，扩张解释与类推适用的区分标准是什么的问题。

因为扩张解释与类推适用在刑法学中是一个难题，甚至是一个世界性的刑法难题。曲新久教授在今天晚上的讲演当中，结合具体的例子作了全面的阐述，其中大部分观点我是赞同的。曲新久在讲座当中提出了一个重要的观点，他提出应当以是否超出刑法正文的范围和语言文字的边界来作为扩张解释和类推适用的标准。对此我有一个问题，就是这里面的刑法的正文范围和语言文字的边界，这两者到底是一个什么样的关系。我觉得这个问题是值得推敲的。我们打个比方，刑法正文范围就好像是一个国家的领域，包括领土、领海、领空。当我说没有超出刑法正文范围的时候，其实是说这个人还处于这个国家的领域范围之内。而语言文字的边界，是指一个国家的国边境，当我说没有超出语言文字边界时，我的含义是指仍然在一个国家的领域范围之内，从这个意义上说两者可能是相同的。但是，我们仔细分析会发现，这两者还是有很多不同的地方。刑法正文是一个面积的概念；而语言文字的边界是一条线的概念，因此两者存在不同。事实上，语言文字的边界就是刑法正文范围的边界，属于刑法正文范围内的解释包括平意解释、限制解释和扩大解释。如果我们用三个圆圈表示，最小的这个就是限制解释，最大的这个就是扩大解释，而中间的这个就是平意解释。平意解释是指，按照语言文字的通常意思或者普通意思来对法律、法规作解释；限制解释是指将刑法条文的意思解释得小于语言文字的通常含义；扩大解释是指将刑法条文的含义解释得大于语言文字的通常含义。在罪刑法定的语境当中，我们可能不那么关心限制解释，而是更加关心扩张解释。也就是说，刑法的解释不能超出语言文字的边界。我们在这里讨论的是扩张解释和类推适用的关系，所以我认为，这两者之间的关系不应该包括刑法正文的范围，而只能是指刑法正文的语言边界。如果包括刑法正文的范围，那就不是扩张解释与类推的区分了，而是法律解释与类推的区分了。当然，我也注意到曲新久教授在他的论文当中提到了，他对扩张解释和法律解释并不作特别的区分，在不同的语义当中，它的含义可能有所不同。但是我个人觉得，如果我们要讨论扩张解释和类推适用的区分，还是应当以语言文字的边界这样一个标准解释，这会更加客观一些。

第二点，就是刚刚曲新久教授在报告中提到的如何认定刑法语言文字的边界问题。

我个人觉得应当坚持形式解释论，扩张解释与类推适用正是形式理性与实质理性的区分，也是形式解释论和实质解释论的区分。类推解释背后的根据就是对实质合理性的追求，而超出语言文字的边界来追求实质合理性，这是违反罪刑法定原则的。在法律解释上，形式解释论是指在法解释上应当受到一点边界的限制，只能在语言边界内来追求实质合理性，不能超出这一边界去追求实质合理性。这样一种语言文字边界是不是一种客观存在？我认为，尽管语言文字的边界本身可能会有一定的模糊性，但它依然是一种客观存在。我反对以处罚必要性来作为决定语言边界范围的这一观点，但并不否定语言边界的客观性。

最后一点，也就是刚刚曲新久教授提到的，但来不及展开的关于虚拟财产的问题。

在这个问题上，我和曲新久教授可能有着比较大的分歧。曲新久教授是反对把虚拟财产解释为财产的。他认为这种解释甚至连类推解释都不是，并且给出了一些反对的理由，反对把虚拟财产解释为法律的客体。这里面主要涉及对刑法中的“财物”一词的解释。严格来说，虚拟财产是不是刑法的财物，并不完全是一个解释的问题，而是一个事实判断的问题。当然，事实判断和刑法解释之间是一个什么样的关系，依然是值得推敲的。我想表达的意思是，从语言学上来说，虚拟财产是相对于实体财产而言的，是财产的一种划分，因而当然可以将虚拟财产解释为财产，这在语言学上是没有问题的。但曲新久教授肯定不是在这个层面上讨论虚拟财产问题。我们讨论的问题的实质是，虚拟财产是否应当受到刑法保护，更严格地说是虚拟财产能否与实体财产一样获得刑法保护。因此，从某种意义上说，这个问题属于刑事政策的问题，它不完全是语言学的问题。

关于这个问题，曲新久教授是持否定观点的，并且提出了三个反对的理由：第一个，将虚拟财产规定为财产法益，将彻底打乱当前的物权、债权、知识产权等位阶关系。第二个反对理由，将虚拟财产规定为财产，不仅突破了财物的语言边界，而且彻底解构了财产犯罪的行为方式。第三个反对理由，将虚拟财产归类为财产，不仅超出了一般公民的预测，而且还愚弄和错误引导了一批人。在讨论这个问题之前，我们首先要对虚拟财产加以界定，也就是说，我们讨论的到底是什么意义上的虚拟财产。我认为，虚拟财产有狭义和广义之分，狭义的虚拟财产是指网络游戏中的武器装备等物品，而广义上的虚拟财产除了狭义上的虚拟财产，还包括 Q 币、游戏点卡和网络 QQ 号等。例如，上海市黄浦区人民法院在孟动等网络盗窃案的判决中指出，Q 币、游戏点卡等是腾讯公司、网易公司在网上发行的虚拟货币和票证，是网络环境中的虚拟财产。用户以真实货币购买Q币、游戏点卡后就能够得到发行Q币、游戏点卡的网络公司提供的等值网上服务，因此Q币、游戏点卡体现着网络公司所提供服务的劳动价值。法院的逻辑是虚拟财产是真实货币的网络转化物，具有实际的财产价值，因而属于刑法所保护的财物。因此，曲新久所反对的到底是狭义上的虚拟财产，还是广义上的虚拟财产，关于这一点，待会儿曲新久教授可以作一个观点的明确。我假定曲新久教授所反对的就是狭义上的虚拟财产，指的就是网络游戏中的武器装备。在这样一个逻辑上，我们继续推理。网络游戏中的武器装备的获得有两种形式：一种是出钱购买的，有的人花钱从他人处或网络公司那里购买了这个装备。第二种情况就是本人通过修炼而获得的，这里的修炼指的就是本人通过玩游戏而获得。我们再具体分析一下，出钱购买的装备等物品，可以看做是真实货币的转化物。如果游戏点卡属于财物，这些通过游戏点卡购买的也属于财物，对此比较容易理解。值得讨论的是通过修炼而获得的装备是否属于财物的问题，这里要看这种修炼活动是不是一种劳动。在现实生活当中，网络游戏行业已经出现了一种代人有偿修炼的职业，通过玩游戏而为他人修炼，进而获得劳动报酬的这种行为，已经成为一种职业，是一种营利活动，因此，很难否认修炼是一种创造价值的劳动。我认为，通过游戏修炼而获得的武器装备同样是财物，因为它是有交换价值的。虽然虚拟财产是以一连串的数字的形式存在的，但是它是有交换价值的，可以转换为现实货币，因而属于财物。

下面我针对曲新久教授提出的三个反对理由作一个具体分析：

他的第一个反对理由涉及财产的位阶体系问题。刑法所保护的财产其实有各种不同的形态，有物权、债权、知识产权，应当说这三种在保护方式上是不一样的。在其他的国家，比如说日本，不仅对知识产权加以单独保护，而且对物权和债权都是加以区别保护的。比如说财产性利益，日本刑法虽然不处罚利益盗窃，但是对以抢劫或者诈骗来取得利益的行为，作了专门的规定。由此可见，日本刑法对财产的保护可以说是全面的，而我国则不具备这样的规定。然而，我国《刑法》第265条将复制他人电信码号的行为规定为依据盗窃罪定罪处罚，这里的电信码号包括电话磁卡、长途电话卡号和移动通信码号等，这是一种有偿服务的凭证，很难将其归入实体财产之中。不仅如此，在我国司法实践当中，债权也是财产犯罪的客体。对财产犯罪客体的解释，本来就是较为宽泛的，我认为可能和各国的语言本身有关系。像曲新久教授提到的，法国一百多年前出现窃电的时候，可以通过扩张解释的方式将窃电解释为盗窃。但是在德国，他们就普遍反对将窃电解释为盗窃，尤其是考夫曼说了一句话，如果把窃电解释为盗窃，即将无体物解释为财物，就会使德语中财物的通常含义变得模糊不清，所以他加以反对。但是在中国，我们应当看到财物作为一个抽象名词的特点。名词里面有抽象名词，又有具体名词。抽象名词的特点是内涵很少而外延很广，所以它的涵括量很大；而具体名词则是内涵丰富、外延很窄。比如刚才曲新久教授提到的所有问题，比如枪支、弹药、汽车、火炮，统统可以解释到财物里面去。枪支、火炮的上位概念是武器，武器比枪支、火炮要抽象一些，但是武器也是一个财物。汽车属于交通工具或者是说机动车，但它的上位概念还是可以归入到财物里面去的。可以看出，我国刑法中的财物这个词，范围是非常宽泛的。在这样一种情况下，尽管虚拟财产是新出现的财产形态，但是将它作为财物加以刑法保护，我觉得是不存在语言上的障碍的。

曲新久教授第二个反对的理由是，将虚拟财产解释为财物会解构财产犯罪的行为要件。我以为这样的担心是不必要的。事实上，随着电脑的广泛运用，人们的行为方式早就开始改变，例如网上购物的出现，就是人们购物方式的改变，但并没有改变交易行为的法律性质。财产犯罪的行为方式主要就是占有转移，也就是所有人丧失对所有物的合法控制，而被告人获得对财产的非法控制。对虚拟财产的犯罪同样存在这样的占有转移，否则财产损失就不会造成。曲新久教授说，虚拟财产不能在规范的意义上被移动，不可能被盗窃、抢劫或者侵占，虚拟财产实际上不会离开游戏公司控制的虚拟空间，游戏公司从来不会丧失对这些财产的所谓控制。这是曲新久教授提出的重要理由。于是我也可以提出一个很简单的反驳：按同一个逻辑，非法侵入银行计算机系统，将他人名下的存款划拨到自己名下，就不能成立盗窃罪。因为如我们前面所说，无论这些款项是在张三名下，还是李四名下，都不会脱离银行控制。难道没有脱离银行控制就没有占有转移吗？我认为同样存在占有转移。因此，只要虚拟财产脱离了它的合法所有者控制，尽管还在网络公司控制下，同样也是一种占有转移，也是对虚拟财产所有权的一种侵犯。所以，这个理由能不能成立，是需要认真考虑的。财产犯罪的行为方式是与时俱进的，计算机盗窃过去是不可能想象的，现在已经非常普遍。此外，还有短信诈骗，是诈骗犯罪的新的形式，过去也是很难想象的。因此我们会看到，财产犯罪的行为方式的本身也是随着社会的发展而不断改变的，只要这种发展和改变没有脱离这种行为的法律属性，我认为就可以沿用原来的行为规范。

曲新久教授的第三个反对理由，是关于把虚拟财产解释为财物会超出一般民众的预测问题。这里的一般民众不是指全体民众，而应该是特定的群体，关键在于把虚拟财产解释为法律关系的客体，是否会违反网民，尤其是那些网络游戏玩家的预测可能性。对此，我并不认为超出了他们的预测可能性。对于我们这些不熟悉网络游戏的人，可能还难以理解，但是对于那些游戏的玩家来说，就没有超出他们的预测可能性。这是我对曲新久教授的虚拟财产论证的一点辩驳。我一直以为，曲新久教授是一个理论上比较开放的人，但是在虚拟财产问题上就显得比较保守。

曲新久　我主要怕得罪后排的各位，前排的我不怕得罪，我认为后排的人中可能有超过80%的人会认为虚拟财产是财产，因为他们都是80后、90后。

陈兴良　随着网络社会的到来，犯罪手段与时俱进，我们的《刑法》

也应当与时俱进。也许再过10年，我们回过头来看我们今天晚上对虚拟财产是不是属于财产的讨论，会觉得非常可笑，正如我们现在回过头去看20年前关于法人是否可以犯罪的问题一样。这是我的一个简要的点评，谢谢大家。

张明楷 我们采取老师和学生交叉点评或提问的方式，现在有请学生提问，以一个问题为限。

提问者一 曲老师，我有一个问题要问您。您在对扩张解释和类推适用的区分上采取了所谓“体系化文义”这个标准，却没有具体给我们进行解释。但是我们知道，刑法解释中有所谓的体系解释，这个体系化的文义与体系解释是否一样？它们有什么关系？谢谢。

曲新久 简单地讲，肯定不是一回事。体系解释是一种方法，是指用系统的、前后一致的、无矛盾的规则要求形成的一类解释方法。体系化的文义就是一个存在，它的内涵在被理解之前是不确定的，要想使它确定，你应该把体系化的文义或者是刑法正文看成是一个思维的触点。任何解释都需要有触点。看问题需要有个切入点，如《刑法》分则条文，可以是一条，也可以是两条，从具体的条文进去，然后比较条文的概念、比较条文的关系、分则和总则以及整个刑法的协调，甚至在必要的时候，从目的的角度，也就是立法动机的角度，来考虑体系的协调。然后在这个意义上，才形成体系化的文义或刑法正文。所以这个刑法正文的概念是以一个触点，就像看宇宙一样，从一个点进去，面临的却是一个整体。而类推正好不一样，它不是从一个《刑法》分则条文出发，它的触点是一整章。要看它是国家利益、社会利益、个人利益、社会管理秩序还是婚姻家庭，这是在一章当中去思考问题；然后在一章当中，基本上可以说，找具体条文不重要，可以说是随便找一个条文，但一定要找一个不是太荒谬的条文。好，谢谢你。

提问者二　曲老师，按照您的理解，持枪抢劫里面的枪是不是也包括炮，这个炮有没有体积的限制呢？手榴弹能不能成为持枪抢劫的枪？谢谢曲老师。

曲新久　我记得王世洲教授的书中提了一句，这个枪肯定不是凶器。古代的枪是棍子前面绑一个枪头，你摘了枪头就是棍子，有人拿这个东西肯定不是持枪抢劫。在我看来，持枪抢劫的枪的口径大小并不重要，无论多少毫米口径的都是。现实中发生过，就是用榴弹去抢劫。装上掷弹筒，扛着，打出去，幸好没爆炸。当地检察机关认为这当然是持枪抢劫，他拿那东西打什么呢？打的是押款车。至于说手榴弹是不是枪呢？我觉得不是，那是弹药，可以说是爆炸物。但是你如果把手榴弹和某种发射装置联系起来，也可能是枪。这是一个事实认定问题，倒不是什么解释的问题。当然事实认定是与解释相关的，事实的认定需要和解释的目标相结合，否则事实无法认定。因此，手榴弹肯定不是枪，但是要是把它装入用火药助推的筒子里，像淮海战役解放军那个黑心炮，看过去是炮，打出去的是炸药包。弄一个这么粗的筒，和汽油桶捆在一起，后面弄好火药，然后嘣的一下就出去了，那就是炮了。但是从军事学意义上，大家都笑，那是什么东西啊？确实，有一点说不明白的感觉。好，谢谢这位同学，你的提问很有意思。

张明楷　再有一位同学提问之后，我们有请第二位点评人。

提问者二　曲老师你好，我有一个问题想问。曲老师关于故意杀人的构成要件的解释，不包括杀自己，那就意味着自杀不符合构成要件了。能不能推断出这个结论，自杀是合法的。因为不符合构成要件就意味着是合法的。在他人自杀的情况下，因他人阻止，导致自杀人受到伤害，是不是构成故意伤害罪？我以为至少是违法的。因此，教唆和帮助他人自杀的行为是自杀行为的参与行为，而构成故意杀人教唆犯和帮助犯。我们司法实践中一般是按照故意杀人的实行行为来定罪，这种解释显然有点牵强。那我们能不能以故意杀人罪的教唆犯和帮助犯来处理？将这种行为作为共犯处理的话，可以体现出对生命的尊重——生命大于自己的决定权。

曲新久 这个问题问得非常好。我对法理学没有什么特别研究，这应该是个法理学问题。我同意你的观点，自杀是个违法行为，但这个违法到不了刑事违法的程度，是一种低度违法，是没有法律责任的违法。这样的违法在我们国家很多，就是虽然你违法，但没有法律责任。自杀是违法，但没有法律责任，而且还不好往它上面加法律责任。因为他就想死了，你说我整死你？你明白吧，这就很成问题。低度违法的问题，其实应该引起我们关注。我们应该承认有一部分行为在符合违法性之后，却不被刑罚处罚，还有一部分不被行政处罚，它只由道德、舆论来解决。至少我认为它是一个违法行为，我们不能把自杀看成是人的自由，这是很有问题的判断。当然，当你要去论证为什么不是自由的时候，会很麻烦。这不是一个权利，但不能说他自杀就去追究他的责任，我们只能尊重选择，但是又不能完全尊重，在他自杀的时候，你要想尽办法防止他自杀，尽管很费劲。所以有的地方出现自杀的时候，警察很生气，说你要跳就跳，要走就走，随你的便，结果人噗通一下就下去了，这肯定就不人道了。在这个问题上，我完全同意你。但是在教唆、帮助自杀上，我不能同意。20 世纪 80 年代王作富老师作这个论证的时候，就完全影响了我。可见这里有老师的影响在内。我看冯军教授作了那么多论证，也许也是受了老师的影响。兴良教授没有表过态，所以光权就没写。尽管兴良的书很多，我只翻了一部分，但是没有看到对这个问题的表态。所以，教唆、帮助自杀，完全不应该作为犯罪处理。未来是不是作为犯罪定罪？在我们中国大陆，应不太适合。我个人的倾向是，只要是和爱相关的东西在制定禁止性规范时都要谨慎。教唆、帮助自杀往往都是和情感领域相关的，说起来很复杂，我不太同意你说应该以杀人来处理。

提问者三　我想就这个问题，进一步请教曲老师。

张明楷　好，请简单一点。

同学三　在决意自杀的情况下，比方说一个绝症患者，他痛苦不堪，别人帮助他自杀，我觉得也可以以阻却责任来处理。但比方是在父亲重病时，几个子女为争夺遗产而教唆、劝说甚至帮助自己的父亲自杀，在这种情况下，为什么不可以以故意杀人罪的教唆犯和帮助犯来处理呢？

曲新久　都不重要，无论是你说的自杀者的哪种境遇状况，和故意杀人罪的构成要件都没有关联性。

提问者三　日本、德国以及我国台湾地区的刑法在故意杀人里面都只是作了人的规定，而在故意伤害罪中作了他人的规定，我们为什么要把这里的人限制为他人？

曲新久　这个也不重要，因为杀人、杀人，说得太随口了，指的当然是杀别人。到了杀自己，就不叫杀人了嘛，变成自杀了嘛。自杀和杀人完全是两个排斥的概念。你要说杀害，杀害他人呢，就宽了一点。再比如说，日常经常说伤人，这个太宽了，就好比你伤了我的心，你伤了我的眼，你太丑了。但是杀人太明确了，所以它不需要加上他人。你的意思是说，伤害他人明确了他人，而故意杀人则没有，所以故意杀人没有限制。当然，逻辑上也可以作相反的解释，伤害因为伤害他人，两人互相感染，杀人则一定是杀害他人，他字就被省略了。有的时候就是语气。我个人认为，这个区别不重要。至于你说的日本、我国台湾地区，它们的规定也比较特殊，它们也认识到了故意杀人和自杀是不一样的，这是两个对立的概念，就相当于火和水，是不相容的。

张明楷 下面有请我们第二位评论人，人民大学的刘明祥教授。

刘明祥 对于今天新久教授讲座的主题，我很同意兴良教授的说法，是一个世界性的难题。过去刑法学界许多学者，包括我在内，在研究和思考这个问题的时候，都往往注重逻辑推论，强调什么是扩张解释，什么是类推解释，从理论上怎么区分，确定区分原则，主要考虑怎样在实践中掌握和适用它。新久教授对我国《刑法》条文中规定的具体概念进行了深入的剖析，如兴良教授所言，他注重从语言学的角度分析这个概念的含义。他考虑得非常深入细致，我也觉得很受启发，尤其是他这种研究方法，我觉得还是可取的。对他的五点结论，我有三点是赞成的，有两点是不赞成的。我准备就我不赞成的结论稍微多说几句。

第一点，他的一个结论是教唆、帮助自杀不构成故意杀人罪。而我觉得在我们国家，无论是教唆杀人还是帮助杀人，把它解释为故意杀人，既不是类推解释，也不是扩张解释，是故意杀人这个概念完全能够包容的含义。因为我们国家的刑法同德日等国刑法有很大的不同，我们不能完全按照德日刑法学者对故意杀人的解释来理解我们刑法的规定。新久教授，包括在座的好几位教授都认为，我们国家的故意杀人行为仅仅是实行行为，它不包含教唆、帮助行为，我们国家没有像德国、日本等国那样，规定了独立的教唆、帮助他人自杀罪。所以在他们那里，如果将教唆、帮助行为解释为故意杀人的实行行为，确实就是类推解释了。但是我不赞成这种观点，因为我国和德日刑法在这个问题上差异很大。以日本刑法为例，关于杀人罪的规定，它有几条，但就故意杀人这一条看，跟我们的规定从文字上看是差不多的。日本学者就这么解释，杀人行为仅限于杀人的实行行为，而且是杀人既遂，没有既遂的，也不能适用这一条的规定。这是因为他们的刑法除了这一条基本规定外，还有单独的杀人罪的预备规定，有单独的法定刑，因此预备杀人在日本就成了独立的罪名。它还有一条规定说，未遂的要处罚。它对杀人未遂也有专门的规定。另外它还有教唆、帮助自杀的规定。联系这些条文来看，关于故意杀人罪的基本规定中的这个“人”，当然不包括本人，且基本规定只适用于实行杀人且既遂的情况，不包括杀人预备、未遂，也不包含教唆、帮助自杀。我国《刑法》只有第232条一个条文规定了一种故意杀人罪，我国刑法原则上对所有犯罪的预备犯、未遂犯都加以处罚，不是像日本刑法那样原则上不处罚预备犯，有规定才处罚，而我们尽管在实践操作中并非所有的预备和未遂都处罚。因此，对我国《刑法》第232条就不能将故意杀人理解为故意杀害他人的实行行为，未遂杀人，教唆、帮助杀人也应该包含进去。故意杀人是什么意思？就是故意剥夺人的生命，或者行为人的行为导致人死亡。行为人教唆、帮助他人杀人，正是他的教唆导致了他人的死亡，为什么不能解释为故意杀人呢？按照新久教授的解释，即便说这里的杀人仅限于杀他人，不包括杀自己的情况，行为人教唆他人自杀，他的教唆行为与被害人死亡之间具有因果关系，为什么不能把它解释为杀人呢？因为我们刑法中规定的杀人行为是包含预备、未遂、教唆、帮助和实行行为的。我觉得将教唆、帮助自杀解释为故意杀人，既不是扩张解释，也不是类推解释，是规范解释的应有之义。

第二点，长期以来，学界都没有异议地将大型拖拉机扩张解释为汽车，而你是觉得汽车不能解释为拖拉机，说从汽车和拖拉机的日常含义来讲，是不包括的，大家理解的汽车是汽车，拖拉机是拖拉机，拖拉机是农村耕田用的。但是，我们说，有一部分拖拉机可以归入汽车里面去，这是从规范的角度去理解的。我们的破坏交通工具罪，列举了五种交通工具，都是大型的交通工具，它们一旦被破坏，就可能导致不特定的多数旅客的生命安全，有很重大的危险性，因此我们把它解释为独立的犯罪。为什么规定汽车，而不规定自行车、板车，它的特殊性在哪里？因为它是大型的、高速的，是在交通公路上行驶的，如果被破坏，它就会出现交通事故，可能造成不特定多数人的死伤，就构成破坏交通工具罪。拖拉机是农村用的，有手扶拖拉机，犁地用，后面拖一个拖斗，即使破坏，也不会导致不特定多数人的死伤，一般是这样的。但是像那种大型的拖拉机，它可以用来犁地，把后面的东西去掉，它又可以装一个拖斗，可以去公共交通道路上跑运输，农村这种跑运输的拖拉机多着呢。它的高度和汽车差不了多少，它是大型的，它在公共交通道路上跑，它和汽车是差不多的。如果仅仅从名称差异来说汽车不包含拖拉机，要按这种逻辑，那车还多着呢，比如说警车，可是警车不叫汽车啊？再比如，检阅部队用的检阅车，能不能因为它叫检阅车而不叫汽车了？再比如说比赛用的车，我们南方就叫跑车，你们北方就说是赛车，那称谓上也有差异。仅仅从日常用语的差异性上理解，认为名称不一样就认为汽车不包含大型的、在公共道路上跑的拖拉机，我觉得，得说出个道道来。

我还想说一下赞成的你的一个观点，就是说把虚拟财产不能理解为我们刑法上的财物。我对兴良教授刚刚的意见有一点不太赞成。当然，我没有深入的研究，讨论也不细致，我觉得虚拟财产和我国《刑法》上规定的财物还是有一点差异的。它相当于一种智力成果，是一种简单劳动的精神成果，它并非是真正的智力成果。比如说，他在电脑上鼓弄了一阵，练了一把大刀，这里面有他的简单劳动，这主要还是满足了他的精神需求；他在电脑上养一条狗，有人把狗偷走了，说这是偷走了财物，我觉得不好理解。在这里，主要还是主人精神上受到了损害。他好不容易练了一把刀，养了一条宠物犬，你把它弄走了，更重要的是使他受到了精神上的损害。所以，把它评价为财物，说它值五万元，这样来评价，因为我们将它作为财产犯罪处罚时，主要是以财物的价值来定的。我国《刑法》为什么要规定侵犯知识产权的犯罪，就是考虑到知识产权，它可以给权利人带来利益，但是它又不同于财产本身。比如说，把人家即将发表的论文、好不容易写出的文章，他把名字换成自己的，公开发表了，这个文章可以值几百元稿费。如果单看损失，也就是几百元稿费，这么一种思考角度就没有抓住问题的实质。他侵犯的是知识产权，也就是著作权。更重要的是，因为著作权受到损害，权利人的精神受到了损害，所以不仅仅是稿费的问题。正是因为如此，《刑法》才将侵犯知识产权的行为单独规定了罪名。像侵犯虚拟财产的行为，如果真值得处罚，那就需要刑法单独作规定，而用财产犯罪处罚没有抓到问题的实质。据我所知，我国台湾地区就对虚拟财产进行了单独立法，它不是把这种行为当做财产犯罪处理。为什么要单独规定呢？就是考虑到它的特殊性，不能同财物画等号。

曲新久 我简单回应一下。明祥教授提到类推和解释是一个世界性难题，国外也有这个说法。但其实这个难题是大陆法系国家的难题，在英美法系基本上不是问题。我们国家对杀人的规定是一条，日本是一节，英国、美国是一部法律，里面充满了解释，所有规范的概念充满描述，而描述的概念又有许多规范的概念去归纳。在我们这个框架当中，如果不注意两个概念的区分，实际上会把许多属于类推的按解释处理了。但是由于它不清楚，真的不好区分，一些类推的就是以解释的名义给办了，确实是这样。

张明楷 因为时间的关系，我不讲三个问题，只讲两个：

第一个我想说的是，所有的关于扩张解释和类推适用的标准都是相对的，作用都很有限。在这个意义上说，区分扩大解释和类推适用其实是一个美丽的谎言。

为什么这么讲？因为除了其他的混合原因以外，我脑子里面想得最多的就是两个原因：

一个原因就是语言太奥妙。你可以说类推超过了这个用语的边界，但是问题是这个用语的边界是什么？我们这么多学法律的人，也只是运用我们高中所学的语文知识来解释法律的含义，我们上大学之后就没学语文。我们不知道的时候，就查查汉语词典，实际上汉语词典也未必准确。当一个编写词典的人，他不希望我们一般人用“为了”表示原因的时候，它会说“为了”只是表示目的，不表示原因。实际上，你看一看伟大人物的作品，他们都会说“为了”可以表示原因。毛泽东说过，在私有社会里，晚上都是要关门的，大家知道，这不是为了多事而是为了防贼。这里的“为了”就是表示原因。丰子恺讲过，我们五个兄弟姊妹都爱吃螃蟹，就是为了父亲喜欢吃的缘故。吕叔湘讲过，我为了这件事，三天两夜睡不着。这都是原因的用法。这个边界究竟在哪里，确实是很奥妙的事情。因为分析语言，可以有指涉性含义、代表性含义、隐含性含义，等等，实际上，没有一条公认的边界。边界是我们每一个人自己确定的，当我们每个人确定之后，对方的解释超过了我们的边界，我们会说对方是类推解释。

另外一个原因就是，我们每一个人在解释一个问题时都会有前理解。前理解是我们解释的起点，而且它的类型有很多，比如信息性。我们在接触某个概念之前，我们对这个概念和事物本身就有认识；我们在认识问题时会有某种倾向，我们有成见、有偏见、有嗜好、有癖好，等等；还有意识形态方面的，包括一般性地对整个世界的看法；还有方法论方面的。这么多因素左右着我们去解释条文，而且这个前理解的来源和成因很复杂，比如你小时候的经历、你的习惯、你的爱好等，这些都能反映出来。刚刚几位关于虚拟财产的发言，就能说明这个问题。在曲新久教授的 iPad1 包装还没有打开的时候，陈兴良教授就开始用 iPad2 了。我昨天跟他说明天出 iPad3，他表示出很大的兴趣。这跟他们是否赞成虚拟财产有关系。我估计刘明祥教授 iPad1 都还没有，所以他同意曲新久教授的看法。我从小就区分不了拖拉机和汽车。实际上没有汽车，汽车就是一个笼统的称呼。于是，这两点告诉我们，想得出中肯的客观的解释都是很困难的。我觉得要像笛卡尔那样的干净利落，或者是培根说的那样的准确，都是不可能的。像曲新久教授讲的，他为了把走私爆炸物解释为武器、弹药，他就把弹药解释为弹和药，弹包括子弹、弹炮乃至导弹，药包括军事意义上与准军事意义上的爆炸物。这个我就很难苟同了。子弹不包含药，那就是空壳了，那怎么还叫子弹？还叫炮弹，还叫导弹？为什么和弹分开后，药就变成了爆炸物而不是同仁堂里面的药？这里面每个人的观点就不一样了。我的意思就是，不是不要讨论扩大解释和类推解释的区别；我觉得更重要的不是抽象地提出一个标准，而是就具体的案件、具体的条文、具体的用语去展开讨论，反而能解决一点问题。在这些具体问题的分析上，我们再作一些抽象、作一些归纳，可能更有用处。

第二个我想说的是，有一些问题未必是扩大解释和类推适用区分的问题。比如说像教唆、帮助自杀，要不要定罪，定什么罪？比如说如果我们采取统一正犯概念，认为教唆犯、帮助犯都是正犯，在这个体系之下，说教唆、帮助自杀是犯罪，那就不违反法律了，就不是类推解释了。再比如说，即使我们采取限制的正犯概念，如果我们承认没有正犯的共犯概念，教唆和帮助行为也可以适用故意杀人罪。因为你采取这个学术观点，完全可以从正犯的概念入手。至于故意杀人罪的人，包不包含本人？从解释论而言，当然是个问题，但不是很重要的问题。我有时候在想，在中国，要把教唆、帮助自杀完全不当作犯罪处理，很不现实。因为，连国外研究自杀的人都认为，中国人的自杀与外国人所说的行使自由权是完全不同的。我们的自杀是杀给别人看的，是要有人负责的。一个人自杀，我们一定会追究是谁逼迫的。我觉得像德国刑法那样，不处罚教唆、帮助自杀的行为，在中国是行不通的。据罗克辛教授所言，根据西班牙立法，教唆、帮助自杀也开始被处罚。因为我不赞成我们国家采取统一的正犯概念，我有个想法，就是刚刚一个博士后提出来的，就是自杀，杀自己，自己是不是人？当然是人，所以杀人就包含杀自己。刑法在规定故意伤害的时候用的是“他人”，而就在这里用“人”，或许也是考虑到了这一点。也就是把自杀看成是违法行为，教唆、帮助自杀视为共犯，或许可以。我倒不是让大家接受我的观点，我只是想说，这个问题不是是否违反罪刑法定原则的问题，不是扩大解释和类推区分的问题，而是别的问题。

我想说的就是这两点。接下来还有 15 分钟，就让曲新久教授回答我们的评论，并作一些回应。

曲新久 好。首先这个话题本身，我同意应该在具体的语境下或者具体的问题当中它会更有价值。评论涉及的问题比较多，我就做一些简单的回应。

比如说，兴良教授谈到刑法正文与体系化文义的边界和范围的问题。范围是个面的概念，边界是个线的概念。当然，语言给它划了线以后，线内的就是范围了。这个范围就是一个圈子，圈子到底有多大呢？考夫曼曾说，刑法是科学语言。我们很多年轻的学者也会说，刑法不是科学的语言。不过，你说这“科学”到底怎么理解呢？过去迷信的东西，或多或少有一些科学的根据，像医学、艺术、宗教，我们可以说它不是科学，特别是医学，现在是越来越科学了，但在方法论上，用科学的方法，通过客观观察，获得可治愈、可重复的指标因素等方面，还是比较困难的。

我也赞同设定一个标准，将原来那些单纯的、标准的文字字面含义、可能的含义，涵括量少一些的这些概念，每一个概念可能都可以回答一些问题，我们把它们综合起来，找一些共同上位一点的概念。但你又不能说它是法，作为概念又太宽泛了。“刑法正文”会告诉你，这是一个体系化的，它需要触点、碰点，如果没有碰点的话，就没有意义，你的解释就成了文字解释。可是文字解释也是要有范围的，应该在一个民族国家范围内。比如说，刚刚明楷谈到关于前理解和语言奥妙的问题，他说每个人都有自己的理解。其实我觉得是一群人的理解，也就是说在一群人当中，这是有确切含义的。在一个家庭当中，在一个亲密的小家庭当中，还有在一对恋人中间，一些符号就他们知道，比如《画脸》里面，他妻子发现的他的一个秘密的动作。所以语言问题，它是涉及感情的问题。我有一个朋友的朋友，一个中国女孩，嫁给了一个法国人。那个法国人一句中文不会说，而中国女孩也不懂一句法语。我就很好奇，你们怎么生活，她说，爱情还要语言吗？所以，在这一点上，我觉得语言还是确定的，我不赞成语言不科学的说法，就是说，语言的确定性可以被我们理解。很多人不爱查字典，我说法律人不看字典，这是不行的。但是你要知道什么字典好，什么字典不好。比如《新华字典》就比较差，《现代汉语词典》就比较好一些，《康熙字典》更好一些，《说文解字》又好一些。现在最好的汉语词典是哪本呢？还真不好说，《辞海》相对权威一些。比方说“卖淫”一词，《新华字典》说“卖淫是旧社会出卖身体的行为”，就好像这都是旧社会里的，跟新社会没有关系。在民族国家的范围内，语言是有它的边界的。在一个综合性大学的好处就是身边总有很多来自东南西北的同学，每个人有不同的发音，表达也不一样。

关于兴良讲的第二个问题，语言文字的理性问题。我完全同意他的观点。扩张解释和类推适用在很多情况下，如果不从形式上找切入点切入的话，是没有办法区分的。如果因为要处罚这种行为，而把完全不属于这个文字的含义硬塞进去，那可能就是类推。有些类推，还可以把反的当成正的，正的当成反的，黑的说成白的，白的说成黑的。像这样太过分的，恐怕就不行。比如我开始提到的养父利用教养关系，给15岁的养女几颗糖，然后发生性行为，进而养女怀孕了。法院一二审都定了罪，省高院所有人都很愤怒，同意了判决，但到最高人民法院审委会讨论时，对不起，因为这个离原来的文字太远了。在中国语境下，强奸、诱奸、通奸、合奸是有不同含义的，不能把骗奸解释为强奸。所以，尽管有的时候语言边界不太清晰，但是在很多情况下是清晰的，如果还说不清晰的话，那就是我们眼神不济。

关于虚拟财产我想回应兴良和明楷一下。比如狭义的装备，我说的就是毒水、武器这类。广义的Q币复杂一些，其中一部分可以是财物，另一部分可能还是虚拟财产。我倒是不同意兴良说的，狭义里用钱买的就没问题了，如果是修炼的就可以。我的观点是，只要在狭义的范围内，不管你是买的还是修炼的，都不是虚拟财产。道理何在呢？那个修炼绝对不是劳动，那个修炼是干吗呢？也不是学习。我雇一个人，对被雇用的那个人来说，是劳动；自己拿着钱去修炼的话，就不是劳动。不能说可以用钱买的就是财物，正如明祥教授所指出的，知识产权也可以购买，但是明显不是财物。基本上来说，财产、债权、知识产权，当中有著作权、专利权、商标权以及商业秘密等，这大致上是有一个位阶关系的，这是有级别的，这是为什么我们知识产权定得轻的原因。明祥讲得很清楚，你侵犯一个著作权，可能损失很低，但后果很严重，它和财产权的确是有不一样的地方。作为虚拟财产，你很难说是哪种，也很难说是知识产权。虚拟财产是在网络这个封闭的空间通过修炼得来的，它是由后台源代码系统中产生的。源代码是最核心的。在编程程序上，源代码就是著作权，就是商业秘密。游戏源代码的重要性远远超过无论是你苦练，还是你使用金钱换取来的东西。那些东西是什么呢？仅仅就是数据信息而已。这个数据离开了那个环境之后，它什么也不是。在你的系统当中，会告知你打不开，你要打开它，则必须基于源代码的系统之中。所以说，不能说用钱买的就是财产，用钱可以买的东西太多了。我坚信，兴良教授错了，但是要完全证明他错了，可能需要20年。这个问题确实复杂，但是在虚拟财产的概念上，我肯定是在狭义的范围。虚拟财产在法益的位阶上是完全不同的。早在几年前，我们去台湾，我就告诉他们，你们这个案件办错了。检察官就很惊讶地说，这些装备是花钱买的，我说可以花钱买的东西多了。等到今年3月份过去，他们就完全不这么定了。

关于虚拟财产，我再多说几句，但感觉就不是在讲理了，就是用类推的方法来论证一下。虚拟财产就是一种数据。你不能因为他练了就说那是劳动。我的劳动的含义指的是政治经济学上的那种劳动，包括劳动法意义上的劳动。比如说，你雇用一个人，你第一次去网站的时候，有人就被你雇用了，通宵达旦地练一个毒刀，可以说这就是劳动。可是你自己去，那就是玩。所以我给了一个结语，虚拟游戏就是小孩子们在虚拟网络世界消费金钱、拼命搏杀，虚度人生。虚拟财产就是在月光宝盒里面消费金钱、消费人生和时光的美丽幻影。所以虚拟财产的概念中，虚拟是真的，财产是假的。这就是网络世界的精英悄悄告诉你的，我没有骗你，真的是假的。所以真作假来假亦真，当然这完全不是法学的论证。正如卢梭告诉我们的那样，当你不能够说服人的时候，你就煽情。我到检察院去调研的时候，做了个调查，一般来说，25岁以下的人，都不太同意我的观点，不能接受，但一般三四十岁年龄段的，都比较好接受。做一个比方，食品是财物，但是经过人体消化后的排泄物，你不能说它是食品了，虽然可以有其他用途。所以，我的结论很简单，就是在这里形成一个级差，财产——形象的财物、知识产权——从著作权、专利权和商标权到法律规范意义上的商业秘密。网络数据信息中，有一个源代码，它可能是著作权或者商业秘密。兴良教授的点评解构了这样的级差，我觉得判断上可能有误。问题在哪里呢？因为所有的游戏公司，我目前还没有看到例外，它都会注明，你在网络上的所有Q币、武器装备等，都属于游戏公司，而不是网络玩家。对不起，所有的装备都不属于你所有，因为这些人是很聪明的，我和这一行的精英沟通过，如果你不作这样的规定，而将这些归属于玩家，就意味着你将永远不能关闭这款游戏。你如果关闭这款游戏，就意味着对这些游戏玩家的财产的毁灭性打击，你就是在犯罪，是毁灭公私财物的行为，这是非常可怕的。所以他们会注明，你可以说这是霸王条款，他反正是注明了，我的就是我的，你的还是我的。而且它这样一种说明在法律上是被支持的，属于游戏公司。只要有源代码，我们往任何一个时间段回溯，都可以发现那个装备什么时候没的，什么时候又回来了。为什么它要作为犯罪去追究呢？它就好比足球比赛，一方多出来了几个人，这就是作弊嘛。在英国、美国基本上都没有问题，它就是数据，它就是信息。至于兴良教授所做的银行账户的类比，说起来就复杂了，这是几个层面的问题，因为银行账户不是银行控制的，而是储户实际控制的。虚拟财产不是，它表面上是玩家“所有”，但是归根到底，属于游戏公司。我认为《刑法修正案（七）》以后，我们实际上把虚拟财产纳入了刑法的保护之中了，只不过不是作为财物而是作为数据信息纳入了保护，更直接地是把它作为网络虚拟世界的社会秩序加以保护了。针对虚拟财产的犯罪，实际上是对游戏秩序的破坏，你不能说踢足球的时候，突然可以来一个裸体的跑来跑去，或者你自己来做裁判了，这意味着对社会的公共秩序的妨害。

再下来就是对明祥教授的拖拉机问题。这种类比似乎无处不在。

我举个例子，比如污染环境，放射性病原体废物、有害物质、有毒物质或者其他有害物质，它也是这样的，也是降级的。黄金、白银或其他贵重金属，黄金最重要，白银次之，其他贵重金属排第三。在其他贵重金属中，白金又可以排第一，最后可以一直排到汞，但你无论如何排不到铝。拿破仑在他的庆功宴会上，所有的人都用银杯、银器，就他一个人用铝杯。因为当时发现铝太少，所以贵重。在这里就是说，类推有时候向越来越低的方向上推，有的时候可能是完全相当或相似的。从虚拟财产中可以看到，在财产、知识产权的排列上，有的数据可能涉及著作权，有的可能是商业秘密。小时候大家可能玩过攒烟盒，你勉强可以说烟盒还是个财物，它还有个实体的存在。基本上来讲，虚拟财产就像波恩大学的库珀教授说的那样，那是小孩子的玩意，它什么都不是。

最后一个问题就是关于教唆和帮助自杀的解释问题。这个问题从解释学上说可以多种多样，你可以说它没有实行行为，你也可以从语言学上说它和自杀概念的区别。在汉语上，自杀和杀人是一个概念。一个人自杀了，没有人会因为这个自杀行为就要求去惩罚这个自杀者。在西方早年，自杀是要惩罚的，因此教唆和帮助自杀会延续下来。只不过说，在这个去犯罪化的过程中，自杀被去犯罪化，但教唆、帮助自杀则没有被去掉。我完全同意明楷教授说的，中国人在很多场合下是假自杀，是死给别人看的，一哭二闹三上吊，这是常有的事情。我们国家是不是一定要处罚教唆和帮助自杀，这是一个立法层面的问题，是一个政策判断的产物。这一点上我同意兴良教授所说的，不能以处罚必要性来解释法律。也就是说，在法律没有规定的情况下，你以处罚必要性来处罚他，依据故意杀人罪的法条，比照这个案件来类推。因为你当然不能按照伤害罪去处理，也不能按非法拘禁罪去处理，通过比照，只有故意杀人罪是最适合的。反过来，未来的立法是否需要把教唆、帮助自杀的行为包括在内呢？如果中国未来的个人主义越来越发达，在没有完全形成个人的自治和独立的时候，我认为是必要的。过去我以为中国的自杀问题不是太大，但现在发现农村妇女的自杀问题、青少年的自杀问题还是很严重的。教唆、帮助自杀有没有危害性？当然有。但是不是纳入刑法典，我觉得是立法问题。

好了，超过了几分钟，非常抱歉，谢谢大家。

张明楷 我们有请北京大学梁根林教授作一个总结。

梁根林 总结不敢，我谈几点感想。我刚才注意到，明楷老师说扩张解释和类推两者的界限是相对的，甚至说这样的区分是一个美丽的谎言。我说，哎呀，终于有人说了真话了。现在我想说的是，今天这个主题，尤其是新久老师作的这个主题报告，我是始作俑者。但是我现在觉得今天这样一个主题如果更准确地被定义的话，应当是一个世界性的伪命题。新久刚刚说了，因为我们现在确立了罪刑法定了，因此我们就要开始严格解释刑法，我们可以扩张解释，但不能搞类推适用。对此，我有几个基本的考虑：

第一，刚才各位都在大谈语言，兴良老师还特别提到，刑法学家应该是一个实践着的语言学家。可是，我们谈的是什么样的语言？语言学发展到现在，我想语言学的内部有各种各样的流派、分支，但有两个是最基本的学派，一个是所谓的语义学，还有一个就是现在所谓的语用学。语义学内部又有各种不同的学派，有不同的主张。语用学更是在语义学的基础上，又进了一步。我们一上来就人为地判定，存在一个客观真实存在的所谓刑法文本语义，那个语义真的存在吗？即便真的存在，你是在语义学的范畴内探讨这个语义，还是在语用学的范畴内探讨这个语义？如果你是在语义学的范畴内探讨，你又是在什么样的语义学上讨论这个语义？所以，在这些问题都没有界定清楚的情况下，其实我们是没有对话基础的。

第二，关于刑法解释。刑法解释在基本的解释立场上，可以说是客观解释论压倒了主观解释论，从某种意义上甚至成为通说，但这其实是很搞笑的。因为所谓的主观解释论是很客观的，它是探讨和追寻客观存在的解释者主体的立法原意。而我们所谓的客观解释论，其实是很主观的，是解释主体根据自己对法律的理解，来赋予这个法条什么样的含义。所以，客观解释论实际上也是很主观的，主观解释论实际上也是很客观的，主客观在这里是混淆的。所以，在这种基本的解释论立场不统一的情况下，我们讨论扩张解释和类推适用其实是没有前提的。这也是将窃电解释为盗窃的德国和日本，一个被认为是类推，一个被理解为扩张解释的原因了。当然新久有一句话是对的，说这个类推适用在英美法系国家基本上不是问题，为什么？因为他们的法条太具体了，太完备了。其实关于禁止类推这样的问题，在德国也不是什么大的问题，为什么？因为它的法典相对来说也是比较完备的。法典相对完备，因此所谓超越法条明显的解释也就没有存在的必要；即便法条很概括，它也认为，从立法、司法、行政的权力分配的角度看，立法只是给了一个框架，法官去填充法律。立法越概括，越不需要类推。我们可以看出这样一个有趣的现象，法律越概括，越不需要类推；法律越具体，也越不需要类推。所以，从这个意义上说，所谓的禁止类推，或者说扩张解释与类推适用的区分，无论是在英美法系还是在大陆法系，事实上都不是什么所谓的世界性难题，所以我认为我们一直在探讨一个世界性的伪命题。

但是我又想把话收回来，为什么说我们还要去界定所谓的界限？因为我们有一个罪刑法定的神话摆在那里，我们还要信仰这个东西。为了捍卫这个信仰，我们就必须人为地设定一个罪刑法定所许可的扩张解释，或者不是罪刑法定所禁止的类推适用解释。怎么去解决呢？两点，你做到两点就够了：

一是你对文本的解释过程、结论能够自圆其说，也就是说我们建立起了一套教义学或者解释学的法则。

二是你能够令人信服，能够与解释对象沟通，跟法律适用的参与者沟通，能够令人信服，这就够了。就像张明楷老师，经常把错的解释为对的，有时候呢，你感觉上觉得不对，但他的论证又是对的。

好，谢谢大家。

张明楷　不管今天这个话题是难题还是伪命题，只要是学刑法的人，都会有很多话可以说。我很抱歉地跟各位说，因为时间的关系，我们在座的嘉宾和很多有问题要问的同学都没有机会发言了，所以很抱歉。

扩大解释也好，类推适用也好，都可以说是在想发现法律的真实的含义。但是，法律的真实含义不是从文字中找到的，而是从生活中发现的。但是生活是动荡的、不确定的、不规则的、不可预测的、不安全的，尽管是五颜六色、五彩缤纷的。解释学不是要把生活变得更宁静，恰恰相反，解释是要重新恢复生活的艰难。根据实际生活的艰难，来解决法条最高、最深层面或者更高层面的问题。

谢谢今天的主讲人曲新久教授，谢谢陈兴良教授、刘明祥教授、梁根林教授、周光权教授，等等，谢谢各位。

2012年10月17日

第十讲 刑法典对犯罪论体系的制约关系

主讲人：冯亚东

主持人：刘明祥

评论人：陈兴良、冯军、阮齐林、邓子滨、周光权

嘉　宾：曲新久、江溯、谢望原、付立庆、李立众、孙运梁

刘明祥　各位老师、各位同学，我们今天的“当代刑法思潮论坛”活动现在开始。

冯亚东教授是西南政法大学78级的。78级出了不少高官和杰出的学者，冯亚东教授也是我们国内最著名的刑法学者之一。下面有请冯亚东教授演讲。

冯亚东　各位老师、各位同学，晚上好！非常高兴能够来到这里和大家一起交流。我今晚要讲的题目是“刑法典对犯罪论体系的制约关系”。这个题目是今年我在《中外法学》第3期上发表的一篇文章，文章发表后引起了一些反响，所以论坛专门邀请我就这个题目讲一下自己的观点。我就按照这篇文章的思路讲一下。

我首先简单介绍一下犯罪论体系之争。几十年来，我国刑法学界对源自苏联的犯罪论体系逐步调整和完善，使之最终成为我国刑法界居主导地位的通说性理论体系，并对当代中国刑法学的定型与发展，起着最重要的结构性支撑作用。时至今日，不少学者仍然十分执著地进行着这种努力，试图进一步完善通说体系。但近十几年来，随着对问题讨论的逐步深入，不断有学者对通说体系提出了质疑和挑战，主张在现阶段主要应借鉴德国较为成熟的犯罪论体系以重构中国体系。显然，问题的讨论关系到刑法学之基本格局的设置，进一步关系到司法实践中应沿着何种思路去调动规范以分析案件，最终当然会关系到对疑难案件裁判结论的处断：是有罪还是无罪，是此罪还是彼罪。

在当今中国发生着多方面制度转型的社会大背景下，犯罪论体系究竟应向何处去？刑法学人不得不尽力思索以作出自己的回应。但是，就现阶段讨论状况看，更多却只是停留在各种技术性问题的争论上，诸如将德国理论中的“三阶层”与通说的“四要件”简单比对，试图论证不同体系之是非优劣。而我认为，这种分析思路及结论虽有一定道理，但却并不能从根本上解析困惑。不同的犯罪论体系其自身是如何形成的，各自究竟针对的是什么样的问题？进一步设问，不同体系所针对的“犯罪”样态有无差异，这种差异是否足以导致“犯罪论”在体系设置上各有不同？我想沿着这样一种认识思路，就影响犯罪论体系构造的若干前提性、基础性的问题展开分析，共讲四个大问题。

第一个大问题是我们在基础理论方面需要达成的共识，即完善派和重构派必须在基础理论方面达成共识，否则后面的讨论都将是仁者见仁，智者见智。

当下在犯罪论体系讨论中所遭遇的多方争议、种种困惑，或多或少都必定与论者对“犯罪论是个什么东西”之不同理解相关，即犯罪论在形式逻辑上可归属的上位概念是什么，是理论，还是法律，抑或其他。尽管多数场合均无须明确交代前提性的论证原点，但学者们对问题的讨论都只能在一种自我观念所假定的事物本态之前提下展开。由于各自假定想象的前提有所不同，故讨论的混乱也就在所难免。今天我们关于犯罪论体系的讨论已经十几年了，到现在也没有达成共识，我认为是有一些前提性的问题没有解决。前提性的问题我只讲两个：

第一个是法律与法学的关系。显然，刑法典与刑法学必须进行区分，也能够轻而易举予以区分，刑法典是一部法律，而刑法学是一门学问、一种理论。但一旦进入具体问题的讨论时，两者的界域却又往往纠缠不清。这一现象无论是在德国还是中国，都同样长期存在。德国学者贝林当年在构造犯罪论体系时，特别强调体系中的“构成要件”就是刑法分则的罪状，将理论体系下的某一个部分，即构成要件视为法律本身；而在形式逻辑的上下位关系中，凡是被犯罪论著述所论及的构成要件，只能归属于一种阐释性的理论，除非是一字不差照搬法条。时至今日，德国的一些学者仍然沿袭的是这样的思路。在中国刑法教科书中，此类提法亦屡屡出现，如犯罪构成的法定说强调“犯罪构成是区分罪与非罪的唯一标准”，并将学者们解释法条自编自述理论化的犯罪构成，视为“唯一标准”即法律本身。而事实上，刑法教科书中的所有内容，在逻辑归属上均系一种解读刑法条文的学问或理论；对“构成要件”具体内容的解释，只会是因学者的不同理解而各自相异，其在基本形态上只能归属于一种理论性构造。其实，无论是德国语境下的刑法信条学或称为刑法教义学，还是中国语境下的刑法解释学，都更多的是将静态的刑法文本及其动态的司法适用，作为学科之主要研究对象而建立起来的理论体系。两者是法律和法学的关系，即我们的犯罪构成其实仅仅是一种理论，而非法律本身。这是第一点需要澄清的。

第二个需要澄清的前提性问题是构成要件的理论属性。在刑法典所规定的“犯罪”与刑法学所讨论的“犯罪”即犯罪论，分属不同本体形态之观念前提下，还需要对犯罪论体系中的核心概念“构成要件”进行一番辨析。德国从统一前1813年的《巴伐利亚刑法典》到现行刑法典，均明文规定有“Tatbestand”一术语，我国学者将其译为“构成要件”或称“犯罪构成”。该法定术语应该说对德国刑法学及犯罪论的理论建构产生了深远影响。

但其实，即使立法采用“构成要件”的术语，它同犯罪论体系中的“构成要件”并非同一概念，两者的内涵及外延并不相同，在形式逻辑上属于以同一语词表达的不同的概念。粗疏简洁之法定“构成要件”只是理论的研究对象，而精密完整之犯罪论体系中的“构成要件”，在内涵及外延方面已经大大超越了法律本身。由于法条本身只需要对成立犯罪的基本条件作出实质性的明示即可，且在中国刑法典中并未使用“犯罪构成”或“构成要件”的术语，故在中国刑法语境下的这类提法便仅仅在理论上方可成立，而对《刑法》总、分则中犯罪的种种描述，在解释学上可指称为“法定成罪条件”，并不需要刻意区分为德国语境下的“法定的构成要件”和“理论的构成要件”。

事实上，不管是对理论家还是司法者，无论法律条文本身是否使用“构成要件”一类的字眼，只要不是一字不差地忠实引用条文，只要是在对条文进行一种自我式的理解或注释，则统统应当划归法学理论或法律思维的范畴。正因为我们所运用的犯罪论体系仅仅只是一种法律解释理论，所以才有可能也有必要对之进行是“完善”抑或“重构”的讨论。正是凭借着可以时时修正、不断调适的动态理论，那些几年前、几十年前甚至100年前制定的静态文本，如颁布于1907年的《现行日本刑法》，才能够不断释放能量并保持活力生机。

就犯罪论之本体属性问题进行探讨，在中国刑法语境下或许可以达成某种共识：犯罪论体系属于学者们自觉自为的理论塑造，其主要功能实乃一种中介性之分析工具，即帮助司法快捷准确地完成将刑法规范与生活事案进行对接的工作。犯罪论一头连接着简约概括的刑法典，一头连接着纷繁琐碎的案件事实，在两者之间形成一种供司法官可以快捷方便来回切换的分析路径，使法条的简约意义能够准确地进入到繁杂事实，进而使案件在规范下获得清楚、具体、具有高度说服力的评价结论。作为一种解说法律评判案件的中介性理论工具，哪一种更简单、更准确、更具说服力，哪一种当然就是相对最好的。由此也可以推断：一国刑法典对犯罪的规制方式及内容设定，在很大程度上便已决定了该国学者对犯罪论体系该如何构造；犯罪论所搭建的具体分析路径及语言表述，必须同刑法典的宏观结构及法定术语尽量相扣，否则其中介作用就难以实现甚至不能实现。

由于当今中国刑法学界关于犯罪构成体系“三阶层”或者“四要件”的讨论，实际上都集中在理论层面的意义上进行，又由于在解释学的层面上“法律是不能被批评的”，故余下的工作便只能是在对法律之基本格局的观照及其约束下，如何以自己的技巧和智慧去设定一种更能契合生活事理关系的理论体系。而不管我们是否能够自觉认识或刻意强调，犯罪论在本体属性上都仅仅只是学者们解说刑法而形成的一种理论。既如此，不同国家的这种理论以及关于理论的体系构造，又是如何设定的呢？

我讲的第二个大问题，即中国的刑法典与犯罪论。

在较为纯粹的刑法解释学意义上，犯罪论之体系构造必须服从并服务于刑法典的体系。而不同国家的刑法典基于自身的历史、文化和现实国情，对“犯罪”的规制自然是各有差异，由此便也从根本上决定了犯罪论之理论体系亦当然有所不同。

新中国建立初期，在推倒旧法统的同时，我国老一代的刑法学者在极其艰难的条件下，以全国人大拟定的刑法草案为蓝本并借鉴苏联的刑法学体系，从理论上建立起基本覆盖各种犯罪问题的犯罪论体系，形成以犯罪构成及其四要件为主干的中国刑法学教科书体例。1979 年 7 月，全国人大五届二次会议在刑法草案第 33 稿的基础上，正式通过颁行了新中国第一部刑法典，刑法学对其的研究及相应的学科建设亦紧随其后。对应于中国刑法典对犯罪的规制方式，中国的犯罪论体系便理所当然地被设置为犯罪概念、犯罪构成、与犯罪相关的特殊形态三大并列的板块：

第一，犯罪概念。我国 1979 年《刑法》和 1997 年《刑法》都对犯罪下了一个实质性的定义。现行《刑法》第 13 条开章明义规定：“一切危害国家主权、领土完整和安全，分裂国家、颠覆人民民主专政的政权和推翻社会主义制度，破坏社会秩序和经济秩序，侵犯国有财产或者劳动群众集体所有的财产，侵犯公民私人所有的财产，侵犯公民的人身权利、民主权利和其他权利，以及其他危害社会的行为，依照法律应当受刑罚处罚的，都是犯罪。但是情节显著轻微危害不大的，不认为是犯罪。”该总则性规定是对分则所有犯罪之共同属性的高度概括。按照该规定，对所有的具体犯罪在宏观认定上不仅须定性“危害社会”，还存在定量问题，对应于“危害不大”，则只有危害严重的才认为是犯罪，即中国刑法对犯罪采取的是一种“既定性也定量”的基本规制方式。于此，在犯罪论体系的构造上便也须首先回应这一硬性规定。学者们以“犯罪概念”的提法及相应篇章对该规定进行理论性概括，并将其置于犯罪论的首位予以体系化构造，从法定定义中进而推导出任何犯罪均具有的三方面基本属性，即严重的社会危害性、刑事违法性和应受刑罚处罚性，然后再对三性的具体含义逐一进行细致阐释，试图为司法从宏观上解决罪与非罪之间的定量问题，提供一些有参考价值的思路。但必须承认的是，到目前为止，学者们在这方面的工作做得极为不够。究竟应该如何由量而及罪，始终是司法不断遭遇的高难度问题，如暴力究竟须达到何种程度才构成妨害公务罪，中学生使用轻微暴力抢走同学多少财物才构成抢劫罪？

第二，犯罪构成。立法者制定刑法的基本思路为规定“什么是犯罪”，持一种“入罪”的思维定式，即对犯罪成立的基本条件进行刻画描述，在总则中对所有犯罪的共性条件一并总括性地予以规定，分则中则侧重于对个罪的具体特征作出描述。由于立法在语言使用上的局限性，只能是高度概括并极为简约，故而向社会所传递的规制信息便只具宏观大致的导向意义，对司法在疑难事案中区分不同性质行为之间的微观界限，可以说是基本不具备实际操作价值。为此，犯罪论中最重要的一个部分——犯罪构成，在中国刑法语境下便接续着对犯罪概念的宏观把握：对行为已经具有的严重社会危害性进行整体考量并进一步展开。具体说来，犯罪构成具有条件列示、语义阐释和路径导向之三方面功能：

其一，条件列示。在犯罪构成观念及形式逻辑原理的指导下，首先须将刑法明文列示或必然隐含的成罪基本条件逐一加以筛选整理，再以统一的四要件的形式予以具体列示，强调任何犯罪的成立均须分别符合四大要件，缺一不可。“要件”的完整词义即为形式逻辑中的必要条件，即犯罪客体、犯罪客观方面、犯罪主体和犯罪主观方面。

其二，语义阐释。四大要件在形式上仍然仅仅只是对成罪基本条件的概括，对司法亦只具宏观抽象的提示意义；结成每一要件的若干概念之具体语义，还得在对立法应有之精神及四要件相互关系的观照下进行具体阐释。在四要件体系已基本定型的前提下，对法条及由法条所引申之条件语义的阐释，成为刑法学者最为繁重的日常性工作。如《刑法》第264条对盗窃罪的罪状仅表述为，“盗窃公私财物，数额较大或者多次盗窃的”，即法定成罪条件中区别于其他犯罪的实质性提示仅为“盗窃”两字。在解释学上，学者们一般将其限定为“以秘密方法占有他人财物”。虽然以此规定性可以界分绝大多数案件，但一旦遭遇利用ATM机故障而趁机取款一类的新型案件，对何谓“秘密方法”仍然需要再行解释以致不断解释，如被舆论及学界极为关注的许霆案件。

其三，路径导向。在刑法解释学上对成罪条件作出列示并对其语义进行阐释，这种实质性的分析工作固然重要，但却并非建构犯罪论体系的全部。在对事案该如何调动各要件进行分析的路径选择上，这种看似纯粹的技术性问题，亦成为犯罪论中一个非常重要的问题。在立法定式、司法惯性、学术思潮及社会效应等多方面因素的互动影响下，几十年来我国刑法界在既定格局下形成了一种对犯罪论体系的“路径依赖”，即循着一种从犯罪客体到犯罪客观方面，再转至犯罪主体并最后进入犯罪主观方面的分析思路，以解析案情并阐明理由。

第三，与犯罪相关的特殊形态。在对犯罪的定量及定性问题均已考虑的前提下，犯罪论中尚存一个前两大板块无法统摄的大问题，即与犯罪相关的特殊形态问题。于此，在犯罪论中紧随对犯罪构成及其四要件的理论叙述，事实上便形成了相对独立的第三部分内容，即在成罪基本条件之外再行讨论排除犯罪性的行为、故意犯罪的结束形态、共同犯罪和罪数形态等四个所谓的特殊形态问题，以对应刑法典相关条文的规定。

以上就是我国通说犯罪论体系的基本构造。需要强调的是，中国犯罪论体系的上述构造方式并非是中国学者自觉而为，而是大体上承袭了苏联刑法学的基本格局。但是，我们应该看到，苏联刑法学犯罪论体系的来源并不是特拉伊宁的创造，而是研习沙皇时代的刑法理论，是塔甘采夫时期就形成的理论体系。这一点我只能作为一个假设提出来，实际上我最近正在组织学生研究该课题。由于犯罪论并非是供学者们孤芳自赏、百家争鸣的书斋学问，其在主要方面是为司法者裁判案件提供共识性的方法和理由而设定，并且中国现阶段的犯罪论一定是服从于现行刑法典以解决中国当下的刑法问题，于是我们有理由可以断言：在中国刑法典对犯罪的规制方式未能有大的调整前，无论学者们如何一厢情愿的努力，中国犯罪论之基本格局在司法运用中都不可能发生根本改变。

我要讲的第三个大问题是德国刑法典与犯罪论。

在上述“刑法典决定犯罪论”的“定律”的支配下，德国刑法界自近代以来便渐次形成了具有自身特色的犯罪论体系。从德国刑法典对“犯罪”的规制方式看，大大有别于中国刑法而主要表现为两方面：一是对所有的危害行为原则上均“只定性不定量”；二是所规制的行为包括两种基本类型，即客观的违法行为和主客观相统一的犯罪行为。由于这两方面的根本差异，进而便决定了德国学者们在对犯罪论体系的构造上，与沙俄、苏联和中国的体系大有不同：

第一，德国犯罪论中基本不存在对犯罪的定量评价问题。西方社会基于自身的文化和国情，在长期的历史演进过程中逐步形成一种“小政府、大社会”的管理模式，政府对社会的行政管理权力极为受限，相对较弱，大量的各类危害行为便只得被归入刑法，设定为犯罪并由相对于行政权力的司法权力作专断性处置，由此而形成一种立法对各种犯罪原则上“只定性不定量”而较为苛严的法治格局。与此格局相适应，德国犯罪论在基本体系的设置上也就无须关注对犯罪量度的界定问题，而只在异态、微观的问题上有所涉及。虽然在形式上德国犯罪论中似乎也有犯罪概念，即犯罪是“该当、违法、有责的行为”，但若将其置入中国刑法语境，则可表述为犯罪是“符合四要件的行为”。显然，在中国语境下，此形式化的概念纯属多余，因为犯罪构成本身就专门解决此问题。

由于定量乃系一种综合性的判断，并非单一的某一要件或阶层能够解决，故中国刑法主要为解决该问题而必须设定具有整体评价意义的犯罪概念，由此也造成在诉讼制度、司法制度乃至相应配套的一系列制度的设计上出现重大差异。在我国现阶段每年约发生300多万件刑事案件的前提下，若采德国的刑法模式，犯罪数量将达数千万。所以，我们不大可能采用德国这种只定性不定量的模式。

第二，德国犯罪论必须解决对无责任能力人的刑法归责问题。早在18世纪，克莱因作为普鲁士刑法的创建者，就首先提出了“保安处分”的理论，1799年不定期的保安刑罚被引入《普鲁士刑法》，德国其他地区的刑事立法亦紧随其后。迄今为止，《德国刑法典》仍然保持着这样的基本格局。由于《德国刑法典》中一直保持着两种不同样态的行为，与之相对应，便形成一种二元的责任归咎制度。对无责任能力人实施的客观违法行为，相应采取刑法上的保安处分措施；对正常责任能力人实施的主客观相对合的犯罪行为，相应施以刑罚的处罚，必要时也可辅以保安处分措施。

《德国刑法典》对“行为”及其法律后果的这种规制方式，从根本上决定了德国犯罪论体系在基本结构上的所谓阶层构造，必须在同一犯罪论体系下对这两重样态的行为，分别作出是否予以归责以及如何归责的具体阐释。如果在犯罪论体系上不采阶层式的构造方式，则因与刑法典不能完整地对接而很大程度上会失去司法的应用价值。于此，德国从19世纪至今的犯罪论体系，至少可以说在表现形式上，都是围绕着刑法典这一基本格局而展开的。尽管德国100年来经历了巨大的社会变迁，但在刑法典对犯罪的规制模式并未作出根本改变的前提下，无论学者们基于哪个时代、哪种知识背景，绝大多数都是采用阶层模式对之进行解说，哪种体系都无法绕过客观的违法行为这一立法基点。

第三，德国犯罪论中的其他特殊问题。我主要讲一下它和中国刑法典不一样的正当防卫和共同犯罪。

关于正当防卫，在犯罪论上对正当防卫该如何设置并如何作具体分析，亦成为“重构论”诟病通说体系的重要依据。其实，司法对正当防卫的认定，绝不可能以不符合犯罪的成立条件即从反面作出排除性认识而直接进行，能够阻却行为之违法性的实质性理由，只能是由于行为乃系正当防卫。对貌似正当防卫案件的识别，均只能先从正面以正当防卫的诸条件逐一进行精细考量，若均符合，则在逻辑上才可以当然地从反面推导“阻却违法性”；若不符合，则自然会转入另一问题的层面，即对犯罪条件体系作能否定罪的分析。故此，德国犯罪论体系将所有的“违法阻却事由”均置于违法性阶层下讨论，只能说是一种不得不与刑法典相对应并考虑犯罪论体系之宏观布局的做法，违背司法认识规律这一隐形的细节问题已不可能兼顾。并且，由于违法是客观的，故在理论上便可推导出对正常能力人、儿童或精神病人所实施的危害行为，均可同等地实行正当防卫的结论。而在中国刑法的视野下，对精神病人或儿童所实施的危害，如果是明知的话，只能进行紧急避险。

而关于共同犯罪，《德国刑法典》第三节中规定了共同行为人由正犯/共犯组成，并规定“都不考虑他人的责任而根据其责任处罚”，即共同行为的每一参与人，均只对自己实施的具体行为承担责任。这种规定，显然也是衔接于二重行为样态和二元责任制度的。违法虽然是客观的、共同的，但责任却只能是主观的、个别的，有责任能力人并不应该为无责任能力人分担责任。于此，在犯罪论体系的构造上就必须回应这些硬性规定，也就相应导致对之的解释理论异常复杂。而中国刑法典在“主客观相统一”的理念下，对共同犯罪只是限制规定为“二人以上共同故意犯罪”，无“共同故意”则必无共同犯罪。而“故意”则又是以达到刑事责任年龄并具有刑事责任能力为必要前提的，并明确区分了主犯、从犯、胁从犯和教唆犯。这与德国刑法对共同犯罪人的分类截然不同。由于这种不同的制度设计方式，故而以德国犯罪论中的共犯理论根本就无法解说中国的刑法问题，或者以中国的通说理论也不可能破解德国的刑法问题。

第四，阶层构造决定方法路径。德国的犯罪论体系由于受其刑法典的制约，于是在基本形态上便只能采一种阶层式的构造，必须先行对客观的违法行为作出准确界定，是否该当于构成要件以及是否属于违法。在此层面，两重样态的行为，其意义均完全相同，均具有该当性和违法性而足以评价为客观的违法行为，均须承担刑法上的法律后果。在此前提下才可能转入对后续问题的分析，即行为之主体是否具备有责性，也就是是否具有支配行为的具体罪过以及是否具有责任阻却事由。对有责性之有无的分析及所取结论，却又并非只是简单地决定对行为人归责方式的不同，而是将主要导致两方面的刑法评价结论：一方面，对不具备有责性的精神病人，可在刑法归责上直接适用保安处分；另一方面，对具备有责性的正常行为人，此时原则上才可定性为犯罪，至于是否应受刑罚处罚，还须再进入到其他可罚性条件进行论证分析。以上是《德国刑法典》和犯罪论的关系。

我要讲的第四个大问题是中国犯罪论体系的应然选择。

前文讲到，既然一国的犯罪论体系之基本结构及谋篇布局，总是服从并服务于该国刑法典之实体内容，因而在此前提下，现阶段对中国犯罪论体系是该“完善”还是该“重构”的讨论，便有了一个看似宏观但却非常明确的方向。我的观点如下：

第一，在现行刑法的格局下对犯罪论不应作结构性调整。由于我国现行《刑法》对犯罪采取的是“既定性也定量”的规制模式，于是中国的犯罪论体系便只能形成犯罪概念、犯罪构成和与犯罪相关的特殊形态之三大板块；又由于在定量的前提下仅存在一重样态，即主客观相统一的犯罪，故不管学者们能否自觉认识，通说性的犯罪构成理论便始终围绕这一十分单纯的问题场域而展开“四要件”的解说体系。在刑法的解释学上若偏离这一场域，所构造的理论必然或是“无用”或是“乱用”，或是其内容根本就不能归属于解释学而往往属于立法学、犯罪学、刑事政策学、行为学、心理学或其他学科。虽然在对刑法的解释上的确需要这类知识，但毕竟应明确每一学科基本的研究对象及问题场域。

根据我国《刑法》第14、第15和第16条的规定，任何犯罪要么是故意，要么是过失，否则为意外事件或不可抗力而不认为是犯罪。《刑法》第17、18条中规定的对儿童和精神病人实施危害行为后的处置方式，仅属一种“注意性规定”，而并非刑法中完整的责任性制度构造，实践中均是通过行政手段直接予以处置，其意义完全不同于《德国刑法典》第三章第六节规定的改善与保安处分。客观的违法行为也须承担刑法上的法律后果，须进入复杂的司法程序进行处置而非简单地以行政手段就予解决。中国《刑法》第二章为“犯罪”，是只规定了主客观相统一的犯罪，与之相对应的法律后果仅为第三章的“刑罚”，根本就不存在客观的违法行为及其刑法后果问题。此法定格局便也意味着：在中国现阶段，如果一定要强调对犯罪论作阶层式的“重构”，则首先须作调整的应是刑法典而非犯罪论！

聚焦于任何犯罪皆为主客观相统一这一实质性问题的原点，中国犯罪论中专门论证犯罪成立所必需之基本条件的犯罪构成体系，便也随之而展开。从通说性的四要件体系看，其对客体和客观方面两大要件所设置的主要内容，均可归属于“客观面”；而主体和主观方面两大要件的内容，则可归属于“主观面”。于此，也能够切实保证对犯罪进行完整精细的分析，以将刑法典的宏观规定在具体事案中予以实现。并且，即使从“完善”的角度出发，考虑到司法的统一性和连续性之要求，若不能揭示原有体系在条件列示方式上存有的重大缺陷，则也全无必要标新立异地提出“三要件”“五要件”，或对“四要件”内部之诸要素进行重新分配的学说。

第二，关于我们对德国体系的方法论借鉴。犯罪论在体系构造上对司法具有“路径导向”的功能，是一种如何调动刑法规范以切入具体事案的分析技术。今天中国刑法学界对犯罪论体系是该“完善”还是“重构”的讨论，其争论焦点也就主要集中在这一十分“技术”的问题上，究竟应循哪一种路径去分析案件？但是，对任何看似技术性问题的讨论，都应服从于技术所欲解决的实质性问题，哪一种分析方法或论证思路更简捷、更准确、更有利于司法者相互交换信息并向社会顺畅传递，在实质性问题中其实已经暗含着一种解决问题的路径与方法。

从前述德国的犯罪论对“犯罪”的分析思路看，循体系之阶层架构只能形成一种从客观面到主观面的思维路径，即犯罪论在路径导向的功能方面，对司法之刚性约束及必须遵循的引导意义，尤为明显和突出，一旦违背则分析工作便难以进行。但在中国犯罪论体系下，却并不能由三大板块之逻辑关系、四要件之内在关系而推导该结论。但是我认为，我们应该特别强调这一点，把客体和客观方面强调为客观面，把主体和主观方面强调为主观面，而且严格秉承一种从客体、客观方面到主体、主观方面的分析思路。这也是德国刑法对中国刑法的一点启示。

第三，四要件体系在方法论上的具体运用。按照通说的四要件体系以及从客观到主观的分析进路，并依循“无前必无后”的逻辑规则，对疑难案件的分析及表述一般都应严格按照以下要件序列进行，并对要件所指涉的事实逐一在诉讼过程中予以切实证明：

其一，根据刑法理论上对具体犯罪的客体要件之规定性的揭示与描述，以确定案件中的具体行为是否侵损该种法益。如果并不涉及该法益受损的问题，则无法将行为在所讨论的罪名下定位，因为行为若不符合某一具体构成的客体规定性，则肯定不构成该罪。

其二，在客体要件符合的前提下再分析客观方面要件。根据被侵犯的法益之具体种类，将思路由法益转向与之关联的具体行为、具体的危害结果及其两者之间的因果关系，以确定是否符合客观方面要件的具体规定性。

其三，由于危害行为是由特定主体发出的，该主体作为“社会人”的一般性能力及身份，对客观行为之刑法性质的评价必然产生重大影响，故需要在主体要件所预设之规定性下考察行为人是否适格，即是否具备追究刑事责任的年龄、能力的基本资格，是否符合某些犯罪中对特殊身份的专门要求，如职务类犯罪。对犯罪主体要件在犯罪论体系中作单独构造，实为中国犯罪论体系较之德国体系更为合理和实用之处。

其四，根据“无能力必无罪过”（这一中国刑法为切实保护未成年人所作的一种拟制而并非生活的真实的法律拟制机理），在达到刑事责任年龄并具备刑事责任能力的前提下，再考察主观方面的要件，对行为人支配外观危害行为的瞬间心态进行分析，即主观上有无罪过，有故意还是有过失的罪过，并考虑主观方面要件中的其他特殊问题，如犯罪的动机、目的及认识错误等问题。

我国四要件犯罪论体系秉承以上这样一种思路来分析案件，我觉得是非常合适的。

今天我就“刑法典对犯罪论体系的制约关系”这一主题就讲到这里。谢谢大家！

刘明祥 今天的论坛活动进入点评阶段。我们事先选定了4位教授作为今天的评论人。由邓子滨教授先作点评。

邓子滨 谢谢各位。

首先，要和冯老师事先申明，他的观点我不同意，希望冯老师能够承让我这位学术后生。冯老师是我认为的中国刑法学界真正严谨的学者，我向大家推荐冯老师《平等、自由与中西文明：兼谈自然法》一书，这是一本真正好看的书。但是，冯老师关于刑法典和犯罪论的关系我是不赞同的。我们的刑法，到底是干什么的？一言以蔽之，刑法就是要制约国家权力的。如果为了便于行使国家权力，最简单的方式就是不要法律。即便是一个很坏的法律，对统治者都是有制约的。真正的暴君，即便是最坏的法律都不想要。

其次，冯老师说的刑法典对犯罪论的制约关系，我是不赞成的。任何一个国家的刑法典都不是空穴来风的，而是来源于一个国家的政治背景以及既往的刑法理论。刑法典的诞生，和一个国家某阶段的法治状况是相吻合的。随着中国法治的逐渐进步，罪刑法定原则的提出，类推制度废除了，这恰恰说明了社会政治生活引导了犯罪论体系的深入发展，而不是刑法典制约了犯罪论。

再次，三阶层和四要件的争论，一言以蔽之，就是一个出身问题。启蒙时期，为了对抗司法擅断，提出了罪刑法定的思想，但这仅仅是一个思想，于是三阶层的构成要件理论就产生了。它就是为了兑现罪刑法定思想而来的。四要件犯罪构成理论来源于沙俄，而沙俄的理论就是从德国来的。如果启蒙思想彻底在俄国传播了，就不会后续地发生十月革命。沙俄对三阶层犯罪论体系的改变，主要有三个重要方面。一是它突出了客体。二是它突出了社会危害性，将社会危害性置于法律的字面含义之上。三是它不要罪刑法定原则，规定了类推制度。处于改革开放初期的中国，没有其他理论资源可以借鉴，只能借鉴苏联。不是说中国人接受不了德国的刑法学理论，在民国时期，中国就已经接受了德国的刑法理论，之所以后来没有延续下来，是因为政治氛围不对。我有一个比较个人化的判断，就是一个理论好不好要看它的政治土壤，有毒的土壤是不能生成好种子的。来源于苏俄的、到斯大林时期成熟的这种国家主义的理论，随着我国人权保护理念的发展，我们的法律应当更新了。

三阶层和四要件两种犯罪论体系的另一个重要差异，就是形式还是实质。如果客体判断优先、社会危害性判断优先，甚至允许类推适用法律，那么整个过程就是一个实质化的过程，是权力受到拘束后试图解脱的一种过程。假如我们把问题推到极致，即绝对的形式主义，虽然不好，但是它对国家权力的限制还是更好一些。

最后，我想说的是，我们关于实质和形式的争论，和我国法治的历史阶段有关。反形式主义法律，只有在两种情况下存在：一是法治极不成熟，当法律对权力进行约束，权力就试图突破法律的界限；二是法治经过了一定时间的发展，对形式主义的东西就要进行一定程度的纠偏。西方的一些理论也有一些向回走的倾向，如“毒树之果”，但是这些国家的法治是发展了很长时间的。所以，首先是个理念问题，理念决定方法。在一定理念决定下，还要选择立场，因为立场也决定方法。你选择什么方法，其实也反映了你背后的理念和立场。

刘明祥 下面请阮齐林教授进行点评。

阮齐林 冯教授就刑法典对犯罪论体系的制约，为我们作了一个非常有启发的讲解。但是，我认为这个结论是没有论据支持的，主要有四点。

第一点，冯教授认为因为中德刑法典的差异，导致了中德犯罪论体系的差异。他所说的影响法典的两个最大的差异，一个是客观的不法或者说客观的犯罪观念；另一个是刑罚和保安处分的二元结构。并由此导致二元行为和二元责任，导致犯罪论体系结构上的差异。而我认为，在这两点上，中德刑法典并没有实质的区别。首先，关于客观犯罪观念的问题，中国《刑法》第16条就已经作了规定：行为在客观上造成了损害结果，但没有故意或过失，不认为是犯罪。这个地方还是有客观上造成的损害，主观有没有责任这样一个两分的结构。其次，关于精神病人和未成年人的刑事责任的问题，《中国刑法》也作出了规定，即在必要的时候由政府强制医疗、收容教养等。可能冯教授会说，我们刑法中没有作出处罚的规定。我认为我们在处理上还是一样的，对于有刑事责任能力的人给予刑事处罚，对于没有刑事责任能力的人给予保安处分，只不过说我们没有在刑法中给它一个正式的“名分”而已。之所以不给它一个正式的“名分”，是因为我们国家认为，对这样的行为不进行刑罚处罚就已近乎宽待处理了，所以没有一个正式的名称。这是国家很强势或者说没有细致作业所形成的。因此可以看出，中德刑法的这两点所谓的差异，其实本身并不成立。

客观不法和主观责任这种观念是先于刑法典的。德国人一说到刑法，就说犯罪不外乎是客观不法和主观责任。真正两分法可以深入到哲学，我们的世界可以分为客观外在和人这种主观内在。对于人的行为，我们也采取了主客观两分的结构。可以认为，只要存在人的心灵，总不免采取这种主观面和客观面的分析方法。从刑法典看到的客观不法和主观责任这样的两分法，是人类在观察和分析有灵动物时的一个普适的方法。英美刑法也是犯意、犯行，客观、主观两分，这是比法典更为深层的哲学上的，甚至是人的认知方面的方法论的渊源。所以说，不是法典决定了两分，而是我们的观念决定了两分。《德国刑法典》是刑法学之父费尔巴哈担任巴伐利亚司法部长时起草的，这属于学者起草的法典，因此刑法典逻辑比较严谨。因此，冯教授所说的两国刑法典结构的差异所导致的两国理论的差异，其实是不存在的，或者说是微不足道的。

第二点，理论的差异，两者其实就是一元和二元的差异。中国的犯罪论是二元的。一个就是犯罪特征论，犯罪就是危害社会的、依法应受刑罚惩罚的行为。因此，犯罪行为有三个特征，即社会危害性、刑事违法性、应受处罚性；还有一个是和这个并立的犯罪成立条件总和，那就是犯罪构成的四个要件。这样等于中国的犯罪论建立了两个并立的犯罪一般要件：一个是三特征，一个是四要件。四要件是犯罪成立要件的总和，三特征也是犯罪成立要件的总和，所以我们认为中国的犯罪论是二元的。而三阶层犯罪论则没有这个特征，它就是一个犯罪的结构概念，犯罪是该当构成要件、依法应当受刑罚处罚的行为。因此，法官第一判断行为事实是否符合构成要件；第二就是违法性判断，也就是是否具有社会危害性；第三就是违法行为是否应当受到责备，这些都符合，就认为成立犯罪了。三阶层是一个充足的条件，四要件也是一个充足的条件。中国是一个二元的充足条件，但是三阶层是一元的，这是两者最大的差别。这个差别导致它们在构成要件上的一个巨大差别：三阶层构成要件论的概念，是和违法、责任并立的一个概念，因此它只是犯罪成立的要件之一，而不是总和，这决定了它的狭义性，以及特指刑法分则各条之罪状所描述的特有的犯罪要件。中国的四要件，因为是犯罪成立条件的总和，就导致了它的广义性，不可能对应于我们法律上的任何一个部位，这就形成了广义的、总和的犯罪构成。

第三点，四要件论有个问题，就是冯教授所说的，判断的客体是对法益的侵害，这是一个抽象的判断。如果说以这种抽象的判断入门，显而易见，它是模糊的。在贝林之前，犯罪就是违法和责任两个要件。这一点大家可以看费尔巴哈的《刑法学纲要》。这本书总则里说对权利的侵害就是违法，然后说到了责任。虽然有构成要件这个概念，但是出现在分则概述中。这说明在贝林之前，犯罪是两要件。为什么要加上一个构成要件，李海东在《刑法原理入门（犯罪论基础)》里面说得特别清楚，就是说贝林有感于违法和责任的概念过于笼统，过于概化，飘忽不定，为了把它精准化，所以在前面加上一个构成要件的概念。但是，过去都认为，客观违法、主观有责已经是犯罪成立的全部要件，为了避免重复，贝林强调这个构成要件是纯客观的、价值中立的，把它的违法的、责任的内容都撇开。实际上它就是一个空壳，是一个技术性的概念，是为了提醒人们什么是犯罪行为。所以贝林三要件阶层的思想，至今盛行不衰。虽然现在构成要件概念已经非常实体化了，例如，构成要件是违法有责的定型，但是它有一个宝贵的地方，就是它保持了定罪的入口是形式的、刻板的，要求符合法律的构成要素，其中就包括首先是客观要素，然后再是主观要素。在这个入口的问题上，客体先行是比较危险的。

第四点，对于冯教授所说的，法不改，犯罪论体系就不改。我认为这个说法是很成问题的。原因在于：首先，它不符合事实。因为德国、日本的刑法虽然高度稳定，但是它有很多种理论体系，而且在这些体系中有些概念是先于法典存在的。其次，作为学人，应该以我们的知识体系、价值来发挥理论的主观能动性，影响法律，而不是受法律的制约。所以这样一个观念，也影响了学者的主观能动性。最后，其实中国的刑法典更容易接受三要件的理论。我们只要把犯罪特征说一下就知道了。刑事违法性等于构成要件该当性，社会危害性等于违法性，应受惩罚性等于有责性。而且《刑法》第二章中就有犯罪和刑事责任的概念。在这种情况下，我们只要把犯罪四要件论，在犯罪特征中的刑事违法性里面展开，就是一个标准的三要件论的体系。由二元变为一元，我们的犯罪论体系更整洁，评价犯罪论的一般标准也由两个变为了一个。至于量的问题，其实每个国家都存在，德国也有量的问题。所谓的可罚的违法性也就是量的问题。应该说，中国刑法很简单，就是犯罪构成特征论，所采取的是三要件论。犯罪是危害社会的，依法应受惩罚的行为。完全可以契合。只要把四要件论的犯罪构成特征收到刑事违法性下面，另外顺序可以调一下：作为立法概念，社会危害性超前是没有问题的；作为司法概念，刑事违法性超前，其具体内容就是构成要件该当，然后是社会危害性，再后是应受惩罚性。应受惩罚性的意思要素，分为故意、过失；责任分为责任年龄和责任能力。非常的简单。因此，如果认为刑法典对刑法体系有制约作用，我们应该依托《刑法》第13条构建三要件论的犯罪论体系，这也是有法律来源的。德国的三要件论还没有法律的来源，我们比他们还更好。四要件论也没有找到法律上的根据。这个东西之所以能够形成，我猜测我们学的是《苏俄刑法典》。大概在1919年，苏维埃刑法典中有一个苏维埃刑事立法纲要，这个纲要是一个总则性的东西，各加盟共和国再自己根据这个纲要去制定总则或者分则。它对各个加盟共和国的立法有一个约束，符合纲要所规定的实质特征的才能规定为犯罪。这个纲要就是通过塑造犯罪的一般规格，指导各个加盟共和国去制定刑法典，这样可能就形成了实质的犯罪概念以及重总则轻分则的现象。那个时候来中国传播刑法理论的，一般不是加盟共和国的专家，而是苏联中央的专家，他们比较重总则轻分则。

刘明祥　下面请冯军教授来作点评。

冯军　尊敬的冯亚东教授，各位老师，各位同学，大家晚上好。我首先要感谢冯教授作了这样一个精彩的报告。我首先说说对您本人的感想。在中国刑法学界，有两个学者令我抱有特别矛盾的心理。这两位学者今天都在这里，一位是冯亚东教授；另一位就是刘明祥教授。一方面，我觉得和他们很近，有一种亲人的感觉；另一方面，又让我觉得特别的远。我说的远和近，除了我们的私交之外，主要是我们的学问态度和理论认识。这两位学者，你会特别尊敬他们。他们非常勤奋地进行研究，他们又对学问非常忠诚。他们的文章，引经据典，把问题梳理得很清楚，读了之后总会有所启发。但是，我说的主要是他们的大前提，他们的大前提很正确。可是，之所以远，是因为他们论证之后得出的结论，是我完全不能接受的。

冯亚东教授的这篇文章，已经发表在《中外法学》2012年第3期上。刘明祥教授的文章，即《“被教唆的人没有犯被教唆的罪”之解释》，发表在2011年《法学研究》第1期上，对问题进行了认真的讨论，但是得出的却是非常“可笑”的结论。当然，要发现这篇文章的“可笑”之处，是需要有相当深厚的刑法学知识的。在这里，对于亚东教授的观点，我提几点我的看法：

第一，我们做比较刑法的研究，到底应该如何进行？冯教授这篇文章主要涉及中德刑法的比较。比较刑法作为一种方法，最忌讳的东西就是光从概念着手。外国有个概念，我们有个概念，两者的概念表述不一样，然后我们就说它们不一样，这是不行的。虽然概念不同，但是如果它们的内容是一样的，就不能说它们不同。这是比较刑法中最重要的一点。在冯教授今天的这篇文章或者这次报告中，似乎没有完全理解这一点。

冯教授说，德国的刑法中使用了“构成要件”这个词，因此他们的阶层犯罪论体系就会把构成要件放在第一位，因为这是法典所决定的。然后，冯教授说我们中国刑法典根本就没有“构成要件”这个词，这个结论下得过早了。构成要件这个词，是中文的翻译，德文叫“Tatbestand”。“Tat”是什么含义，我们已经反复讨论过了。把“Tatbestand”译为“构成要件”，这只是一个翻译问题，而且这是从日本传过来的翻译。这个词的真实含义是什么呢？在德文中，它的真实含义是“存在一个行为”，表明刑法分则所规定的那个行为是存在的。“Bestand”是动词“bestehen”这个动词的名词化。因此，他们说的构成要件这个概念，实际上就是指存在一个行为。这个行为，不是一般的行为，而是一个被定型化了的分则构成要件所规定的行为，这就是它的真实含义。所以，“Tat”这个词，在《德国刑法典》以及文章中也引用过，例如韦塞尔斯说，我们的犯罪阶层体系，首先是从《德国刑法典》第1、9、10、25条中得出的。《德国刑法典》第1条规定的就是罪刑法定原则，该条说，只有当某行为被实施之前，法律已经确定可罚性之时，该行为才可以受到处罚。这里的行为就是“Tat”。我国《刑法》第3条也规定了罪刑法定原则，也是有行为这个词的。所以，我们不能说他们有构成要件这个词，我们没有构成要件这个词，因为两者的实质内容都是一样的。这一点一定要注意。

再比如冯教授说的“不法”“违法”，我国《刑法》中也有不法这个词，我国《刑法》第 20 条第 1 款说得很清楚，“为了使国家、公共利益、本人或者他人的人身、财产和其他权利免受正在进行的不法侵害”，这里的“不法侵害”和德国人说的“不法”没有什么两样。所以，不能说他们刑法中有这个词，而我们没有。

冯教授还谈到正犯，说德国刑法中有“正犯”这个词，而中国刑法中没有这个词。其实，这也是一个翻译的问题，不要被正犯这个翻译的词所误导。正犯这个词，在德文中叫“Täter”，“Täter”这个词就是我们前面所说的“Tat”这个词的一个主体性的表述。实施“Tat”的那个人就叫“Täter”。所以，实际上我没有把它译为正犯，而是翻译为“行为人”。那你说我国《刑法》中没有行为人这个词，那就不好说了。我国《刑法》第 25 条第 1 款说得很清楚，“共同犯罪是指二人以上共同故意犯罪”，“二人以上”就是一个“Täter”，只不过是一个共同的“Täter”，也就是我们说的共同正犯。所以，我们千万不能从某一个翻译的词中，推导出“他们有，我们没有”这样的结论。这一点，在我们研究外国刑法，尤其是做比较刑法时一定要特别注意。我们不能只对这个词做一个概念上的形式的比较，我们要看到在这个概念之下，有没有共同的内容。

我要强调的就是冯教授说，我们在进行中德比较的时候，一定要更全面地理解对方的理论。这虽然是一个老套的说法，但是我们往往没有注意。比如说，德国刑法在讲正当防卫的时候，他们讲客观不法，也就是对精神病人、儿童也容许进行正当防卫。这个说法是有问题的。我们可以再查德文资料，包括在这里引用的耶塞克的《德国刑法教科书》，他们都会说对精神病人、儿童的行为，哪怕是对你有危害的行为，原则上是不允许进行正当防卫的。然后他们会进一步地说，正当防卫可以分为攻击性的和防御性的，如果你要对精神病人和儿童进行正当防卫，你也只能进行防御性的正当防卫。防御性的正当防卫是指，当别人攻击你的时候，你不能主动还击，只能进行防御性的抵抗。你只能防御，不能主动去侵害精神病人和儿童。我们所谓的一些客观的不法论者们，误解了德国正当防卫的问题。我国有人主张对儿童和精神病人进行正当防卫，他们主张进行一种无限制的正当防卫，在德国刑法中的正当防卫中不是这样的。

冯教授讲到了威尔泽尔的物本逻辑，说根据威尔泽尔的物本逻辑的理论，就会主张从客观到主观，这个是有问题的。威尔泽尔的物本逻辑的最大贡献是把主观的东西放到了构成要件中去，他使构成要件主观化了。他的最大理论特色之一，是在违法论中讲到了人的不法论。他从物本逻辑这个理论中间，得不出从客观到主观这样的结论，也就是说先讨论客观，后讨论主观，把故意、过失放到最后。他的构成要件是一定有故意、过失的，就是在判断违法性之前就要考虑故意、过失。这是我们在进行比较研究的时候要注意的。

第二，冯教授主张犯罪是一个法律规定，而犯罪论是一个理论，犯罪论体系应该受到刑法典的制约。这个大前提是我非常欣赏的，我也非常赞同。德国学者主张三阶层，他们讲构成要件、违法、责任，这些都是从刑法典的条文中走出来的。但是，如果是比较中国《刑法》和《德国刑法典》，说它们有两点不同，然后得出来说他们的刑法典决定了他们的三阶层，而我们的刑法典决定我们的四要件，我认为这个中间是没有联系的，是没有进行充分论证的，也就是说得不出这个结论。

冯教授所主张的最大的差别有两点，其一，是我国《刑法》第13条有犯罪概念，而《德国刑法典》中没有犯罪概念，因此，我们的犯罪概念是从定量到定性的，这种差别我也承认。德国虽然有违反秩序法，对于那些自然犯罪，他们是没有量的限定的，只要你打人、偷窃、抢劫，哪怕没有达到量的限定，也是犯罪。这没有问题。但是，这种所谓的定量的概念与三阶层和四要件的构造没有任何关系。因为，三阶层不解决定量问题，四要件也不解决定量问题，这根本不属于犯罪论的一个问题。冯教授把犯罪论、犯罪论体系等同于刑法对犯罪性规定的三大块，这个构造是错误的。犯罪论不是由犯罪概念、犯罪成立要件加上犯罪特殊形态组成的一个集合，不能在这个意义上讲犯罪论。犯罪论讲的就是犯罪成立的条件的理论，只是讲中间的第二部分。德国刑法也有关于犯罪概念的规定，也有关于成立条件的规定，也有犯罪特殊形态的规定，如果这样比较就没有意义。比较犯罪论，只能比较犯罪成立这一部分。其二，是在犯罪成立要件方面，德国刑法和中国刑法其实没有什么区别。他们也要规定行为，也要规定故意、过失，也要规定责任能力、责任年龄。如果说有区别，只有一个区别，就是中国刑法在故意、过失之后规定了正当防卫和紧急避险，这是我国刑法与德国刑法不同的地方。就是说中国《刑法》在犯罪成立条件之外规定正当防卫与紧急避险，然后再规定犯罪的形态，预备、未遂和中止，以及共同犯罪。德国刑法不同的是，它在规定犯罪一般条件之后规定了犯罪预备、中止，然后再规定共犯、正当防卫、紧急避险，这是一个差异。冯教授的文章没有看到这个差异。在我看来，这个差异意味着我们在犯罪成立条件里面，更应该谈正当防卫、紧急避险，因为我们前面规定的是犯罪，后面规定的也是犯罪，所以我们不能在犯罪成立条件之外，也就是犯罪论之外再去说正当防卫、紧急避险。如果说德国刑法倒是有这个可能，因为他们将犯罪规定完了之后才说正当防卫和紧急避险。这是关于冯教授讲的犯罪概念的量的规定，这是一个差异，但它是不决定犯罪论体系的差异。

第三，冯教授讲到德国的刑法典采用客观不法理论，在犯罪之外采用双轨制，即刑罚与保安处分，冯教授说到了对精神病人和儿童的一些处理。我怀疑现在国内学者讲客观不法可能有点儿不太正确。客观不法不是说考虑不法的时候不考虑行为人的故意和过失，客观不法在考虑不法的时候，前面一定也会考察行为人的故意和过失，这一点要特别注意。也就是说如果精神病人的行为危害了别人，在德国刑法通说中会认为该行为人是有故意的，只是说他的行为没有责任。不能把客观不法仅等同为客观危害。把客观不法说成是没有故意、过失的、没有责任能力的客观危害是不正确的理解。

客观不法也考虑故意和过失，更多地考虑违法判断标准的客观化，即我们根据一个统一的标准来判断一个行为是违法的，我们在考虑客观不法统一标准的时候不去考虑行为人个体的特殊情况，因为那属于责任。所以关于保安处分，我完全同意阮齐林教授的看法，即刑法规定的强制性收容和强制性治疗都属于保安处分。从这些规定中看，你可以说我们的刑法是双轨制，只能看出来说，我们的刑法中含有可谴责性的责任问题，而不能得出一个所谓的构成要件客观的结论。在德国，保安处分绝不仅仅考虑精神病人没有故意和过失的情况。在德国，保安处分分为两部分：一部分是既有故意或过失；又有危害行为，但是没有责任的精神病和儿童的情况；另一部分是行为人既有故意或过失，又有责任，但同样要被保安处分的情况，主要针对累犯。累犯在被判刑且执行完毕以后还是觉得有危险的，则要进行安全保管，这部分保安处分是有责任在里面的。所以，从我国没有关于保安处分的详细规定推出来德国刑法只能采用三阶层结构的结论言之太早，在我看来也缺乏根据。

我觉得，我们在说德国三阶层犯罪论体系的时候，当然，阮齐林教授提到刑法典是不变的而理论本身是在变的，这个结论是正确的，我也同意这个观点。我们都是在对刑法典进行解释，针对刑法典建构一个体系，但是我们每个人对同一刑法典体系的认识程度不同，因此我们会得出不同的结论。例如你认为责任是可谴责性，我认为责任是预防必要性，仅仅是在这个意义上说刑法体系在变化，而刑法典并没有改变。他们都是在探讨刑法典的规定，从这些规定中得出他们各自的体系。对刑法典规定的内容，每个人有不同的理解、不同的发现，在新的社会背景下、新的理论背景下有新的发现，但是这些都受到刑法典的制约，这是毫无疑问的。你不能说你建构一个刑法体系，但是这个体系中没有解释刑法典中的任何规定；刑法典规定有三个条件，你只说两个条件，这是有问题的、不被允许的。但是刑法典的用语是抽象的，这个抽象的用语是什么含义，概念如何根据理论进行排列组合，是允许学者去发展的，而发展就在这里。

这也就是为什么三阶层是三阶层的道理所在。我觉得，三阶层不是一二三条件的简单并列，三阶层最终涉及的就是这些理念，即刑法典所规定的构成要件、违法性、责任性背后的理念是否不同。如果理念是一样的，虽然提了几个要件，但是它们都在同一个层面上，这不是“阶层”。因为是它们背后理念的不同才涉及几个不同的阶层。构成要件就是要贯彻罪刑法定，法律上没有规定的就不是犯罪；违法性就是进行利益比较，是另外一个层面的理念；责任从人道主义出发，不能因一个人在没有办法的情况下实施的行为而谴责他，因为理念不同而导致阶层不同。而中国四要件最大的问题就是看不出要件之间的理念，就像刚才说的正当防卫，这样一个涉及法益侵害的重要问题，为什么不在犯罪成立要件中谈呢？我的结论和阮齐林教授的观点是一样的，按照中国刑法典，如果我们想要把犯罪概念和犯罪成立要件统一起来，当然要把第 13 条犯罪概念的东西都解释进去，要根据刑法典内容建构犯罪论体系。如果贯彻犯罪论体系要有受到刑法典制约这一前提，中国的犯罪论体系更应该是三阶层的，在我看来是这样的。

我很感谢冯教授给我们一个非常好的前提，也很感谢冯教授作了这些研究，我非常认真地读了冯教授的文章，曲新久教授可以为我作证，我作了密密麻麻的笔记。尽管如此，我尊重冯教授，但是我不同意冯教授的结论。

刘明祥　有请周光权教授点评。

周光权　冯老师是我认识多年的朋友，他能写出这样的文章很不容易，因为在成都生活条件很好，生活很安逸，他根本不需要思考这么痛苦的问题。他把这个问题思考得很精巧，而且作了这么多的阐述，我觉得非常不容易。他至少提供了一种视角，即从刑法典切入，探讨到底是四要件合理还是三阶层合理。我觉得这是近年来四要件研究中比较有深度的成品，虽然前面已经有四位评论人提出了不同的意见，但是我觉得这还是一个很重要的研究成果。一个研究如果不能够被别人所批评，讲的道理都是被大家所接受的，这样的研究没有什么意义，所以我觉得冯老师的这个研究是值得充分肯定的。当然，我对他的结论也是有所怀疑的，我简单讲几点：

第一点，如果没有刑法总则而只有刑法分则，能不能发展出犯罪论体系？我觉得是可以的。在费尔巴哈之前，刑法典基本上只有分则而没有总则，但费尔巴哈在那个时候就提出了一些关于犯罪论的考虑，所以犯罪论体系受总则规定的约束，肯定是受约束，但是是有限的。对总则和犯罪论体系的关联不能过分夸大。我注意到冯老师演讲的标题用的是“刑法典对犯罪论的制约关系”，而没有用“犯罪论体系”这个词。我觉得犯罪论体系的要害就在于它是一个体系，它把对认定犯罪有关的原理有机地统一起来，形成相互协调、首尾一贯、没有矛盾的东西，这是体系的生命力。也就是说，犯罪论体系不能只顾头不顾尾。对一个案件的处理，在共犯论、认识错误、未遂犯、罪数的认定上会产生什么问题都是需要考虑的。四要件如果贯彻到底，有的案件是处理不了的。在今年的司法考试题中，我和李立众博士设计了一道题，我觉得这个案例就是四要件解决不了的：一个 15 岁的人去抢夺，一个 17 岁的人望风，最后抢夺既遂了。按照四要件说，很难处理的问题是，如果说这个犯罪的四要件都齐备了的话，那个真正去实施抢夺的正犯，即处于案件中心决策的人不构成抢夺罪，边缘的、望风的、17 岁的这个人的定罪就很困难。四要件说可能直接将他定为抢夺罪，但是你凭什么把望风行为说成是抢夺罪的实行行为？我觉得很难讲清楚。四要件说也有可能用间接正犯的理论，但是四要件说在共同犯罪的问题上有可能得出单一制的共犯的结论。如果得出单一制共犯的结论，间接正犯这个概念能否成立又成了问题。所以四要件说不能体系化地处理共同犯罪的一些问题，这是我讲的第一点。

第二点，冯老师讲中国刑法和德国刑法有很多差异，我想就定量和正当防卫的问题稍讲一点。关于我们刑法中定量的问题，我觉得的确特殊，但是特殊性有限，也就是说任何国家的刑法在定罪之前都要解决实质违法性的问题，所以我们的刑法在这一点上和德国毫无差别。中德刑法之间的唯一差别是我们在立法上确定一个行为实质违法的同时，在立法上作出一个数额的规定用来提示，如果一个行为达到这个数额就具有实质违法性，所以这个数额仅仅起到提示和对实质违法性的说明的作用。当然，这种立法很特殊，值得研究。但它的独特性一定是很有限的，不能因为我们刑法有数额规定，就致命地决定犯罪论体系只能是四要件的，也就是说这种逻辑关系是很难讲通的。另一方面，虽然中国刑法中的罪名都规定了数量和数额，但是这些数量和数额的作用是相对的。比如说盗窃未遂，我们通常说盗窃数额是1 000 元，现在已上升为 2 000 元，但是当它没有达到 1 000 元，而是900 元的时候，要定他的罪也是可以的，就是盗窃未遂，司法解释上也有规定。所以数量的规定对定罪的影响很有限，因此用它作为一个指标来区分中国和德国刑法的差别就很有问题。

关于中国和德国是二元的体系，所以不一样，就此我补充一点，即中国的刑法和刑诉法——特别是刑诉法，如果结合刑诉法来看，中国刑法对没有责任的行为不是不管的，新修订的《刑事诉讼法》中专门有一章一节规定了对不负刑事责任但是实施暴力的精神病人的强制医疗，这实质上是刑诉法中同时包含了实体法处分的内容。这种情形实质上是行为人符合构成要件，行为不法，才会送去强制医疗，只不过不负刑事责任。说我们刑法中将精神病人完全不管了，如果以此来论证说我们和德国体系不一样，在论据上是缺乏的。

关于正当防卫，如果是在四要件理论中，则精神病人没有责任，其行为不是犯罪和不法行为，不能对其进行正当防卫。只能够紧急避险。我的问题是如果他不能紧急避险的时候，比如说这个地方就是一个死胡同，精神病人拎着刀把被害人逼到死胡同里了，他没有避险的地方，如果说被害人既不能正当防卫也不能紧急避险，他也知道对方是精神病人，那他就只有等死，这个逻辑就不合适。如果一个人面对不法侵害，既不能防卫又无法避险的时候，你让他牺牲，法律的正义就没有了。所以，基本的正义原则是不能动摇的。通说认为，当被害人在此种情形下，在不能紧急避险的时候，就可以正当防卫。但如果这样理解，前面说的不法需要具备四个要件的观点就被否认了，四要件如何解决这个问题也是需要考虑的。

关于中国刑法和德国刑法的差别，冯老师讲到中国刑法里没有正犯的概念，说共同犯罪理论不一样，刘明祥老师也持该观点。但如果体系化地看总则和分则，这个观点是有问题的。因为总则中没有使用正犯、实行犯这样的概念，但是你看分则的规定，例如《刑法》第382条第3款“伙同贪污的以共犯论”，就有个东西与这个“共犯”对应，是什么东西就很清楚了。另外，《刑法》第358条和其他条文的规定里有大量“协助他人犯罪的”，比如说“协助组织卖淫的”，其对应的是有一个正犯，即组织卖淫的人就是正犯，这个时候法律把协助的人特别拟制为正犯。如果没有正犯这样的概念，拟制的正犯的立法就不需要了。因此，刑法中有无正犯这样的词汇并不是很重要，重要的是相应的内容在刑法典里是否能够被规定。

最后一点，我觉得冯老师的观点讲到最后的时候和三阶层很接近。这是一个非常可喜的变化，坚持四要件的人最后转向了三阶层，为什么呢？冯老师的文章和演讲的最后都说了，德国刑法的阶层体系的方法论是值得我们借鉴的。德国刑法的方法论是先判断构成要件该当性再判断违法，这是客观的层面；客观层面判断完毕之后再判断主观的东西，这是阶层式的思考。这样的思考是刑法客观主义的立场，强调客观要素特别重要，强调必须先客观后主观，这样的判断就是阶层的判断。如果我们把四要件解释成客观的东西在前面，而且按照阮老师的观点，先判断客观要素再判断客体，经过这样的改造，四要件和三阶层的分歧就很小了。此种四要件体系也是赞成三阶层的人可以接受的了，也就是说，此时四要件的壳儿还有，但里面卖的东西早就不一样了。这样的妥协实际上说明四要件的平面结构有问题，也使平面的逻辑结构瓦解。这样的瓦解推翻了冯老师最初说的刑法上的规定决定了犯罪论体系的预设，所以这样观点在逻辑上是否能够自圆其说，与三阶层理论究竟还有多大的距离还可以再讨论。

刘明祥　下面请陈兴良教授作点评。

陈兴良 刚才冯教授就刑法典对犯罪论的制约关系给我们作了一个很有深度的报告，正如冯军教授评论的那样，冯亚东教授是目前国内跟我差不多一个年龄段的人里面一直在进行思考并且在进行非常深入的思考的学者。当然他是站在四要件的立场上进行思考的，因此正如光权教授刚提到的那样，在为四要件做辩护的学者当中，我认为冯亚东教授是思想最有深度的。他的这篇论文也确实对犯罪论体系进行了一定的研究。当然，我的观点与刚刚作评论的各位教授的观点一样，是不同意冯亚东教授的结论。我们今天参加评论的学者都是站在冯亚东教授的对立面的，当时程序设计的时候应该找一个赞同冯亚东教授观点的学者，这可能是程序上的欠缺。

冯亚东教授的核心命题是刑法典对犯罪论体系存在制约性，并且通过中国和德国的刑法典和犯罪论体系的关系作为例证来证明这个观点。当然冯亚东教授并不是为了讨论这个问题而讨论这个问题，他是醉翁之意不在酒，而在于强调三阶层的犯罪论体系是由《德国刑法典》决定的。而我们四要件的犯罪论体系是由中国《刑法》决定的，在这种情况下，我们的《刑法》不改，我们就只能采取四要件而不可能采取三阶层。也就是说，想从刑法典对犯罪论体系的制约的角度为目前在我国通行的四要件做一个辩护，而且这种辩护是利用了法律的外壳。当然，刚才大家也都谈到了，刑法典对犯罪论体系制约这样一个结论能否成立，尤其是对比中国和德国的刑法典与犯罪论体系之间的关系，我个人是赞同刚才大家所讲的观点的，就是中国和德国刑法典关于犯罪成立条件的规定其实并没有那么大的差异，或者说这种差异被我们扩大化了。关于这一点，刚才大家都作了一定的分析，那我自己想取个巧，从另外一个角度来切入。

冯亚东教授说中国和德国刑法不一样，他们采取三阶层，我们采取四要件，那么如果我们引入日本，冯亚东教授的这个结论应同样也适应于日本，日本采取三阶层，那就必须论证日本和德国的刑法典是一样的，这样才能够使冯亚东教授的这个结论具有普遍性。但是我之前特意看了一下《日本刑法典》，它与《德国刑法典》在犯罪成立条件上的差别比中国和德国刑法典之间的差别大的不是一点两点。我简单看了一下目录,《德国刑法典》第一章规定的是“刑法”,主要是刑法适用的效力范围,第二章是“行为”,其中第一节是“可罚性基础”,在可罚性基础里规定了一些犯罪成立的条件,包括不作为、故意与过失、认识错误、正当防卫、紧急避险,等等。《日本刑法典》第一章规定的是“通则”,第二章是“刑罚”,第三章是“期间计算”,第四章是“缓刑”,第五章是“假释”,第六章是“刑罚的时效和刑罚的消灭”,第七章是“犯罪的不成立和刑罚的减免”,所以日本刑法是把刑罚规定在前面的。日本刑法把犯罪成立条件规定在哪儿?没有。《日本刑法》只有在第七章规定了犯罪的不成立,但是没有写犯罪在什么情况下成立,而是规定犯罪在哪些条件下不成立,在不成立犯罪的里面,比如说第35条和第37条规定的是正当防卫和紧急避险,第38条涉及故意和过失,第39条到第41条涉及刑事责任年龄,这些规定都不是从犯罪成立需要哪些条件的正面角度进行的规定,而是反面的规定。例如第38条规定没有犯罪故意的行为不处罚,但法律有特别规定的不在此限。它根本就没有讲什么是故意,“法律有特别规定的”指的是过失,所以在《日本刑法典》总则里面连“过失”一词都没有。它没有像《德国刑法典》那样对犯罪成立条件作一个从客观到主观的比较详细的规定,也没有像中国《刑法》一样对犯罪成立条件作一个比较体系性的规定,但是这一点也不妨碍日本在借鉴德国三阶层犯罪论体系的基础之上建立起具有日本特色的三阶层犯罪论体系。这个例子就很好地说明了刑法典对犯罪论就几乎没有关系。刑法典是一个法律规定,犯罪论是根据法律规定所作的理论建构。如果一般的讨论刑法典和刑法学,认为刑法典对刑法学有制约,我觉得主要是指分则,而分则规定的那些犯罪就是犯罪,不能够把不是犯罪的说成是犯罪。但在总则这部分,尤其是在犯罪成立条件这部分,我认为是所有刑法典和刑法学的理论关系之中联系最为薄弱,制约最少的。所以我认为冯亚东教授可能是夸大了刑法典对犯罪论体系的制约关系。

我早就说过，在中国目前的刑事法律语境下，引入三阶层没有任何法律障碍。当然冯亚东教授想设置这样一个法律障碍，但是我不以为然，我认为完全可以采取三阶层。至于怎么采取，当然有不同的路径，包括阮齐林教授所提的看法，根据犯罪概念的三个特征将犯罪成立条件进行排列，把三阶层套进去。因为四要件法律上没有规定，所以可以不理它，这是一个思路；我们也可以完全采用三阶层，直接将其拿过来，这也是一个思路；或者进行其他的改造，像黎宏教授提的罪状论、不法论、责任论。这些思路都可以，但是一定不能是四要件。

我这里特别想讲的一点，而且是更为重要的一点，是关于三阶层和四要件，我们对比了很多，它们之间的根本差别在什么地方，在什么情况下你说是四要件但实际是三阶层？它有一个表面的形式的东西和背后的实质的东西。我觉得不在于这些要件本身，因为这些要件本身是法律规定的，法律规定定罪需要具备这些条件，当然得根据这些法律规定来定罪。无论是三阶层还是四要件，它无非是对法律规定的犯罪成立条件作一些分析和分类，你可以分为两个、三个、四个、五个，这都没有影响。我认为它们之间的根本差别在于这些犯罪成立条件之间的逻辑关系，这个逻辑关系就是位阶或者说是阶层。只要在这些犯罪成立条件之间设置了位阶关系，那就是三阶层，不管你是四个还是三个要件；只要在这些犯罪成立条件之间不存在位阶关系，而是平面关系或者依存关系，那么它就是四要件。这一点是三阶层和四要件的根本区分所在。

关于《德国刑法典》和三阶层的犯罪论体系的阶层性，我看到冯亚东教授在这点上的观点有很大的改变，冯亚东教授发表在《法学家》2009 年第 2 期的一篇文章《中德（日）犯罪成立体系比较分析》中曾作过一个这样的判断："德日体系的所谓阶层递进，只是一些学者们的一种想象式理解。"但是从冯亚东教授刚刚作的讲演和发表的《刑法典对犯罪论的制约关系》这篇文章中，我看到冯教授对德国犯罪论体系中存在的阶层性是认可的，而且认为从客观到主观的方法论是值得我们借鉴的。我认为，这是冯教授观点的很大的改变。

刚才大家评论的时候谈到，如果我们的四要件能够进行阶层式的改造，包括黎宏教授也说，四要件犯罪论体系不需要推翻，只要进行改造就可以了，但问题是能不能够改造，改造以后还能不能够成立四要件。我认为，四要件根本就不具备改造的条件。四要件不能改造为三阶层的原因，我们必须从四要件的原理出发。四要件之间的逻辑关系是互相依存的关系，你中有我，我中有你，一有俱有，一无俱无。例如，犯罪客体是为刑法所保护而为犯罪行为所侵害的社会主义社会关系，即在犯罪客体里面已经加入犯罪客观方面的内容。我们反复强调，一种社会关系没有受到犯罪行为侵害，是无法成为犯罪客体的，因此，当你论证犯罪客体存在时，就已经论证了犯罪行为的存在。再如，我们的犯罪主体是达到法定责任年龄、具有刑事责任能力并且实施了犯罪行为的人，即主体当中也包含了犯罪行为。如果不包含犯罪行为，那么没有实施犯罪行为的人，只要达到了 14 岁以上、精神正常就都是犯罪主体，这是绝对不能想象的，所以论证了犯罪主体存在就已经论证了犯罪行为存在。犯罪故意也是如此。犯罪故意是支配了犯罪行为的主观心理状态，犯罪故意的存在是以犯罪行为存在为前提的。四个要件之间本身就没有相互分清，而是相互包含的，没有互相分离，互相独立；而三阶层的三个要件，即构成要件、违法、责任则分得很清楚，构成要件肯定不包含不法和责任，不法的判断和责任的判断也完全是两个判断，它们之间是互相独立的，这一点是四要件无论如何也没有的。冯亚东教授在论文里提到了我们要借鉴这种位阶式、阶层式的思考，认为这种阶层式的思考是由两个规则构成的，一个是“若无前者即无后者”，另一个是“若无部分则无整体”。四个要件是部分和整体的关系。就部分和整体而言，部分没有，整体就没有，而部分的存在又以整体为前提。在这种部分和整体的关系的逻辑下，一个没有，就全部没有，因此不存在逻辑上的前后之分，它是平面的，同时是历史的。三阶层有“没有前者就没有后者”的逻辑关系，即没有构成要件就没有违法，没有违法就没有责任。更重要的是，三阶层的阶层性有另外的内容，即“虽有前者但未必有后者”，虽有构成要件但未必有违法，可能是违法阻却；或虽有违法但未必有责任，可能是责任阻却。而这样一个关系在四要件里面是找不到的。这种构成要件之间相互独立而由此形成的阶梯式的，前者可以独立，后者以前者为前提的阶层式判断，在四要件的逻辑结构里是没有的。这是由四要件的内容所决定的。如果四要件有这种阶层式的判断就成为三阶层了。我认为，四要件如果不进行逻辑关系的改变，而要把它改造成为阶层式的，从目前的理论上来看，是不具备这种可能性的，除非对每个构成要件都重新定义，对犯罪客体要重新定义，对犯罪主体要重新定义，对犯罪故意和过失都要重新定义，否则不可能形成阶层，而不形成阶层，从客观到主观的物本逻辑就不可能在四要件中体现出来。

刘明祥　冯教授，你是否要对各位的点评回应一下呢？

冯亚东　我觉得有点招架不住呵，四面楚歌，没有一个支持我的，很孤立，而且把我批得体无完肤。我没有办法全面回应，我简单归纳几点讲一下。

第一个，子滨教授讲到我说刑法典对犯罪论有一种制约关系，而且是严格的制约关系；齐林教授反过来讲，犯罪论也会影响立法。其实这种观点我完全同意，没有分歧。文章一开始我就讲得非常清楚，我是在刑法解释学的意义上紧紧跟着刑法典走，展开一种解释学理论，在这个意义上刑法典当然制约犯罪论。我们学者们建构一种理论，讨论一些很宏大的问题，反过来肯定也会影响立法，立法当然也要考虑。1997 年《刑法》和 1979 年《刑法》相比就有非常大的变化，其中很多东西是受学者们的影响。我们最近做一个课题就是在研究这些，我们当年大肆呼吁要规定罚金刑，要规定单位犯罪，1997 年《刑法》也采纳了，现在实际情况怎么样呢？从 15 年来的实际情况看，非常糟糕，我今天就不讲这个问题了，我们正在做一个国家社科基金课题，正在研究这个问题。其实1997年《刑法》就是受学者们的呼吁而大量规定罚金刑，大量规定单位犯罪的，现在看起来根本就用不了。立法有的时候需要谨慎一点。犯罪论也会影响立法，我也同意这个观点。

第二个，阮齐林教授讲到，从我们犯罪概念的三个特征、从刑事违法性可以推导出四要件。我完全同意这个观点。我本来也是这么论述的，其实违法性展开来就是四个要件，我觉得我们之间也没有什么根本性的冲突。我把刑事违法性就等同于四要件。

再一个问题，四要件是否是最好的，是否必须要用它。我的观点是，中国刑法学发展到今天已经60多年了。60多年来形成的四要件通说体系，对我们的司法形成了非常深远的影响，大量的司法工作人员都接受的是四要件体系。我并不是说只能是四要件，而不能是五要件或者不能是三要件，我是说相对于中国今天的司法现状而言，我们维持一个大家相对容易接受、理解的体系可能是最好的，并不是说只能构造为四个要件，理论上五个、六个、七个、八个都可以。我是一再强调要考虑中国的司法现状、司法实际。中国是一个13亿人口的国家，这么一个巨大的国家，这么大量的刑事案件，我们应该有一个相对一致的理论工具来分析案件，而不是三要件、四要件、五要件各说各的。我们学者们可以自娱自乐，各说各的，但我们对司法真的有影响吗？真的有作用吗？我们可能要想想这个问题。在这个意义上，我赞成四要件，因为它毕竟采用几十年了，根深蒂固，成为一种思维定式，我是在这个意义上赞成四要件，而且尽量去把四要件本身的合理性解释出来，让它能够分析案件，能用、好用，解决实际问题。

光权教授讲到一个问题，就是新的《刑事诉讼法》规定了对无责任能力人的司法措施问题。这个能不能成为我们刑法学构造犯罪论体系必须要考虑的问题？我也注意到新《刑事诉讼法》的修改，把精神病人放在刑事诉讼措施中去考虑责任问题，考虑如何处理，我们刑法学理论是否也要去回应它呢？这确实是一个新的问题。至少在现阶段，在中国现行《刑法》还没有把无责任能力人放在刑法中来规制的情况下，我觉得我们的犯罪论体系没有必要回应这个问题。至于第 19 条规定对精神病人要严加看管，仅仅是注意性规定，而并非一种法律责任的规定，不是刑法上的完整的责任制度构造，与德国刑法典有根本的重大差异。《德国刑法典》中将精神病人完整地纳入了刑法典规制，我们仅仅是一种提示性、注意性的规定。我想强调一下这点，这也是我与大家的分歧所在。

最后，兴良教授讲了“为犯罪行为所侵犯”，犯罪客体先入为主，犯罪主体、犯罪的故意和过失，犯罪都还没有讨论清楚，就讲“为犯罪行为所侵犯”。我认为这仅仅是一个约定，一个刑法学科的约定，并不意味着这个犯罪行为就等同于真实的、货真价实成立的犯罪行为。

我就简单回应这些。谢谢大家！

刘明祥 下面给点时间大家提问。好，谢望原教授发言。

谢望原 听了一晚上的各位教授的高论，深受启发。对各位教授致力于中国刑法学研究的精神，深感钦佩。在这里，我并不表示赞同或否定冯亚东教授的学术观点，但是也不苟合有关学者的学术观点。我想说，这种理论立场的选择，它与自己的信仰有关。我们今天虽然讨论的是刑法典对犯罪理论体系的制约关系，但事实上已经远远超出了冯教授的标题所体现的内容。我们更多讨论的是，究竟是应该完全否定四要件，直接引入德日的三要件理论体系，还是像冯亚东教授所说的，不断地完善和推进现有的四要件体系，从而建构有中国特色的刑法学理论体系。我认为，这纯属是一种理论信仰的选择。三要件有它的合理性，但是我也觉得，这个三要件理论并不像我们某些教授所说的，是世界上最为精密的刑法学理论体系。起码，在英美刑法学界，他们并不赞同这样的观点。我常常思考这样的问题，比如说有人信奉基督教，有人信奉伊斯兰教，还有人信奉佛教，我们有谁能说一定是我信奉的那个教才是最值得信仰的呢？如果把这样的逻辑运用到理论立场的选择，我们就可以看出，今天在座的多数学者，更倾向于三要件理论。令人同情的是，只剩下冯亚东教授一人在这里为四要件拼搏、争斗。我在原则上还是赞成冯亚东教授这种理论立场的，首先对于他坚守自己的这种理论信仰的勇气，我表示非常的钦佩。同时，对于他用了大量的心思和笔墨，来研究和论证自己的这种理论选择的精神，我觉得更值得敬重。至于他的观点能否得到大家的认同，并不那么重要了。中国是一个有 5000 多年文明史的大国，拥有世界上最多的人口，最为灿烂的文明，我们为什么非要简单地把某一个国家的那个理论体系搬过来呢？我曾经考察过，德国在欧洲和世界上是很有影响的，但是德国的刑法理论对于欧洲的影响没有对东亚的大，比如法国，他完全不理德国那一套理论。为什么德国理论主要在东北亚国家和地区，例如韩国、中国台湾地区、中国大陆产生这么大的影响呢？这固然与德国文化的这种软实力有重要关系。但是，作为一个负责任的中国刑法学者，我们是不是应当从民族的立场上，更多地考虑具有中国真正特色的刑法理论体系呢？这是我思考的第一个问题。

第二个问题，对刚才在批判四要件时涉及的有关观点，我也提一下我的看法。比如说，刚才兴良教授、冯军教授和光权教授，觉得四要件理论体系对正当防卫、紧急避险这个问题在犯罪论里面解决不了，而是把它放在构成要件以外了。但是，类似的这种做法，在英美法上是很正常的。英美刑法上所讲的正当防卫、紧急避险是作为一个辩护理由，作为刑法的专门一大章专门探讨的。英美刑法就讲两个要件，一个行为、一个犯意，有这两个就行。

冯军　望原教授，你不能用一个错的东西来证明一个错的东西。

谢望原　你这个不讲道理，你先让我把观点讲完嘛，你有什么样的根据说德国的那个东西比英美的那个东西更合理、更科学呢？无非是你更喜欢德国的那个东西。我们只能得出这样的观点，我们尊重你的选择和信仰，但是你也不能不允许别人有不同于你的选择和信仰。所以，我觉得英美刑法上把正当防卫、紧急避险这些都归为辩护事由。而这个辩护事由是与刑事责任联系在一起的。从这个意义上讲，能达到目的就行了。从理论上来说，我非常赞同各位对德日刑法的研究，以及对中国刑法学理论体系进行改造所作出的努力，但是我认为，在推进中国刑法学时，不能简单的、全盘的、不加分析的直接照搬他国理论体系。现在刑法学界有一种倾向，对德国和日本理论确实有研究，但是理论体系和刑事立法应当是一致的。比如说，我国《刑法》第 25 条规定了共同犯罪，有人就非要用正犯、共犯来研究第 25 条的规定。这个完全是“驴唇不对马嘴”的嘛。中国刑法关于共同犯罪的规定，是按照分工和作用来划分的，它根本不分所谓正犯和共犯，你非要用德日成熟的理论，解决中国的共同犯罪问题，就有一点“驴唇不对马嘴”。

还有一个问题，有些学者认为，如果用中国现行的立法和四要件理论，对于某一个问题解决不了，但是用德日的理论就解决的了。包括光权教授刚才举的那个例子，说 15 岁和 17 岁的人共同去犯罪，17 岁的望风，15 岁的实行，行为人抢夺了没法定罪。但是，根据中国刑法这个定不了罪吗？完全可以定罪的。

周光权　定哪一个？

谢望原　直接定抢夺就可以。中国不分正犯、共犯这些。

冯军　分则上有抢夺这个词啊，怎么解决？你把望风解释成抢夺？

谢望原　望风是抢夺的一个部分。

刘明祥　比如说杀人，我们就真的把它解释为实行杀人吗？故意杀人中的“杀人”两个字，就可以解释为实行杀人，也可以解释为包含教唆杀人、帮助杀人、预备杀人。这可以做不同解释的，学问可以有不同争论的。

冯军 那你说《刑法》第232条故意杀人的杀人是什么含义？那还要总则干什么呢？

周光权 如果《刑法》第232条的杀人包括教唆杀人的话，《刑法》第29条关于教唆犯的规定就没有存在的必要，主要是这个问题。

谢望原 刚才我们说的，对于德国、日本理论的研究和分析，我们是非常认同的，只是说不能简单地把这个理论直接引入。比如说，过失共同犯罪的问题，在我国《刑法》第25条的立法框架下，是不能成立的。我们的这个立法框架，决定了我们的理论选择。在这个意义上，我觉得冯亚东教授讲的还是有道理的。有些问题不好解决的话，应该通过修订刑法的方式来解决。这样才能给出一个合理的解释。谢谢大家。

刘明祥 再有点时间给同学们提问。有请这位同学。

提问者一 我的问题是，完善派对重构派提出的指责、批判，如何从指导司法实践的层面上给予回应？比如说刚才周光权教授所举的那个例子。

冯亚东 我来回答刚才光权教授提到的这个问题。中国刑法下的共同犯罪，只有一个行为，一个故意，只是这一个行为是由数人的动作集合而成的，数个故意集合为一个故意。所以，这个胁从犯或者所谓实行犯，他们都只构成一个共同犯罪的行为。一个行为人由于年龄问题不负刑事责任，剩下的另一个人达到年龄当然要负全部刑事责任。这就在中国刑法中解决了这个问题。

提问者二 刚才推崇三阶层观点的老师，有没有调查过实务部门对三阶层理论的回应？

陈兴良 我来简要回应一下。我手头正好有一篇最高人民法院法官喻海松写的文章，《德国犯罪构造体系的百年演变与启示》，刊登在《中外法学》2012 年的第 3 期。我把中间的一句话念一下：“需要特别指出的是，三阶层犯罪构造体系是一个看似复杂，但实质上更符合逻辑和理性的犯罪构造模式，在司法适用中更为简便。”我就念这一句。

刘明祥 新久教授来说几句吧。

曲新久 我很享受今天晚上这次论坛。这里亚东的一些观点其实我是赞同的。有的时候，维护一个理论，比进攻一个理论是更为困难的。所以我们批评四要件的时候，要想想我们批判的是否违反逻辑。当然，我也是非常关心亚东是如何辩护的。比如说，刑法典和理论的关系。我们可以一般地说，理论指导立法，法律可以对体系有制约。但是，有的时候需要从思辨层面进入到事实层面。你要说中国刑法和德国刑法差别很小，这恐怕很难接受。但是，要说两者差别很大，也很难接受。在美国人看来，可能会觉得德国的刑法典太简单了，太抽象了，对于司法适用来说还需要看很多的教科书才能够弄清楚条文是什么意思。在这一点上，立法者是比较吝啬的。在美国，犯罪构成很简单，因为每个单行法律的规定很清晰。所以，亚东把理论和刑法典分得过于清晰，其实也未必就是对的。可能对于德国人来讲，如果没有理论，法典就无所依托。这其实也是他们的一个问题了。

对于中国来说，问题可能比德国还大。20 世纪 50 年代，立法的有三拨人。一拨是老民国的人，比如说蔡枢衡教授，还有北大几位岁数比较大的教授；另一拨是受苏联专家训练的教授，最著名的比如高铭暄教授；还有一拨人是来自革命老区的代表，而真正领导这三拨人立法的人，在新中国成立之后是我们彭真同志。我们也很难说，立法时总则犯罪论这一小块，一定是受哪个理论的指引，当然苏联的影响肯定会多一些。到了最终要决定这个立法版本的时候，苏联的那些比较理论化的概念，其实有意识地被我们屏蔽掉了，像犯罪构成这个概念，在法典中并没有直接出现。像苏联刑法总则中最重要的一句话：犯罪构成是刑事责任的唯一基础，这句话我们是没有写在刑法典中的。其实我国《刑法》对应犯罪论的那几个条文，它容括的空间是非常大的。对于四要件来说，你可以从理论中找到；对于三阶层来说，也可以找到，你要重建一个新的理论体系也是没问题的。毛主席他老人家要求法律的制定他要看得懂，写了犯罪构成就很别扭。今天冯教授被大家用重手法按摩了，我就用轻手法再揉一揉。谢谢大家。

提问者三　我想请问冯军老师，刚才您提到的正当防卫放在犯罪构成之外讨论，具体是一种什么样的路径？

冯军　正当防卫应当在犯罪论里面讨论。正当防卫应当作为犯罪成立条件来考虑。但是，刚才谢望原老师讲了，在英美法系中，把正当防卫作为辩护事由，在犯罪成立之外来考虑。我认为，如果说在犯罪成立之外再考虑一个抗辩事由，是非常荒谬的。我们四要件是说，犯罪构成的几个要件具有了，然后再看是不是正当防卫、紧急避险。英美和我们的四要件，都是在犯罪论之外讲正当防卫、紧急避险，我觉得这是错误的，这种错误在我们的司法实践中造成了极为恶劣的严重后果。在司法实践中，我看是一个正当防卫的行为，他们却把它作为故意杀人或者故意伤害来处理。因为，他说，我们有客体被侵害了，有行为、有故意、有结果了。我说这是正当防卫，但是他们说死了人了，不能认定为正当防卫。我举一个案例来说明。一个哥哥和他的妹妹，他们带着自己的妻子和丈夫到密云的一个地方去打工。他们住在一个四合院里，哥哥和妹妹住在不同的房间里面。妹妹住的房子，门只能从外面锁。晚上的时候，她的丈夫出去上夜班，忘记锁门了，她一个人在家睡觉。晚上 11 点的时候，她发现房子外面有动静，就打开灯一看，发现了一个人，对方说了一句“走错了”就走了。这个妹妹继续睡，过了一会儿，她发现又有动静。她打开灯发现，那个人又进来了。对方说，你不要出声，我是坐过牢的，于是就掐着她的脖子，开始脱她的衣服。这个时候，妹妹就大喊一声“哥哥救我！”旁边屋子的哥哥听到后赶快跑过来，兄妹两个人就和犯罪人搏斗。搏斗过程中，犯罪人说，我给你一万块钱，你让我走。哥哥说，这不是钱的问题。这个时候，对方就拿出刀子出来，想捅兄妹二人。但是，兄妹二人还是协力用绳子把这个人给捆起来了，等待警察来处理。等警察来的时候，发现这个人已经死了，这个人被绳子给勒死了。于是，他们把这个哥哥和妹妹都按过失致人死亡来处理。我说你要具体判断有没有因果关系，是由于捆绑的行为导致了死亡的结果，还是由于行为人之前自己喝了酒自己造成的；同时，还要判断兄妹二人有没有过失；还要考虑刑法中无过错防卫的问题。最后，这个案子还是判了过失致人死亡。他说四要件都有了，这就是过失致人死亡。所以，在我看来，四要件在中国这个语境中是极其危险的。

刘明祥　好的，我们还有最后一个同学提问的机会。好，这位同学。

提问者四　我们采用不同的犯罪论体系，对于我们控辩双方的庭审对抗模式有什么影响？特别是对辩护制度的行使有什么影响？三阶层和四要件哪种理论模式更利于辩护权的行使？

冯亚东　从辩护的角度，不能直接得出哪种体系更好。关键在于我们实际中怎么来运用。四要件体系，如果我们能够真正理解它的意义，真正严格按照一种从客观到主观的分析思路，我觉得也是完全有利于辩护的。当然，阶层体系本身就是一种从客观到主观的思路。我们过去在四要件里面没有特别强调，所以我在这篇文章里面特别强调，一定要秉承一种从客观到主观的分析思路，这样四要件可能反而更有利于辩护。因为，它分得更精细一些。它把主体要件单独作为一个要件，我们可以一个一个地逐层进行分析。

刘明祥 今天冯亚东教授的主题讲演，非常精彩。尽管他的主张，在座的教授们大多都不赞成，但是他这种执著追求学问的精神、创新性的观点，是我们大家不得不敬佩的。犯罪论体系问题，是学者们在解释犯罪成立条件的时候，分析问题的一个逻辑体系。刑法典是怎么规定的，与犯罪论体系并没有直接的关系。学者们只不过是在解释犯罪论体系的时候，各自主张各自的犯罪论体系有刑法的根据。刑法典采取什么样的规定，与学者们采取什么样的犯罪论体系没有直接关系。因为犯罪论体系是一种解释犯罪成立条件的逻辑顺序。在现代社会，英美法系国家也好，大陆法系国家也好，犯罪成立条件都是三个：一个是实施犯罪的人要达到法定责任年龄、具有责任能力；另一个是客观方面必须要有行为；还有一个是主观方面必须要有罪过，即故意和过失。至于说学者们在解释犯罪成立条件的时候，怎么来解释，哪个放在前，哪个放在后，这完全取决于学者自身的理论背景。据我所知，在德国，既有采用三阶层犯罪论体系的，也有采用两阶层犯罪论体系的。在英美，它不讲什么犯罪论体系。这就表明，采取什么样的犯罪论体系，与刑法怎么来规定，并没有直接关系。在我们国家，应该允许学者们采取不同的犯罪论体系，不能简单地说哪种体系就是绝对是正确的、科学的、合理的。在学术界，我们要提倡百家争鸣，提倡学者们发表不同的创新性的观点，不能只是一个调子，如果都是一个调子，那学术就没有办法发展。

最后，我提议，让我们以热烈的掌声对冯亚东教授的精彩讲演，以及在座老师们的精彩点评，表示衷心的感谢！谢谢大家的参与，我们今天论坛到此结束。

2011年12月26日

第十一讲

刑法比较研究的任务和方法

主讲人：乌尔里希·齐白

主持人：梁根林

评论人：陈兴良、王世洲、冯军、于改之

嘉　宾：张守文、车浩、刘明祥、王莹、曲新久、林维、陈珊珊、周遵友

翻　译：江溯

梁根林 大家晚上好。北京大学颁发聘任齐白教授为客座教授的仪式及齐白教授的讲座现在开始。首先欢迎今天的报告人，德国外国刑法与国际刑法研究所所长齐白教授，大家欢迎！和齐白教授一起来到北京的还有齐白教授的夫人。齐白教授的夫人同时也是弗莱堡法院少年法庭的法官，大家掌声欢迎！我们今天非常荣幸能够聘任齐白教授为北京大学的客座教授，在正式开始颁授仪式之前，请允许陈兴良教授代表北京大学法学院简单介绍一下齐白教授的基本情况。有请！

陈兴良 各位来宾，我简单介绍一下齐白教授的基本情况。

齐白教授担任德国马普外国刑法与国际刑法研究所刑法学的所长，马普所是双所长制，还有一个是阿教授，他是犯罪学的所长。齐白教授同时担任弗莱堡大学法律系和慕尼黑大学法律系的荣誉教授，同时还是中国人民大学、北京师范大学和武汉大学的客座教授。齐白教授获得了多个荣誉博士学位。他从弗莱堡大学开始其学术生涯，1973 年到 1987 年担任学术助手，1971 年以题为《计算机犯罪与刑法》的博士论文获得博士学位，并于同年通过律师资格考试；1978 年到 1987 年担任律师，专业方向为计算机法，在许乃曼教授的指导下，他于 1987 年在弗莱堡大学通过关于实体刑法与刑事诉讼法关系的教授资格论文，同年被聘为拜罗伊特大学教授，担任刑法、刑事诉讼法、信息法研究所所长；1991 年被聘为维尔茨堡大学刑法、刑事诉讼法、信息法与法信息学研究所所长，并于 1997 年至 1998 年担任该校法律系主任；2000 年 4 月，接任了德国著名刑法学家罗克辛教授在慕尼黑大学的教职；2003 年 10 月，齐白教授继耶塞克教授之后被任命为位于弗莱堡的马普外国与国际刑法研究所所长；自 2003 年起，齐白教授担任慕尼黑大学法律系荣誉教授以及该校法信息中心的主任；自 2004 年起，担任弗莱堡大学的荣誉教授。作为两所大学法律系的成员，他被授权指导两校的博士生与博士后研究人员。他也是弗莱堡马普研究所和弗莱堡大学法律系联合成立的国际刑法比较研究院的创始人与负责人。齐白教授是德国欧洲刑法学会的会长和创始人，国际社会防卫学会的副主席，国际刑法学会董事会成员以及该学会德国分会的副主席，国际比较法学院的成员，维尔茨堡大学欧洲中心的成员以及日本刑法教授学会的荣誉成员。齐白教授主要研究计算机法和信息法，以及跨国跨界犯罪、有组织犯罪、经济犯罪和网络犯罪等这样一些领域，齐白教授的著作最近将在中国出版。

以上是我对齐白教授的简要介绍，谢谢大家。

梁根林　下面我们有请齐白教授为我们作学术报告。主题为“刑法比较研究的任务和方法”。

齐白　演讲的开始我想对比较刑法作一个简要的介绍，然后对比较刑法的任务作一个阐述，但是重点放在比较刑法的方法上面。

首先我想说明我们为什么需要比较刑法。

正如我之前所讲的那样，我们生活在一个全球化的时代，当然这个全球化的概念对于我们来说并不是一个陌生的概念。比如古代的中国是非常强盛的，在那个时候，中国和世界上的其他国家都有联系，但是我们今天的全球化和那个时代不一样的是，现在各个国家之间的交往越来越迅速，越来越频繁，人员或者货物的往来越来越深入，这时候我们很多情况下要知道其他国家的法律是怎么回事。全球化有好的一面，也有消极的一面，消极的一面是犯罪分子可以组织全球性的犯罪。这时候我们就有必要应对这种全球化的犯罪，但由于各个国家的法律不一样，因此如何应对这样的犯罪就成了一个问题。为了使我们有能力应对这样全球化的犯罪，就有必要实现各个国家法律的协调。为了实现协调，有必要进行刑法的比较。当然我们面临着相同的犯罪问题，我们也分享着某些共通的价值观，比如，关于环境保护和人权保护，这是我们共享的价值观。如果我们要对这些共通的价值观进行保护，首先就需要界定这些价值观。要界定这些价值观，我们就要进行刑法的比较。现在有越来越多的法律和谐化的文件，这些文件不仅体现为个人之间的协议或者合同，也可能体现为超国家的法律，比如联合国有超国家的法律，在欧盟有各种各样的指令。而且这种和谐化的进程也越来越迅速。为了深化这种法律和谐化的进程，我们也有必要进行刑法比较的工作。从这四个理由我们可以看到，当今世界已经开始出现一个普世性的刑事政策。在这种情况下，所有国家都有必要参与到这个过程中去。这就导致我们越来越多地需要一种普世性的刑法。

在这个简短的导论之后，我想深入探讨下刑法比较的任务。

比较刑法首当其冲的任务就是基础研究。所谓基础研究就是要搞清楚其他国家的法律是怎么回事，这也是马普所的一个核心研究领域。

比较刑法的第二个任务是要改善我们的法律政策。经过基础研究后，我们就能了解其他国家的法律状况，从其他国家的法律中我们可以获益良多，这种受益会有利于我们国内的刑法改革。对于国际刑法的发展，比较刑法也是非常必要的。如果我们要制定一个世界各国都认同的法律，我们首先必须找到各个国家法律的共通点，在共通点的基础上再进行制定国际法律文件的工作。比较刑法对于法律适用也是有重要意义的，比如在欧洲，欧盟的成员国会援引欧盟的法律，欧盟的法律反过来也会援引成员国的法律。这就说明了在欧洲，各个国家的法律是一种互动的关系，各个国家之间的法律存在一个相互的影响。这里举一个例子，如果我们要解释《欧盟条约》第 6 条的规定，这个规定是关于欧洲的基本权利或者根本权利的概念，欧盟将这个根本权利解释为各个成员国共同的宪法传统。为了理解各个成员国共同的宪法传统，就有必要了解各个成员国的宪法到底是怎么样的。从国际刑法也可以看出各国刑法对其的影响。大家可以看《国际刑事法院规约》第21条的规定，第21条规定将法律的一般原则作为法律的渊源。怎样去确定所谓的法律的一般原则呢？国际刑事法院认为，为了证明单个的法律原则，必须通过从世界各国的法律规定中推导出的一般的法律原则来确定。怎么确定一般的刑法原则呢？就要进行比较刑法的工作。只有了解和确定了各个国家的一般的法律原则，才能确定《国际刑事法院规约》第21条的含义。我想用前南刑事法庭的例子来说明这点。

前南刑事法庭遇到了一个问题，如何处罚那些幕后的大人物？特别是那些政治家。他们没有亲自动手去实施犯罪，但却是在幕后操纵，这时候怎么处罚在幕后没有亲自实施犯罪的这些人就成为一个问题。前南法庭就向我们马普所咨询，我们就为其做了一个比较刑法的研究。我们比较了世界上40多个国家关于这个问题的做法，不同的国家对于这种幕后操纵的人的可罚性有不同的做法。有的会作为共同正犯处罚，有的作为间接正犯处罚，英美法会作为共同犯罪处罚。前南法庭在看了我们的报告后，制订了如何处罚幕后的操纵者的方案。这个例子可以很好地说明，比较刑法不仅有利于我们制定更好的法律，从实践层面来讲，对国际刑法的发展也是有很大作用的。

在这里我不想过多地进行理论的探讨，既然我被授予北京大学客座教授的头衔，所以在这里我想更多地反馈给我们的同学和博士生，我想更多地从实际的层面来说怎么去做这个比较刑法的研究。我这里讲的比较刑法的方法论问题和一般的法律研究是紧密相关的，这种方法不仅对我们马普所来说是重要的，我想对在座的同学尤其是博士生同学也是有意义的。

我们在马普刑法所里面创立了研究院，在和这个研究院的博士生谈话的时候，我经常会问他们，你们想研究什么问题？我经常告诉他们，你们必须首先确定你们的研究目标是什么。有的博士生会告诉我，我研究的是教唆问题，我研究的是共同正犯问题。我告诉他们你不要告诉我你的研究题目是什么，我想知道你的研究目的是什么。只有一个题目而没有好的目标是不可能做好研究的。只有你有新的目标的时候，你才能从既有的理论中创造出新的理论。比如一个同学想做关于正犯和教唆犯的比较研究，他比较了很多国家关于正犯和教唆犯的处罚模式，如果是泛泛地做这样的研究当然是没有意义的。但是如果他的目的是为中国的正犯的立法提供一个最好的参照，那这就是一个很好的研究。这样的研究目标可能就决定了我们选取的所要研究的法律体系。比如在共犯问题上，我们不会选择属于同一个共犯模式的国家，而会有意选取那些采取不同模式的国家，像德国这样采用二元制的国家，还有采用单一制的国家，比如美国不区分正犯和教唆犯，正犯和教唆犯是放在量刑阶段通过量刑指南来解决的。这样的话，再研究正犯和共犯立法模式时，我们会选择德国、美国和意大利来进行比较。

刚才我讲的这种方法，我称之为选择性的比较刑法，也就是选择属于不同模式的有代表性的国家进行比较。这和之前讲的前南刑事法庭的案子是不同的，因为那是要填补刑事法院规约的漏洞，所以要比较世界上 40 多个国家的法律，我把这种方法称为普世性的比较刑法。对这样的比较刑法我们不仅可以从国内刑法的层面上进行操作，也可以在国际层面上进行操作。我们可以比较国际层面上相关的法律，比如《联合国人权宣言》《欧洲人权公约》以及欧盟的相关指令，从这些文件中我们可以知道，这些规定是哪里来的，其目标和目的何在。比如说，《欧洲人权公约》就是一个很重要的法律文件，如果我们要了解欧洲关于人权的规定，我们没有必要去考察德国或者意大利关于人权的规定，我们可以直接去看《欧洲人权公约》，因为公约体现了欧洲国家关于人权的共同观念。这种情况下，我们就没有必要深入到各个国家自己的法律体系中去。比如我现在在做一个关于网络犯罪的比较研究，那我没有必要深入到各个国家关于网络犯罪的规定中去，如果我深入进去会陷入一片迷茫，我觉得直接的办法是去看网络犯罪公约和联合国关于网络犯罪的相关文件，直接去看那些双边的关于网络犯罪的协议，这样我们就能更为直接地看到各个国家关于网络犯罪的共通的规定。我们也可以从这些国际性的法律文件中看到为什么有些国家会对一些条文作出保留，各个国家关于每一个条款的差异性在哪里，这种差异的原因在哪里。

下一步我们就要确定比较刑法的研究对象是什么。当然是法律。但是我们要确定研究的是纸面上的法律还是行动中的法律。纸面上的法律是成文的法律，做这样的研究可能是比较容易的，但是我们知道实践中的法律和这种纸面上的法律往往是有差异的。为了了解这种实践中的法律，我们就有必要做实证的研究。这样的实证研究往往是很复杂的，比如我们可能需要和别人进行面谈，而且这样的实证研究更多的是一种犯罪学上采用的方法。

我前面所讲的这些是比较刑法中的一些策略性的参数。当我们确定了这些战略性的参数之后，我们就要选择一套或一种被证明是行之有效的方法和工具。

我首先要指出的是，在我们刚开始进行比较的时候，我们不应该用那些法律的术语，而是要从事实的角度对我们要研究的问题进行一个描述。一种行之有效的方法是我们完全对这种裸的事实进行描述，我们完全不用一个法律术语对这些问题进行描述。比如当我们在比较两个国家关于教唆的规定的时候，我们不能先去看两个国家法律关于教唆的定义是什么，因为当我们看两个国家关于法律的定义的时候很容易被误导。虽然两个国家使用的是完全相同的词汇，但是所指却可能是不同的。在这种情况下，我们应该这么做，比如我们可以去调查在这个国家，当一个人向另外一个人提供犯罪的想法的时候，这个人的刑事责任是什么样的。通过对这种事实的描述来确定我们要研究的问题。

我想再次指出的是，这对比较刑法是最重要的一个方面，也就是进行事实性的描述。为了更详细地说明这一点，我想再举一个例子。我为联邦宪法法院写了一个法律意见，是关于乱伦的。这里的乱伦是指亲属之间发生性关系，比如说兄弟姐妹之间发生性行为，或者父亲和女儿之间发生性行为。因为德国就发生过这样的案件，一个哥哥和妹妹发生性关系，就被认定为构成乱伦罪。但是被告人将案件上诉到联邦宪法法院，说这个判决违反了宪法上规定的自由，说我们虽然实施的是乱伦行为，但是对他人没有任何损害，而且我们都是成年人。在这种情况下，联邦宪法法院就委托我们做一个比较刑法的研究，考察其他国家关于乱伦是怎么处理的，其他国家是不是将乱伦犯罪化。联邦宪法法院的一个法官在一次电话里跟我说，法国已经把乱伦罪写到刑法里面去了。据我所知，世界上 2/3 的国家都将乱伦犯罪化了，只有 1/3 的国家没有犯罪化。现在的趋势是对乱伦行为越来越持一种自由主义的态度，法国反其道而行之，将乱伦犯罪化，是一个非常有意思的现象。我的合作者把法国新的刑法典拿给我看：你看，联邦宪法法院的法官是对的，法国刑法上是规定了乱伦。我看了之后发现，虽然条文的标题是乱伦，但是从内容上看，不能认为法国刑法规定了乱伦罪。法国的规定是这样的：如果一个成年的父亲和他不满 18 岁的子女发生性关系的话，构成法国刑法上所谓的乱伦。但是在我看来，法国刑法之所以将这种行为犯罪化，并不是因为这种行为是乱伦行为，而是因为这种行为是对未成年人的虐待或者性侵害。如果哥哥和妹妹都是成年人，并且刑法把这种行为规定为犯罪的话，那么可以认为把乱伦犯罪化了，但是法国规定的是父亲和未成年的子女，这两种情况是不一样的。前者是一种乱伦，后者是一种对子女的性侵害。所以这是一个很好的例子，我们在比较的时候，要从事实去看，而不要被法律术语给迷惑了。这是一种功能性的比较方法，也就是说当我们在比较的时候，我们要达到一种什么样的功能。我们是要实现成年的兄弟姐妹之间的性行为的犯罪化，还是要实现父母对未成年子女的性侵害的犯罪化，这两者是不一样的。

当我们要界定事实的时候，我们可以采用两种方式：一种是采用抽象描述的方式，比如在一个共同犯罪的情况下，正犯是指那些比较积极地实施犯罪的人，而共犯仅仅是指那些有帮助行为的人。我们也可以采用一种以案例为基础的描述方式，比如我们举一个具体的案例来讲，在一个共同犯罪里面，A实施了什么样的行为，B实施了什么样的行为。在A实施了什么行为的情况下，是正犯，B实施了什么行为的情况下，是共犯。通过这种具体的例子我们就可以进行这种比较有效的比较刑法的工作，而且可以了解不同的法律体系下对一个特定的例子的处理方式。比如一个人支持或者说服另外一个人去实施犯罪行为，这种情况下我们去看美国法，就可以发现，美国法不区分正犯和共犯，他是把这个问题放在量刑阶段考虑的，他处理问题的方式和其他国家不一样。

当我们确定了我们要研究的问题之后，我们就要确定我们所要研究的问题的各个法律方面，我们要进行哪一个方面的比较。我们可以对这个法律的内容进行比较，比如一个国家对一个特定的问题是怎么规定的，另外一个国家是怎么规定的，这是法律内容的比较；大家也可以对不同国家使用的法律技巧进行比较，比如有些国家采取了特别具体的规定方式，而有些国家采取了一般条款。当然我们要看到不同的国家的不同的处理方式背后的价值观和文化，这是非常重要的。

在这里我想举一个例子，比如马普所有一个伊朗的学生要写一个关于诽谤上帝的博士论文，因为在德国有一个很有名的案例，在一个报纸上面有一个安拉的图像，对安拉进行了一个非常严重的丑化。这个行为在伊朗是很严重的犯罪。在欧洲没有这样的诽谤上帝的法律，因为欧洲人更为强调信息自由，根据信息自由的原理，任何人都可以传播带有信息的图片。但是伊朗人就特别惊讶和愤怒，说这么严重的行为为什么不受到处罚。从欧洲和伊朗人对同一个问题的态度的差异我们就应当看到，我们要深入到欧洲和伊朗不同的价值观背后去看这个问题。在伊斯兰的刑法里面，安拉有至高无上的地位，对安拉进行侮辱是要判处极刑的犯罪。欧洲人价值观中的终极目标和伊斯兰人是不一样的。我们的终极目标是人本身，我们的法律保护的是人本身。我们德国的刑法中也有侮辱上帝这样的条款，一定要注意的是我们的规定和伊朗的条款是不一样的，我们的条款是侮辱上帝并且造成公众的骚乱或者起义，在这种情况下才进行处罚。仅仅是侮辱上帝还不足以处罚，只有侮辱上帝并造成骚乱或者起义的情况下才能够构成犯罪。我们虽然有这样的罪，但是我们要保护的是公众的安宁。如果我们只是从表面上看法律规定本身的话，我们就会流于形式和表面。我们要深入到法律背后的文化和价值观来看为什么法律条文不一样，不一样的根据又在哪里。中国和欧洲刑法关于恐怖主义犯罪的规定的差异，但是我们要问为什么有这样的差异，我们必须深入到背后的文化和价值观去考察，只有这样我们才能找到原因。这是以价值为导向的比较方法。

上面谈了很多比较方法的问题，下面我想谈一些实际操作的问题。前面我也强调过，我们首先要确定比较刑法的研究目标，然后确定我们的研究对象，下一步就是要撰写不同国家的国别报告。一个前提是我们要研究的问题在这些国家之间具有可比性。为了使这些国别报告具有可比较性，我们还是要回到实际的问题中去，只有从实际问题出发，才能使我们的比较具有可操作性。

差不多半年前，有一个中国学生进入我们的研究院，他想写关于非法证据的问题，想对中国、德国和美国关于非法证据的规定进行一个比较。要进行这样一个比较，他首先就必须发现一个相同的结构，通过这个结构写出中国、德国和美国关于非法证据的国别报告。如果能够发现这样的共通的结构，并且在这样的结构下写出 3 个国家的国别报告，关于非法证据的比较就会有一个良好的开端。第三个步骤就是发现这些国家的国别报告之间的差异在哪里。在这里我们要把比较和评价区分开来。如果我们说 A 比 B 大，这是一种比较，如果我们说 A 比 B 好，这是一种评价。如果我们要做一个价值评价的话，我们就要确定哪个法律是良法，哪个法律是更好的法律。比如对伊朗人来说，他们的终极目标是保护安拉，而对欧洲人来说，我们的终极目标是保护人本身。但是有时候很难说孰优孰劣、孰好孰坏，因为这涉及终极的价值问题。评价是以价值观为基础的，而价值观是一种开放的东西，是一种可以讨论的东西，比如中国人信仰中国的政治体制，而德国人会信任德国的政治体制，这是不同的价值观的体现，我们要彼此尊重对方的价值观和信念。

最后我想总结一下，比较刑法是一个理性的过程，通过不同的方法进行比较的工作，通过比较刑法，我们就可以了解其他的法律体系的状况，可以把不同的人们汇聚在一起，可以在不同的价值观之间找到一个共通点，通过共通点找到一些共同的问题的解决途径。对我来说，比较刑法的最高价值在于能够更好地了解其他国家的法律状况，这样我们可以把具有不同价值观的人们汇集在一起。这一点在当今全球化的社会里面尤其重要。因为我们面临着共同的问题，通过比较刑法，我们可以找到共通的解决途径。

如果让我来总结比较刑法的路径、思想和前景的话，我想说 20 世纪是国内的教义刑法的世界，但 21 世纪是比较刑法或者说普世性的教义刑法的世界。在这样一个世界里，比较刑法的任务是服务于全球化社会下各个成员。为了达到这个目标，我们要进行一些实质性的研究，这也正是马普所和世界上其他研究团体正在进行的工作。谢谢。

梁根林　非常感谢齐白教授用这么短的时间就比较刑法的任务和方法这么宏大的主题作了一个很有说服力的报告。齐白教授谈了刑法比较研究的任务，特别重点谈了比较刑法研究的方法，最后以北京大学客座教授的身份给我们直观地描述了刑法比较研究的步骤和过程，还谈了刑法比较研究是干什么的，通过齐白教授的报告，我们了解了一件事，就是刑法比较研究是寻求理解、沟通、尊重和容忍。刑法比较研究首先是致力于求同存异，甚至要致力于寻求大同。即使不能做到大同，我们至少可以在理解和沟通的基础上做到和而不同。文明之间、国家之间甚至个人之间，能够做到和而不同这种君子风范，所以我个人觉得齐白教授给了我们一个非常富有哲理、非常具有启发性的报告。下面我们首先有请富有智慧的冯军教授点评一下。

冯军 齐白教授现在是北大的客座教授。他作了一场让我非常感动的报告。比较刑法在中国我们也是有所研究的，但是在研究方法和研究取向上，今天晚上齐白教授给我们的启发实在太大了。齐白教授告诉我们，在全球化的时代，比较刑法的任务有两个，一个是我们要通过比较来发现自己，比较是一个认识自己的重要方法。齐白教授同时还告诉我们，通过比较刑法要达成一些共识。因为如果在今天这样一个社会里面，我们不能找到一些共识的东西的话，真的很难共存。上面是我用自己的话描述了一下齐白教授关于比较刑法的任务的看法，如果我没有理解错的话。

对我来说更重要的是齐白教授告诉了我们怎么去进行比较刑法的研究。他告诉我们首先要确定一个目标，就是要对一个什么问题进行研究，在确定问题的时候，齐白教授告诉我们不要被法律术语迷惑，而要从事实出发，关注事实中的问题，要对事实进行描述。第二个步骤就是进行比较模式的选择。我们不仅要寻找相同的模式，也要找到不同的模式。然后我们经过比较认定哪个模式更值得我们选择。齐白教授还告诉我们，比较刑法最后要解决的问题是价值和文化层面的问题。各个国家的法律和文化是不同的，当我们在对这些法律和文化进行比较的时候，就会遇到比较刑法的终极问题。当我们遇到终极问题的时候，我们就需要理解，需要宽容。

比较刑法就像齐白教授今天带来的电脑一样，会给我们带来一种在不同的文化下能够共存的一种好的方法。齐白教授的报告让我见识了一个真正的德国的刑法学家的风采。

我再次祝贺齐白教授获得北京大学客座教授的头衔。期待您明天在人民大学作一场更加精彩的报告。

梁根林 齐白教授的报告很专业，冯军教授的点评很激情。下面有请曲新久教授点评。

曲新久 齐白教授作了一个很好的报告。刑法比较是一个很大的工作。世界200个国家的法律的差异性极大，而差异性是比较法最有价值的东西。做比较法研究不仅要注意到字面的规范意义的不同，还要看到法律技术上的差异，我们要特别关注法律条文、法律规范和法律技术背后的法律文化和价值的差异。谈到人的价值观念和文化，这是一个非常不容易的问题，特别是要找到其差异性是很困难的。我们要关注每个民族和国家的哲学家和历史学家是如何回答本国以及全球范围内的人类的一些根本问题。所以这可能需要学者不仅在本国本民族寻找，也需要游历其他国家，在其他国家生活和体验，这是一件非常不容易的事情。以我个人的经验，我对德国很多哲学家都非常喜欢，比如海德格尔的很多东西，翻译得很好，每一句话我都懂，而且都很美，但是整页、整篇、整部就使我陷入了困难。每个句子都很优美，整个篇章也很优美，但是你要理解就很困难。就像海德格尔说他似乎懂得了老子。我的意思就是说，希望齐白教授能够经常到中国，到各个大学讲座，如果有更多机会来游山玩水，那么可能会对中国了解更多。德国刑法教授的刑法著作实在太多了，对我们来说实在太困难了，而您自己的言语可能会比较容易理解，至少对我个人而言，要胜过艰苦的阅读。您给了我一些关于比较法的启发和思想，再次感谢您的报告。

梁根林　非常感谢新久教授非常有智慧的点评。下面请齐白教授的粉丝，专门从山东济南赶过来的于改之教授点评。

于改之　非常感谢陈老师和梁老师邀请我过来，走上这个论坛本来是很紧张的，但是借着冯军教授的激情澎湃和新久教授的娓娓道来，我就壮着胆上来了。齐白教授的报告令人感动、震撼，让我们受益匪浅。我们研究刑法的人，比较刑法和外国刑法是我们每天需要考虑的内容，是我们每天的任务。但是我们为什么要研究比较刑法，研究比较刑法的方法和任务是什么？我们可能并没有进行细致的考虑。齐白教授今天的报告就为我们提供了比较刑法的方法，也就是说，确定研究的目标，选择不同模式的法系，进行比较和找出解决问题的方法。我觉得齐白教授的报告对像我和在座的年轻人来说更重要。非常感谢齐白教授的报告。最后借陈教授的这个宝地，向齐白教授发出邀请，希望有一天能够到山东大学做我们的客座教授。青岛啤酒直接来源于德国。非常感谢。

梁根林 下面请王世洲教授点评一下。

王世洲 我们今天晚上听了一场很好的报告，这不仅是因为齐白教授对这个问题有很好的研究，而且是因为他来自马普所，而马普所从事研究已经 100 多年了。在 1900 年前后，为了要制定新的好的德国刑法典，德国刑法学者就开始了比较研究，并且在 1914 年前后向德国国会提交了长达 14 卷之巨的比较法成果。所以齐白教授的报告是集几百年之精华用一个多小时讲出来了。德国马普所进行的研究是不断在发展的，今天最新的研究是利用电脑技术，所以齐白教授是电脑法专家，是信息法专家。现在马普所已经利用电脑技术把各国的法律知识都放在一起了，然后利用现代高科技的手段进行研究。所以他告诉我们的是最新的研究成就。但是我们可以看到，比较研究在中国来讲可以集中为四个字，就是实事求是。我们实事求是的办法也是一种比较研究的办法，我们自古以来就有，甚至在法学领域中间也有，所以这一点和德国同行是一样的。全世界最优秀的成果都有一个共同的特点就是实事求是。只不过德国的研究有它特殊的迷人的地方就是其体系性。我们可以看到，他们提供的思想和介绍的情况体系性特别好，研究的完整性特别好，这让我们看到现在比较研究的一个最高的成就。当然在这个地方，我还想跟大家指出，今天晚上一个很大的收获就是我们为什么进行比较研究？我们中国特殊的理由在哪里？作为中国人来讲，我们还在建设我们年轻的法治，从这一点来讲，我们对比较研究是非常重视的。我们非常重视和马普所的关系，而且现在全世界的刑法学者对马普所都非常向往，都希望到马普所收集资料，因为马普所经过百年的积累有丰富的资料。所以我们也鼓励年轻的博士去马普所，当然在研究的时候要注意一条，就是基本目的我认为可以归结为四个字——“人权”和“法治”。我想这是我们进行比较研究的最高目的。谢谢齐白教授给我们带来的非常好的讲演，希望他经常到北大来。

梁根林　我们中国有一句话，授之以鱼不如授之以渔，齐白教授今天既给了我们鱼也给了我们渔。下面请大家向齐白教授提问。好，王莹老师。

王莹　我想利用这个机会跟教授谈一下自己对比较刑法的一些感想。我5年前来到马普所，第二导师就是齐白教授，在其指导下进行比较刑法的博士论文的研究。2008年翻译了齐白教授的论文，但是到今天才发现这篇论文的划时代的意义。比较本身是人类知识经验获取的最重要的一个途径，是社会学者研究的一个重要方法。我在马普所的时候听过一个讲座，弗里希教授讲了一句话，对我触动非常大，现在印象也非常深。他说比较是最有效率的学习方法，尤其是对法治后进的国家来说。我就问齐白教授，为了建立一个良好的法律制度，有没有一个更经济、更快速的方法？齐白教授就说，你们自己想。如果你们足够聪明的话，绝对比比较刑法更有效率。但是实际上这几乎是一个不可能实现的事情。因为必须进行比较，必须认识到自己在不同法律国家中间的位置。所以冯军教授也讲，比较是一个自我发现，沟通和理解的过程。而且我们从齐白教授的讲演中可以发现，比较刑法是一个非常理性的过程。通过齐白教授的讲演，我再次发现了其论文的划时代意义，也看到了比较刑法未来灿烂的前景，就是普世性的刑法教义学。

梁根林　请钱叶六老师点评。

钱叶六　在报告当中，齐白教授谈到了一个具体的问题就是正犯与共犯的问题。这里面有一个具体的问题想请教一下齐白教授。中国刑法的传统是造意为首，对教唆犯都是按照主犯对待，也就是依德日刑法的正犯来定性的。但是现在中国刑法规定教唆犯按照其在犯罪中的作用处罚，这就意味着对教唆犯可以按照从犯处罚。但是在德国、日本和我国台湾地区的刑法当中，教唆犯都是判处正犯的刑罚，这就意味着教唆犯没有减轻处罚的空间，而德国目前的犯罪事实支配理论认为，正犯应该在犯罪中起支配作用，教唆犯没有支配犯罪进程，也没有直接侵犯法益，按照正犯处理是否合适？就中国和德国关于教唆犯的处理模式来说，您认为哪一种更为合理？

齐白　如果你适用行为支配理论的话，因为教唆犯没有行为支配，在这里通常会作为一个刑罚减轻的事由。但是问题是，教唆犯本身和正犯是不一样的，因为正犯是自己亲自实施犯罪行为，而教唆犯是导致本来没有犯罪意思的人去犯罪。从这个意义上说，教唆犯的可罚性和正犯的可罚性是一致的。但是在处理教唆犯的可罚性问题时，可以像中国刑法这样，比正犯的处罚更重。在分析这个问题时可能要分几个层次：首先要看不同的行为人，尤其是正犯和共犯的罪的程度，也就是自己亲自实施犯罪的人和通过其他人实施犯罪的人的罪恶是否相同，这是第一个层次的问题；然后，再看对不同的罪恶有没有必要进行区分；最后再看如何进行处罚。我认为对教唆犯不是一定要减轻处罚，像中国刑法这样，对教唆犯的处罚可能比正犯更重可能也具有合理性。

梁根林　由于时间关系，我们就不再提问题了。最后请兴良教授代表刑法学科对今天的报告作一个总结性的评论。

陈兴良　时间很晚了。齐白教授今天早上飞了 9 个小时到北京，晚上又差不多用了 3 个小时的时间作了一场关于比较刑法的任务和方法的报告。我想谈三点感想：

第一点，齐白教授的报告使我们对比较刑法的任务有了很深的理解。比较刑法是刑法研究的一个重要领域，过去我们对比较刑法的认识局限于我们对不同国家的刑法的比较，使我们更加能够深刻地理解我们本国的文化。刚才冯军教授也说了，使我们更深刻地理解了自己。这里我也可以引用德国非常著名的文学家歌德的一句话：一个不懂得别国语言的人，是不可能对自己国家的语言有深刻的理解的。基于这种对比较刑法的任务的理解，我们可能会把比较刑法看做是研究国内刑法的方法和工具，我们经常说取长补短，即通过比较来完善本国的法律。但是齐白教授的报告是在全球一体化的背景之下来界定比较刑法的任务，主要是通过各国刑法的比较来发现各国刑法的共同之处，以便建立超越国界的国际性的刑法，包括国际刑法。能够为这样一种比较宏伟和远大的目标服务，使我们对比较刑法的任务有了一个更深刻的理解，使我们看到比较刑法不仅仅是研究国内刑法的一种方法，而且是研究国际刑法乃至于将来实现跨越国界的刑法的一种手段。

第二点，齐白教授对比较刑法的方法作了很多的展示，尤其是功能性的研究、体系性的研究、结构性的研究以及价值评判性的比较研究，这些方法都在很大程度上扩展了我们对比较刑法的理解和认识。在我国，过去也存在比较刑法的研究，但是这种研究是低层次的，主要是齐白教授所讲的条文的简单的对比。这种比较很难给我们提供超越法律条文、法律规范的一种价值的内容。按照齐白教授刚才所给我们提供的方法来看，应该说我们国家目前还没有科学意义上的比较刑法。可以说齐白教授今天的报告会给我们提供一个广阔的视野。如果说将来中国比较刑法能够取得一点成绩单的话，我想我们不会忘记齐白教授今天晚上给我们所作的这场报告。

第三点，齐白教授在他的报告中提到了刑法教义学和比较刑法是研究刑法的两种不同的方法。这样一种方法的区分，对我们来说是非常有意义的。因为在刑法教义学当中也会采取比较的方法，但是这种比较刑法只是一种研究方法，而比较刑法理论中的比较本身就是这种理论知识的一个基本的框架，是其本体部分。所以这两种比较是不同的。尽管教义学和比较刑法在目标和方法上有很大差别，但是必须看到两者之间有紧密联系。尤其是要看到比较刑法会给刑法教义学提供某种参照，提供某种资料，使得我们的刑法教义学能够更加深入发展。齐白教授在他的比较刑法理论中试图把教义学的方法贯彻其中，提出了普世性的刑法教义学这样的命题，我认为这样一种努力，尤其是打通刑法教义学和比较刑法之间的隔阂，对我们来说是非常有启发意义的。

齐白教授在报告当中提出了一种构想，认为 20 世纪是刑法教义学的世纪，而 21 世纪是比较刑法的世纪。这个构想对中国学者来说也是非常具有启发的。但是我们要知道，目前中国的刑法教义学还是比较落后的，而比较刑法就更加落后。在我们进入 21 世纪的时候，我们担负着两种使命，一个是不断完善刑法教义学，一个是提升比较刑法的研究水平，向世界先进国家学习，使两者得到协调的发展。今天晚上是齐白教授在北京所要作的四场讲座的第一讲，可以说非常成功。我们要感谢齐白教授，也要感谢在座的各位老师和同学。感谢江溯博士作了精彩的翻译。谢谢。

梁根林　衷心感谢齐白教授给我们作了一场圆满的讲座，也感谢您作为同事与我们中国同仁作了富有成效的交流。同时还有齐白教授的夫人，感谢您夫唱妇随。齐白法官也是一个非常专业的法律人，我们期待两天后齐白夫人给我们带来关于少年法院的报告。

谢谢在座各位耐心的参与，谢谢各位老师和同学，谢谢大家。晚安。

后记

三卷本的“当代刑法思潮论坛”录音文字整理稿就要结集出版了，回顾论坛五年来的历程，我感慨系之，在陈兴良教授序、张明楷教授序和刘明祥教授序的基础上略作说明，以为后记。

2011 年 1 月，我与陈兴良教授应德国马普外国刑法与国际刑法研究所所长乌尔里希·齐白教授的邀请，赴弗莱堡参加马普所创始所长耶赛克教授去世一周年追思会。这场学术活动名为“耶赛克教授追思会”，实为一场国际学术盛宴。追思会期间，齐白教授回忆了耶赛克教授的学术生平与创办马普所的理念与努力，特邀包括罗克辛教授、陈兴良教授和克里斯托斯教授等四位教授作了大会主题发言。短暂的两天会议期间，来自世界各地的刑法同行超越语言与文化的障碍进行的对话与交流、争鸣与批判，给我和陈兴良教授留下了深刻的印象。尤其触动我们心弦的是，马普所操办如此重大的学术活动，在会议的组织与安排上竟然如此随意散漫。会议议程没有任何官式接待宴请、领导致辞、参观访问、合影留念等形式主义安排，来自世界各地的参加者都是自掏腰包为差旅和食宿埋单。会议形式的极简主义与会议内容的丰富、前沿，使我领教了什么是真正的学术对话。会议间隙，当我与陈兴良教授徜徉于弗莱堡郊野，呼吸着黑森林特有的清新空气时，我在不经意之间突发灵感，为什么我们不能超越习以为常的学术会议与学术交流模式，在北京大学创建一个形式极简、内涵丰富的学术对话与交锋平台，冲击一下我们习以为常的学术交流模式呢?！陈兴良教授当即表示同意，并商定平台名称就叫“当代刑法思潮论坛”。回国后，我们即着手筹办，并在与张明楷教授、周光权教授交流时，希望得到他们的全力支持。张明楷教授与周光权教授不仅全力支持我们这一构想，而且提议论坛不要由北京大学法学院一家主办，最好联合北京主要大学法学院轮流主办，并且要将目标更多地定位为对法学院学生的学术训练与学术影响。这些建议得到了中国人民大学刘明祥教授、中国政法大学曲新久教授等刑法同仁的一致认可。在北京大学“杨春洗法学教育与研究基金”的支持下，2011 年 3 月 3 日，张明楷教授关于“犯罪的实体是违法和责任”的学术报告在北京大学二教 309 教室成功举行。它标志着这样一个形式极简、内涵丰富的学术对话与交锋平台“当代刑法思潮论坛”正式诞生。

正如我在总结各位老师的建议的基础上当场宣读的《当代刑法思潮论坛宣言》所指出的，“当代刑法思潮论坛”是专题性、系列性、学术性和开放性的刑法同仁论坛。每一次论坛都围绕一个重要的学术命题而展开，因而实际上就是一场专题学术研讨会。论坛关注的内容是契合中国刑法理论发展与知识转型而体系性地展开的，刑法体系、犯罪构造、价值判断、刑法方法、刑事政策、刑法变迁等基本范畴，并构成了论坛体系性展开的核心学术命题。论坛追求真正的学术对话与交流，在观点、立场与体系分歧中寻求话语共识、逻辑共识与价值共识，倡导善意的学术批评与交锋，而不是当面的客套与阿谀、背后的诋毁与贬斥。论坛不仅面向五校（中国青年政治学院后加入）的师生开放，而且面向京外学者包括境外学者开放。论坛的主角不仅包括陈兴良、张明楷、冯军、刘明祥、周光权等学子心目中的学术大咖，而且延揽了诸如刘艳红、劳东燕、车浩、付立庆、何庆仁、陈璇、江溯等学术新军，当然也还不时邀请了诸如齐白、魏根特、金德霍伊泽尔、希尔根多夫等德国、日本、美国著名刑法学者。在某种意义上，甚至可以断言，论坛既展示了中国刑法理论的发展和知识转型，也见证了中国刑法学人的共同进步，同时也呈现了中外刑法学术交流的力度和深度。

现在摆在大家面前的这套三卷本文集《当代刑法思潮论坛（第一卷）：刑法体系与犯罪构造》《当代刑法思潮论坛（第二卷）：刑法教义与价值判断》《当代刑法思潮论坛（第三卷）：刑事政策与刑法变迁》，是根据论坛现场录音整理而成的。考虑到突出主题的需要，文集没有完全按照论坛进行的时间先后依序编排，但是她忠实地记录了历次论坛主报告人的报告、主评人的评论以及互动阶段参与者的提问、评论与答辩，并且未经报告人和评论人事后审阅与润色。论坛主讲人精彩的报告、评论人激昂的评论以及所有参与者激情碰撞中产生的思想火花得以结集出版，当然应当首先感谢历次论坛的主讲人、评论人以及其他参与论坛的老师与同学智识的贡献。其次，应当感谢的是，为每次论坛的成功举行而默默无闻地进行筹备、提供服务的五校老师和同学。论坛的形式虽然是极简主义的，但是仍然必须有人无私地进行诸如会场租借、海报制作、人员引导、设备调试、会场服务、摄像录音、新闻综述等一系列繁琐的事务性工作。再次，应当感谢的是，参与论坛录音文字整理的同学。由论坛的专题性、系列性、学术性和开放性所决定，特别是受论坛现场的交锋和对抗的影响，论坛录音的文字整理是一件极其耗费时间和精力的工作，特别是当论坛陷入“混战”的时候，要准确无误而又文理通顺地记录与整理对话的内容，几乎是不可能完成的任务，而文集又必须呈现给读者论坛现场对话与交锋的原汁原味。因为这个原因，收入本文集的每次论坛文字整理稿，事实上都是由几个同学分别负责文字录入、初校、二校甚至三校才完成的。由于前后经手人员多、变化大的原因，付印的文字整理稿没有署写这些负责或者参与整理文字的同学的尊姓大名，对于这些同学的默默无闻的奉献，我既要表达由衷的敬意与谢意，也要致以诚挚的歉意。谢谢你们，亲爱的同学们，没有你们的一路陪伴和默默奉献，就没有论坛的成功以及文集的出版！

论坛文集得以结集出版，还要特别感谢北京大学出版社蒋浩副总编的鼎力支持。在新闻出版市场化、数字出版严重冲击纸质出版、知识与阅读碎片化的当下，学术出版面临着重重困难，出版三卷本的

“当代刑法思潮论坛”文字整理稿，注定了是一件赔本未必赚吆喝的买卖，但是，北京大学出版社仍然慷慨允诺予以出版支持。对于北京大学出版社的编辑团队扶持学术的热情与义举，身为书生，无以为报，唯有学术上更加努力，生产出真正具有学术价值与智识贡献的作品。

最后，应当特别感谢北京大学“杨春洗法学教育与研究基金”对论坛的开展与文集的出版给予的支持！

尽管我们根据论坛现场录音整理后进行了反复审校，但是文集的错讹仍然在所难免，尚祈读者诸君多多谅解。

梁根林

2016 年 4 月 15 日于北京大学陈明楼 521